LA TRANSPOSITION DES DIRECTIVES COMMUNAUTAIRES DANS L'ESPACE UEMOA

Entre exigence juridique et technique légistique

Papa Assane TOURÉ

LA TRANSPOSITION DES DIRECTIVES COMMUNAUTAIRES DANS L'ESPACE UEMOA

Entre exigence juridique et technique légistique

Préface de Alioune SALL
Professeur titulaire des Universités
Ancien Juge à la Cour de Justice de la CEDEAO

Sénégal
L'Harmattan

Du même auteur chez le même éditeur

Droit pénal général sénégalais, tome 1 et tome 2, 2024

Les grandes décisions de la jurisprudence de droit pénal général sénégalais Commentées et annotées, 2024

La juridiction compétente, statuant à bref délai dans l'espace OHADA, Un objet judiciaire non identifié ?, 2021

Recueil de textes relatifs au travail législatif et réglementaire du gouvernement Commentés et annotés, 2020

La légistique. Technique de conception et de rédaction des lois et des actes administratifs, une tradition de gouvernance normative., 2018.

La réforme de l'organisation judiciaire du Sénégal commentée et annotée, 2016.

Le traitement de la cybercriminalité devant le juge. L'exemple du Sénégal, 2014.

10 VDN, Sicap Amitié 3, Lotissement Cité Police, DAKAR

Direction@senharmattan.com
librairie@senharmattan.com

ISBN : 978-2-336-46151-9
EAN : 9782336461519

SOMMAIRE

Sigles et abreviations 9
Préface 13
Introduction 19

Chapitre premier : L'obligation juridique de transposition des directives 79
Section première : Le fondement de l'obligation de transposition des directives 81
Section II : La nature de l'obligation de transposition des directives 96
Section III : Les caractères de l'obligation de transposition des directives 112

Chapitre II : La procédure de transposition des directives 231
Section première : La procédure ordinaire de transposition des directives 232
Section II : La procédure particulière de transposition de la législation uniforme 251

Chapitre III : La sanction de l'obligation de transposition des directives 255
Section première : Le recours en constatation de manquement 256
Section II : La reconnaissance de l'effet direct des directives non transposées ou mal transposées 317

Bibliographie 357
Index alphabétique 395
Annexes 401
Table des matières 531

SIGLES ET ABREVIATIONS

ADE	Annuaire de droit européen
AFDI	Annuaire français de droit international
AJDA	Actualité juridique de droit administratif
Al.	Alinéa
Art.	Article
ASERJ	Association sénégalaise d'études et de recherches juridiques
BCE	Banque centrale européenne
BCEAO	Banque centrale des Etats d'Afrique de l'Ouest
BO	Bulletin officiel
Bull. civ.	Bulletin des arrêts de la chambre civile de la Cour de cassation
Bull. crim.	Bulletin des arrêts de la chambre criminelle de la Cour de cassation
CA	Cour d'appel
CAFORD	Centre africain de formation de recherche et de documentation
CE	Conseil d'État
CE	Communauté européenne
CEA	Communauté économique africaine
CEDEAO	Communauté Économique des États d'Afrique de l'Ouest
CEE	Communauté économique européenne
CEEA	Communauté européenne de l'Energie atomique
CEDH	Cour européenne des Droits de l'Homme
Cf.	Confer
CIJ	Cour internationale de Justice
CJCE	Cour de Justice des Communautés européennes
CJUE	Cour de Justice de l'Union européenne

CJUEMOA	Cour de Justice de l'Union économique et monétaire Ouest africaine
CREDILA	Centre de recherches sur le développement des institutions et législations africaines
CS	Cour suprême
Cah. dr. entr.	Cahier de droit de l'entreprise
Cass. Ass. plén.	Assemblée plénière de la Cour de cassation
Cass. Req.	Chambre des Requêtes de la Cour de cassation
Cass.crim.	Chambre criminelle de la Cour de cassation
Ch.	Chambre
Ch. acc.	Chambre d'accusation (Cour d'appel)
Ch. réun.	Chambres réunies
Chr.	Chronique
CE	Communauté Européenne
CIJ	Cour international de Justice
Coll.	Collection
Com. Instr.	Commission d'instruction (Haute Cour de Justice)
Concl.	Conclusions
Cons. const.	Conseil constitutionnel
R.D.	Recueil Dalloz
D. Aff.	Recueil Dalloz affaires
Délib.	Délibération
Dir.	Sous la direction de
Doc. fr.	La documentation française
Doct.	Doctrine
Dr. et patr.	Droit et patrimoine
EDCE	Études et documents du Conseil d'État
EDJA	Éditions Juridiques Africaines
Fasc. :	Fascicule
GDJAS	Les grandes décisions de la jurisprudence administrative sénégalaise

Gaz. pal.	Gazette du Palais
HCJ	Haute Cour de Justice
I.D.E.F	Institut international de droit d'expression française
Ibid	Ibidem
IR	Informations rapides (Dalloz)
J. Cl. pén	Juris-classeur pénal
JCP, éd. E.	Semaine juridique édition entreprise
JCP, éd. G.	Semaine juridique édition générale
JOAN	Journal officiel de l'Assemblée nationale
JOCE	Journal officiel des communautés européennes
JOUE	Journal officiel de l'Union européenne
JORS	Journal officiel de la République du Sénégal
JT	Journal des tribunaux
Juris-data	Bases de données juridiques
LGDJ	Librairie générale de droit et de jurisprudence
Litec	Librairie technique
NEA	Nouvelles éditions Africaines
OAPI	Organisation Africaine de la Propriété Intellectuelle
OCAM	Organisation Commune Africaine et Malgache
OCDE	Organisation de Coopération et de Développement économique
OHADA	Organisation pour l'Harmonisation en Afrique du Droit des Affaires
Obs.	Observations
Ord.	Ordonnance
Op. cit.	Opere citato
p. pp.	Page, pages
PA	Les petites affiches
Penant	Recueil Penant
Pouvoirs	La revue Pouvoirs
PUAM	Presses universitaires d'Aix-Marseille

PUF	Presse universitaire de France
PUG	Presses universitaires de Grenoble
RDP	Revue de droit public
RIPAS	Revue des institutions politiques et administratives du Sénégal
RSC	Revue de sciences criminelles et de droit pénal comparé
RTD civ.	Revue trimestrielle de droit civil
RTD com.	Revue trimestrielle de droit commercial
RTD eur.	Revue trimestrielle de droit européen
RTDH	Revue trimestrielle de droits de l'homme
Rec. lég. et de jurisp.	Recueil de législation et de jurisprudence
RJS	Répertoire de jurisprudence sénégalaise
Rép. pén. et proc. pén.	Répertoire pénal et procédure pénale
Rev. adm.	Revue administrative
Rev. ass. sén.dr. pén.	Revue de l'association sénégalaise de droit pénal
RFDA	Revue française de droit administratif
RIDC	Revue internationale de droit comparé
Rev. jur. pol. ind. coop.	Revue juridique et politique indépendance coopération
Rev. sén. dr.	Revue sénégalaise de droit
Rev. sén.dr. aff.	Revue sénégalaise de droit des affaires
S.	Sirey (périodique)
Sem. Jur.	Semaine juridique
Somm.	Sommaires commentés (Dalloz)
Trib. (UE)	Tribunal de l'Unio européenne
TUE	Traité sur l'Union européenne
UE	Union européenne
UEMOA	Union Économique et Monétaire Ouest Africaine
UMOA	Union Monétaire Ouest Africaine

PRÉFACE

Il ne fait pas de doute, aujourd'hui, que le principe volontariste est encore au cœur du droit international. En dépit des progrès des notions d' « obligation *erga omnes* » ou de *jus cogens*, ou de la vivacité de la coutume comme source de droit international, nul ne songe sérieusement à remettre en cause l'idée que les États ne sont, dans l'ordre international, liés que dans la mesure où ils y consentent : aussi bien le principe que l'étendue de leurs sujétions restent encore, dans une large mesure, sous leur contrôle.

Ce point de principe reste acquis, et la question n'est donc pas vraiment là. Le problème se situe à un stade qu'on l'on serait tenté de qualifier d'ultérieur, car il touche la mise en œuvre même des engagements internationaux, l'instant fatidique où, le principe de l'obligation ne faisant pas de doute, il s'agit de faire passer la norme internationale dans les faits.

La question se pose parce que dans cet ordre international, dépourvu de mécanismes centraux de mise en œuvre des règles, il est fréquent que les États eux-mêmes soient les agents d'exécution des normes auxquelles ils ont consenti. Ils seraient en quelque sorte sujets et acteurs, une théorie comme celle du dédoublement fonctionnel, chère à Georges Scelle, ayant été construite pour précisément rendre compte de cette particularité de l'ordre international.

Mais le moment de la mise en œuvre du droit international – dont relève certainement le droit de l'intégration dont il est question dans cet ouvrage – est aussi celui de son possible appauvrissement, l'opportunité dans laquelle pourraient s'engouffrer les États pour altérer ou réduire leurs obligations.

On connaît les concepts qui sont susceptibles d'entrer dans cette stratégie d'érosion des sujétions internationales : « ordre public », au sens du droit international privé – ensemble de conceptions philosophiques, culturelles, juridiques, qui s'opposent à l'application d'une loi étrangère et qui participent ainsi d'un certain nationalisme judiciaire - ; « marge nationale d'appréciation » - pouvoir d'appréciation conféré à l'État dans une matière délicate, autour de laquelle un consensus ou des pratiques nationales convergentes font défaut - ; remise en cause du caractère *self executing* de certaines obligations internationales de l'État – le juge étatique chargé d'appliquer la norme invoquée devient alors l'instance qui résiste au déferlement du droit international, pouvoir de résistance d'autant plus impressionnant que les notions de *self executing* ou d' « effet direct » restent largement livrées à la diversité des entendements- .

Le premier intérêt de l'ouvrage de M Pape Assane Touré est précisément de se rapporter à cette question centrale de la mise en œuvre nationale de normes internationales, qui consiste ici en une opération appelée « transposition », appliquée à une catégorie normative précise dénommée « directive », et conçue dans le cadre d'une union économique et monétaire - donc dans une perspective intégrative et très « institutionnelle ».

Le second intérêt de l'ouvrage se trouve dans le lien que l'auteur établit entre cette opération de transposition et les règles qui régissent la confection des normes, c'est-à-dire la légistique. Une digression biographique s'impose à ce stade. Du sujet traité, M. Touré a en effet une connaissance personnelle, professionnelle. Tour à tour juge et haut fonctionnaire installé au cœur des processus normatifs de l'État– car la transposition d'une directive consiste systématiquement en l'adoption d'une norme –, l'auteur a une connaissance très intime de son sujet.

Il est heureux, à cet égard, que des travailleurs du droit de la trempe de M. Touré racontent leur expérience, mettent à la disposition du public informations et analyses dont l'accessibilité pose problème sous des latitudes où l'État et ce qui le concerne ne sont pas toujours « démystifiés » comme il conviendrait. L'auteur a déjà eu, en outre, dans une production doctrinale déjà abondante et respectable, commis un ouvrage sur la légistique en général, ouvrage auquel des renvois fréquents sont faits. Les deux facettes de son sujet sont lui sont donc familières.

Le lien qu'il a établi, de façon ample et systématique, entre transposition et légistique s'impose parce que la transposition d'une directive n'est pas l'exercice mécanique d'un transport de normes, la translation systématique et « paresseuse » d'une règle internationale dans l'ordre interne. Elle constitue une entreprise plus subtile, dont rend compte, d'abord, la définition même de la directive : norme édictée par une autorité supranationale, qui impose un but à atteindre, mais laisse les États libres de recourir aux moyens qui permettent d'atteindre ces buts.

Cette dialectique retorse produit d'emblée une conséquence dans la sphère de la légistique, tant du côté de l'instance émettrice de la directive que de celui de l'État récepteur de celle-ci. De la première, elle requiert en premier lieu une certaine clarté, car la poursuite d'une fin étant la raison- d'être de la directive, il importe d'être clair et précis sur ce but à atteindre.

La directive doit en second lieu se caractériser par la retenue, car elle n'est que le premier temps d'un processus normatif, et doit en conséquence ménager la part de l'État, appelé à intervenir dans un second temps, par le biais de la transposition, précisément. Les logiques expansives et organicistes que portent si souvent les organisations internationales doivent alors être « contenues » ou récusées. Le recours à la directive est un moment de partage, un acte collaboratif et non le mouvement cavalier d'un pouvoir unilatéral inconditionné. L'expérience de la CEE/UE devrait servir : le caractère par trop « circonstancié » des directives, l'impérialisme législatif des institutions de Bruxelles y a nourri, pendant un certain temps, un procès en excès de pouvoir dirigé contre l'organisation internationale.

Du côté de l'État, la transposition a aussi ses exigences. Elle ne doit pas, ici non plus, constituer un moyen de remettre en cause, indirectement, l'étendue de l'obligation internationale. La délicatesse de l'opérationnalisation des directives, aux deux bouts de la chaîne normative, a conduit l'UEMOA à élaborer des sortes de « Lignes directrices » en la matière, que l'auteur étudie de manière opportune et approfondie.

Cette sorte de sécabilité de l'opérationnalisation de la directive UEMOA ne doit pourtant pas faire illusion. Juridiquement, formellement, la directive se suffit en quelque sorte à elle-même. Elle a, *ab initio* et *erga omnes*, non seulement acquis un caractère obligatoire mais pénétré l'ordre juridique des États membres de l'Union. Nous ne sommes pas, pour ainsi dire, dans une perspective « dualiste », celle pour qui l'opposabilité d'une norme internationale dans l'ordre national suppose sa « conversion », sa transmutation en droit national par le biais de son incorporation dans une norme interne (loi ou règlement notamment).

L'auteur nous rappelle donc que « le processus de transposition ne doit pas être confondu avec une quelconque opération de « médiatisation » qui serait la condition préalable de l'insertion de la directive dans l'ordre juridique national. La transposition désigne l'adoption de mesures nationales destinées à permettre que soit atteint le résultat visé par la directive »[1].

D'autre part, la transposition accomplie par les autorités nationales ne doit jamais perdre de vue la dimension pragmatique ou utilitaire de celle-ci. Le recours à la directive comme instrument normatif – et sa transposition subséquente – procèdent ainsi d'un double réalisme : le réalisme d'un ordre juridique international qui concède que l'État est le mieux placé pour choisir les moyens de parvenir à une fin donnée et le réalisme qui doit imprégner la transposition accomplie par l'État, laquelle a toujours une visée, cherche toujours à atteindre un résultat. Réalisme aux deux bouts de la chaîne normative, donc, mais processus qui serait d'autre part pénétré d'une logique de troc : en échange de la liberté de choisir les moyens, les États ont l'obligation d'atteindre un résultat précis.

La transposition n'est donc jamais, nous apprend ainsi M Touré, et au rebours de certaines croyances ou pratiques administratives, une simple opération d'habillage, la reprise pure et simple du contenu de la directive par la norme nationale, mais un acte bien plus ambitieux, intégrant non

[1] V. p. 40 de l'ouvrage.

seulement la substance de la directive, mais ayant en vue des résultats pratiques.

Acte « engageant » donc, pour l'État qui doit y sacrifier : on ne transpose jamais impunément, serait-on tenté d'écrire. Au point, nous enseigne l'auteur, que la défaillance de l'État dans l'opération de transposition d'une directive est susceptible de lui valoir deux sanctions : l'imputation de « manquement » et, de façon encore plus « osée », l'attribution par le juge d'« effets directs » à la directive non transposée ou mal transposée, ce qui constitue une forme de substitution judiciaire à la défaillance législative.

Il faut rendre grâce à M Papa Assane Touré, d'avoir en quelque sorte réhabilité le sérieux de l'opération de transposition des directives, d'avoir sorti celle-ci d'une sorte de banalité dans la perception que l'on pourrait en avoir. La transposition n'est pas un acte fade, insignifiant, noyé dans la routine législative ou administrative. L'État qui y sacrifie n'est pas un récepteur passif, mais un rouage à part entière d'un processus législatif, appelé non seulement à prendre un relais, mais à exercer son jugement, à parier sur le futur, à anticiper sur des résultats. Ce livre est essentiel non seulement parce qu'il rappelle aux autorités de l'État leurs devoirs, mais parce que, d'un point de vue plus théorique et académique, il nous plonge dans une matière fine et nous gratifie d'analyses à l'avenant.

Alioune SALL

Professeur titulaire des Universités
Ancien Juge à la Cour de justice de la CEDEAO
Membre de la Commission du droit international de l'ONU
Membre de la Cour Permanente d'Arbitrage
Avocat

INTRODUCTION

1. Essor du droit communautaire. Le développement des organisations d'intégration économique est un phénomène majeur des systèmes juridiques contemporains[2]. Ces espaces juridiques (Communauté économique des États d'Afrique de l'Ouest, Union économique et monétaire ouest africaine, Organisation africaine de la propriété intellectuelle, Conférence interafricaine de la prévoyance sociale, etc.) produisent bien souvent des normes qui constituent le « *droit communautaire* » encore appelé « *droit de l'intégration* ».

L'ordre juridique communautaire s'est progressivement développé en consolidant son originalité. Il s'agit d'une communauté de droit, dotée d'un système structuré de sources propres se développant et s'organisant autour des traités constitutifs.

Ainsi, les processus d'élaboration et d'application du droit mis en place par les traités instituant les organisations d'intégration économique, les méthodes d'interprétation et les garanties d'application témoignent du degré d'autonomie atteint par cet ordre nouveau[3].

On appelle ordre juridique un ensemble organisé et structuré de normes juridiques possédant ses propres sources, doté d'organes et de procédures aptes à les émettre, à les interpréter ainsi qu'à en faire constater et sanctionner, le cas échéant, les violations[4].

---

[2] T. ZOGBELEMOU, *Droit des organisations d'intégration économique en Afrique (CEDEAO-CEMAC-UEMOA-ZMAO),* Paris, l'Harmattan, 2014, p. 14 et s. ; P. PESCATORE, *L'ordre juridique des Communautés européennes. Étude des sources du droit communautaire,* Presses universitaires de Liège, 1975, réimpression Bruylant, 2006, p. 10 ; P. PESCATORE, *Le droit de l'intégration*, Bruxelles, Bruylant, 2005, réimpression, coll. Droit de l'Union européenne, Grands écrits, n° 1.

[3] J.-Cl. GAUTRON, « Un ordre juridique autonome et hiérarchisé », in J. RIDEAU (dir.), *De la Communauté de droit à l'Union de droit. Continuités et avatars européens*, Paris LGDJ, 2000 ; D. SIMON, « Les fondements de l'autonomie du droit communautaire », in SFDI, *Droit international et droit communautaire : perspectives actuelles*, Paris, Pedone, 2000, p. 222.

[4] G. ISAAC et M. BLANQUET, *Droit général de l'Union européenne*, Paris, Dalloz, Sirey Université, 9e éd. 2006, p. 184.

2. Notion d'intégration. Dans sa plus grande généralité sémantique, l'intégration est définie comme l'action de faire rentrer une partie dans un tout. Elle est un concept polysémique, qui peut être appréhendé suivant plusieurs approches : économique, socioculturelle, monétaire et juridique[5].

Au plan économique, l'intégration régionale est basée sur un objectif ultime qui est le développement économique des États membres. De nos jours, à travers le monde, le phénomène d'intégration économique ne cesse de s'amplifier[6].

En Afrique occidentale, les premiers théoriciens sur l'intégration économique sont Léopold Sédar SENGHOR, Kwamé NKRUMAH et Cheikh Anta DIOP.

Léopold Sédar SENGHOR a prôné la théorie des cercles concentriques.

Kwamé NKRUMAH, a, quant à lui, préconisé l'unité africaine en brandissant deux slogans : « *L'Afrique aux Africains* » et « *les États-Unis d'Afrique* ».

Quant à Cheikh Anta DIOP, qui partage le point de vue de NKRUMAH, il a élaboré pour l'Afrique un plan plus consistant dans son ouvrage *Les fondements économiques et culturels d'un État fédéral d'Afrique noire*[7], pour parachever l'unité africaine.

L'intégration régionale, au plan culturel, repose sur le multiculturalisme, « *ce qui suppose que les échanges culturels soient plus effectifs, c'est-à-dire, qu'ils se réalisent notamment dans l'appréciation réciproque de la musique, des arts et de la littérature*

---

[5] Ph. HUGON, «Marginalisation et intégration ou auto- exclusion»; forum de Delphes, Paris, édition Karthala 1992, p. 331

[6] L. M. IBRIGA, « L'UEMOA. : une nouvelle approche de l'intégration économique régionale en Afrique de l'Ouest », *Annuaire africain de droit international*, Vol. 6, 1998, p. 23-64.

[7] A. Y. SARR, *L'intégration juridique dans l'Union économique et monétaire ouest africaine et dans l'Organisation pour l'Harmonisation en Afrique du Droit des Affaires*, PUAM, 2008, 22.

diverse, car c'est en accédant au stade d'acceptation réciproque des comportements que l'intégration culturelle prend son véritable sens »[8].

L'intégration juridique est la forme la plus achevée des formes d'intégration. Selon Joseph ISSA SAYEGH « *si l'on raisonne par analogie avec l'intégration économique, qui consiste en une unification des politiques conjoncturelles, sectorielles et structurelles sous l'égide d'une autorité supranationale, on est incité à dire que l'intégration juridique doit tendre à une unification des politiques législatives dans les matières juridiques en relation avec l'intégration économique* »[9].

L'intégration juridique se définit comme le transfert des compétences étatiques de deux ou plusieurs États à une organisation internationale dotée de pouvoir de décision et de compétences supranationales ou supra étatiques pour réaliser un ensemble juridique, unique et cohérent, dans lequel les législations nationales s'insèrent pour atteindre les objectifs économiques et sociaux que les membres se sont assignés[10].

Ainsi, l'instauration d'un cadre juridique et institutionnel favorable est une condition essentielle pour le succès de l'entreprise d'intégration économique[11]. L'intégration juridique a pour objectif de réaliser un environnement juridique commun en atténuant, voire en éliminant les distorsions entre les systèmes juridiques qui créent des conditions de concurrence commerciale et industrielle inégales pouvant provoquer des déséquilibres économiques et sociaux importants d'un pays à un autre.

---

[8] M. A. ABIÉ, *La charte africaine des droits de l'homme et des peuples et l'intégration régionale* Thèse de doctorat d'État UCAD, 1998, p. 13.

[9] J. I. SAYEGH, « L'Intégration juridique des États africains de la Zone franc », *Revue Pénant* n° 823, p.5 ; E. CEREXHE, « L'intégration juridique comme facteur d'intégration régionale », *Revue Burkinabè de Droit*, n° 39 et 40, spécial vingtième anniversaire, thème : intégration régionale et droit, p.19.

[10] oseph Issa SAYEGH, op. cit. p. 7.

[11] A. Y. SARR, *op. cit.*, p. 26.

3. Naissance de l'UEMOA. L'Union économique et monétaire ouest africaine (UEMOA) est, sans nul doute, l'organisation qui s'est plus illustrée dans le domaine de l'intégration juridique.

Créée le 10 janvier 1994 à Dakar, l'UEMOA a pour objectif essentiel l'édification en Afrique de l'Ouest d'un espace économique harmonisé et intégré, au sein duquel sont assurées une totale liberté de circulation des personnes, des capitaux, des biens, des services et des facteurs de production ainsi que la jouissance effective du droit d'exercice et d'établissement pour les professions libérales et pour les citoyens sur l'ensemble du territoire communautaire.

L'objectif de l'UEMOA est de favoriser le développement économique et social des États, grâce à l'unification de leur marché intérieur et à la mise en œuvre de politiques sectorielles communes dans les domaines économiques essentiels. Par l'UEMOA, les États membres cherchent à élargir leurs espaces économiques dont l'étroitesse des marchés constitue un obstacle aux investissements.

Le traité de l'UEMOA ambitionne d'arriver à l'intégration des espaces économiques et monétaires et à la coordination des politiques économiques de l'ensemble des États membres ; ce qui passe nécessairement par des règles juridiques ayant pour objectif l'encadrement des cadres généraux de l'économie.

Huit États côtiers et sahéliens, liés par l'usage d'une monnaie commune : le franc CFA et bénéficiant de traditions culturelles communes, composent l'UEMOA. Il s'agit du Bénin, du Burkina Faso, de la Côte d'Ivoire, de la Guinée-Bissau, du Mali, du Niger, du Sénégal et du Togo.

4. Système institutionnel de l'UEMOA. Les organes de l'Union sont la Conférence des Chefs d'État et de Gouvernement, le Conseil des Ministres, la Commission, le Parlement, la Cour de Justice et la Cour des Comptes.

La Conférence des Chefs d'État et de Gouvernement définit les grandes orientations de la politique de l'Union. Elle se réunit au moins une fois par an[12]. La Conférence des Chefs d'État et de Gouvernement est habilitée à prendre les actes additionnels, annexés au Traité, qui complètent celui-ci sans toutefois le modifier.

Quant au Conseil des Ministres de l'Union, l'article 20 du traité de l'UEMOA énonce qu'il assure la mise en œuvre des orientations générales définies par la Conférence des Chefs d'État et de Gouvernement. Il se réunit au moins deux (2) fois par an.

La Commission de l'UEMOA exerce, en vue du bon fonctionnement et de l'intérêt général de l'Union, les pouvoirs propres que lui confère le Traité.

À cet effet, elle transmet à la Conférence et au Conseil les recommandations et les avis qu'elle juge utiles à la préservation et au développement de l'Union ; elle exerce, par délégation expresse du Conseil et sous son contrôle, le pouvoir d'exécution des actes qu'il prend, exécute le budget de l'Union, recueille toutes informations utiles à l'accomplissement de sa mission, établit un rapport général annuel sur le fonctionnement et l'évolution de l'Union qui est communiqué par son Président au Parlement et aux organes législatifs des États membres.

En outre, la Commission élabore un programme d'actions qui est soumis par son Président, à la session ordinaire du Parlement, qui suit sa nomination et assure la publication du Bulletin officiel de l'Union[13].

La Commission prend des règlements pour l'application des actes du Conseil et édicte des décisions ; elle peut également formuler des recommandations et/ou des avis.

Le Contrôle démocratique des organes de l'Union est assuré par un Parlement dont la création fait l'objet d'un Traité spécifique. Selon l'article 35 du traité de l'UEMOA, le Parlement participe au processus décisionnel et aux efforts d'intégration de l'Union dans les domaines couverts par le Traité. Il jouit de l'autonomie de gestion financière. Le Parlement se réunit en deux sessions ordinaires par an, sur convocation

[12] V. art. 17 du traité de l'UEMOA.
[13] V. art. 26 du traité de l'UEMOA.

de son Président. Il prend des actes dont le régime juridique est déterminé par le Traité portant création de cet organe.

Le contrôle juridictionnel au niveau de l'Union est assuré par la Cour de Justice et Cour des Comptes. Le statut, la composition, les compétences ainsi que les règles de procédures et de fonctionnement de la Cour de Justice et de la Cour des Comptes sont énoncés dans le protocole additionnel n° 1 relatif aux organes de contrôle de l'Union.

Des organes consultatifs et des institutions spécialisées autonomes concourent également à la réalisation des objectifs de l'Union.

Il est créé au sein de l'Union un organe consultatif dénommé « Chambre Consulaire Régionale », regroupant les chambres consulaires des États membres et dont les modalités de fonctionnement sont fixées par voie d'acte additionnel de la Conférence des Chefs d'État et de Gouvernement.

D'autres organes consultatifs pourront être créés, en tant que de besoin, par voie d'acte additionnel de la Conférence des Chefs d'État et de Gouvernement.

Les institutions spécialisées autonomes sont la Banque Centrale des États de l'Afrique de l'Ouest (BCEAO) et la Banque Ouest Africaine de Développement (BOAD).

Sans préjudice des objectifs qui leur sont assignés par le Traité de l'UMOA, la BCEAO et la BOAD concourent en toute indépendance à la réalisation des objectifs du Traité de l'UEMOA.

5. Le système normatif de l'UEMOA. Le système normatif est constitué de toutes les normes du droit UEMOA. Il s'articule autour du droit primaire et du droit dérivé[14].

6. Droit primaire. Le droit primaire ou droit originaire constitue la première source du droit communautaire. Il est constitué des normes suprêmes de l'ordre communautaire. Il s'agit du « *droit*

---

[14] S. LEFEVRE, *Les actes communautaires atypiques*, 2006, Bruxelles, Bruylant, p. 345.

constitutionnel » de la communauté en ce sens qu'il détermine les compétences et les pouvoirs des institutions mises en place et la mesure des actes juridiques qui seront pris en leur sein. Les normes du droit originaire sont constituées pour l'essentiel du traité constitutif, des traités modificatifs et des protocoles annexés au traité[15].

Le protocole additionnel est un instrument du droit primaire modifiant ou complétant le Traité. Les autorités y ont recours lorsqu'elles envisagent une réforme substantielle exigeant l'introduction dans le droit communautaire primaire de nouvelles dispositions.

Le protocole additionnel n'est applicable qu'après sa ratification par les autorités politiques compétentes des États. Il a pour objet de modifier ou de compléter le Traité.

En vue de l'émergence d'un droit communautaire originaire, le traité de l'UEMOA a prévu l'édiction de protocoles additionnels qui sont partie intégrante du traité[16]. Il s'agit notamment du protocole additionnel n° 1, relatif aux organes de contrôle de l'Union et du protocole additionnel n° II relatif aux politiques sectorielles.

7. Droit dérivé. Les normes du droit dérivé sont celles qui sont issues des règles du droit primaire[17].

Dans la typologie des normes du droit communautaire, on retrouve des actes non obligatoires. Il s'agit des avis, des recommandations, qui n'ont pas de force contraignante[18]. La Cour de justice des Communautés européennes a jugé que les juges nationaux sont tenus de prendre en considération les recommandations, notamment

---

[15] V. J. ROUX, « Les actes : un désordre ordonné ? », *Europe* 2008, n° 7, p. 54.

[16] V. art. 101 et 102 du traité de l'UEMOA.

[17] A. SALL, « Les systèmes normatifs de la CEDEAO et de l'UEMOA : considérations historiques et critiques », *Nouvelles annales africaines*, n° 01, 2007, p. 117 et s.

[18] A. Y. SARR, *L'intégration juridique dans l'Union économique et monétaire ouest africaine et dans l'Organisation pour l'Harmonisation en Afrique du Droit des Affaires*, PUAM, 2008, n° 68.

lorsqu'elles sont de nature à éclairer l'interprétation d'autres dispositions nationales ou communautaires[19].

Certains actes du droit dérivé ont un caractère obligatoire ; il s'agit des actes additionnels, des règlements, des lois uniformes et des directives[20].

8. Actes additionnels. Les actes additionnels sont des actes adoptés par la Conférence des Chefs d'État et de Gouvernement qui ont pour objet de compléter le traité et y sont annexés[21]. L'acte additionnel complète le traité sans toutefois le modifier.

Il est obligatoire en toutes ses dispositions et directement applicable. En effet, contrairement au protocole d'additionnel, l'acte additionnel ne fait pas l'objet de ratification. Le respect des actes additionnels s'impose aux États membres et aux institutions des organisations communautaires[22]. Ils sont souvent publiés au Bulletin officiel de l'Union. Ils entrent en vigueur après leur publication à la date qu'ils fixent[23].

Les actes additionnels sont au sommet de la hiérarchie du bloc de la légalité de l'ordre juridique communautaire de droit dérivé dans le cadre du traité de l'UEMOA. Ils tirent cette importance du fait qu'ils ont le pouvoir juridique de compléter le traité constitutif dont ils font partie intégrante sans pouvoir le modifier.

Il revient ainsi à la Conférence des Chefs d'État, et en fonction de l'opportunité, de prendre des actes additionnels et, ce conformément

---

[19] CJCE, 13 déc. 1989, aff. 322/88, Grimaldi, pt 18, Rec. CJCE 1989, p. 4407.

[20] La directive sera analysée dans le cadre de l'étude de la technique d'intégration qu'est l'harmonisation.

[21] V. art. 19 du Traité de l'UEMOA ; art. 9 du Traité de la CEDEAO issu de l'Acte additionnel A.SA.3/01/10 du 16 février 2010.

[22] R. YOUGBARE, « La nature juridique de l'Acte additionnel dans le système juridique de l'UEMOA à la lumière de l'affaire YAI », *Penant*, n°864, juillet-septembre 2008, p. 340 et s.; R. YOUGBARE et Y. BATCHASSI, « Les Actes additionnels de l'UEMOA : analyse juridique », in *les cahiers du CEEI*, 1999, n° 1.

[23] V. art. 45 du Traité de l'UEMOA ; A. Y. SARR, *L'intégration juridique dans l'Union économique et monétaire ouest africaine et dans l'Organisation pour l'Harmonisation en Afrique du Droit des Affaires*, PUAM, 2008, n° 24.

aux dispositions de l'article 19 du traité. Il importe de souligner que les actes additionnels peuvent être prévus par le traité de base chaque fois qu'une étape importante devra être franchie dans la voie de l'intégration. Par exemple, un acte additionnel est nécessaire pour la modification du nombre des membres de la Commission, ce qui correspond à une étape importante dans la vie de l'intégration dans l'Union.

9. Règlement. Le règlement est la principale source du droit dérivé. La particularité des règlements est liée à leur diversité. Il existe plusieurs sortes de règlements qui se distinguent, suivant leur auteur et leur contenu. Dans ce dernier cas, les règlements se répartissent en règlement de base et en règlement d'exécution.

C'est à travers le règlement que s'exprime le pouvoir normatif des organisations communautaires. Selon Guy ISAAC «*il est de loin la principale source du droit dérivé, c'est à travers lui que s'exprime par excellence, le pouvoir législatif des communautés* ». D'après les textes fondateurs de l'UEMOA, les règlements sont des actes de portée générale obligatoires en toutes leurs dispositions et qui sont directement applicables dans les États membres[24].

Le règlement communautaire présente des caractères spécifiques.

En premier lieu, la caractéristique fondamentale du règlement est son caractère et sa portée générale, ce qui fait qu'il s'applique de manière abstraite à toutes les personnes qui entrent dans son champ d'application. Comme la loi, le règlement contient des prescriptions générales impersonnelles, c'est-à-dire qu'il statue abstraitement, c'est la condition de la fonction normative qu'il est appelé à jouer dans le système du traité.

La portée générale des règlements signifie qu'elles contiennent des prescriptions générales et impersonnelles[25] ; il s'agit de la principale

---

[24] V. art. 43 du Traité de l'UEMOA.

[25] J-C. MASCLET, « Règlement », *Rép.dr.eur.*, juin 2011, n° 1 ; G. ISAAC, *Droit communautaire général,* 5e éd., 1996, p. 172 ; T. ZOGBELEMOU, Droit des

condition de la fonction normative. La Cour de Justice des communautés européennes évoque « *la fonction législative du règlement* »[26].

Les règlements sont par excellence des actes normatifs. La Cour reprend très souvent la formule selon laquelle « *le règlement de caractère essentiellement normatif, est applicable (...) à des catégories de personnes envisagées abstraitement dans leur ensemble* »[27]. Les dispositions des règlements s'appliquent à des situations définies de façon objective au regard de la finalité des mesures adoptées.

À cet égard, le règlement s'oppose à la décision qui est un acte à caractère particulier ; il est « *de caractère essentiellement normatif et est applicable non à des destinataires limités, désignés et identifiables, mais à des catégories envisagées abstraitement et dans leur ensemble* »[28].

En deuxième lieu, alors que la directive ne lie les États que quant au résultat à atteindre, le règlement est « *obligatoire en tous ses éléments* »[29]. Le caractère de portée générale du règlement est complété par son caractère obligatoire dans tous ses éléments. Le règlement fixe les résultats à atteindre et prévoit parallèlement les moyens qu'il convient impérativement d'utiliser pour réaliser l'objectif fixé.

Le règlement est obligatoire dans tous ses éléments, c'est-à-dire qu'il s'impose dans son intégralité aux institutions de l'Union, à tous les États membres et aux particuliers. Il s'applique à toutes les situations

---

organisations d'intégration économique en Afrique (CEDEAO-CEMAC-UEMOA-ZMAO), Paris, l'Harmattan, 2014, p. 193.

[26] CJCE 21 janvier 1999, France c/ Comafrica, aff. C-73/97, *Rec.*, I-185.

[27] CJCE, 18 mai 1994, aff. C-309/89, Codorniu, pt 18, Rec. CJCE 1994, I, p. 1853.

[28] CJCE 14 décembre 1962, Fédération nationale de la boucherie, aff.Jtes 19-22/62, *Rec.*, 043.

[29] M. BLANQUET, « Effet direct du droit communautaire », *Rép. comm,* Dalloz, août 2008, n° 1 ; R. MEHDI, « Ordre juridique communautaire. Effet direct », *J.-class.Eur.*, fasc. 195, 2008 ; R. KOVAR, « L'intégrité de l'effet direct du droit communautaire selon la jurisprudence de la Cour de Justice de la Communauté », in *Der Europa des zweiten Generation, Mélanges Sasse*, Baden-Baden, Nomos, 1981, p. 151 s. ; R. KOVAR, « L'applicabilité directe du droit communautaire », *JDI* 1973, p. 279.

qui entrent dans son champ d'application et les États membres ne peuvent l'appliquer de manière sélective. Les difficultés d'application ne peuvent pas permettre à un État membre de se dispenser de l'exécuter.[30]

À travers cette norme de droit dérivé, le législateur communautaire dispose d'un pouvoir normatif complet, puisqu'il peut non seulement prescrire un résultat, mais aussi imposer toutes les modalités d'application et d'exécution du texte communautaire. Le règlement se suffit à lui-même[31].

Les États membres doivent s'abstenir de tout acte susceptible de remettre en cause l'autorité du règlement, lequel doit pouvoir déployer tous ses effets aussi longtemps que son illégalité n'a pas été établie par le juge[32].

Un État membre ne peut pas non plus faire obstacle à l'exécution d'un règlement en se fondant sur le fait qu'il aurait exprimé des réserves lors des travaux préparatoires du règlement. Ce caractère obligatoire dans tous ses éléments rapproche le règlement de la décision et le différencie de la directive qui ne lie que quant au résultat à atteindre.

Étant directement applicables, les règlements pénètrent directement dans les ordres juridiques nationaux et ne doivent donc pas faire l'objet de mesures de réception[33] ou de mesures nationales pouvant créer une équivoque sur leur nature[34].

Ceci n'exclut pas pour autant l'adoption de mesures d'application prévues par les règlements et dont l'adoption par les États est, d'ailleurs, obligatoire en vertu de l'obligation générale de coopération loyale pesant sur les États et de l'autorité même du règlement. Seules les mesures prévues par le règlement pourront être prises par les autorités

[30] CJCE, 7 février 1973, Commission c/ Italie affaire 39/72, rec. 115
[31] T. ZOGBELEMOU, *Droit des organisations d'intégration économique en Afrique (CEDEAO-CEMAC-UEMOA-ZMAO),* Paris, l'Harmattan, 2014, p. 14 et s.
[32] CJCE, 19 février 1979, Granaria, aff. 101/78, p. 623.
[33] CJCE, 7 févr. 1973, aff. 39/72, Comm. c/ Italie, Rec. CJCE 1973, p. 101.
[34] CJCE, 2 févr. 1977, aff. 50/76, Amsterdam Bulb, Rec. CJCE 1977, p. 137.

des États membres[35]. L'État doit prendre les mesures qui s'avèrent nécessaires en raison des lacunes du règlement[36].

En troisième lieu, le règlement est directement applicable dans tout État membre. L'effet direct du règlement désigne l'aptitude de cet acte à déployer par lui-même ses effets dans les ordres juridiques nationaux, c'est-à-dire sans aucune interposition des autorités portant réception ou même reproduction des règles communautaires dans le droit national. Le règlement se présente ainsi comme l'instrument normatif le plus efficace mis à la disposition des institutions et qui est particulièrement adapté à la mise en œuvre des politiques communes, par la création d'un corps de règles communes applicables de façon uniforme dans l'ensemble de l'Union.

Le règlement est directement applicable dans tous les États membres. Il ne doit donc faire l'objet d'aucune mesure de transposition et s'impose dès son entrée en vigueur dans les ordres juridiques nationaux. À ce titre, il s'oppose à la directive et à la décision qui ne déploient en principe leurs effets dans l'ordre interne des États que lorsque les mesures d'exécution nécessaires au plan national ont été prises, autrement dit, lorsque les États membres ont obéi à leur prescription en les traduisant dans les textes nationaux. L'applicabilité directe du règlement a une double signification.

D'une part, elle signifie qu'il est non seulement inutile, mais encore interdit de transformer le règlement en norme juridique nationale, l'intervention de l'État ne se justifie pas.

D'autre part, l'applicabilité directe s'oppose à toute formalité nationale d'insertion ou de transposition dans l'ordre interne[37]. Il n'est donc nul besoin d'un acte national qui aurait pour objet d'introduire dans

---

[35] CJCE, 11 févr. 1971, aff. 39/70, Norddeutsches Vieh und Fleischkontor, Rec. CJCE 1971, p. 49.

[36] CJCE, 17 déc. 1970, aff. 30/70, Scheer, Rec. CJCE 1970, p. 1197.

[37] CJCE, 10 octobre 1973, Variola c/Administration des finances italienne, affaire 34/73, *Rec.*, 981 ; V. CJCE, 02 février 1977, Amsterdam Bulb c/Produktschapvoor Siergewassen, aff. 50/76, *Rec.*, 137.

l'ordre interne le règlement en cause et qui conditionnerait son entrée en vigueur[38] ; un tel acte serait superfétatoire et inopportun[39].

10. Loi uniforme. Les lois uniformes constituent une spécificité de l'espace communautaire de l'Union Monétaire Ouest Africaine (UMOA). La notion de « *loi uniforme* » n'est répertoriée, ni dans la nomenclature des actes communautaires (Directive, règlement, recommandation, avis, etc.), ni dans celle des normes du droit national (loi constitutionnelle, loi organique, loi référendaire, loi ordinaire, etc.).

On peut citer la loi uniforme n° 2008-48 du 3 septembre 2008 relative à la répression des infractions en matière de chèque, de carte bancaire et d'autres instruments et procédés électroniques de paiement[40].

Les lois uniformes s'inscrivent dans le cadre de la politique d'uniformisation élaborée par l'UMOA[41]. Il résulte des articles 17 et 34 du Traité de l'Union Monétaire Ouest Africaine du 20 janvier 2007 que les Gouvernements des États membres de l'UMOA conviennent d'adopter une réglementation uniforme dont les dispositions sont préparées à son initiative ou à celle de la Banque centrale et arrêtées par le Conseil des Ministres, en vue de permettre la pleine application des principes d'union monétaire.

Cette réglementation uniforme concerne l'exécution et le contrôle des relations financières entre les États membres et ceux n'appartenant pas à l'UMOA, les règles générales d'exercice de la profession bancaire et financière et les activités s'y rattachant, les systèmes de paiement, la répression de la falsification des signes monétaires et de l'usage des signes falsifiés ainsi que la répression du blanchiment de capitaux.

---

[38] S. N. TALL, *Droit des organisations internationales africaines. Théorie générale. Droit communautaire comparé. Droit de l'homme, paix et sécurité,* Paris, l'Harmattan, 2015, p. 250-251.

[39] Y. GALMOT, « Directives et règlements en droit communautaire », *CJEG* 1990, p. 73.

[40] JORS n° 6453 du 7 février 2009.

[41] M. DIAKHATE, *Rédaction administrative au Sénégal*, Dakar, CREDILA, 2016, p. 174.

10. Décisions. Les décisions sont des actes de portée individuelle en faveur des destinataires qu'elles désignent[42]. Elles peuvent également être prises dans le cadre du contrôle du fonctionnement des institutions de la communauté ou de la réalisation des objectifs de l'organisation communautaire. Elles ne sont obligatoires que pour leurs destinataires. Les décisions du droit communautaire sont assimilables aux actes administratifs à caractère individuel du droit administratif interne[43].

Contrairement à la directive, qui n'est obligatoire que quant au résultat à atteindre, la décision est obligatoire dans tous ses éléments ; elle peut même prescrire les moyens d'atteindre le résultat escompté. Les États ne conservent que le choix des formes juridiques de sa mise en œuvre dans l'ordre juridique national.

Dépourvues de caractère général, les décisions doivent faire l'objet d'une notification à leur destinataire et prennent effet à partir de cette notification.

Cependant, le défaut de notification n'affecte pas la validité de ces actes. Le traité de l'UEMOA indique que les décisions sont obligatoires dans tous leurs éléments pour les destinataires qu'elles désignent. Ce caractère permet ainsi de les distinguer d'autres actes.

Contrairement au règlement, la décision n'a pas de portée générale. C'est un acte de portée individuelle, puisqu'elle n'oblige que ces destinataires qui peuvent être des États, tous les États ou certains d'entre eux, des entreprises ou des particuliers. Elle constitue l'acte typique par lequel les institutions communautaires réglementent les cas particuliers.

Il ressort clairement de la jurisprudence de la Cour de Justice des Communautés européennes que la décision constitue un acte individuel d'exécution du droit communautaire spécifique lorsqu'elle s'adresse à des particuliers ou des entreprises. Le juge a eu l'occasion de préciser que « *pour déterminer dans les cas douteux si on se trouve en présence d'une décision ou d'un règlement, il faut rechercher si l'acte en*

---

[42] V. art. 43 du Traité de l'UEMOA ; art. 9 du Traité de la CEDEAO issu de l'Acte additionnel A.SA.3/01/10 du 16 février 2010.

[43] A. Y. SARR, *op. cit.*, n° 61.

question concerne individuellement des sujets déterminés »[44]. Dans certains cas, les décisions peuvent définir, à la charge d'un ou de plusieurs États, un objectif nécessitant l'adoption de mesures nationales ; elles présentent alors des similitudes avec des directives. Contrairement à la directive, la décision est obligatoire dans tous ces éléments et pas seulement quant au résultat à atteindre, elle peut donc légitimement être très détaillée et prescrire même les moyens d'atteindre les résultats imposés ; les États ne conservent que le choix des formes juridiques de la mise en œuvre dans l'ordre national.

On a pu évoquer le caractère normatif de certaines décisions adressées à l'ensemble des États membres « *lorsqu'elles s'appliquent à un ensemble de personnes par référence à une situation objective de fait ou de droit définie en relation avec la finalité de ces actes* »[45]. Le fait que des décisions puissent ne pas avoir de destinataires tend, cependant, à souligner leur potentialité normative. Les États membres doivent prendre les mesures propres à assurer l'exécution des décisions[46].

La décision a un effet direct si son destinataire est un particulier ou une entreprise, lorsqu'elle modifie sa situation juridique. Il n'en est pas de même, en principe, lorsque le destinataire est un État[47].

Les décisions adressées à des particuliers créent des droits et des obligations à l'égard de leurs destinataires. Elles peuvent être invoquées par des tiers devant les juges nationaux.

Dans l'affaire Frantz GRAD, la Cour de Justice s'est prononcée en faveur de l'effet direct des dispositions combinées de directives et de

---

[44] CJCE, 14 décembre 1962, Fédération nationale des boucheries en gros et du commerce en gros en viande

[45] R. KOVAR, Identification des actes normatifs, Mélanges M. Waelbroeck, p. 394 ; V. CJCE, 14 juill. 1983, aff. 231/82, Spijker Kwasten BBV c/ Comm., pts 9 et 10, Rec. CJCE 1983, p. 2559 ; TPICE, 5 juin 1996, aff. T-398/94, Kahn Scheepwart NV c/ Comm, pt 41, Rec. CJCE 1996, II, p. 477.

[46] V. dans une jurisprudence constante sur la récupération des aides illégales, CJCE, 5 oct. 2006, aff. C-232/05, Comm. c/ France, pt 42, Rec. CJCE 2006, I, p. 10071.

[47] G. ISAAC et M. BLANQUET, *Droit général de l'Union européenne*, Paris, Sirey, 10e édition, 2012, p. 312.

décisions, en fonction des obligations claires, précises et inconditionnelles édictées[48]. Selon la Cour, « *il est de jurisprudence constante que les dispositions d'une décision du Conseil produisent un effet direct dans les relations entre les États membres et leurs justiciables, en ce sens qu'elles engendrent dans le chef des particuliers des droits que les juridictions nationales doivent sauvegarder, dès lors que ces dispositions imposent aux États membres une obligation inconditionnelle et suffisamment nette et précise* »[49]. La haute juridiction a précisé « *qu'il serait incompatible avec l'effet contraignant que l'article 189 du traité reconnaît à la décision d'exclure en principe que l'obligation qu'elle prévoit puisse être invoquée par les personnes concernées* »[50].

11. Principe de la primauté du droit communautaire. Le droit communautaire de l'UEMOA présente des particularités certaines.

À cet égard, les rapports entre l'ordre normatif national et l'ordre juridique communautaire sont marqués par le principe de la primauté du droit communautaire très tôt dégagé par la Cour de Justice des Communautés européennes[51].

On a pu écrire avec raison que la primauté est une *« condition existentielle »* du droit de l'intégration[52] qui ne saurait contribuer à la réalisation des objectifs définis par les traités constitutifs qu'à condition que son autorité ne puisse être battue en brèche par la volonté unilatérale des États appartenant à la Communauté[53]. Les droits

---

[48] CJCE, 6 oct. 1970, aff. 9/70, Frantz Grad, att. 10, cité supra n° 215 (CJCE, 8 mars 1979, aff. 130/78, Salumificio di Cornuda, Rec. CJCE 1979, p. 867).

[49] CJCE, 12 déc. 1990, aff. jtes C-100/89 et C-101/89, Kaeffer et Procacci, pt 24, Rec. CJCE 1990, I, p. 4647.

[50] CJCE, 10 nov. 1992, aff. C-156/91, Hansa Fleisch Ernst Mundt , pts 19 et 20, Rec. CJCE 1992, I, p. 5567.

[51] CJCE 15 juillet 1964, Flaminio Costa c/ ENEL, aff. 6/64, *Rec.* 1141 ; Lebon 1141 ; aussi, CJCE 9 mars 1978, Simmenthal, aff. 106/77, *Rec.*, 629.

[52] P. PESCATORE, *L'ordre juridique des Communautés européennes*, Presses universitaires Liège, 1975, p. 227, rééd. Bruxelles, Bruylant, 2010.

[53] C. DENIZEAU, « La primauté », *ADE*, 2006, p. 53 ; J. V. LOUIS, « La primauté du droit de l'Union, un concept dépassé ? », in Mélanges Jean Paul Jacqué, Paris, Dalloz, 2010, p. 443 ; D. RITLENG, « Le principe de primauté du droit de l'Union », *RTD eur.* 2005, p. 285 ; E. DUBOUT, « La primauté du droit de l'Union et le passage

communautaires de l'UEMOA et de l'OHADA ont affirmé le principe de la supranationalité des normes qu'ils édictent. Selon l'article 6 du Traité de l'UEMOA, les actes arrêtés par les organes de l'Union pour la réalisation des objectifs dudit traité et conformément aux règles et procédures instituées par celui-ci sont appliqués dans chaque État membre « *nonobstant toute législation nationale contraire, antérieure ou postérieure* ».

L'article 10 du Traité de l'OHADA a prévu une disposition similaire. Aux termes de ce texte : « *Les Actes uniformes sont directement applicables et obligatoires dans les États Parties, nonobstant toute disposition contraire de droit interne, antérieure ou postérieure* »[54].

Dans son avis rendu le 30 avril 2001[55], la Cour Commune de Justice et d'Arbitrage (CCJA) de l'OHADA a estimé que l'article 10 du Traité de Port-Louis « *contient une règle de supranationalité parce qu'il prévoit l'application directe et obligatoire dans les États parties des Actes uniformes et institue, par ailleurs, leur suprématie sur les*

au pluralisme constitutionnel-Réflexions autour de l'arrêt M.A.S et M. B. », *RTD eur.* 2018, p. 563 ; E. NEFRAMI, « À propos du principe de primauté », in E. BROSSET, C.CHEVALLIER-GOVERS, V. EDJAHRIAN et C. SCHNEIDER, (dir), *Le traité de Lisbonne ? Reconfiguration ou déconstitutionnalisation de l'Union européenne*, Bruxelles, Bruyant, 2009, p. 1999 ; D. CARREAU, « Droit communautaire et droits nationaux : concurrence ou primauté ? », *RTD eur.* 1978, p. 381 s ; C. PICHERAL, « La primauté du droit de l'Union aux termes de la décision n° 2004-505 DC du Conseil constitutionnel-Reconnaissance et méconnaissance d'un principe », *RAE* 2005, p. 119

[54] Sur cette question, T. ZOGBELEMOU, *Droit des organisations d'intégration économique en Afrique (CEDEAO-CEMAC-UEMOA-ZMAO),* Paris, l'Harmattan, 2014, p. 222-223.

[55] CCJA, avis, n° 001/2001/EP du 30 avril 2001, ohada.com, ohadata D.04-12, p/ 19 et s., obs. J. I. SAYEGH. La Cour suprême du Sénégal a également affirmé la primauté du droit communautaire sur le droit national, V. CS n° 12 du 05 mai 2009, État du Sénégal c/ ARMP, Comité de règlement des différends, Agence autonome des Transports routiers, *Bulletins des arrêts de la Cour suprême,* n° 01, décembre 2011, p. 96 ; sur cette décision, V. D. SY, « Un demi-siècle de jurisprudence administrative au Sénégal : de l'émergence à la maturation», in A. SALL et I. M. FALL (dir.), *Actualités du droit public et de la science politique en Afrique, Mélanges en l'honneur de Babacar KANTE*, Dakar, l'Harmattan, 2017, p. 630-631.

dispositions de droit interne antérieures et postérieures »[56]. Le droit de l'Union l'emporte dans sa totalité sur l'ensemble des règles nationales.

Une ordonnance rendue par un Conseiller de la mise en en état de la Cour d'appel de Dakar, le 22 mai 2008, a déjà énoncé que « *l'article 10 du traité de l'OHADA consacre la primauté du droit communautaire sur le droit interne des États parties ; Que toutefois, comme cela a été plaidé par les conseils des demandeurs au recours, primauté n'équivaut pas exclusion automatique du droit interne mais inapplicabilité de toutes dispositions contraires antérieures ou postérieures dudit droit interne* »[57].

Les dispositions internes des États membres contraires ou identiques aux Actes uniformes sont dépourvues d'efficacité juridique. Si elles ne sont pas formellement abrogées, elles sont réputées non écrites et neutralisées par l'OHADA[58].

Dans l'arrêt *Costa* rendu le 15 juillet 1964[59], la Cour de Justice a posé le principe de primauté du droit communautaire.

Selon la Cour : « *le traité de la CEE a institué un ordre juridique propre, intégré au système juridique propre intégré au système des États membres lors de l'entrée en vigueur du traité et qui s'impose à leurs juridictions (...) cette intégration au droit de chaque pays membre de dispositions qui proviennent de source communautaire, et plus générale ment, les termes et l'esprit du traité, ont pour corollaire l'impossibilité pour les États de faire prévaloir contre un ordre*

---

[56] J. I. SAYEGH, « La portée abrogatoire des Actes uniformes de l'OHAHA sur le droit interne des États parties », *Revue burkinabé de droit,* n° spécial, n° 39-40, p. 51 ; D. ABRACH, « La supranationalité de l'OHADA », *Rev. EDJA,* 2000, n° 44, p. 7 et s.; A.M. FONE MDONTSA, « Réflexions sur l'article 10 du Traité de l'OHADA », *Revue africaine des sciences juridiques,* 2010, vol. VII, n°01, p. 48 ; P. DIEDHIOU « L'article 10 du Traité de l'OHADA : quelle portée abrogatoire et supranationale ? », *Revue de droit uniforme*, 2007-2, vol. XII, p. 265.

[57] CA Dakar, ord. CME n° n° 21/08 du 22 mai 2008, Michel MERSCH et Pierre HENFILING es qualité de liquidateurs de la société NBLI Groupement NBLI-GFI c/ La Société « Les Ciments du Sahel dites C.D.S. », *inédit.*

[58] En ce sens, P. G. POUGOUE et autres, « Actes uniformes », in P. G. POUGOUE (dir), *Encyclopédie du droit OHADA,* Paris, Lamy 2011, n° 45.

[59] CJCE, 15 juill. 1964, aff. 6/64, Costa c/ Enel, Rec. CJCE 1964, p. 1141.

juridique accepté par eux sur une base de réciprocité, une mesure unilatérale ultérieure qui ne saurait lui être opposable ». Le juge de l'union a ajouté que « *la prééminence du droit communautaire est confirmée par l'article 189 [devenu art. 288 TFUE} aux termes duquel les règlements ont valeur obligatoire et sont directement applicables dans tout État membre ; cette disposition, qui n'est assortie d'aucune réserve, serait sans portée si un État pouvait unilatéralement en annihiler les effets par un acte législatif opposable aux textes communautaires* ».

Quant à la Cour de Justice de l'UEMOA, elle a également affirmé la primauté des règles communautaires primaires et dérivées de l'UEMOA, même sur les normes constitutionnelles.

Dans l'avis n° 001/2003 du 18 mars 2003[60] émis sur la demande de la Commission de l'UEMOA relative à la création de la Cour des Comptes du Mali, la haute juridiction de l'UEMOA a énoncé que : « *Le juge national, en présence d'une contrariété entre le droit communautaire et une règle de droit interne, devra faire prévaloir le premier sur la seconde en appliquant l'un et en écartant l'autre* ».

La cour a ajouté que « *la primauté bénéficie à toutes les normes communautaires, primaires comme dérivées, immédiatement applicables ou non et s'exerce à l'encontre de toutes les normes nationales, administratives, législatives, juridictionnelles ou même constitutionnelles, parce que l'ordre juridique communautaire l'emporte dans son intégralité sur les ordres juridiques nationaux* » [61].

Les normes du droit communautaire bénéficient d'une supériorité par rapport à toutes les normes du droit national.

---

[60] CJUEMOA, avis, n° 1/2003 du 18 mars 2003, demande d'avis de la Commission de l'UEMOA relative à la création de la Cour des Comptes du Mali, *Rec.* 2008, p. 470.

[61] Pour un commentaire de cette décision, V. A. SALL, *La justice de l'intégration. Réflexions sur les institutions judiciaires de la CEDEAO et de l'UEMOA*, Dakar, l'Harmattan, 2008, 2e édition revue, corrigée et augmentée, p. 184 et s.

La Cour de Justice de l'UEMOA a eu l'occasion de préciser sa jurisprudence sur la primauté du droit communautaire dans une décision rendue le 08 juillet 2020[62].

Dans cette affaire, le Conseil de l'Ordre des Avocats du Bénin avait rejeté la requête aux fins d'inscription au tableau de l'ordre des avocats formulée par le professeur Eric Dewedi agrégé des facultés de droit, au motif que selon l'article 35 du Règlement n°05/CM/UEMOA du 25 septembre 2014 relatif à l'harmonisation des règles régissant la profession d'avocat dans l'espace UEMOA, la fonction d'avocat est compatible avec la fonction d'enseignant vacataire, alors que la loi béninoise n°65-6 du 20 avril 1965 autorise les professeurs agrégés à accéder à la fonction d'avocat.

Eric Dewedi a exercé un recours devant la Cour constitutionnelle béninoise contre le rejet de son inscription au tableau de l'ordre des avocats du Bénin. Il a estimé que l'ordre des avocats a violé le principe d'égalité découlant de la Constitution dans la mesure où d'autres professeurs agrégés, avant lui leur inscription au tableau de l'ordre des avocats, en vertu de l'article 20 de la loi n°65-6 du 20 avril 1965 précitée.

La Cour constitutionnelle béninoise, saisie de la requête a jugé, dans une décision n°19-287 du 22 aout 2019[63], qu'en disposant, en son article 35 que la profession d'avocat est compatible avec la profession d'enseignant vacataire, le Règlement n°5/CM/UEMOA du 25 septembre 2014 ne fait qu'établir une compatibilité statutaire à l'égard de l'avocat candidat à la profession d'enseignant du supérieur et ce texte ne saurait être entendu ni retenu comme une règle fixant une incompatibilité d'exercice de la profession d'enseignant du supérieur dont le régime relève des dispositions statutaires relatives à cette profession.

---

[62] D. B. COULIBALEY, « Réflexions sur le conflit des normes constitutionnelle et communautaire dans les Etats membres de l'union économique et monétaire ouest africaine (UEMOA) analyse à partir des décisions de la Cour constitutionnelle béninoise » : https://afrilex.u-bordeaux.fr

[63] C. const. Bénin n°19-287 du 22 aout 2019, *inédit*.

Selon la haute juridiction constitutionnelle « *n'est pas contraire à la Constitution une disposition législative nationale qui accorde aux citoyens des droits plus avantageux que ceux résultant d'une norme communautaire ou internationale; le droit communautaire antérieur ou postérieur, s'appliquant aussi longtemps qu'il ne diminue ni ne restreint les droits reconnus par la constitution et les lois en général en faveur des personnes; qu'il n'en irait autrement que si la disposition contenue dans la législation nationale antérieure ou postérieure fixe des obligations ou impose des sujétions plus élevées que ces conventions régulièrement ratifiées par la République du Benin* ».

Face à cette analyse difficilement conciliable avec l'article 6 du traité UEMOA, la Commission de l'UEMOA a saisi la Cour de Justice de l'UEMOA aux fins de la mise en œuvre de l'article 14 du Protocole additionnel n° 1 relatif aux organes de contrôle de l'UEMOA.

Statuant sur la requête de la Commission de l'UEMOA, la Cour de Justice de l'UEMOA a, dans son arrêt du 08 juillet 2020[64], jugé que la juridiction constitutionnelle béninoise a opéré une interprétation erronée de l'article 35 du Règlement n°05/CM/UEMOA du 25 septembre 2014. La Cour de Justice a rappelé que « *si la place du droit international classique dans l'ordre interne est déterminée dans la plupart des États dans leur Constitution, il en va autrement du droit de l'Union dont la primauté est consacrée dans son traité constitutif, qu'en effet, à la différence des traités internationaux ordinaires, le traité de l'UEMOA a institué un ordre juridique propre, intégré au système juridique des États membres lors de son entrée en vigueur et qui s'impose à leurs juridictions* ».

La haute juridiction de l'Union a ainsi eu l'occasion de repréciser sa jurisprudence sur la primauté du droit communautaire sur le droit national. Elle a estimé que le Règlement n°05/CM/UEMOA du 25 septembre 2014 compte tenu de ses caractéristiques intrinsèques, se suffit en lui-même et n'exige aucune autre conditionnalité pour être appliqué de façon préférentielle à toute norme interne. La Cour de

[64] CJUEMOA n°005/2020 du 08 juillet 2020, *inédit*.

Justice a estimé que la Cour constitutionnelle du Bénin a fait une mauvaise interprétation du rapport existant entre l'ordre juridique communautaire et son propre ordre juridique, en décidant de faire prévaloir le second sur le premier.

Le juge de l'Union a ajouté qu' « *il n'est pas admis qu'une juridiction ou toute autre institution d'un État membre puisse invoquer à l'encontre du droit de l'Union, des considérations de nature constitutionnelle ou simplement relevant des principes généraux ou encore une prétendue violation du principe d'égalité; que dans le cas d'espèce, la décision de la Cour Constitutionnelle du Bénin est en totale contradiction avec les objectifs du traité qui imposent l'application uniforme du droit de l'Union, sans quoi, il n'existerait pas d'intégration.*

Que la primauté demeure donc une condition sine qua non du droit communautaire, qui ne saurait exister qu'à la condition de ne pouvoir être mise en échec par le droit des États membres ; que ce principe implique, du reste, que le juge interne ne puisse opérer un contrôle, même incident, de conformité des dispositions du droit communautaire par rapport au droit national ».

Au Sénégal, la chambre administrative de la Cour suprême a reconnu au Comité du Règlement des Différends de l'ex Autorité de Régulation des Marchés publics (ARMP), devenue « *Autorité de Régulation de la Commande publique* » (ARCOP), le pouvoir d'écarter des dispositions du Code des Marchés publics contraires à une directive de l'UEMOA, au cours du règlement d'un litige sur le fondement de la primauté du droit communautaire.

En effet, dans un arrêt rendu le 5 mai 2009[65], la haute juridiction administrative a jugé « *que s'il est vrai que le comité ne peut annuler le décret portant Code des marchés publics, il reste qu'il peut écarter des dispositions contraires aux directives n°4 et 5 en vertu du principe de la primauté du droit communautaire sur la législation nationale* ».

[65] CS ch. adm. n°12 du 05 mai 2009, Etat du Sénégal c/ ARMP-Comité de Règlement des Différends, *inédit*.

Dans un autre arrêt rendu le 16 novembre 2010[66], la chambre administrative de la Cour suprême a eu l'occasion de mettre en œuvre le principe de la primauté du droit communautaire.

La haute juridiction a ainsi fait prévaloir les dispositions de la Directive n°04/2005/CM/UEMOA du 09 décembre 2005 portant procédures de passation, d'exécution et de règlement des marchés publics et des délégations de service public dans l'Union Économique et Monétaire, définissant l'autorité contractante comme une personne morale signataire d'un marché public sur les dispositions contraires du Code des Marchés publics qui considérait une entité non personnalisée comme une autorité contractante.

On peut lire sous la plume des hauts magistrats que « *selon l'article 1er de la Directive n°04/2005/CM/UEMOA portant procédures de passation, d'exécution et de règlement des marchés publics et des délégations de service public dans l'Union Économique et Monétaire, on entend par autorité contractante la personne morale de droit public ou de droit privé, signataire d'un marché public ;*

Considérant que le Code des Marchés publics en son article 2.1- a), contrairement à ce que retient l'ARMP dans la décision attaquée, fait des organisations ou agences non dotées de la personnalité morale placées sous l'autorité de l'État, des autorités contractantes, ce qui est en contradiction avec la Directive susvisée, norme supérieure qui rend tributaire la qualité d'autorité contractante de ces organisations ou agences à l'octroi de la personnalité morale ;

Considérant que la CENTIF a été instituée en application des dispositions de l'article 16 de la loi uniforme n°2004-09 du 6 février 2004 relative à la lutte contre le blanchiment de capitaux; que l'article 2 du décret n°2004-1150 du 30 juillet 2004 portant sa création, son organisation et son fonctionnement en fait un service administratif placé sous la tutelle du Ministre chargé des Finances, doté de

---

[66] CS, ch. adm. n°29 du 16 novembre 2010, la CENTIF et État du Sénégal c/ le Comité de Règlement des Différends de l'Autorité de Régulation des Marchés publics (ARMP), *inédit*.

l'autonomie financière et d'un pouvoir de décision autonome sur les matières relevant de sa compétence ». La cour a ajouté que « *ces textes n'ont pas doté la CENTIF de la personnalité morale ; Considérant ainsi que la CENTIF dépourvue de la personnalité morale n'a pas la qualité d'autorité contractante et ne peut en conséquence mettre en place sa propre commission des marchés en dehors de celle du Ministère de l'Économie et des Finances, autorité de tutelle* ». En conséquence, la cour a considéré que c'est à bon droit que l'ARMP a déclaré nuls et de nullité absolue les actes pris par la commission des marchés mise en place irrégulièrement par la CENTIF.

12. Conséquences du principe de primauté. Les conséquences attachées à la primauté du droit communautaire ont été précisées dans le célèbre arrêt *Simmenthal*[67]. La Cour a souligné que les règles communautaires « *en tant qu'elles font partie intégrante, avec rang de priorité, de l'ordre juridique applicable sur le territoire des États membres* », doivent être appliquées dès leur entrée en vigueur, malgré l'éventuelle préexistence d'une loi nationale incompatible, et pendant toute la période où elles restent, malgré l'adoption ultérieure d'une loi incompatible[68].

La Cour en a déduit que la règle nationale incompatible avec le droit communautaire devait, pour le moins, être déclarée par les autorités nationales, inapplicable.

Elle précise que le « *juge national chargé d'appliquer, dans le cadre de sa compétence, les dispositions du droit communautaire, a l'obligation d'assurer le plein effet de ces normes en laissant au besoin inappliquée, de sa propre autorité, toute disposition contraire de la législation nationale, même postérieure, sans qu'il ait à demander ou à attendre l'élimination préalable de celle-ci par voie législative ou par tout autre procédé constitutionnel* ».

---

[67] CJCE, 9 mars 1978, aff. 106/77, Simmenthal, Rec. CJCE 1978, p. 629.

[68] G. ISAAC et M. BLANQUET, *Droit communautaire général*, Paris, Sirey, 2012, p. 402 et s.

La Cour n'hésite pas à inférer du principe de primauté des conséquences propres à « *subvertir* » l'ordre juridique interne[69].

En outre, les autorités nationales sont astreintes à une véritable obligation de mise en conformité de l'ordre juridique interne avec le droit communautaire, dès lors qu'une infraction à celui-ci est avérée. À cette fin, la Cour précise que *« Dans le cas [d'une] incompatibilité avec le traité de certaines dispositions législatives d'un État membre, les États [ont] l'obligation de modifier les dispositions en cause, de manière à les rendre conformes aux exigences du droit communautaire»*[70].

La Cour de Justice des Communautés européennes a jugé que *« l'effet du droit communautaire tel qu'il a été constaté avec autorité de chose jugée, à l'égard de la République italienne, impliquait pour les autorités nationales prohibition de plein droit d'appliquer une prescription nationale reconnue incompatible et le cas échéant, obligation de prendre toute disposition pour faciliter la réalisation du plein effet du droit communautaire »*[71].

13. Principe de l'effet direct du droit communautaire. L'effet direct compte au nombre des principes cardinaux du droit communautaire qui, à l'instar de l'immédiateté ou de la primauté, constitue un « *mur porteur* » de l'ordre juridique communautaire de l'UEMOA[72].

---

[69] D. SIMON, « Les exigences de la primauté du droit communautaire : continuité ou métamorphose ? » in *Mélanges en hommage à J. Boulouis,* Paris, Dalloz, 1991, p. 492.

[70] CJCE, 14 déc. 1982, aff. jtes 314/81 à 316/81 et 38/82, Proc. de la Rép. c/ Waterkeyn, Rec. CJCE 1982, p. 4060, note R. M. Chevallier et V. Constantinesco ; *D.* 1983, II, p. 426.

[71] CJCE, 13 juill. 1972, aff. 48/71, Comm. CE c/ Italie, Rec. CJCE 1972, p. 529, obs. M.-F. Gayet et D. Simon ; CDE 1973, p. 301.

[72] M. BLANQUET, *Droit général de l'Union européenne*, Paris, Sirey, 11e éd., 2018, spéc. p. 554 et s. ; M. BLANQUET, « Effet direct du droit communautaire », *Rép. dr. comm.*, Dalloz, 2015, § 5, p. 3 ; R. MEHDI, « Effet direct » *Jursicl. Europe*, fasc 195.

Il convient, tout d'abord, de distinguer strictement, et cela en dépit de leur apparente proximité conceptuelle, l'applicabilité directe de l'applicabilité immédiate.

En vertu du principe de l'applicabilité immédiate, parfois qualifiée de « *principe de base* » [73], le droit communautaire s'intègre immédiatement dans l'ordre juridique interne, c'est-à-dire sans que son autorité ne puisse jamais être conditionnée par une quelconque médiation des autorités nationales[74]. La Cour de Justice a affirmé, très tôt, que l'intégration du droit communautaire dans l'ordre juridique interne devait s'opérer sans que l'intercession du droit étatique ne soit ni utile ni souhaitable[75].

Un auteur a écrit que « *l'applicabilité immédiate des traités constitutifs est ([...] très différente de la capacité que possèdent les traités internationaux de s'appliquer directement sur le territoire des États qui ont renoncé à toute procédure de transformation. Dans le deuxième cas, on est en présence d'une renonciation individuelle de certains États à une telle procédure, alors que dans le premier on assiste à une renonciation collective de tous les États.*

Cette renonciation ne figure certes pas expressément dans les traités constitutifs, mais elle peut être déduite des objectifs que ces traités poursuivent. Le fondement de l'applicabilité directe se trouve non dans des règles de droit interne que les États ont la faculté de modifier librement, mais dans les traités de base eux-mêmes, qui ne peuvent être révisés qu'à la suite d'un accord entre les États membres des Communautés européennes »[76].

---

[73] D. SIMON, *Le système juridique communautaire*, Paris, PUF, 3e éd., 2001, p. 385.

[74] V. R. KOVAR, « L'intégrité de l'effet direct du droit communautaire selon la jurisprudence de la Cour de Justice de la Communauté », in *Der Europa des zweiten Generation, Mélanges Sasse : Baden-Baden, Nomos*, 1981, p. 151 s.

[75] CJCE, 22 juin 1965, aff. 9/65, San Michele, Rec. CJCE 1965, p. 1.

[76] C.-A. MORAND, *La législation dans les Communautés européennes,* Paris, LGDJ, 1968, p. 58 s.

Le principe de l'applicabilité immédiate est une exigence en vertu de laquelle l'efficacité du droit communautaire ne saurait être subordonnée à quelques mesures de réception que ce soit.

Quant à l'effet direct, il peut être défini comme l'aptitude d'une norme communautaire à créer par elle-même des droits ou des obligations au bénéfice ou à la charge de personnes privées, lesquelles jouissent de la faculté d'invoquer de telles dispositions, plus ou moins largement et toujours sous conditions, afin d'en obtenir, à l'occasion d'un litige, l'application directe et effective.

Pour LECOURT, l'effet direct ou l'applicabilité directe, « *c'est le droit pour toute personne de demander à son juge de lui appliquer traités, règlements, directives ou décisions communautaires. C'est l'obligation pour le juge de faire usage de ces textes quelle que soit la législation du pays dont il relève* »[77].

Pour MM. ISAAC et BLANQUET, l'effet direct « *c'est tout simplement, mais rien de moins que la capacité à être une source de légalité en vigueur dans l'ordre juridique national ou, mieux, à être une source de droit sur le territoire national* »[78]. L'effet direct est alors perçu comme la capacité d'une norme du droit communautaire à devenir un paramètre de la légalité.

Si le principe de primauté permet toujours de mesurer la portée de cette pénétration, l'effectivité de celle-ci repose largement sur une conception particulière de l'effet direct, selon laquelle le droit de l'Union possède une aptitude générale à compléter directement le patrimoine juridique des particuliers de droits subjectifs et/ou d'obligations, tant dans leurs rapports avec d'autres particuliers que dans leurs relations avec l'État dont ils relèvent.

La notion même de directive semble *a priori* exclure qu'un tel acte soit apte à produire un effet direct dans l'ordre interne des États

---

[77] R. LECOURT, *L'Europe des juges*, Bruxelles, Bruylant, 1976, p. 248, réimpr. Bruylant, coll. Droit de l'Union européenne, Grands écrits, 2008.

[78] G. ISAAC et M. BLANQUET, *Droit général de l'Union européenne*, Paris, Sirey Université, 9e éd., 2006, p. 268.

membres. En effet, la théorie de la « *législation à deux étages* » ou « à double détente » implique que l'application des dispositions de la directive soit normalement « *médiatisée* » par les mesures nationales de transposition et que les effets de la directive n'atteignent les ressortissants des États membres que par l'intermédiaire des actes internes d'application.

Par ailleurs, les conditions techniques de l'effet direct, telles que définies par le juge communautaire dans sa jurisprudence classique[79], et notamment l'absence d'intervention discrétionnaire des autorités nationales, semblent exclure qu'un acte, comme une directive, qui suppose par définition une intervention complémentaire des États membres comportant une marge d'appréciation quant à la forme et aux moyens, soit susceptible d'être invoqué devant les juridictions nationales et appliqué directement par le juge interne.

Pourtant, en rupture avec les positions quasi unanimes de la doctrine, la Cour de justice a reconnu l'aptitude des directives à produire dans certaines hypothèses des effets directs.

Quant au règlement, il est directement applicable dans tout État membre. Il s'agit des seuls actes pour lesquels le traité prévoit expressément qu'ils auront une telle qualité[80]. L'applicabilité directe du règlement est son aptitude, d'une part, à créer des obligations, et, d'autre part, à faire entrer directement dans le patrimoine juridique des personnes privées, physiques ou morales, des droits dont elles peuvent obtenir judiciairement la protection[81].

La Cour a estimé que « *les règlements [...] pour s'imposer avec la même force à l'égard des ressortissants de tous les États membres, s'intègrent au système juridique applicable sur le territoire national, qui doit laisser s'exercer l'effet direct prescrit à [l'article 288 TFUE] de telle sorte que les particuliers peuvent l'invoquer sans que leur soient*

[79] CJCE, 5 févr. 1963, Van Gend en Loos, aff. 26/62 ; CJCE, 3 avr. 1968, Molkerei-Zentrale, aff. 28/67 ; CJCE, 19 déc. 1968, Salgoil, aff. 13/68.
[80] V. art. 43 du traité de l'UEMOA.
[81] CJCE, 14 déc. 1971, aff. 43/71, Politi, Rec. CJCE 1971, p. 729.

opposables des dispositions ou pratiques de l'ordre interne » et que « *les dispositions (en l'occurrence budgétaires) d'un État membre ne sauraient donc entraver l'applicabilité immédiate d'une disposition communautaire et par voie de conséquence, l'échéance des droits individuels qu'une telle disposition confère aux particuliers*» et que les juges nationaux sont obligés de préserver[82].

14. Application prétorienne. La question de l'articulation des règles de la procédure pénale avec le droit communautaire s'est aussi posée à l'occasion de l'adoption du Règlement n° 05/CM UEMOA du 25 septembre 2014 relatif à l'harmonisation des règles régissant la profession d'Avocat dans l'espace UEMOA[83]. Aux termes de l'article 5, alinéa 1er du Règlement n° 05/CM UEMOA du 25 septembre 2014 : « *Les Avocats assistent leurs clients dès leur interpellation, durant l'enquête préliminaire, dans les locaux de la police, de la gendarmerie ou devant le parquet* ».

Ce règlement communautaire avait vite jeté un trouble dans l'esprit des praticiens et des théoriciens du droit et a suscité un vif débat sur son applicabilité en l'état actuel du droit positif sénégalais. En effet, avant l'adoption de ce règlement, l'avocat était présent, dans la seconde période de la garde à vue et pouvait s'entretenir avec son client pendant une durée n'excédant pas trente (30) minutes[84].

---

82 CJCE, 17 mai 1972, aff. 93/71, Leonesio, Rec. CJCE 1972, p. 287.

83 Sur ce débat, Y. BODIAN et P. T. FALL, « À propos de la présence de l'Avocat aux premières heures de la garde à vue », *Le Soleil* du 28 août 2015, p. 5 ; P. A. TOURE, « L'article 5 du Règlement 05/CM UEMOA du 25 septembre 2014 relatif à l'assistance de l'avocat dès l'interpellation devant la Chambre d'accusation de la Cour d'Appel de Dakar : à propos de l'arrêt n° 149 du 22 septembre 2015, affaire Thione SECK », *Annales africaines*, nouvelle série, vol 02, n° 03, décembre 2015, p. 323 et s. ; P. A. TOURE, *La réforme de l'organisation judiciaire du Sénégal commentée et annotée,* Paris, l'Harmattan, 2016, p. 119 et s. ; M. KONATE, *Le temps et le procès pénal*, Thèse de Doctorat, Université de Dakar, 2017, p. 241 et s., n° 547 et s. ; P. A. TOURE, *Le droit à l'assistance d'un avocat durant l'enquête dans l'espace UEMOA,* Dakar, Abis édition, 2019.

84 V. anciens art. 55 et s. du Code de Procédure pénale.

Certains auteurs[85] ont pu douter de l'applicabilité directe du Règlement communautaire de l'UEMOA. Ils ont soutenu que, si les principes d'applicabilité directe et de supranationalité d'un règlement ne peuvent être discutés, la présence de l'avocat auprès du suspect est une question de procédure pénale.

Or, il est, de principe, qu'un règlement communautaire ne peut pas comporter des dispositions pénales (qu'elles soient de droit pénal de fond ou de procédure pénale), le droit pénal relevant de la souveraineté des États. Ils ont ajouté que si la volonté du législateur communautaire était de faire de l'article 5 du Règlement de l'UEMOA une règle de procédure, il reste que cette disposition n'est assortie d'aucune sanction.

Cette analyse curieuse n'emporte pas notre conviction.

En premier lieu, par sa nature, le règlement est une norme communautaire qui est d'application immédiate. Il s'agit d'une manifestation du principe de l'effet direct du droit communautaire[86]. Il résulte des dispositions de l'article 43 du Traité modifié de l'UEMOA du 10 janvier 1994 que : « *Les règlements ont une portée générale. Ils sont obligatoires dans tous leurs éléments et sont directement applicables dans tout État Membre* ».

L'applicabilité directe s'oppose à toute formalité nationale d'insertion ou de transposition dans l'ordre interne. Il n'est donc nul besoin d'un acte national qui aurait pour objet d'introduire dans l'ordre interne le règlement en cause et qui conditionnerait son entrée en vigueur[87]. Un tel acte serait inutile en droit communautaire. Il y a là une différence

---

[85] Y. BODIAN et P. T. FALL, « À propos de la présence de l'Avocat aux premières heures de la garde à vue », *Le Soleil* du 28 août 2015, p. 05.

[86] M. BLANQUET, « Effet direct du droit communautaire », *Rép. communautaire*, Dalloz, août 2008, n° 1 ; R. MEHDI, « Ordre juridique communautaire. Effet direct », *J.-cl. eur.*, fasc. 195, 2008 ; R. KOVAR, « L'applicabilité directe du droit communautaire », *JDI* 1973, p. 279.

[87] S. N. TALL, *Droit des organisations internationales africaines. Théorie générale. Droit communautaire comparé. Droit de l'homme, paix et sécurité*, Paris, l'Harmattan, 2015, p. 250-251.

fondamentale avec la directive qui suppose l'édiction de mesures nationales de transposition[88].

Contrairement à la directive, le règlement est, en principe, directement applicable dans l'ordre juridique national. Dans l'arrêt rendu le 10 octobre 1973[89], la Cour de Justice des communautés européennes a jugé que : « *l'applicabilité directe d'un règlement exige que son entrée en vigueur et son application en faveur ou à la charge des sujets de droit se réalisent sans aucune mesure portant réception dans le droit national* ».

En outre, l'édiction d'un règlement fait obstacle à l'application de toute disposition nationale contraire, quel que soit le rang de la règle concernée qu'elle soit législative ou réglementaire au sens du droit national.

En deuxième lieu, le discours souverainiste d'un droit pénal échappant à toute emprise du droit communautaire, outre le fait qu'il ne ressort pas des textes fondateurs de l'UEMOA, n'a manifestement plus cours[90]. Dans les espaces communautaires, le besoin de rapprochement des législations nationales en vue d'atteindre les objectifs de l'organisation communautaire justifie souvent des incursions du droit communautaire dans les systèmes procéduraux des États.

Même en ce qui concerne les sanctions pénales, la législation communautaire s'arroge de plus en plus le droit de fixer des principes directeurs de répression.

---

[88] Y. GALMOT, « Directives et règlements en droit communautaire », *CJEG* 1990, p.73.

[89] CJCE, 10 octobre 1973, Variola c/Administration des finances italienne, affaire 34/73, *Rec.* 981 : « *les États membres ne sauraient donc adopter, ni permettre aux organismes nationaux ayant un pouvoir normatif d'adopter, un acte par lequel la nature juridique d'un règlement et les effets qui en découlent seraient dissimulés aux justiciables* » ; V. CJCE, 02 février 1977, Amsterdam Bulb c/Produktschapvoor Siergewassen, aff. 50/76, *Rec.* 137 ; également, CJCE, 31 janvier 1978, Zerbone c/Amministrazione delle finanzedello Stato, aff. 94/77, *Rec.* 99 ; CJCE, 30 novembre 1978, Bussone c/ Ministère italien de l'agriculture, aff. 31/78, *Rec.* 2429.

[90] D. SIMON, « Constitution, souveraineté pénale, droit communautaire », *Cahiers du Conseil constitutionnel* n° 26, Dossier : La Constitution et le droit pénal, août 2009.

En réalité, une incursion communautaire dans le champ pénal est possible dès lors qu'elle peut servir à remplir les objectifs de l'organisation communautaire. Or, l'harmonisation des règles régissant la profession d'avocat et notamment l'encadrement de l'intervention de l'avocat durant l'enquête pénale, n'est pas sans lien avec l'atteinte des objectifs de développement du marché commun[91]. En effet, comme l'énonce le préambule du Règlement de l'UEMOA, cette option est « *de nature à contribuer à la sécurisation des investissements dans l'Union* ».

Ainsi, même si l'aménagement de règles de procédure pénale n'est pas toujours habituel en droit communautaire, force est de constater que le droit à l'assistance d'un avocat dès l'interpellation consacré par l'article 5 du Règlement n° 05/CM UEMOA du 25 septembre 2014 est « *self-executing* » (auto-exécutoire), puisque son application n'est subordonnée à l'intervention d'aucun règlement d'exécution[92].

Cette disposition communautaire s'incorpore dans les ordres pénaux des États membres de l'UEMOA, indépendamment de l'accomplissement de toute formalité nationale d'insertion ou de l'édiction de normes d'application.

En troisième lieu, l'on fonderait vainement l'inapplicabilité de l'article 5 du Règlement de l'UEMOA sur le fait qu'il n'est pas assorti de sanction. En effet, dans la théorie générale de la nullité des actes de l'information, la méconnaissance des formalités substantielles liées notamment à la violation des droits de la défense est susceptible d'être

---

[91] Sur cette question, B. BOULOC, « L'influence du droit communautaire sur le droit pénal interne », *Mélanges offerts à Georges Levasseur*, Paris, Litec 1992, p. 103 s. ; J. BORE, « La difficile rencontre du droit pénal français et du droit communautaire », *Mélanges A. VITU*, Paris, Cujas, 1989, p. 25 s. ; F. RYZIGZER, « Les rapports entre le droit pénal français et le droit communautaire », *Gaz. pal.* 1986, I, Doctr. 219 ; J. BIANCARELLI et D. MAIDANI, « L'incidence du droit communautaire sur le droit pénal des États membres », *RSC* 1984, p. 225 s.

[92] Sur cette question, à propos des conventions, F. RIGAUX, *Le problème des dispositions directement applicable [self-executing] des traités internationaux et son application aux traités instituant les Communautés*, Deuxième colloque international de droit européen, La Haye, 1963.

sanctionnée par la nullité, même en l'absence de texte sanctionnateur spécifique[93].

La Chambre d'Accusation de la Cour d'appel de Dakar, dans l'arrêt *Thione SECK* rendu le 22 septembre 2015[94], a déjà eu l'occasion d'affirmer clairement l'applicabilité directe de l'article 5 du Règlement du 25 septembre 2014. Elle a jugé que les dispositions de ce texte *« ne subordonnent pas leur entrée en vigueur à la prise d'un quelconque acte »* et qu'il *« n'a dérogé au droit national qu'en ce qui concerne le moment d'intervention de l'avocat, puisque ce moment était fixé à la prolongation de la garde à vue par l'article 55 in fine du Code de Procédure pénale »*.

La première chambre correctionnelle du Tribunal de grande instance hors classe de Dakar, dans un jugement rendu le 03 mai 2018[95], a réaffirmé l'applicabilité directe de l'article 5 du Règlement de l'UEMOA.

Selon le tribunal, « *en vertu des stipulations de l'article 43 du Traité de l'UEMOA, les règlements sont obligatoires dans tous leurs éléments et sont directement applicables dans tout État membre ; Qu'il est de principe qu'aucune mesure de réception en droit interne n'est nécessaire pour qu'un règlement de l'UEMOA soit applicable en droit sénégalais ; Qu'en conséquence, l'applicabilité du règlement précité ne saurait être tributaire de l'entrée en vigueur de la loi portant modification du Code sénégalais de Procédure pénale* ».

Dans les systèmes procéduraux dans États membres de l'UEMOA, le droit à l'assistance d'un avocat dès l'interpellation durant les

---

[93] V. art. 166 du Code de Procédure pénale du Sénégal. Dans ce sens, EL. B. FAYE, « Droit à un conseil dès l'interpellation : de la portée de la réforme du Code de Procédure pénale » : http://ums.sn/droit-a-un-conseil-des-linterpellation-de-la-portee-de-la-reforme-du-code-de-procedure-penale

[94] CA Dakar, ch. acc. n° 149 du 22 septembre 2015, affaire Thione SECK in, *Annales africaines,* nouvelle série, vol 2, n° 03, décembre 2015, p. 323 et s., obs. P. A. TOURE.

[95] TGIHC Dakar, 1ère ch. corr. n° 407 du 03 mai 2018, MP c/ Hameth FALL et Khadim DRAME et autres, *n° 12.*

enquêtes pénales tire son fondement dans l'article 5 du Règlement précité.

D'ailleurs, les textes et autres mesures nationales pris dans certains États pour encadrer l'intervention de l'avocat ont réaffirmé l'applicabilité du droit à l'assistance d'un conseil dès l'interpellation. Au Sénégal, l'exposé des motifs de la loi du 08 novembre 2016 ne laisse aucun doute sur la volonté du législateur de consacrer la présence de l'avocat dès l'interpellation.

Dans le document de présentation de ce texte, le législateur évoque, au titre des innovations introduites, la nécessité « *d'admettre la présence de l'avocat dès l'interpellation* ». La circulaire du Ministre de la Justice du Sénégal du 18 janvier 2018 va dans le même sens puisqu'elle énonce que la règle de l'article 5 du Règlement de l'UEMOA est par sa nature « *d'application immédiate dans notre ordre juridique interne* ».

Il en est de même de la circulaire du Ministre de la Justice, des Droits humains et de la Promotion civique du Burkina Faso n° 2015-004/MJDHPC/CAB du 05 mars 2015 relative à la présence de l'avocat dès l'interpellation, de la circulaire n° 2015-3307 MATDS/DGPN/PPJ du 16 juin 2015 relative à la présence de l'avocat dans la phase des enquêtes et du protocole de procédures et de bonnes pratiques sur l'assistance de l'avocat dans les enquêtes pénales. Il résulte dudit protocole que les dispositions de l'article 5 du Règlement « *relevant d'une norme supra nationale sont entrées en vigueur au Burkina Faso le 1er janvier 2015* ».

15. Techniques d'intégration. Pour atteindre l'objectif d'intégration juridique, le droit communautaire de l'UEMOA mobilise plusieurs techniques juridiques.

16. Technique de l'uniformisation. L'uniformisation du droit se présente comme la méthode d'intégration juridique la plus radicale, puisqu'elle consiste à effacer les différences entre les législations nationales en leur substituant un texte, rédigé en des termes identiques pour tous les États membres de l'organisation communautaire. Elle consiste à instaurer dans une matière juridique donnée une réglementation unique, identique à tout point de vue pour les États membres dans laquelle, il n'y a pas de place, en principe, pour des différences[96].

L'uniformisation s'entend de « *l'insertion dans des droits nationaux qui demeurent distincts sur la matière concernée et dont la compétence ne subit aucun retranchement, de règles identiques et non uniques puisqu'elles sont incorporées à chacun de ces droits* »[97]. Cette technique postule l'existence de règles distinctes, mais identiques. Le règlement constitue le support normatif les plus usité pour procéder à l'uniformisation des législations.

L'uniformisation présente plusieurs variantes.

En premier lieu, elle peut consister à proposer aux États membres un texte unique qu'ils doivent incorporer dans leurs ordres juridiques. Le droit de l'UMOA a recours à un tel procédé à travers l'adoption des lois uniformes élaborées dans l'espace de l'UMOA que les États doivent incorporer dans leurs législations.

En second lieu, certains droits communautaires mobilisent une technique d'intégration plus radicale consistant à adopter simplement un acte directement applicable dans les États membres.

À titre d'exemple, l'OAPI a prévu une technique d'intégration pénale particulière. En effet, les annexes relatives à la propriété industrielle (excepté celles relatives à la concurrence déloyale) prévoient aussi bien la norme d'incrimination que la norme de sanction. Ainsi, en matière de propriété industrielle, l'OAPI prévoit une intégration pénale plus avancée que l'OHADA.

À titre d'exemple, l'article 38 de l'Annexe III sur les marques de produits ou de services sanctionne d'une amende de 1 000 000 à 6 000 000 francs CFA et d'un emprisonnement de trois mois à deux ans ceux

[96] J. I. SAYEGH, op. cit. p. 31.

[97] V.-L. BENABOU, « Faut-il une harmonisation minimale du droit ? », in G. CHATILLON (dir), *Le droit international de l'Internet*, Bruyant, Bruxelles, 2002, p. 177.

qui font une imitation frauduleuse d'une marque de nature à tromper l'acheteur ou font l'usage d'une marque frauduleusement imitée[98].

En outre, l'article 17 de l'annexe VI relatif aux indications géographiques prévoit que quiconque, intentionnellement, utilise de manière illicite une indication géographique enregistrée est puni d'un emprisonnement de trois mois au moins, et d'un an au plus et d'une amende de 1 000 000 à 6 000 000 francs CFA ou de l'une de ces deux peines seulement.

Alors que l'Accord de Bangui édicte un droit uniforme de la propriété industrielle, il ne prévoit qu'un « *droit commun* » de la propriété littéraire et artistique dont le siège est l'annexe VII, c'est-à-dire un minimum conventionnel pour l'ensemble des États membres[99]. Le champ de la propriété littéraire et artistique tel que circonscrit par le texte de l'OAPI comprend, d'une part, le droit d'auteur et les droits voisins et, d'autre part, la protection et la promotion du patrimoine culturel[100].

D'autres organisations d'intégration ont préféré recourir à une autre formule d'uniformisation en adoptant le principe de supranationalité qui leur permet d'introduire directement des normes dans l'ordre juridique interne des États membres. À titre d'exemple, à la lecture de l'article 1er du Traité de l'OHADA, le législateur communautaire de l'OHADA semble souffler le chaud et le froid sur le choix de la technique d'intégration employée.

Selon l'article 1er du traité de Port-Louis, l'OHADA a pour objet « *l'harmonisation du droit des affaires dans les États-Parties par l'élaboration et l'adoption de règles communes simples, modernes et*

---

98 En ce sens, V. CA Dakar, ch. corr. n° 1029, MP et la Société Almes Division Végétale c/ M. CH. et Nouvelle Margarinerie du Sénégal civilement responsable et la société SOFIEX, *inédit* ; également, CA Dakar, ch. corr. n° 402 du 28 mai 2001, MP et R. R. c/ S. M., M. M. et autres, *inédit*.

99 L. Y. NGOMBE, « À propos de la supranationalité de la législation de l'organisation africaine de la propriété intellectuelle sur le droit d'auteur », *Revue de la propriété intellectuelle*, n° 176, octobre 2005, p. 09.

100 L. Y. NGOMBE, « Le droit d'auteur dans les États Membres de l'OAPI. Une harmonisation inachevée ? », *e-Bull. dr. auteur*, janvier-mars 2005.

adaptées à la situation de leurs économies, par la mise en œuvre de procédures judiciaires appropriées, et par l'encouragement au recours à l'arbitrage pour le règlement des différends contractuels »[101].

Comment est-il possible techniquement de favoriser « *l'harmonisation du droit des affaires* » par l'élaboration de « *règles communes* » et adaptées aux économies africaines ? L'acronyme « *OHADA* » signifie « *Organisation pour l'harmonisation en Afrique du droit des Affaires* » ; ce qui pourrait laisser penser que la technique employée pour intégrer les États membres est celle de l'harmonisation.

Toutefois, si on se réfère aux modalités et à la procédure d'adoption des Actes uniformes ainsi qu'au contenu de ceux-ci, il semble que la technique qui a été employée s'apparente à l'uniformisation. L'OHADA a, en effet, choisi d'édicter des normes communes et unifiées dans les États parties[102].

C'est, en réalité, un système d'uniformisation avec consécration du principe de supranationalité, qui a été instauré par le droit de l'OHADA[103] ; il s'agit d'une technique d'intégration parfaite de la

---

[101] V. art. 1er du Traité de l'OHADA ; P. G. POUGOUE et B-R. GUIMDO DONGMO, « Modèle d'intégration juridique OHADA », in P. G. POUGOUE (dir), *Encyclopédie du droit OHADA,* Paris, Lamy 2011p. 1120 et s ; J. ISSA-SAYEGH, « L'OHADA, instrument d'intégration juridique des pays africains de la zone franc », *Rev. jurispr. com.* juin 1999, p. 237.

[102] B. MARTOR, N. PILKINGTON, D. SELLERS et S. THOUVENOT, *Le droit uniforme africain des affaires issu de l'OHADA,* Paris, Litec, 2004, p. 32, n° 128 ; B. MARTOR et S. THOUVENOT, « L'uniformisation du droit des affaires en Afrique par l'OHADA », Ohadata D-12.

[103] ND. DIOUF, « Actes uniformes et droit pénal des États signataires du traité de l'OHADA : la difficile émergence d'un droit pénal communautaire des affaires dans l'espace OHADA », *Revue Burkinabé de Droit*, n° 39-40, p. 63 ; du même auteur, « La place du droit pénal dans le droit communautaire », *Nouvelles annales africaines*, n° 01, 2007, p. 161 ; A. FOKO, « Analyse critique de quelques aspects du droit pénal OHADA », *Penant*, n° 859, avril-juin 2007, p. 195 ; H. TCHANTCHOU, M. AKOUETE AKUE, « L'état de droit pénal des affaires dans l'espace OHADA » : Ohadata D-12-36 ; M. AKOUETE AKUE, « Droit pénal OHADA, mythe ou réalité ? » : Ohadata D-11-04 ; E. L. KANGAMBEGA, « Observations sur les aspects pénaux de l'OHADA», *Penant* n° 834, septembre-décembre 2000, p. 318 et s. ; H. TCHANTCHOU, *La supranationalité judiciaire dans le cadre de l'OHADA*, Paris, L'Harmattan, 2009 ; T aa<h. A. NDIOGOU,

norme communautaire. Ainsi, apparaît la véritable nature du droit OHADA qui est un droit uniforme et non un droit harmonisé. La référence aux actes « *uniformes* » renvoie bien au procédé d'uniformisation du droit[104].

L'article 10 du traité de l'OHADA a posé clairement le principe de supranationalité des Actes uniformes en énonçant que : « *Les Actes uniformes sont directement applicables et obligatoires dans les États-Parties, nonobstant toute disposition contraire de droit interne, antérieure ou postérieure* »[105].

Les dispositions internes des États membres contraires ou identiques aux Actes uniformes sont dépourvues d'efficacité juridique. Si elles ne sont pas formellement abrogées, elles sont réputées non écrites et neutralisées par l'OHADA[106].

En cas de conflit entre une norme de droit OHADA et une règle du droit interne, la norme de droit OHADA prévaut. Il s'ensuit que les actes uniformes neutralisent les normes nationales relatives aux questions qu'ils régissent et font obstacle à l'adoption de nouvelles normes nationales relatives à ces questions. Selon l'avis précité, l'effet de neutralisation ne s'étend toutefois pas aux aspects d'une matière qui ne sont pas régis par les actes uniformes.

« Leurre et lueur sur l'incompétence de la CCJA dans le contentieux répressif OHADA », *Recueil LGA*, n° 01, mars 2018.

[104] En ce sens, J. ISSA-SAYEGH et J. LOHOUES-OBLE, OHADA, *Harmonisation du droit des affaires* : Bruxelles, Bruylant, coll. Droit uniforme africain, 2002, n° 198, p. 93 ; A. P. SANTOS et J. Y. TOE, *OHADA, Droit commercial général*, Bruxelles, Bruylant, coll. Droit uniforme africain, 2002, n° 7, p. 5 ; F. SAWADOGO, OHADA, *Droit des entreprises en difficulté*, Bruxelles, Bruylant, coll. Droit uniforme africain, 2002, p. 16 ; P.-G. POUGOUE, « OHADA, Instrument d'intégration juridique », *Rev. africaine sc. jur.* 2001, vol. 02, n° 02, p. 11 s. ; P. DJONGA, « La problématique de l'harmonisation d'une carte judiciaire OHADA : entre espoir et désespoir », Revue de l'ERSUMA, 2019, n° 10, p. 57.

[105] Sur cette question, T. ZOGBELEMOU, *Droit des organisations d'intégration économique en Afrique (CEDEAO-CEMAC-UEMOA-ZMAO),* Paris, l'Harmattan, 2014, p. 222.

[106] En ce sens, P. G. POUGOUE et autres, « Actes uniformes », in P. G. POUGOUE (dir), *Encyclopédie du droit OHADA,* Paris, Lamy 2011, n° 45.

Si le droit dérivé se caractérise par la primauté, on peut considérer *a fortiori* que le droit primaire OHADA bénéficie également de cette primauté. C'est une solution classique admise par le droit de l'UEMOA[107] et le droit européen[108].

17. Limites de l'uniformisation. Mais la volonté d'unification, aussi puissante soit-elle, se heurte souvent à des contraintes et à des limites techniques qui ont obligé à ménager les législations des États parties[109].

Les questions de compétence, de procédure et d'organisation administrative et judiciaire sont incontestablement le domaine de prédilection des renvois au droit national des États parties. C'est tout le sens du principe d'autonomie institutionnelle et procédurale des États parties[110].

En vertu de ce principe, le législateur communautaire s'abstient de faire incursion dans l'organisation administrative et judiciaire des États

---

[107] V. art. 6 du Traité de l'UEMOA, les actes arrêtés par les organes de l'Union pour la réalisation des objectifs dudit traité et conformément aux règles et procédures instituées par celui-ci, sont appliqués dans chaque État membre « nonobstant toute législation nationale contraire, antérieure ou postérieure ». Dans l'avis n° 001/2003 du 18 mars 2003 émis sur la demande de la Commission de l'UEMOA relative à la création de la Cour des Comptes du Mali, la haute juridiction de l'UEMOA a énoncé que « *le juge national, en présence d'une contrariété entre le droit communautaire et une règle de droit interne, devra faire prévaloir le premier sur la seconde en appliquant l'un et en écartant l'autre* ». La cour a ajouté que « *la primauté bénéficie à toutes les normes communautaires, primaires comme dérivées, immédiatement applicables ou non et s'exerce à l'encontre de toutes les normes nationales, administratives, législatives, juridictionnelles ou même constitutionnelles, parce que l'ordre juridique communautaire l'emporte dans son intégralité sur les ordres juridiques nationaux* ».

[108] CJCE, 15 juillet1964, aff. 6/64, Costa c/ Enel, Rec. CJCE 1964, p. 1141, confirmé par l'arrêt Simmenthal, CJCE, 9 mars 1978, aff. 106/77, Rec. CJCE 1978, p. 629.

[109] V. J. ISSA-SAYEGH et J. LOHOUES-OBLE, OHADA. *Harmonisation du droit des affaires*, Bruxelles, Bruyant, 2002, p. 120 ; B. MARTOR, N. PILKINGTON, D. SELLERS et S. THOUVENOT, *Le droit uniforme africain des affaires issu de l'OHADA*, Paris, Litec, 2004, p. 25, n° 98 ; K. KOUADIO, « Les atouts et les faiblesses de la réglementation uniforme de l'OHADA » : Ohadata D-13-36.

[110] B. DIALLO, « Principe de l'autonomie institutionnelle et procédurale des États parties face à l'application des Actes uniformes du droit OHADA » : Ohadata D-10-25.

parties dans des matières touchant au statut des personnels judiciaires (magistrats, avocats, greffiers, officiers ministériels, etc.), à l'organisation administrative des États parties ou à la compétence des juridictions[111].

18. Technique de l'harmonisation. L'harmonisation[112] est une technique d'intégration imparfaite qui consiste à mettre en accord des dispositions d'origine différente, plus spécialement à modifier des dispositions existantes[113]. L'harmonisation ou la coordination au sens strict du terme est l'opération consistant à rapprocher des systèmes juridiques d'origine et d'inspiration différentes (voir divergentes) pour les mettre en cohérence, entre eux, en réduisant ou supprimant leurs différences et leurs contradictions de façon à atteindre les résultats compatibles entre eux, afin d'atteindre les objectifs communautaires recherchés[114].

Harmoniser consiste à « *rapprocher des règles qui peuvent néanmoins rester différentes* »[115]. *Le mouvement d'harmonisation se situe à « l'entre-deux, entre l'impossible isolement et l'impossible codification* »[116]. L'harmonisation, qui exprime un « *mouvement vers l'harmonie* », instaure une relation de type vertical et se distingue de l'harmonie, c'est-à-dire de la mise en compatibilité des différences.

---

[111] J. ISSA-SAYEGH, « Quelques aspects techniques de l'intégration juridique : l'exemple des actes uniformes de L'OHADA » in *Revue de droit uniforme*, 1999-1, p. 05.

[112] Sur l'ensemble de la notion d'harmonisation, M. DELMAS-MARTY, « Le phénomène de l'harmonisation : l'expérience contemporaine », in Ch. JAMIN et D. MAZEAUD (dir.), *L'harmonisation du droit des contrats en Europe*, Paris, Economica, 2001, p. 31

[113] B. MARTOR, « L'intégration juridique au service de l'émergence du continent africain » : Ohadata D-13-56 ; K. KOUADIO, « Les techniques juridiques de l'intégration économique dans les États de la sous-région ouest africaine francophone » : Ohadata D-11-98 ; A. MAHIOU, « Quelques observations sur les problèmes de l'intégration en Afrique » : Ohadata D-10-70

[114] oseph Issa SAYEGH, op. cit. p. 31.

[115] J. ISSA-SAYEGH, *L'intégration juridique des États dans la zone franc, Penant,* n° 823, 1997, p. 5 et s. et n° 824, 1997, p. 125 et s.

[116] M. DELMAS-MARTY, *Les forces imaginantes du droit (II), le pluralisme ordonné,* éditions du Seuil, 2006, p.71.

Tout en respectant plus ou moins le particularisme des législations nationales, l'harmonisation consiste à réduire les différences et les divergences entre elles en comblant les lacunes des unes et en supprimant les aspérités des autres. Il est évident que l'harmonisation est une technique d'intégration juridique qui respecte la souveraineté législative et réglementaire des États membres, même si un résultat est imposé aux États parties.

19. Vecteurs normatifs de l'harmonisation. En droit communautaire, les vecteurs normatifs mobilisés pour assurer l'harmonisation des législations peuvent être l'avis et la recommandation qui n'ont pas un caractère obligatoire[117].

Mais l'instrument normatif privilégié de la technique d'harmonisation est la directive. En règle générale, il s'agit, par cet acte législatif communautaire, d'assurer l'harmonisation des législations nationales afin d'atteindre l'objectif communautaire recherché. Par législations nationales, il ne faut pas entendre les seules lois émanant des parlements nationaux, mais également les dispositions réglementaires (décrets et arrêtés).

L'article 4 du traité de l'UEMOA énonce que sans préjudice des objectifs définis dans ledit Traité, l'Union poursuit l'objectif d'harmonisation, dans la mesure nécessaire au bon fonctionnement du marché commun, des législations des États membres et particulièrement le régime de la fiscalité.

20. Directive : notion. L'UEMOA adopte souvent des directives dans différents secteurs d'activités, en vue de favoriser l'intégration économique des États membres à travers l'harmonisation de leurs cadres juridiques et de garantir les mêmes droits aux citoyens et entreprises dans tout le territoire de l'Union.

La directive s'apparente à la technique de la loi-cadre complétée par des décrets d'application. Il s'agit d'un instrument original qui paraît particulièrement bien adapté à la complémentarité des niveaux étatiques

[117] V. art. 43 du traité.

et de l'Union, en ce qu'elle combine une norme communautaire fixant un objectif à atteindre et une mise en œuvre par les États membres qui conservent la compétence pour choisir la forme et les moyens. D'après la Cour de Justice des Communautés européennes, les directives visent essentiellement l'harmonisation des droits nationaux, mais peuvent avoir, dans certains cas, d'autres finalités[118].

Aux termes des dispositions de l'article 43, alinéa 2 du traité de l'UEMOA, les directives lient tout État membre quant aux résultats à atteindre tout en laissant aux instances nationales la compétence quant à la forme et aux moyens[119]. La directive, en tant que norme finaliste, constitue un mode spécifique d'agencement des compétences communautaires et nationales. Le législateur communautaire se limite, en principe, à déterminer les objectifs à atteindre renvoyant leur mise en œuvre à la compétence des États membres.

Les directives, qui sont adoptées par le Conseil des Ministres, sont dûment motivées et publiées au Bulletin officiel de l'Union. Ils entrent en vigueur après leur publication à la date qu'ils fixent[120].

La plupart des directives de l'UEMOA comportent la formule suivante : « *La présente Directive, qui entre en vigueur à compter de sa date de signature, sera publiée au bulletin officiel de l'Union* »[121]. D'autres fixent la date d'entrée en vigueur à un jour distinct, mais voisin

---

[118] CJCE, 22 févr. 1994, aff. 70/83, Kloppenburg, Rec. CJCE 1984, p. 1075; TPICE, ord. 20 oct. 1994, aff. T-99/94, Asocarne c/ Cons., Rec. CJCE, 1994, II, p. 871.

[119] V. art. 43 du Traité de l'UEMOA et art. 9 du Traité de la CEDEAO issu de l'Acte additionnel A.SA.3/01/10 du 16 février 2010.

[120] V. art. 44 et 45 du traité de l'UEMOA.

[121] C'est le cas de la Directive n° 08/2002/CM/UEMOA portant sur les mesures de promotion de la bancarisation et de l'utilisation des moyens de paiement scripturaux du 19 septembre 2002, qui dispose en son article 12 que « *La présente Directive entre en vigueur à compter de sa date de signature et sera publiée au Bulletin Officiel de l'Union* ». C'est également le cas de la Directive n° 02/2015/CM/UEMOA relative à la lutte contre le blanchiment de capitaux et le financement du terrorisme dans les États membres de l'union économique et monétaire ouest africaine (UEMOA), signée le 02 juillet 2015, et dont l'article 122 prévoit qu' elle entre en vigueur à compter de sa date de signature et sera publiée au bulletin officiel de l'Union.

de la date de signature[122]. Juridiquement, cette formule confère aux directives un caractère obligatoire, à l'instar des règlements. Selon l'article 45 du Traité modifié : « *Les actes additionnels, les règlements, les directives et les décisions sont publiés au Bulletin officiel de l'Union. Ils entrent en vigueur après leur publication à la date qu'ils fixent [...*».

À la différence du règlement, c'est la date de prise d'effet de la directive au plan interne qui est retardée jusqu'à sa transposition par chaque État membre.

Il faut préciser que l'adoption des directives obéit à une procédure spécifique. En effet, en règle générale, c'est d'abord, la Commission de l'UEMOA qui élabore et propose le projet de directive. Ce dernier résulte souvent d'une étude que l'UEMOA commandite dans les États membres, en recourant à l'expertise d'une consultation privée.

Ensuite, le projet de directive élaboré par la Commission de l'UEMOA est proposé à l'amendement des experts, puis des ministères des États membres, dans le secteur en rapport avec la matière traitée dans la directive.

Une fois validé par les ministres sectoriels, il est soumis à l'examen du Comité des Experts statutaire de l'UEMOA qui l'amende à son tour et qui, lorsqu'il le valide, recommande son adoption au Conseil des Ministres de l'UEMOA.

Les directives adoptées par le Conseil des Ministres sont ensuite publiées au *Journal officiel* de l'UEMOA et transmises aux États membres[123].

---

[122] C'est le cas de la Directive n°04/2005/CM/UEMOA portant procédures de passation, d'exécution et de règlement des marches publics et des délégations de service public dans l'union économique et monétaire ouest africaine signée, le 09 décembre 2005 dont l'article 94 dispose : « *La présente Directive, qui entre en vigueur à compter du 1er janvier 2006, sera publiée au Bulletin Officiel de l'Union* ».

[123] Sur cette procédure, V. O. SAMB, « Internalisation des actes communautaires de l'UEMOA : procédures et effets attachés au défaut de transposition », *Echos Finances*, janvier-février-mars 2017, édition 4, p. 42.

21. Particularités. La directive présente des spécificités par rapport aux autres normes de droit dérivé (règlement, décision, acte additionnel, etc.).

En premier lieu, la directive est incontestablement un acte qui « *lie*», c'est-à-dire un acte *« à portée obligatoire »*, au même titre que le règlement ou la décision et à la différence des recommandations ou avis.

Mais son caractère obligatoire est limité. Seuls les résultats énoncés sont obligatoires, alors que la directive laisse, en principe, aux États le choix de la forme et des moyens pour les atteindre en fixant un délai variable pour les mesures de transposition.

En second lieu, la directive, de même que la décision individuelle, mais à la différence du règlement, ne lie, en principe, que les destinataires qu'elle désigne. Elle n'a pas de portée générale. La directive est donc un « *acte individuel* » qui n'est obligatoire que pour le ou les États membres destinataires.

Les directives ont pour destinataires les États[124]. La plupart des directives sont, en effet, adressées à l'ensemble des États membres et font l'objet d'une mise en œuvre uniforme et simultanée dans l'ensemble des États membres et apparaissent donc comme des instruments de législation ou de réglementation indirecte[125].

Le juge communautaire n'a pas hésité à les qualifier, en dépit de la lettre du traité, d'actes « *ayant une portée générale* »[126]. Selon la Cour de justice, « *même si elle ne lie en principe que les États membres, la directive constitue normalement un mode de législation ou de réglementation indirecte* »[127].

22. Opération de transposition : définition. Contrairement à d'autres normes de droit dérivé (loi uniforme, acte additionnel,

---

[124] V. S. PRECHAL, Directives in EC Law: Oxford University Press, 2005, coll. EC Law Library, 2e éd.
[125] CJCE, 29 juin 1993, Gibraltar c/ Conseil, aff. C-298/89.
[126] CJCE, 22 févr. 1984, Kloppenburg, aff. 70/83 ; CJCE ord., 13 juill. 1988, Fédération européenne de la santé animale, aff. 160/88 R ; CJCE, 23 nov. 1995, Asocarne, aff. C-10/95 P.
[127] CJCE, 29 juin 1993, Gibraltar c/ Conseil, préc.

règlement, etc.), la directive ne constitue pas une norme directement applicable ; elle n'est pas d'application immédiate[128] ; la directive ne pénètre pas immédiatement dans les ordres juridiques internes des États.

Mais tout en maintenant que la vocation normale de la directive est de faire l'objet d'une transposition nationale, la Cour de Justice a admis que, dans des conditions particulières, certaines directives ne sont pas dépourvues de tout effet direct dans les États membres, ce qui estompe quelque peu la différence avec les règlements[129].

L'introduction de la directive dans l'ordre normatif national suppose, en principe, sa transposition[130]. Le terme de « *transposition* » désigne l'opération par laquelle l'État membre destinataire d'une directive de l'Union procède à l'adoption des mesures nécessaires à sa mise en œuvre.

On parle aussi d'internalisation pour rendre compte de cette exigence. La transposition est « *l'opération par laquelle un État membre destinataire de la directive procède à l'adoption de toutes les mesures nécessaires à son incorporation effective dans l'ordre juridique national par les véhicules normatifs appropriés* »[131].

Elle relève d'une « *méthode de législation à deux étages* »[132]. La directive est un acte en deux temps. Transposer une directive consiste

---

[128] T. ZOGBELEMOU, *Droit des organisations d'intégration économique en Afrique (CEDEAO-CEMAC-UEMOA-ZMAO),* Paris, l'Harmattan, 2014, p. 193.

[129] G. ISAAC et M. BLANQUET, *Droit général de l'Union européenne*, Paris Sirey, 10e édition, 2012, p. 311.

[130] M. HIANCE, « La transposition de la directive dans le droit national », *Gaz. pal.*, 24 février 2000, n° 055, p. 19 ; J. ROUX, « La transposition des directives communautaires à l'épreuve de la Constitution », *RDP,* 01/07/2007, n° 04, p. 1031 ; M. AYRAL, « La transposition des directives dans les droits nationaux », *Rev. Marché commun,* 1977, p. 411 ; Y. GALMOT et J.-C. BONICHOT, « La Cour de Justice et la transposition des directives en droit national », *RFD adm.,* 1988.

[131] Sur la notion de transposition, D. SIMON, « Directive », *Rép. dr. eur.*, Dalloz, mars 2012, n° 29 ; O. SAMB, « Internalisation des actes communautaires de l'UEMOA : procédures et effets attachés au défaut de transposition », *Echos Finances*, janvier - février - mars 201è, p. 42.

[132] G. ISAAC et M. BLANQUET, *op. cit.*, p. 307.

uniquement à mettre en œuvre cette directive au moyen de mesures internes, un peu de la même façon que les modalités de mise en œuvre d'une loi sont fixées au moyen d'un décret d'application. La transposition peut s'analyser comme la contribution de l'État membre à la plénitude de la norme afin qu'elle soit reçue par son destinataire final[133].

L'obligation de transposition consiste à incorporer les exigences de la directive communautaire dans une norme nationale qui doit permettre aux règles communautaires de déployer leur plein effet. Ainsi, la transposition consiste donc pour un État membre à adapter son droit national dans le délai qui lui est imparti par la directive afin de faire produire aux dispositions communautaires leur plein effet dans l'ordre interne.

23. Transposition et effet direct de la directive. L'exigence de la transposition pourrait laisser penser que l'opération correspondant est une condition nécessaire à la pénétration de la directive dans l'ordre juridique national. Or, il n'en est rien : la directive, avant transposition, n'est pas, selon la formule du juge PESCATORE, « *un non-être juridique du point de vue interne* »[134].

En d'autres termes, les directives disposent, comme l'ensemble des normes de droit dérivé, du privilège de l'immédiateté, en ce sens qu'elles s'intègrent dans l'ordre juridique interne avec leur nature propre, sans aucune opération de transmutation en droit interne. Un auteur a pu écrire que : « *pas plus que le règlement, la directive ou la décision adressée aux États membres n'ont à être "reçues" dans leur ordre juridique interne ; elles y sont intégrées de plein droit* »[135].

---

[133] M DELMAS MARTY et M L IZORCHE, « Marge nationale d'appréciation et internationalisation du droit Réflexions sur la validité formelle d'un droit commun pluraliste », *RIDC* 2000, p 753 780 spéc p 766 et nos développements ; V également D SIMON, « Le droit communautaire » in D ALLAND et S RIALS (dir.), *Dictionnaire de la culture juridique*, Paris, PUF 2003 pp 448 453 spéc p 451.

[134] P. PESCATORE, « L'effet des directives communautaires, essai de démythification », *D.* 1980, chron. XXV, p. 171.

[135] P.H. TEITGEN, *Droit institutionnel communautaire*, Paris, Les Cours de Droit, 1977-1978, spéc. 181.

En d'autres termes, dès sa publication au *Journal officiel de l'Union* ou dès sa notification à l'État membre destinataire, la directive s'inscrit dans la légalité interne sans qu'aucune mesure nationale de réception soit nécessaire ni même autorisée[136].

Le processus de transposition ne doit donc pas être confondu avec une quelconque opération de « *médiatisation* » qui serait la condition préalable de l'insertion de la directive dans l'ordre juridique national. La transposition désigne l'adoption des mesures nationales destinées à permettre que soit atteint le résultat visé par la directive.

Contrairement à l'effet direct des directives, la transposition de ces normes constitue une modalité de mise en œuvre « *normale* » des objectifs visés par la directive. En effet, l'effet direct des directives ne constitue dans ces conditions qu'une garantie minimale, qui ne peut en aucun cas assurer leur plein effet dans l'ordre juridique interne.

24. La transposition : une technique légistique. En légistique, la transposition constitue une technique normative, à l'image de la modification, de l'abrogation, du retrait ou de l'approbation, etc. Elle est souvent étudiée, dans les guides de légistique, dans le cadre des techniques de réception du droit communautaire dans l'ordre juridique national.

25. Notion de légistique. Si le terme « *légistique* » est récent, l'idée d'une science de la législation ou d'une méthode législative est très ancienne[137]. Selon CHEVALLIER, elle constitue une science appliquée

[136] En ce sens, D. SIMON, « Directive », *Rép. dr. eur.*, Dalloz, mars 2012, n° 46.

[137] La question de la qualité des textes normatifs, appréciée indépendamment de leur contenu, était déjà présente dès l'Antiquité dans la pensée de CICERON dans son *Traité des lois*. En outre, on parlait à l'époque du roi Louis XI (1423-1483) des légistes du roi qui l'ont puissamment aidé de leurs arguments dans sa lutte contre les grands féodaux. En France, il a fallu attendre la publication de l'ouvrage de Luzius MADER sur l'évaluation législative pour que le concept de légistique fasse un retour en grâce (L. MADER, *L'évaluation législative. Pour une analyse empirique des effets de la législation*, Lausanne, Payot, 1985).

de la législation qui cherche à déterminer les meilleures modalités d'élaboration de rédaction et d'application des normes[138].

La légistique comprend l'ensemble des techniques, des normes et principes relatifs à la préparation, à la rédaction, à l'adoption et à l'évaluation des textes législatifs et réglementaires[139]. Il s'agit d'une technique de « *fabrication* » des textes législatifs et réglementaires. Elle couvre un champ très large qui concerne, en réalité, toutes les règles de droit, à savoir, la Constitution, les décrets, les arrêtés et les décisions[140].

La légistique aborde aussi les techniques de rédaction des normes communautaires (règlements, actes additionnels, actes uniformes, etc.) ainsi que la transposition des traités internationaux et des directives communautaires. Elle traite également des méthodes de rédaction des amendements aux projets et propositions de loi en discussion, puisqu'une fois adopté l'amendement est intégré au texte définitif. La légistique s'intéresse ainsi au phénomène normatif en général[141].

Mais les méthodes de rédaction et de montage des contrats encore appelées « *techniques contractuelles* » débordent le cadre réduit des techniques légistiques. Il en est de même des règles de rédaction des mesures d'ordre intérieur (instructions, directives et circulaires) et des correspondances et autres documents administratifs (notes, rapport, procès-verbal, note de service, etc.) qui relèvent de la rédaction administrative[142]. La légistique (rédaction normative) se distingue

---

[138] J. CHEVALLIER, « L'évaluation législative: un enjeu politique », in A. DELCAMP ET AL., *Contrôle parlementaire et évaluation*, Paris, 1995, p. 15 ; également, A-M. LEROYER, « Légistique », in D. ALLAND et S. RIALS (dir), *Dictionnaire de la culture juridique*, Paris, Lamy PUF, 2003, p. 922 et s.

[139] V. P. A. TOURE, *Légistique. Techniques de conception et de rédaction des lois et des actes administratifs : une tradition de gouvernance normative*, Dakar, l'Harmattan, 2018, n° 6.

[140] Sur la notion de norme, V. E. MAILLARD, « Qu'est qu'une norme juridique ? », *Les cahiers du Conseil constitutionnel* n°21, 2006, pp. 87-92 ; D. SY, « Normativité et juridicité (Brèves réflexions sur la normativité juridique) », *Nouvelles annales africaines,* n°1 2009, p.11-47.

[141] En ce sens, J. GANDOUIN et J.-M. ROUSSIGNOL, *Rédaction administrative Afrique. Maghreb-Afrique subsaharienne,* Armand Colin, 4e édition mise à jour, 2013, p. 183.

[142] M. DIAKHATE, *Rédaction administrative*, Dakar, CREDILA, 2016.

également des méthodes de recherche et de rédaction des travaux académiques ou universitaires (ouvrages, thèses, mémoires, etc.)[143].

26. Légistique et droit. La légistique n'est ni un art ni une science[144].

Elle n'est pas un art, puisqu'elle n'est pas une activité créatrice ; elle n'exprime pas un idéal.

La légistique n'est pas aussi une science, pour n'être pas fondée sur un ensemble de « *lois* » et de connaissances de valeur universelle. Les règles légistiques peuvent varier d'un État à un autre.

La légistique ne constitue pas ainsi une discipline juridique (science juridique) ; elle est plutôt une technique et une méthode (technique légistique) qui a pour objet de fixer les principes de rédaction, d'adoption et d'évaluation des actes législatifs et réglementaires[145].

La légistique renvoie à un ensemble de méthodes et de techniques à respecter lors de l'élaboration des textes législatifs et réglementaires en vue d'assurer leur intelligibilité et la sécurité juridique. Elle est au droit ce que la grammaire est au français[146]. Les règles de droit et les règles de légistique procèdent de rationalités différentes.

Le droit dans son aspect objectif vise l'ensemble des règles juridiques applicables aux personnes vivant en société et aux rapports

---

[143] Sur cette question, D. SAMB, *Manuel et méthodologie et de normalisation à l'usage des étudiants des auteurs, des rédacteurs, des éditeurs et des secrétaires*, Dakar, IFAN, CH. A. DIOP, 1999.

[144] V. D. BATSELE, *Initiation à la rédaction des textes législatifs, réglementaires et administratifs*, Bruxelles, Bruyant, 3e édition, 2013, n° 08 ; *contra*, Ch. A. MORAND, «Éléments de légistique formelle et matérielle », in Ch. A. MORAND, dir., *Légistique formelle et matérielle*, Aix-en-Provence, PUAM 1999, p. 31 et s. ; C. KLEITZ, « L'art de la légistique », *Gaz. pal.* 07 janvier 2010, n° 07, p. 08.

[145] C. KLEITZ, « L'art de la légistique, », *Gaz. pal.*, 07/01/2010, n° 07, p. 08. Selon cet auteur, la légistique est une « *discipline mystérieuse pour la communauté des juristes* ».

[146] En ce sens, D. BATSELE, *Initiation à la rédaction des textes législatifs, réglementaires et administratifs*, *op. cit.*, n° 08.

entre ces personnes et la puissance publique. Il est un mode de régulation des rapports sociaux[147].

La légistique a pour objet de régir les principes et techniques de rédaction et d'adoption des textes normatifs en tant que sources du droit. Elle constitue une technique pour penser et construire le droit.

La situation se complique cependant dans la mesure où le droit lui-même peut prescrire le respect de règles de légistique. On assiste alors à une « *juridicisation* » des règles légistiques[148].

À titre d'exemple, au Sénégal, certaines règles de légistique formelle relatives à l'emploi des majuscules, celles liées à la présentation formelle des subdivisions des textes et celles concernant les textes modificatifs ont été codifiées par le décret n°75-1027 du 10 octobre 1975 relatif à l'emploi des majuscules dans les textes administratifs modifié par le décret n° 80-770 du 24 juillet 1980 ainsi que par la circulaire présidentielle n° 1596 PR/SG/JUR du 17 juillet 1980 relative l'emploi des majuscules et des virgules.

27. Tradition légistique sénégalaise. Le Sénégal a hérité d'une très vieille tradition normative et légistique. Dès le lendemain de l'indépendance, les techniques et méthodes de rédaction des textes législatifs et réglementaires ont été fixées par des lois, des décrets, des instructions, des circulaires, des notes de service et des notes de greffe.

Mais la pratique a permis de constater des manquements persistants aux règles relatives à la rédaction des textes ainsi qu'une détérioration progressive de la qualité de la production normative qui sont préjudiciables à la sécurité juridique. Il n'est pas rare de relever dans les textes publiés au *Journal officiel* des malfaçons et des maladresses

---

[147] En ce sens, A. S. SIDIBE, *Droit civil. Droit sénégalais. Introduction à l'étude du droit. État des personnes. Famille,* Dakar, CREDILA, 2014, p. 11.

[148] P. DE MONTALIVET, « La juridicisation de la légistique. À propos de l'objectif de valeur constitutionnelle d'accessibilité et d'intelligibilité de la loi », *Cahiers des sciences morales et politiques,* 2005, n° 23, p. 99 s. ; P. MALAURIE, « L'intelligibilité des lois », *Pouvoirs* n°114, *La loi,* 2005, pp.131- 137.

rédactionnelles, des renvois erronés ainsi que des problèmes d'articulation entre normes voisines.

Les rapports publics de l'Inspection générale d'État sur l'état de la gouvernance et de la reddition des comptes[149] ont beaucoup insisté sur la dégradation progressive de la qualité du travail normatif au Sénégal.

Cette situation préoccupante de notre pratique normative tenait en partie à l'absence d'un dispositif légistique de référence au Sénégal. En effet, seules quelques règles de rédaction des textes législatifs et réglementaires avaient fait l'objet d'un encadrement juridique parcellaire.

L'inspection générale d'État (IGE) a publié un *Manuel pratique de Secrétariat* destiné aux agents de l'État. Ce document rappelle les règles relatives aux abréviations, aux accents, aux symboles et à la ponctuation, etc. Cependant, il a un champ limité, puisqu'il renvoie pour l'essentiel, s'agissant des méthodes de rédaction et la présentation des textes législatifs et réglementaires, à la circulaire présidentielle n° 1596 PR/SG/JUR du 17 juillet 1980 relative à l'emploi des majuscules et des virgules[150].

De plus, la circulaire n° 00041 PM/SGG/SGA/PAT du 06 octobre 2015 sur les règles de présentation et de rédaction des textes a fixé des règles uniformes de présentation et a rappelé certaines normes de rédaction des textes en vue de faciliter leur intelligibilité et d'assurer la cohésion de l'action administrative.

Cependant, cette circulaire, qui constitue actuellement une référence légistique sûre pour les départements ministériels, ne prend pas en compte toutes les techniques de rédaction des actes normatifs.

En l'absence d'un document de référence en matière de légistique, la plupart des techniques de rédaction des textes utilisées résultaient

---

149 IGE, *Le rapport public sur l'état de la gouvernance et de la réédition des comptes*, juin 2014, p. 38 et s. : http://www.ige.sn.

150 V. *Manuel pratique de Secrétariat*, Dakar, Présidence de la République-Inspection générale d'État, 1980, p. 157 et 158.

seulement de la pratique normative, la technique législative s'apprenant « *sur le tas* », par l'usage et la pratique.

28. Adoption d'un Guide de légistique du Sénégal. C'est dans ce contexte que s'inscrit la conception d'un Guide qui a pour objet de rappeler les techniques et les méthodes de conception ainsi que des règles relatives à l'adoption et à l'applicabilité des textes législatifs et réglementaires.

Ce document, élaboré à l'intention des fonctionnaires et autres agents de l'Administration de l'État ainsi que des citoyens, est éclairé par les nombreux textes (lois, décrets, instructions et circulaires) adoptés par les pouvoirs publics depuis le lendemain de l'indépendance à nos jours pour fixer certaines techniques d'élaboration des textes.

L'approche retenue par le guide de légistique est orientée vers la pratique de la rédaction des textes normatifs. Sous ce rapport, il suit les différentes étapes du travail normatif et tente de répondre aux questions que se pose le rédacteur avant de prendre la plume, pendant la conception de l'acte normatif et même après son entrée en vigueur. Pour garantir l'application de ce guide par les agents de l'État, il a été approuvé par décret n° 2024-54 du 17 janvier 2024, ce qui lui confère une valeur réglementaire.

29. Légistique matérielle et légistique formelle. La légistique se décline autour de deux disciplines distinctes. Il s'agit de la légistique matérielle ou substantielle et de la légistique formelle ou communicationnelle[151]. Cette distinction a été proposée par MORAND[152].

La légistique matérielle (ou « *nomologie* ») [153] étudie les règles relatives au contenu de la matière à réglementer, en vue d'assurer la

---

[151] M. CHARLES-ALBERT (dir.), « Légistique formelle et matérielle », in *Droit et société*, 1999, n° 46, 2000, pp. 731-733.
[152] Ch. A. MORAND, « Éléments de légistique formelle et matérielle », in Ch. A. MORAND, dir., *Légistique formelle et matérielle*, Aix-en-Provence, PUAM 1999, p. 37.
[153] G. CORNU, *Linguistique juridique*, 3e éd., Paris, Montchrestien, coll. Domat droit privé, 2005.

cohérence et la bonne articulation de l'ensemble normatif. Elle détermine la manière avec laquelle un problème est ou doit être réglementé. Il s'agit de l'étude de l'ensemble des procédés permettant de renforcer l'efficacité des textes[154] (réalisation d'une étude d'impact, bonne articulation normative, évaluation rétrospective de la loi, etc.).

Cette branche de la légistique permet de répondre à la question de savoir comment penser l'acte normatif.

Quant à la légistique formelle (ou « *nomographie* »), elle vise l'ensemble des techniques et bonnes pratiques de rédaction et de présentation formelle des textes, c'est-à-dire les règles de mise en forme destinées à assurer leur qualité rédactionnelle[155].

Elle tend à améliorer la communication législative (présentation formelle des textes, visas, exposé des motifs, rapport de présentation, vocabulaire, style, grammaire, ponctuation, etc.). La légistique formelle s'intéresse à la question de savoir comment rédiger le texte normatif.

Autrement dit, la légistique matérielle concerne la manière de rechercher la matière de la norme, alors que la légistique formelle se rapporte à la manière d'exprimer la matière[156].

Ces deux branches de la légistique ont des objets différents, mais elles sont en relation étroite. En effet, l'efficacité substantielle du texte normatif (légistique matérielle) dépend de sa qualité rédactionnelle (légistique formelle). Le texte véhicule une pensée que scrutent le juge et l'interprète ; il est porteur d'une « *intention* ».

La phase de conception de la législation ou de la réglementation consiste à traduire des solutions qui ont été conceptualisées en un message normatif susceptible d'être communiqué.

Or, une mauvaise conception des solutions envisagées peut engendrer un message de mauvaise qualité et des difficultés

---

154 A-M. LEROYER, « Légistique », in D. ALLAND et S. RIALS (dir), *Dictionnaire de la culture juridique*, Paris, Lamy PUF, 2003, p. 924.
155 A-M. LEROYER, *Ibid.*
156 B. BARRAUD, « La légistique », in *La recherche juridique (les branches de la recherche juridique)*, Paris, l'Harmattan, coll. Logiques juridiques, 2016, p. 213 et s.

d'application. Une formulation juridique de piètre qualité envoie au juge et aux citoyens un message de mauvaise qualité voire une absence de message.

30. La transposition : une technique de légistique spécialisée. La transposition des directives communautaires relève des techniques de légistique spécialisée s'inscrivant dans le cadre des méthodes de réception du droit communautaire dans l'ordre juridique national.

En effet, la correcte transposition de la directive suppose, d'abord, une parfaite maîtrise des règles de rédaction des textes de droit national, l'acte de transposition d'une directive étant avant tout une norme de droit national (loi, décret ou arrêté).

Ainsi, le texte de transposition de la directive doit être conforme à tous égards aux principes, techniques et règles de la légistique (agencement de l'exposé des motifs, ordre des visas, structuration du texte, cohérence d'ensemble, etc.).

Mais les techniques de transposition d'une directive présentent des particularités par rapport aux méthodes générales de rédaction d'un texte législatif ou réglementaire. Elles exigent un appareillage technique et un outillage conceptuel assez particulier. En réalité, la particularité de la technique de transposition des directives, en tant que technique légistique, tient à la spécificité de l'obligation communautaire de transposition.

31. Mécanisme de suivi de la transposition des directives. En droit UEMOA, un mécanisme d'évaluation de l'obligation de transposition des directives a été mis en place à travers l'instauration de la revue annuelle des réformes, politiques, programmes et projets communautaires.

Déjà, la Conférence des Chefs d'État et de Gouvernement a, lors de sa session du 06 juin 2012, exprimé sa préoccupation face à la lenteur constatée dans la mise en œuvre des réformes, politiques, programmes et projets au sein des États membres de I'UEMOA, de mettre en place un mécanisme de suivi et d'évaluation.

Pour remédier à cette situation, les Chefs d'État et de Gouvernement ont décidé d'instituer une revue annuelle des réformes communautaires, sous la conduite du Chef de Gouvernement ou du Premier Ministre de chaque État membre, afin de renforcer le dispositif actuel d'évaluation de la mise en œuvre des réformes, politiques et projets communautaires.

Il s'agit d'une auto-évaluation des États membres de l'UEMOA qui leur permet, d'une part, de faire le point de la mise en œuvre des actes communautaires dans les différents secteurs, et d'autre part, de les préparer à améliorer leur score, lors des revues ultérieures, par apport à la mise en œuvre des réformes communautaires. À l'issue de la revue, un taux moyen de mise en œuvre des réformes communautaires est attribué à l'État évalué ; il permet de révéler sa participation effective au processus d'intégration régionale.

Les réformes engagées par l'UEMOA, qui portent sur le cadre institutionnel, le marché commun, la convergence macroéconomique et les politiques sectorielles, connaissaient une application très insuffisante par les États membres au regard de l'attente des populations et de l'ampleur des défis à relever par les États membres et l'Union.

Cette situation était très préoccupante au regard de l'impact positif attendu des réformes, politiques, programmes et projets sectoriels sur la production agricole et industrielle, les services, la compétitivité, la sécurité alimentaire et humaine et, plus généralement, sur l'approfondissement du processus d'intégration régionale.

La revue annuelle des réformes, politiques, programmes et projets communautaires a été instituée par l'Acte additionnel n° 05/2013/CCEG/UEMOA du 24 octobre 2013. Son objectif principal est de favoriser l'accélération de l'application des réformes, politiques, programmes et projets communautaires au sein de l'UEMOA dans le cadre de l'approfondissement de l'intégration.

Les modalités de mise en œuvre de la revue annuelle sont fixées par la Décision n° 13/2013/CM/UEMOA du 19 décembre 2013 portant adoption des modalités de mise en œuvre de la revue annuelle des reformes politiques, programmes et projets communautaires au sein de l'Union économique et monétaire ouest africaine (UEMOA).

La revue annuelle vise de façon spécifique à renforcer le suivi de la mise en œuvre des réformes, politiques, programmes et projets communautaires ainsi que la concertation entre la Commission et les États membres, à faciliter la mise en œuvre dans les délais prévus des réformes, politiques, programmes et projets communautaires ainsi que la coordination des politiques sectorielles nationales dans le but de réaliser le schéma d'intégration de l'Union.

Elle vise aussi à favoriser l'harmonisation des législations nationales et leur conformité à la réglementation communautaire.

Dans chaque État membre de l'Union, la revue annuelle se déroule sous la conduite du Chef de Gouvernement ou du Premier Ministre. Le Ministre chargé des Finances assure la coordination de la revue annuelle dans le cadre de la mise en œuvre des réformes, politiques, programmes et projets communautaires de l'UEMOA.

Ce nouveau mécanisme a pour objet d'inciter les États membres à s'assurer que leurs politiques et leurs pratiques sont conformes aux valeurs, normes et codes en matière de bonne gouvernance afin d'atteindre les objectifs du Traité de l'Union.

Il est un outil stratégique de veille et de dialogue entre la Commission de l'UEMOA et les États membres pour l'accélération et l'approfondissement du processus d'intégration régionale. Ainsi, la revue annuelle constitue un outil majeur de suivi de transposition des directives communautaires.

32. Conception du guide communautaire de transposition des directives. Face à la complexité des techniques de transposition des directives, certains États membres de l'UEMOA avaient déjà adopté des guides de légistique ou des circulaires abordant la question de la transposition des directives.

On peut citer le Guide pour l'élaboration des textes législatifs et réglementaires du Mali adopté en 2016, le Guide pratique d'élaboration des textes législatifs et réglementaires du Secrétariat général du Gouvernement du Niger, édicté en 2016, la circulaire du Premier Ministre du Sénégal n° 008/PM/SGG/PAT du 1er juin 2016 sur la transposition des directives communautaires et la circulaire n° 008/PM/SGG/SGA/DSL/is du 31 mai 2017 sur le processus de transposition des directives communautaires.

Déjà, en 2015, le Sénégal, qui avait transposé plus de 70% des directives de l'UEMOA, était cité parmi les « *meilleurs élèves* » de l'union dont la performance moyenne est évaluée à 66%[157].

Mais les autorités communautaires de l'UEMOA ont constaté des lacunes et des manquements dans le processus de transposition des directives et une dégradation progressive de la qualité et de l'intelligibilité des normes de transposition des directives.

En effet, les revues annuelles 2014 et 2015 ont permis de constater une faible maîtrise par les services rédacteurs des États membres des méthodes de transposition des directives, une récurrence des malfaçons rédactionnelles dans les actes de transposition des directives communautaires ainsi que des retards et un faible niveau de transposition des directives préjudiciables à l'intelligibilité et à l'efficacité de l'œuvre d'harmonisation.

Ainsi, la transposition de certaines directives communautaires de l'UEMOA a été confrontée à des difficultés. On peut citer, notamment, :

- la Directive n° 07/2005/CM/UEMOA du 16 décembre 2005 relative à la libre circulation des architectes ressortissants de l'Union au sein de l'espace UEMOA ;
- la Directive n°03/2008/CM/UEMOA du 28 mars 2008 relative aux fournisseurs de services portuaires au sein de l'UEMOA ;

157 V. le rapport général 2015 de la revue annuelle des réformes, politiques, programmes et projets communautaires de l'UEMOA.

-la Directive n° 06/2008/CM/UEMOA du 26 juin 2008 relative à la libre circulation et à l'établissement des pharmaciens ressortissants de l'Union au sein de l'espace UEMOA;

-la Directive n° 07/2008/CM/UEMOA du 26 juin 2008 relative à la libre circulation des chirurgiens-dentistes ressortissants de l'Union au sein de l'espace UEMOA ;

-la Directive n° 01/2012/CM/UEMOA du 10 mai 2012 relative à la libre circulation et à l'établissement des docteurs vétérinaires ressortissants des États membres de l'UEMOA au sein de l'Union.

Or, le défaut de transposition des directives empêche les organisations d'intégration économique d'atteindre les objectifs louables qu'elles se sont fixés, à travers l'harmonisation des législations nationales. Les directives ont, dans la communauté, une fonction de développement économique et social.

C'est le cas par exemple, parmi tant d'autres, de la Directive n°01/2005/CM/UEMOA du 16 septembre 2005 sur l'égalité de traitement des étudiants ressortissants de l'UEMOA, dans la détermination des conditions et des droits d'accès aux institutions publiques d'enseignement supérieur des États membres de l'Union.

Par conséquent, tout retard dans la transposition des directives dans un État membre d'une union est une entrave à la réalisation des objectifs de l'union et dans la satisfaction des besoins et des attentes communautaires des citoyens, des entreprises et des États.

C'est ainsi que par une décision n° 05/2019/COM/UEMOA du 06 août 2019, la Commission de l'UEMOA a adopté un Guide relatif aux méthodes et techniques de transposition des Directives de l'UEMOA et au modèle d'acte de notification.

Ce document, qui reprend pour l'essentiel, le Projet de lignes directrices pour la transposition des directives communautaires, comporte des recommandations et suggestions des bonnes pratiques sur les principes, méthodes et sur la procédure de transposition des Directives de l'UEMOA.

Ce guide a pour objet de présenter l'ensemble des principes, règles, méthodes et procédures qui devraient être observés par les autorités compétentes des États membres, lors de la transposition des directives adoptées par les instances de l'UEMOA ; il s'agit d'une sorte de lignes directrices de la transposition des directives communautaires.

Du point de vue de sa valeur juridique, la décision de la Commission de l'UEMOA, adoptant le guide, n'a pas pour effet de lui conférer une force contraignante dans les États membres ; en effet, de par son contenu *« non comminatoire »*, le guide est seulement destiné à orienter les États à faciliter l'appropriation des règles relatives à la transposition des Directives de l'UEMOA.

Le Guide a une vocation d'orientation des États membres, puisqu'il comporte des recommandations et suggestions des bonnes pratiques sur les principes, règles, méthodes et procédures qui devraient être observés par les autorités compétentes des États membres, lors de la transposition des directives adoptées par les instances de l'UEMOA (lignes directrices de la transposition des Directives de l'UEMOA)

Néanmoins, son adoption par une décision de la Commission de l'UEMOA n° 05/2019/COM/UEMOA du 06 août 2019 a permet de lui conférer une certaine valeur juridique dans les États membres.

Rien de s'oppose ainsi à ce que les États membres prennent des mesures au niveau national, sous forme de textes législatifs ou réglementaires ou de mesures d'ordre intérieur (instructions ou circulaires), pour fixer les modalités pratiques d'application du Guide, en veillant à son articulation et à son adaptation aux spécificités nationales.

À titre d'exemple, les recommandations générales du Guide relatives à la procédure de transposition des directives peuvent être adaptées aux particularités de l'organisation administrative et institutionnelle de chaque État membre.

33. Objet de l'ouvrage. Le présent ouvrage a pour objet d'étudier l'opération de transposition des directives dans l'espace de l'UEMOA, qui constitue aussi bien une exigence communautaire qu'une technique de légistique spécialisée.

En droit communautaire de l'UEMOA, l'opération de transposition des directives n'est pas laissée à la discrétion des autorités nationales. Ainsi, des contraintes techniques et communautaires sont imposées aux autorités nationales dans le processus de transposition des directives[158].

La transposition constitue une obligation juridique à la charge des États membres de l'Union (chapitre premier), qui obéit à une procédure minutieusement encadrée par le Guide communautaire relatif aux méthodes et techniques de transposition des Directives de l'UEMOA et au modèle d'acte de notification, éclairé par la jurisprudence et la doctrine (chapitre II).

En outre, le défaut de transposition ou la mauvaise transposition des directives peut donner lieu à des sanctions (chapitre III).

---

[158] D. SIMON, « Directive », *Rép. dr. eur.*, Dalloz, mars 2012, n° 46.

CHAPITRE PREMIER :

L'OBLIGATION JURIDIQUE DE TRANSPOSITION DES DIRECTIVES

34. Exigence juridique. Par essence, la directive suppose, en principe, l'intervention des autorités nationales en vue de lui faire produire des effets juridiques à l'égard des personnes physiques ou morales dans les droits internes des États membres.

La nécessité d'une étroite collaboration des autorités communautaires et des autorités nationales fait l'originalité de l'opération de transposition qui est un mode de législation qualifié, pour cette raison, de « *législation à deux étages* ».

La fixation des résultats à atteindre par la directive relève de la compétence des institutions communautaires qui l'adoptent tandis que le choix de la forme et des moyens relève de la compétence des États membres.

Comme le précise P. PESCATORE, la directive a « *deux éléments juridiques : d'une part, le modèle législatif, qui fait l'objet d'une obligation et dont le contenu est le même pour tous les États concernés, en d'autres termes, il contient une constante juridique ; d'autre part, un élément variable qui est la mise en œuvre de la directive dans le cadre du système législatif, réglementaire et administratif de chaque État membre* »[159].

Cette dualité explique également pourquoi la transposition est un exercice souvent délicat pour l'État membre qui doit tout au long du

159 P. PESCATORE, « L'effet des directives communautaires : une tentative de démythification », *D.* 1980, chron. 171.

processus s'assurer que les mesures qu'il veut adopter ne sont pas de nature à compromettre le résultat prescrit par la directive.

Pour mieux cerner les contours de l'exigence de transposition des directives communautaires en droit UEMOA, il importe de revenir sur son fondement (section première), sa nature (section II) et ses caractères (section III).

SECTION PREMIÈRE :

LE FONDEMENT DE L'OBLIGATION DE TRANSPOSITION DES DIRECTIVES

35. Double fondement. En droit communautaire de l'UEMOA, la transposition des directives n'est pas une opération abandonnée à la libre appréciation des États membres. Elle ne constitue pas une simple faculté, mais une obligation mise à leur charge.

L'exigence de la transposition des directives adoptées par les instances communautaires peut trouver un fondement confortable aussi bien dans les textes communautaires que dans la Constitution des États membres. Elle constitue ainsi aussi bien une obligation communautaire (paragraphe premier) qu'une exigence constitutionnelle (paragraphe II).

PARAGRAPHE PREMIER : LA TRANSPOSITION : UNE OBLIGATION COMMUNAUTAIRE

36. Exigence communautaire. L'obligation de transposition trouve son fondement dans les dispositions des traités originaires ainsi que dans les textes des différentes directives objet de la transposition.

Premièrement, aux termes de l'article 43 du traité de l'UEMOA : « *Les directives lient tout État membre quant aux résultats à atteindre* ».

Ainsi, la définition fonctionnelle de la directive est le fondement principal de l'obligation de transposition. En effet, en raison du caractère obligatoire de la directive quant au résultat, les États membres sont tenus de prendre toutes les mesures de droit national (loi, décret, arrêté) en vue d'atteindre l'objectif visé par la directive.

Deuxièmement, l'exigence de la transposition des directives tient au principe de supranationalité posé par l'article 6 du traité de l'UEMOA. Selon ce texte : « *Les actes arrêtés par les organes de l'Union pour la réalisation des objectifs du présent Traité et conformément aux règles et procédures instituées par celui-ci, sont appliqués dans chaque État membre nonobstant toute législation nationale contraire, antérieure ou postérieure* ».

Troisièmement, il résulte des dispositions de l'article 7 du traité de l'UEMOA que les États membres apportent leur concours à la réalisation des objectifs de l'Union en adoptant toutes mesures générales ou particulières propres à assurer l'exécution des obligations découlant du présent Traité.

À cet effet, ils s'abstiennent de toutes mesures susceptibles de faire obstacle à l'application du présent Traité et des actes pris pour son application. Or, par l'opération de transposition, qui permet à la directive communautaire de pénétrer l'ordre juridique national, les États membres apportent une contribution majeure à la réalisation des objectifs de l'Union.

Quatrièmement, faisant écho aux dispositions des traités originaires, chacune des directives rappelle dans ses dispositions finales l'obligation de transposition imposée aux États membres. Ces textes prescrivent de mettre en vigueur les mesures législatives, réglementaires et administratives nécessaires pour se conformer aux directives avant la date d'expiration du délai de transposition.

À titre d'exemple, selon l'article 3 de la Directive n°01/2005/CM/UEMOA du 16 septembre 2005 sur l'égalité de traitement des étudiants ressortissants de l'UEMOA, dans la détermination des conditions et des droits d'accès aux institutions publiques d'enseignement supérieur des États membres de l'union, les États membres de l'Union s'obligent à lever, à la date du 31 décembre 2007, au plus tard, toutes restrictions aux principes définis à l'article premier. Ils prennent les mesures nécessaires pour se conformer aux dispositions de cette Directive.

En outre, selon la Directive n° 02/2002/CM/UEMOA du 23 mai 2002 relative à la coopération entre la commission et les structures nationales de concurrence des états membres pour l'application des articles 88, 89 et 90 du traité de l'UEMOA, les États membres prennent les mesures nécessaires pour se conformer à cette Directive, le 30 décembre 2002 au plus tard. Ils en informent la Commission.

37. Position du Conseil constitutionnel. Le Conseil constitutionnel sénégalais a eu l'occasion dans sa décision n° 1/C/2020 du 24 février 2020[160] d'élever la transposition à la dignité d'obligation communautaire.

On peut lire sous la plume du juge constitutionnel que « *s'inscrivant dans la logique des efforts d'intégration régionale en Afrique, le Sénégal et d'autres États africains ont adopté le Traité instituant l'Union Économique et Monétaire Ouest Africaine (UEMOA) ;*

Considérant qu'il résulte des articles 6, 7 et 43 du Traité de l'UEMOA, que les actes arrêtés par les organes de l'Union sont appliqués dans chaque État membre nonobstant toute législation nationale contraire, antérieure ou postérieure, que tous les États apportent leur concours à la réalisation des objectifs de l'Union en prenant toutes mesures générales ou particulières propres à assurer l'exécution des obligations découlant du Traité, en s'abstenant à cet effet de toutes mesures susceptibles de faire obstacle à son application et que les organes de l'Union peuvent adopter des directives qui lient tous les États membres quant aux résultats à atteindre ;

Considérant que, parmi les obligations qui découlent pour l'État du Sénégal de la conclusion de cet accord, il y a celle de respecter les exigences communautaires en procédant notamment à la transposition, en droit interne, des directives communautaires ».

Loin de correspondre à l'insertion des traités internationaux dans l'ordre juridique interne, la compétence réservée aux États membres dans le cadre de la transposition est considérée comme une compétence d'exécution des directives dans la mesure nécessaire à leur pleine application dans l'environnement national.

---

[160] Cons. const.n° 1-C-2020 du 24 février 2020, *inédit*.

PARAGRAPHE II : LA TRANSPOSITION : UNE OBLIGATION CONSTITUTIONNELLE

38. Base constitutionnelle de l'obligation de transposition. Le fondement communautaire de l'obligation de transposition est conforté par sa base constitutionnelle.

Traditionnellement, en France, le Conseil constitutionnel estimait qu'il ne lui appartenait pas de se prononcer sur la compatibilité d'un acte législatif avec le droit international conventionnel (y compris le droit dérivé), cette mission incombant, en vertu de l'article 55 de la Constitution, aux juridictions ordinaires[161].

Toutefois, la jurisprudence du Conseil constitutionnel français a connu une évolution à partir de l'année 2004. Le juge constitutionnel a admis que compte tenu de la révision constitutionnelle, qui avait accompagné la ratification du Traité de Maastricht, « *la transposition en droit interne d'une directive communautaire résulte d'une exigence constitutionnelle à laquelle il ne pourrait être fait obstacle qu'en raison d'une disposition expresse contraire de la Constitution* »[162].

Cette affirmation selon laquelle la transposition correcte des directives dans les délais requis est une exigence imposée par l'article 88-1 de la Constitution a été confirmée par une série de décisions ultérieures[163].

---

[161] Cons. const. 15 janv. 1975, n° 74-54 DC, Loi relative à l'interruption volontaire de la grossesse [IVG])

[162] Cons. const. 10 juin 2004, n° 2004-496 DC, Loi pour la confiance dans l'économie numérique, spéc. cons. 7)

[163] Cons. const. 1er juill. 2004, n° 2004-497 DC, Loi relative aux communications électroniques et aux services de communication audiovisuelle, spéc. cons. 18 ; Cons. const. 29 juill. 2004, no 2004-498 DC, Loi relative à la bioéthique, spéc. cons. 4 ; Cons. const. 29 juill. 2004, n° 2004-499 DC, Loi relative à la protection des personnes physiques à l'égard des traitements de données à caractère personnel, spéc. cons. 7 ; V. not. sur ce point X. MAGNON et D. SIMON, « La jurisprudence communautaire du Conseil constitutionnel » [juin 2004-novembre 2004], *CDE* 2005. 217 à 262 ; E. SALES, « La transposition des directives communautaires : une exigence de valeur constitutionnelle sous réserve de constitutionnalité », *RTD eur*. 2005. 597 G. CANIVET, « Principes fondamentaux et transposition des directives communautaires », colloque Budapest, oct. 2009, disponible sur le site du Conseil

39. Limites du contrôle de constitutionnalité de la transposition des directives. En France, le contrôle de constitutionnalité de la transposition des directives connaît néanmoins certaines limites.

En premier lieu, le Conseil constitutionnel avait initialement considéré que l'exigence constitutionnelle de transposition ne valait qu'en l'absence d'une disposition expresse de la Constitution qui y ferait obstacle[164].

En deuxième lieu, le Conseil constitutionnel estime qu'étant dans l'impossibilité de saisir la Cour de Justice dans le délai que lui impose l'article 61 de la Constitution pour statuer sur la constitutionnalité des lois non promulguées, il « *ne saurait déclarer non conforme à l'article 88-1 de la Constitution qu'une disposition législative manifestement incompatible avec la directive qu'elle a pour objet de transposer* »[165].

Dans le cas où la mise en évidence de l'incompatibilité relève de l'interprétation de la directive qui, en cas de doute, appartient à la compétence exclusive de la Cour de Justice, le Conseil constitutionnel juge que, dans cette hypothèse et « *en tout état de cause, il appartient aux juridictions administratives et judiciaires d'exercer le contrôle de compatibilité de la loi au regard des engagements européens de la France et, le cas échéant, de saisir la Cour de justice de l'Union*

---

constitutionnel ; F. PICOD, « Le contrôle de constitutionnalité des actes de droit dérivé de l'Union européenne », *Cah. Cons. const.* 2005, n° 18 ; B. GENEVOIS, « Le Conseil constitutionnel et le droit communautaire dérivé, *RFDA* 2004. 651 ; J. ROUX, Le Conseil constitutionnel, le droit communautaire dérivé et la Constitution », *RD publ.* 2004, n° 4, p. 912. Le Conseil constitutionnel a ainsi finalement admis de censurer une loi de transposition qui méconnaissait manifestement l'objectif et les dispositions d'une directive (Cons. const. 30 nov. 2006, n° 2006-543 DC, Loi relative au secteur de l'énergie ; V. par ex. A. LEVADE, RFDA 2007. 564 ; J.-P. KOVAR, *Europe* 2007. Étude 2 ; X. MAGNON, *RFDC* 2007. 313 ; N. CHIFFLOT, « Contrôle du Conseil constitutionnel sur les lois de transposition des directives de l'Union européenne. Précisions sur « l'identité constitutionnelle de la France », *Procédures* n° 12, décembre 2021, comm. 336

[164] Cons. const. 27 juill. 2006, no 2006- 540 DC, Loi relative au droit d'auteur et aux droits voisins [DAVSI], spéc. cons. 19 ; V. D. SIMON, « L'obscure clarté de la jurisprudence du Conseil constitutionnel relative à la transposition des directives communautaires », *Europe* 2006, Focus n° 42.

[165] Cons. const. 27 juill. 2006, n° 2006- 540 DC, Loi relative au droit d'auteur et aux droits voisins [DAVSI], préc., spéc. cons. 20, italiques ajoutés.

européenne à titre préjudiciel » *(eod. loc.).* Cette jurisprudence a introduit ainsi une forme de répartition interne des compétences juridictionnelles de contrôle de la compatibilité des lois de transposition avec les directives, entre le juge constitutionnel, compétent en cas d'incompatibilité manifeste, et le juge du fond, le cas échéant après renvoi préjudiciel à la Cour de justice, dans les autres hypothèses d'incompatibilité.

En particulier, si la loi se borne à « *tirer les conséquences nécessaires des dispositions inconditionnelles et précises* », il n'appartient pas au Conseil constitutionnel de se prononcer[166].

En troisième lieu, le Conseil constitutionnel n'impose le respect de l'exigence constitutionnelle posée par l'article 88-1 de la Constitution que dans le cadre du contrôle *a priori* des lois de transposition sur la base de l'article 61 de la Constitution.

Cette solution exclut, d'une part, l'invocabilité de l'incompatibilité avec une directive dans le contexte de la question prioritaire de constitutionnalité instituée par l'article 61-1 de la Constitution. En effet, il a été jugé que le respect de l'exigence constitutionnelle de transposition des directives ne relève pas des droits et libertés que la Constitution garantit et ne saurait, par suite, être invoqué dans le cadre d'une question prioritaire de constitutionnalité[167].

La solution jurisprudentielle exclut, d'autre part, que le Conseil constitutionnel statue sur la compatibilité avec une directive de lois autres que les lois de transposition[168]. Il suffirait au législateur, pour

---

[166] Cons. const. 29 juill. 2004, n° 2004-498 DC, Loi relative à la bioéthique, spéc. cons. 7 ; Cons. const. 29 juill. 2004, no 2004-499 DC, préc., Loi relative à la protection des personnes physiques à l'égard des traitements de données à caractère personnel, spéc. cons. 8.

[167] Cons. const. 12 mai 2010, n° 2010-605 DC, Loi relative à l'ouverture à la concurrence et à la régulation du secteur des jeux d'argent et de hasard en ligne ; A. LEVADE, *D.* 2010. 1321 ; A. RIGAUX et D. SIMON, « Le feuilleton de la question prioritaire de constitutionnalité : Drôle de drame, Quai des brumes, Le jour se lève ? », *Europe*, 2010. Repère 6.

[168] Cons. const. 28 mai 2014, n° 2014-694 DC, Loi relative à l'interdiction de la mise en culture des variétés de maïs génétiquement modifié, spéc. cons. 5.

échapper à la censure du juge constitutionnel, de transposer correctement la directive et d'adopter quelque temps plus tard, une nouvelle loi abrogeant ou modifiant la précédente et violant la directive[169].

40. Constitutionnalisation de l'obligation de transposition. Le Conseil constitutionnel sénégalais a eu l'occasion dans sa décision n° 1/C/2020 du 24 février 2020[170], d'examiner la conformité à la Constitution de la loi organique abrogeant et remplaçant la loi organique n° 2011-15 du 8 juillet 2011 relative aux lois de finances, modifiée par la loi organique n° 2016- 34 du 23 décembre 2016, abrogeant et remplaçant la loi n° 2011-15 du 8 juillet 2011.

La haute juridiction constitutionnelle a semblé avoir fondé l'obligation constitutionnelle de transposition des directives communautaires sur l'attachement du peuple sénégalais à l'idéal de l'unité africaine affirmé par le préambule de la Constitution ainsi que sur la possibilité pour le Sénégal de conclure avec tout État africain des accords d'association ou de communauté comprenant abandon partiel ou total de souveraineté pour les besoins de la réalisation de l'unité africaine.

Il faut rappeler qu'en vertu de l'article 96 de la Constitution, la République du Sénégal peut conclure avec tout État africain des accords d'association ou de communauté comprenant abandon partiel ou total de souveraineté en vue de réaliser l'unité africaine.

Le juge constitutionnel a ainsi considéré que la transposition des directives constitue une obligation constitutionnelle. Selon la haute

---

[169] V. pour une analyse plus approfondie de cette critique, D. SIMON, « La décision « OGM » du Conseil constitutionnel : une occasion manquée ? », *Europe* 2014. Focus 24). La position du Conseil constitutionnel apparaît d'autant plus contestable dans cette décision « OGM » qu'en l'occurrence les actes administratifs réglementaires instituant une suspension provisoire des cultures concernées avaient été annulés par le Conseil d'État après renvoi préjudiciel à la Cour de Justice (CE 28 nov. 2011, Sté Monsanto, req. n° 312921 ; CE 28 déc. 2009, AGPM, req. n° 313546 ; CJUE, 8 sept. 2011, Monsanto, aff. jointes C-58/10 à C-68/10 ; CE 1er août 2013, AGPM, req. n° 358103.

[170] Cons. const.n° 1-C-2020 du 24 février 2020, *inédit*.

juridiction constitutionnelle : « *après avoir rappelé dans le préambule de la Constitution l'attachement du peuple sénégalais à l'idéal de l'unité africaine, le Constituant a prévu, dans l'article 96, alinéa 3 de la Constitution, que la République du Sénégal peut conclure avec tout État africain des accords d'association ou de communauté comprenant abandon partiel ou total de souveraineté dès lors que lesdits accords ont pour objet la réalisation de l'unité africaine* ».

Le juge constitutionnel a ajouté que « *l'État du Sénégal est tenu de se conformer à l'obligation constitutionnelle de transposition des directives édictées par les organes des communautés créées sur le fondement d'accords signés en application des dispositions de l'article 96, alinéa 3 de la Constitution* ».

Le Conseil constitutionnel a conclu que la loi d'internalisation de la Directive n° 06/2009/CM/UEMOA, qui reproduit à l'identique les dispositions précises et inconditionnelles de cette directive, répond aux exigences de l'article 96, alinéa 3 de la Constitution.

Cette décision du Conseil constitutionnel rappelle celle déjà rendue à l'occasion du recours tendant à apprécier la conformité du traité de Port-Louis relatif à l'OHADA aux dispositions de la Constitution. En effet, dans sa décision rendue le 16 décembre 1993, la haute juridiction constitutionnelle a jugé que le transfert de compétence, préconisé par l'article 14 du Traité de l'OHADA, n'emporte pas un changement de statut international du Sénégal en tant qu'État souverain et indépendant.

Il s'agit en l'espèce, « *non d'un abandon de souveraineté, mais d'une limitation de compétence qu'implique tout engagement international* »[171].

---

[171] Cons. const. n° 03/C/93 du 16 décembre 1993, in I. M. FALL (dir.), *Les décisions et avis du Conseil constitutionnel du Sénégal*, Dakar, CREDILA, 2008, p. 97 et s., obs. A. SALL; pour un commentaire de cette décision, A. SALL, « Observations sous Conseil constitutionnel 16 décembre 1993, traité portant harmonisation en Afrique du Droit des Affaires », *Penant*, n° 837, 1998, p. 223 ; D. NDOYE, «Le traité relatif à l'harmonisation du droit des affaires, la Constitution sénégalaise et les principes du droit processuel », *EDJA*, n°22, juillet-août- septembre 1994, p. 15 ; G. KENFACK DOUAJNI, « L'abandon de souveraineté dans le traité OHADA », *Penant*, 1999, n° 830, p. 125 et

41. Contrôle de constitutionnalité de l'acte de transposition de la directive. L'obligation de transposition, étant qualifiée d'exigence constitutionnelle, on peut en déduire *a contrario,* même si la jurisprudence constitutionnelle actuelle ne permet pas encore de l'affirmer, que le Conseil constitutionnel pourrait déclarer inconstitutionnelle une loi de transposition non conforme à la directive qu'elle a pour objet de transposer ; autrement dit que le non-respect de l'exigence de transposition pourrait être considéré comme un motif d'inconstitutionnalité[172].

42. Contrôle par voie d'action. Au titre de ses compétences contentieuses, le Conseil constitutionnel est le juge de la constitutionnalité des lois[173]. Aux termes des dispositions de l'article 92, alinéa premier de la Constitution : « *Le Conseil constitutionnel connaît de la constitutionnalité des lois* ».

La juridiction constitutionnelle se prononce notamment sur la constitutionnalité des lois organiques et des lois ordinaires[174].

Le Conseil constitutionnel exerce un contrôle obligatoire sur certaines normes. La Constitution du 22 janvier 2001 n'avait pas prévu

---

s. ; J.P. RAYNAL, « Intégration et souveraineté : le problème de la constitutionnalité du traité OHADA », *Penant* n° 832, 2000, p. 5 et s.

172 En ce sens M GAUTIER et F MELLERAY, « Le refus du Conseil constitutionnel d apprécier la constitutionnalité de dispositions législatives transposant une directive communautaire », *AJDA* 2004 pp 1537 1541 spéc p 1539 ; F CHALTIER, « Nouvelles variations sur la constitutionnalisation de l'Europe « RMUE 2004 p. 450 454 spéc p 452 ; B MATHIEU, « Un an de jurisprudence constitutionnelle bilan perspectives et questions » *D* 2005, p. 920 923 spéc p 923 ; E BRUCE, « Faut-il intégrer le droit communautaire aux normes de références du contrôle de constitutionnalité », *RFDC* 2005 n° 63 pp 539 560 spéc p 549 et s. ; G. CANIVET, « Principes fondamentaux et transposition des directives communautaires Le contrôle du Conseil constitutionnel sur les lois de transposition des directives communautaires », *European Review of Private Law*, volume 18, Issue 3 (2010) p. 487-499.

173 F. MBODJ, « Les compétences du Conseil constitutionnel à l'épreuve des saisines. Quelques remarques sur les pouvoirs du juge constitutionnel au Sénégal », *EDJA*, n° 78, juillet-août-septembre 2008, p. 7 ; I. Y. NDIAYE, «Le Conseil constitutionnel sénégalais », *Les nouveaux Cahiers du Conseil constitutionnel*, 2014/4, n° 45, p. 77 à 103.

174 S. SYLLA, « Le contrôle de la constitutionnalité des lois au Sénégal », *RIPAS*, octobre-décembre 1984, p. 817-888 ; S. PELLE, « Le contrôle de la légalité criminelle par le Conseil constitutionnel », *Rev. pénit.* 2013, p. 265.

un système de contrôle obligatoire de constitutionnalité des lois organiques[175].

La réforme introduite par la loi constitutionnelle n° 2016-10 du 05 avril 2016 portant révision de la Constitution[176] a procédé à la réintroduction du contrôle obligatoire de constitutionnalité des lois organiques, avant leur promulgation. En effet, l'article 78, alinéa 2 de la Constitution modifiée énonce que les lois organiques « *ne peuvent être promulguées si le Conseil constitutionnel saisi par le Président de la République, ne les a déclarées conformes à la Constitution* ».

C'est d'ailleurs dans le cadre du contrôle obligatoire des lois organiques que le Conseil constitutionnel sénégalais, dans sa décision n° 1/C/2020 du 24 février 2020 précitée, a déclaré conforme à la Constitution la loi organique abrogeant et remplaçant la loi organique n° 2011-15 du 8 juillet 2011 relative aux lois de finances, modifiée par la loi organique n° 2016- 34 du 23 décembre 2016, transposant la Directive n° 06/2009/CM/UEMOA.

Le Conseil constitutionnel sénégalais a jugé que *« la République du Sénégal a procédé, en adoptant une loi organique, à la transposition de la Directive n° 06/2009/CM/UEMOA du 26 juin 2009 portant lois de finances au sein de l'Union Économique et Monétaire Ouest Africaine ; qu'il appartient, dans ces conditions, au Conseil constitutionnel d'apprécier, au regard des dispositions des articles 67 et 78, alinéa 2 de la Constitution, la conformité aux exigences constitutionnelles du choix de la nature de la mesure de transposition et de la régularité de la procédure suivie »*.

Le juge constitutionnel a précisé qu' *« en ce qui concerne la nature de l'acte de transposition, qu'en vertu des articles 67, alinéas 4 et 68,*

---

175 En ce sens, EL. H. O. DIOP, *La justice constitutionnelle au Sénégal. Essai sur l'évolution, les enjeux et les réformes d'un contre-pouvoir juridictionnel*, Dakar, CREDILA/OVIPA, 2013, p. 174 ; A. NDIAYE, obs. sous Cons. const. n° 09/93 22 avril 1993, in I. M. FALL, *Les décisions et avis du Conseil constitutionnel du Sénégal*, Dakar, CREDILA, 2008, p. 71 et s.; F. MBODJ, obs. sous Cons. const. n° 13/94 23 juin 1994, op. cit., p. 107 et s.

176 JORS n° 6926 du jeudi 07 avril 2016, p. 505.

alinéa 1er de la Constitution, les lois de finances déterminent les ressources et les charges de l'État dans les conditions et sous les réserves prévues par une loi organique et que l'Assemblée nationale vote les lois de finances dans les conditions fixées par une loi organique; Considérant que l'adoption d'une loi organique pour transposer une directive ayant pour objet de déterminer le contenu des lois de finances et les conditions d'examen desdites lois par l'Assemblée nationale est justifiée au regard des dispositions précitées».

Le contrôle facultatif de constitutionnalité concerne les lois ordinaires. Il vise à garantir la suprématie de la loi fondamentale de l'État (Constitution). Ce type de contrôle est prévu par l'article 92 de la Constitution et par l'article 1er de la loi organique n° 2016 du 14 juillet 2016 relative au Conseil Constitutionnel. Selon ces textes, le Conseil constitutionnel se prononce sur la constitutionnalité des lois.

Le Conseil constitutionnel peut être saisi d'un recours visant à faire déclarer une loi inconstitutionnelle par le Président de la République dans les six (6) jours francs qui suivent la transmission à lui faite de la loi définitivement adoptée, par un nombre de députés au moins égal au dixième des membres de l'Assemblée nationale, dans les six (6) jours francs qui suivent son adoption définitive[177].

En tout état de cause, le Président de la République ne peut promulguer la loi définitivement adoptée qu'après l'expiration des délais de recours en inconstitutionnalité. Il résulte de l'article 72 de la Constitution que le Président de la République promulgue les lois définitivement adoptées dans les huit (8) jours francs qui suivent l'expiration des délais de recours en inconstitutionnalité.

Si la juridiction constitutionnelle relève dans la loi contestée soumise à son examen, une violation de la Constitution, qui n'a pas été invoquée, il doit la soulever d'office. Le moyen tiré de la violation d'une disposition constitutionnelle par la loi est d'ordre public.

---

177 V. art. 74 de la Constitution.

Le juge constitutionnel se prononce dans un délai d'un mois à compter du recours ; ce délai est ramené à huit (8) jours francs lorsque le Gouvernement en déclare l'urgence[178]. Le délai de huit (8) jours prévu pour la promulgation de la loi est suspendu jusqu'à l'issue de la décision du Conseil constitutionnel déclarant ladite loi conforme à la Constitution[179].

La publication de la décision du Conseil constitutionnel constatant qu'une disposition n'est pas contraire à la Constitution met fin à la suspension du délai de promulgation de la loi[180].

Lorsque le Conseil constitutionnel déclare que la loi dont il est saisi contient une disposition contraire à la Constitution, inséparable de l'ensemble de cette loi, celle-ci ne peut être promulguée[181].

Dans le cas où le Conseil constitutionnel déclare que la loi dont il est saisi contient une disposition contraire à la Constitution en constatant qu'elle est détachable de l'ensemble de cette loi, ladite loi peut être promulguée à l'exception de cette disposition, à moins qu'une nouvelle lecture n'en soit demandée[182].

Certes, dans le contrôle de constitutionnalité portant sur l'appréciation d'une loi votée, l'absence de transposition ne saurait être déclarée inconstitutionnelle. Mais la déclaration d'inconstitutionnalité ne pourra porter que sur une loi dont les dispositions ne sont pas conformes avec le contenu de la norme communautaire ou assurant de façon incomplète la transposition de la directive.

43. Contrôle par voie d'exception : exception d'inconstitutionnalité. En outre, le Conseil constitutionnel dispose d'une compétence essentielle consistant à apprécier, par la voie de

---

[178] V. art. 17 de la loi organique relative au Conseil constitutionnel.
[179] V. art. 75 de la Constitution.
[180] V. art.18 de la loi organique n° 2016-du 14 juillet 2016 relative au Conseil constitutionnel.
[181] V. art.19 de la loi organique n° 2016-du 14 juillet 2016 relative au Conseil constitutionnel.
[182] V. art.20 de la loi organique n° 2016-du 14 juillet 2016 relative au Conseil constitutionnel.

l'exception d'inconstitutionnalité, la conformité à la Constitution des lois déjà promulguées à l'occasion d'un procès[183]. En vertu de l'article 92 de la Constitution modifiée, le Conseil constitutionnel connaît « *des exceptions d'inconstitutionnalité soulevées devant la Cour d'appel ou la Cour suprême* »[184]. Ce texte constitutionnel est précisé par l'article 22 de la loi organique n° 2016 du 14 juillet 2016 relative au Conseil Constitutionnel.

Selon ce texte : « *Lorsque la solution d'un litige porté devant la cour d'appel ou la Cour suprême est subordonnée à l'appréciation de la conformité des dispositions d'une loi ou des stipulations d'un accord international à la Constitution, la juridiction saisit obligatoirement le Conseil constitutionnel de l'exception d'inconstitutionnalité ainsi soulevée et sursoit à statuer jusqu'à ce que le Conseil constitutionnel se soit prononcé* ».

À l'image de l'exception d'illégalité, l'exception d'inconstitutionnalité est un moyen incident soulevé au cours d'un procès tendant à obtenir la neutralisation d'un acte législatif non conforme à la Constitution, c'est-à-dire à en écarter l'application dans le cadre du procès[185].

---

183 En ce sens, EL. H. O. DIOP, *La justice constitutionnelle au Sénégal. Essai sur l'évolution, les enjeux et les réformes d'un contre-pouvoir juridictionnel*, Dakar, CREDILA/OVIPA, 2013, p. 189 ; I. M. FALL, *Évolution constitutionnelle du Sénégal de la veille de l'indépendance aux élections de 2007*, Dakar-Paris, CREDILA-CREPOS, 2007, p. 74 ; A. DIÈYE, « Le contrôle de constitutionnalité des lois : quelles pratiques », in I. M. FALL (dir.), *Théorie et contentieux constitutionnels en Afrique, Mélanges en l'honneur du Professeur El Hadji Mbodj*, Dakar, l'Harmattan 2022, p. 857 et s. ; A. KH. DIOP, « La particularité de l'exception d'inconstitutionnalité sénégalaise : une analyse à la lumière du contentieux de l'exception d'inconstitutionnalité en Afrique francophone », in I. M. FALL (dir.), *Théorie et contentieux constitutionnels en Afrique, Mélanges en l'honneur du Professeur El Hadji Mbodj*, Dakar, l'Harmattan 2022, p. 897 et s.

184 Sur cette question, P. A. TOURÉ, *La réforme de l'organisation judiciaire du Sénégal, commentée et annotée*, Paris, l'Harmattan, 2016, p. 183 ; P. A. TOURÉ, « La réforme de l'organisation judiciaire du Sénégal : évolution ou révolution judiciaire ? », *La Balance, Revue semestrielle de l'Union des Magistrats sénégalais*, n° 01, janvier-juin 2017, p. 34.

185 Sur une définition, V. B. BA, « Présentation de l'exception d'inconstitutionnalité : lé dénouement », in DIOUF (ND.), *Le Conseil constitutionnel sénégalais dans un contexte d'intégration régionale : passé, présent, devenir, actes du colloque de Dakar, 7 et 8 décembre 2020*, Dakar, l'Harmattan, 2021, p. 58.

Contrairement au recours en inconstitutionnalité, qui est un procès dirigé à titre principal contre un acte législatif, l'exception d'inconstitutionnalité est un procès dans un procès[186]. Il s'agit d'un contrôle *a posteriori* de constitutionnalité des lois « *qui marque un progrès important pour l'État de droit* »[187].

L'exception d'inconstitutionnalité est, en effet, considérée comme un instrument de protection des droits fondamentaux et de renforcement de l'État de droit[188].

Contrairement à ce que l'on pourrait penser, elle ne constitue pas techniquement une exception de procédure, il s'agit plutôt d'un moyen de fond.

La Cour suprême du Sénégal l'a clairement affirmé, dans un arrêt du 26 septembre 2013. La haute juridiction a énoncé que « *l'exception d'inconstitutionnalité n'est pas une exception de procédure, mais un moyen de fond visant à établir le défaut de base légale de l'acte attaqué qui se fonde sur un texte de loi dont la constitutionnalité est contestée ; qu'ainsi l'ordre dans lequel il est présenté n'a aucune incidence sur sa recevabilité* »[189].

---

[186] Sur l'exception d'inconstitutionnalité, J.-H. STAHL, « La longue marche de l'exception d'inconstitutionnalité », in *Mélanges en l'honneur du Président Bruno Genevois*, Paris, Dalloz, 2008, p. 993 ; P. DEVELVE, « Sur l'introduction de l'exception d'inconstitutionnalité contre la loi en droit français », *Commentaire* 1986/3, n° 35, p. 418-420 ; P. MAZEAUD, « L'exception d'inconstitutionnalité », *D.* 2008, p. 64 ; J. RIVERO, « Sur l'exception d'inconstitutionnalité», *Commentaire* 1986/4 (numéro 36), p. 704-705 ; WANDA YENG SENG, « Le contrôle des lois promulguées dans la jurisprudence du Conseil constitutionnel, un mystère en voie de dissipation ?», *RFDC* 2005/1 (n° 61), p. 35-71 ; D. TURTIN, « L'admission de l'exception d'inconstitutionnalité est souhaitable et possible », *Commentaire* 1986/4, n° 36, p. 705-708 ; R. DRAGO, «L'exception d'inconstitutionnalité », *Commentaire* 1986/3, n° 35, p. 420-421.

[187] P.M. SY, *Le développement de la justice constitutionnelle en Afrique noire francophone : les exemples du Bénin, du Gabon et du Sénégal,* Thèse Doctorat Dakar, 1998.

[188] F. LUCHAIRE, « La protection des droits de l'homme par l'exception d'inconstitutionnalité », *Commentaire* 1991/3, n° 55, p. 483-490.

[189] CS n° 50 du 26 septembre 2013, Ch. T. S. et autres c/ État du Sénégal, *inédit.*

Devant la cour d'appel, l'exception d'inconstitutionnalité est une question préjudicielle[190] ; c'est-à-dire que lorsque la question de constitutionnalité soulevée devant le juge d'appel a un lien avec la solution du litige, il doit surseoir à statuer et saisir le Conseil constitutionnel de l'exception d'inconstitutionnalité.

Avec la modification constitutionnelle de 2016, dès l'instance en appel, les justiciables pourront soulever, au cours du procès, la non-conformité d'une disposition législative à la Constitution. La possibilité donnée aux justiciables de soulever l'exception d'inconstitutionnalité devant la cour d'appel contribuera à consolider la protection des libertés individuelles[191].

Ainsi, à la lumière de la jurisprudence du Conseil constitutionnel sénégalais, tout porte à croire que, par le mécanisme de l'exception d'inconstitutionnalité, un justiciable pourrait soulever au cours d'un procès devant la Cour suprême ou la Cour d'appel, l'inconstitutionnalité d'une loi ayant procédé à une transposition incomplète ou infidèle d'une directive communautaire. En effet, une telle loi ne serait pas conforme à l'exigence constitutionnelle de la transposition des directives communautaires.

---

[190] Y. MENY, « Pour la question préjudicielle », *Commentaire* 1986/4 (numéro 36), p. 699-702.

[191] M. DUVERGER, « L'exception d'inconstitutionnalité devant les tribunaux ordinaires », *Commentaire* 1986/3 (numéro 35), p. 413-414.

SECTION II :

LA NATURE DE L'OBLIGATION DE TRANSPOSITION DES DIRECTIVES

44. Nature double. La directive est symptomatique de la nécessaire collaboration entre les autorités nationales et celles de l'Union dans un processus d'intégration normative.

Lorsqu'elle est adoptée par les institutions, la directive exige des États membres l'édiction de mesures tendant à l'atteinte des objectifs fixés par le législateur communautaire dans un délai déterminé. Le délai imparti permet aux États de transcrire sereinement en droit interne les dispositions de la directive, en préparant les conditions juridiques et fonctionnelles de la mise en œuvre entière du texte communautaire.

Ainsi, l'obligation de transposition des directives présente une nature double : il s'agit d'une obligation de faire (paragraphe premier) et d'une obligation de résultat (paragraphe II).

PARAGRAPHE PREMIER : LA TRANSPOSITION : UNE OBLIGATION DE FAIRE

45. Notion d'obligation de faire. L'obligation de transposition s'analyse en une obligation de faire consistant pour les États membres à prendre toutes les mesures nécessaires pour permettre à la directive de produire son plein effet dans leur ordre interne ; il s'agit d'une obligation de prendre toutes mesures propres à assurer l'exécution des normes communautaires.

D'ailleurs, cette obligation de faire est prolongée par une obligation d'informer la Commission de l'UEMOA des mesures nationales de transposition prises.

Obligation de faire, l'obligation de transposition impose à l'État membre d'assurer la conformité de son droit national à la norme communautaire ; celui-ci doit, en effet, être adapté afin de conférer à la norme communautaire son plein effet.

La portée de l'obligation de transposition dépend alors de l'état du droit interne préexistant et à cet égard de la nouveauté de la norme communautaire.

Lorsque la norme communautaire intervient dans un domaine vierge de toute législation ou réglementation préexistante, l'État membre est tenu d'une obligation positive de création visant à introduire dans l'ordre interne cette norme nouvelle.

Dans ce cas, le législateur adopte souvent un texte autonome ou un texte abrogatif. Un texte autonome est un texte qui contient des dispositions qui énoncent des règles nouvelles sans intervenir formellement dans des textes existants. Par exemple, une nouvelle loi qui encadre les conditions d'exercice de la médecine traditionnelle constitue une loi autonome.

Quant au texte abrogatif, il a pour objet de supprimer intégralement un texte antérieur de l'ordonnancement juridique[192]. L'abrogation est une opération normative ayant pour objet de supprimer une règle de droit qui cesse d'être applicable pour l'avenir[193].

Contrairement au retrait, l'abrogation ne dispose que pour l'avenir. Dans un arrêt rendu le 11 août 2011[194], la Cour suprême du Sénégal a jugé que l'abrogation d'un décret met fin à son existence « *sans pour autant faire disparaitre pour l'avenir les effets produits lors de son application* ».

Lorsque la nouveauté n'est que partielle, le droit national préexistant devra être complété afin d'assurer sa conformité aux dispositions communautaires. Dans cette dernière hypothèse, la mise en conformité

---

192 P. A. TOURE, *Légistique. Techniques de conception et de rédaction des lois et des actes administratifs : une tradition de gouvernance normative*, Dakar, l'Harmattan, 2018, n° 298.

193 G. CORNU, *op. cit,* V° abrogation, p. 04.

194 CS ch. adm. n° 31 du 11 août 2011, Oumar GUEYE et autres, Jean Paul DIAZ et autres c/ État du Sénégal, in *Bulletin des arrêts de la Cour suprême*, n° 02-03, 2010-2011, décembre 2012, p. 252.

de la législation ou de la réglementation nationale peut être obtenue au moyen d'une modification des textes préexistants.

Dans l'hypothèse où les règles nationales existaient préalablement, il convient d'en apprécier la conformité aux prescriptions communautaires. Si à l'issue de la comparaison entre les deux normes communautaire et nationale, la conformité est acquise, le droit national demeurera intact, puisque la transposition est préétablie. Si en revanche, la conformité n'est pas acquise, l'État membre est tenu de modifier la norme préexistante.

L'opération de modification consiste à apporter des changements à un texte existant soit en supprimant des dispositions, soit en y insérant des dispositions nouvelles.

Ces réaménagements peuvent avoir pour objet une disposition (alinéa ou paragraphe, etc.), une division du dispositif (article, subdivision de l'article, etc.) ou une annexe du texte[195]. Même une réécriture de l'intitulé d'un chapitre ou d'une section d'un texte constitue une modification.

L'abrogation partielle d'un texte (abrogation d'une disposition) constitue également une modification, c'est-à-dire une modification par abrogation partielle.

45. Obligation de faire à la charge de l'ensemble des autorités nationales. L'effet obligatoire des directives, en tant que norme communautaire, ne se résume pas à l'obligation faite à l'État membre de transposer correctement les règles de la directive dans son droit interne.

Il suppose également que soit assurée, sur l'ensemble du territoire national, une application du droit national conforme aux dispositions de la directive. Toutes les autorités publiques sont donc tenues, chacune dans le cadre de ses compétences, de garantir une mise en œuvre régulière des normes issues de la directive, aussi bien les autorités exécutives, législatives que judiciaires.

---

[195] *CE, Principes de technique législative. Guide de rédaction des textes législatifs et réglementaires,* CE 2008 p. 73.

Ce principe emporte deux séries de conséquences majeures.

En premier lieu, conformément au principe d'immédiatisation organique inspiré de système juridique de l'Union européenne, la directive diffuse son effet obligatoire à l'égard de l'ensemble des autorités nationales.

On peut lire sous la plume des juges de la Cour de justice que «*l'obligation des États membres, découlant d'une directive, d'atteindre le résultat prévu par celle-ci, ainsi que leur devoir, en vertu de l'article 5 CE, de prendre toutes mesures générales ou particulières propres à assurer l'exécution de cette obligation, s'imposent à toutes les autorités des États membres (...) dans le cadre de leurs compétences*»[196].

Il en résulte tout d'abord que sont tenus directement au respect des obligations inscrites dans les directives, dans la sphère de leur compétence constitutionnelle respective, les titulaires du pouvoir exécutif, du pouvoir législatif, ainsi que les instances juridictionnelles. Il a été jugé d'ailleurs que les juges nationaux sont les « *juges de droit commun* » des directives[197].

En vertu du principe de la primauté du droit communautaire, le législateur est obligé d'abroger les dispositions contraires, le Gouvernement de cesser de les exécuter et le juge de les considérer comme inapplicables.

Cette obligation d'exclusion du droit national contraire et d'application du droit national conforme s'impose également à l'ensemble des services centraux et des services extérieurs des administrations centrales, de même qu'aux autorités déconcentrées. Sont également assujettis à l'obligation d'assurer l'application des directives les États membres des États fédéraux[198], les régions, quel que

196 CJCE, 8 oct. 1987, Kolpinghuis Nijmegen, aff. 80/86.
197 CJCE, 13 nov. 1990, Marleasing SA, aff. C-106/89.
198 CJCE, 28 févr. 1991, Commission c/ Allemagne, aff. C-57/89.

soit leur degré d'autonomie[199] ainsi que l'ensemble des collectivités territoriales, quel que soit le degré de décentralisation[200].

Il ne serait, en effet, pas admissible, au regard de l'obligation figurant à l'article 43 du traité de l'UEMOA, que l'État « *fasse écran* » entre les directives et les collectivités territoriales.

La même obligation s'impose à l'égard des entités publiques dotées d'une personnalité juridique distincte de celle de l'État (établissements publics, agences d'exécution, structures administratives similaires ou assimilées, etc.), voire des personnes privées soumises à l'autorité ou au contrôle de l'État, comme les sociétés anonymes à participation publique majoritaire et les sociétés nationales placées sous la tutelle d'une structure de l'Administration centrale (Présidence de la République, Primature ou ministère).

En effet, la jurisprudence de la Cour relative à l'invocabilité des directives a étendu l'effet de ces dernières aux organismes ou entités « *qui étaient soumis à l'autorité ou au contrôle de l'État ou qui disposaient de pouvoirs exorbitants par rapport à ceux qui résultent des règles applicables aux rapports entre particuliers* »[201].

En second lieu, il convient de préciser la signification et la portée exacte de cette obligation d'application. *A priori*, l'application d'une directive qui a fait l'objet d'une mesure nationale de transposition dans le délai imparti se confond avec l'application de cette mesure de transposition et apparaît donc comme un simple problème de hiérarchie des normes en droit interne, relevant d'un contrôle de légalité purement interne.

La Cour de Justice des Communautés européennes a jugé, dans un arrêt rendu 12 juillet 1990, que « *dans tous les cas où une directive est correctement mise en œuvre, ses effets atteignent les particuliers par*

---

[199] CJCE, 14 janv. 1988, Commission c/ Belgique, aff. jointes 227 à 230/85.
[200] CJCE, 13 juill. 1989, Enichem Base e.a. c/ Comune di Cinisello Balsamo, aff. 380/87 ; CJCE, 2 mai 1996, Commission c/ Belgique, aff. C-133/94.
[201] CJCE, 12 juill. 1990, Foster e.a. c/ British Gas, aff. C-188/89.

l'intermédiaire des mesures d'application prises par l'État membre concerné»[202].

Cependant, cette affirmation doit être nuancée.

Il peut, en effet, arriver qu'une mesure d'application, conforme à un acte de transposition lui-même compatible avec la directive, se révèle néanmoins contraire aux objectifs de celle-là. C'est ainsi que le tribunal administratif français a annulé un arrêté préfectoral fixant les dates d'ouverture de la chasse, alors même qu'il était resté dans la fourchette imposée par l'acte de transposition qui avait lui-même reproduit textuellement les dates explicitement posées par la directive.

Selon le juge administratif, compte tenu des spécificités de l'écosystème local, la mesure préfectorale était incompatible avec l'objectif de la directive, consistant à prohiber la chasse durant les périodes de migration, de nidification et de reproduction des oiseaux sauvages[203]. En dehors de cette situation exceptionnelle, l'obligation d'application retrouve sa portée autonome dans toutes les hypothèses où la transposition n'a pas été opérée dans les délais requis ou s'est avérée non conforme aux exigences de la directive.

La carence de l'autorité en charge de la transposition n'exonère en aucun cas les autorités appelées à intervenir dans le champ de la directive de leur obligation d'application conforme du droit de l'Union.

C'est ainsi que le juge administratif a annulé un plan d'occupation des sols incompatible avec une directive en l'absence de transposition après l'expiration du délai[204]. En outre, le Conseil d'État français a annulé les arrêtés ministériels fixant le prix des tabacs importés, alors

---

[202] CJCE, 19 janv. 1982, Becker, aff. 8/81 ; CJCE, 15 juill. 1982, Felicitas Rickmers-Linie, aff. 270/81.

[203] TA Marseille, 16 juin 1988, Assoc. pour la protection des animaux sauvages, *D.* 1989. 170, note R. Romi ; *RTD eur.* 1989. 691, obs. D. Simon ; V. égal. TA Amiens, 17 déc. 1996 Assoc. pour la protection des animaux sauvages, *AJDA* 1997. 407; *Europe* 1997, n° 170, obs. D. Simon ; CE 13 juin 1997, LPO et Association pour la protection des animaux sauvages, req. n° 119586, *Europe* 1997, no 312, obs. D. Simon.

[204] TA Nantes, 13 juill. 1994, Assoc. Estuaire écologie, *AJDA* 1994. 664, note A. Noury et R. Romi ; *Europe* 1994, n° 434, obs. F. Lagondet et D. Simon.

même que le ministre avait agi en conformité avec la loi de transposition, au motif que cette dernière était incompatible avec la directive ; ce qui imposait, en vertu du principe de primauté du droit de l'Union, d'en écarter l'application, avec la conséquence inéluctable que les arrêtés litigieux étaient de ce fait privés de base légale[205].

En définitive, l'opération de transposition a pour conséquence d'épuiser les effets de la directive dans l'ordre interne ; les éventuelles difficultés d'application étant, dès lors, en principe régies par le seul droit national.

Mais cette « *mise en sommeil* » de la directive communautaire n'est qu'une léthargie provisoire qui ne l'a fait pas disparaître de l'ordonnancement juridique interne ; elle survit à l'état de norme latente et peut être « *réveillée* » en vue de sanctionner une application non conforme imputable à une transposition incorrecte[206].

PARAGRAPHE II : LA TRANSPOSITION : UNE OBLIGATION DE RÉSULTAT

46. Obligation de résultat. Une directive communautaire s'adresse aux États membres de la communauté et oblige ceux-ci à la transposer, c'est-à-dire à en intégrer les règles dans leurs droits internes[207]. Elle met à la charge des États une obligation de résultat et non une obligation de moyen[208].

L'acte de transposition doit par définition garantir que soit atteint le « *résultat* » visé par la directive. En principe, tous les États membres doivent transposer la directive dans leur droit national, même si

---

[205] CE, ass., 28 févr. 1992, Rothmans, Philip Morris, Arizona Tobacco, req. nos 56776 et 56777, *AJDA* 1992. 210 concl. Laroque ; *Europe* 1992. Chron. 1, obs. D. Simon ; *RTD eur*. 1992. 265 ; *D*. 1992, chron. 207, note R. Kovar ; *RFDA* 1992. 425, obs. L. Dubouis; *JCP* 1992. II. 21859, obs. G. Teboul ; *RD publ*. 1992. 1480, obs. F. Fines.
[206] En ce sens, D. SIMON, « Directive », *Rép. dr. eur*., Dalloz, mars 2012, n° 83.
[207] CE, *Principes de technique législative. Guide de rédaction des textes législatifs et réglementaires*, 2008, p. 113.
[208] G. ISAAC et M. BLANQUET, *Droit général de l'Union européenne*, Paris, Sirey, 10e édition, 2012, p. 310.

matériellement les dispositions peuvent ne pas les concerner de façon complète[209].

C'est le résultat décrit par la directive qui revêt un caractère contraignant. À la différence du règlement qui est obligatoire dans son entièreté, tant au niveau des moyens que du résultat, les États destinataires de la directive ne sont, par conséquent, liés que par une obligation de résultat. La directive peut être assimilée en droit interne à la loi-cadre qui requiert, en vue de son exécution, des règlements d'application.

Les États membres définissent eux-mêmes les mesures nationales qui permettent de se conformer à la directive.

L'inexistence, dans un État membre, d'une certaine activité visée par une directive ne saurait libérer cet État de son obligation de prendre des mesures législatives ou réglementaires afin d'assurer une transposition adéquate de l'ensemble des dispositions de cette directive[210]. C'est lors des négociations que l'État membre doit éventuellement faire valoir la nécessité de telle dérogation[211].

47. Obligation de résultat et délai. Le caractère contraignant du résultat à atteindre n'est pas affecté par le délai de réalisation précisé par la directive ni par le choix des moyens et des formes à utiliser. Au terme du délai, le résultat doit être effectif.

Le délai est contraignant, ce qui implique qu'un État n'ayant pas transposé ou n'ayant pas correctement transposé (c'est-à-dire que le résultat demandé n'est pas atteint) à l'expiration du délai pourra être condamné par la Cour de justice pour manquement à ses obligations.

Le terme du délai semble représenter un élément essentiel pour pouvoir apprécier le comportement de l'État.

---

[209] CJCE, 7 juill. 1987, Commission c/ Italie, aff. 420/85, Rec. 2983 ; CJCE, 15 mars 1990, Commission c/ Pays-Bas, aff. C-339/87, Rec. I. 851.
[210] CJCE, 16 nov. 2000, Commission c/ Grèce, aff. C-214/98, Rec. I. 9601 ; CJCE, 8 juin 2006, Commission c/ Luxembourg, aff. C-71/05.
[211] CJCE, 18 oct. 2001, Gharehveran, aff. C-441/99, Rec. I. 7687.

Mais des contraintes ont été déduites de l'obligation de résultat avant même l'expiration du délai de transposition : il s'agit de l'interdiction de prendre des dispositions de nature à compromettre sérieusement le résultat prescrit par la directive.

Selon la Cour de justice « *si les États ne sont pas tenus d'adopter ces mesures (de transposition) avant l'expiration du délai de transposition, il résulte de l'application combinée des articles 5 devenus art. 10 du traité CE, puis art. 4, § 3 TFUE], deuxième alinéa, et 189 (devenu art. 249 du traité CE, devenu art. 288, al. 3 TFUE) du traité et de la directive elle-même que, pendant ce délai, ils doivent s'abstenir de prendre des dispositions de nature à compromettre sérieusement le résultat prescrit par cette directive. Il appartient à la juridiction nationale d'apprécier si tel est le cas des dispositions nationales dont elle est chargée d'examiner la légalité* »[212].

On peut néanmoins considérer que dans une telle hypothèse, la condamnation résulte d'une sorte de présomption que le résultat ne sera pas atteint dans les délais. Cette idée est illustrée par le fait qu'une directive, avant même sa transposition, est déjà en vigueur dans l'ordre juridique des États membres, sa date d'entrée en vigueur, suivant les règles communes, ne devant pas être confondue avec l'expiration du délai de mise en œuvre[213].

De même, la Cour de Justice a-t-elle énoncé que la transposition n'épuise pas l'obligation des États membres, qui peuvent être obligés, *a posteriori,* d'adapter leur régime à des circonstances nouvelles[214].

Le caractère contraignant du résultat à atteindre résulte aussi de l'obligation des juridictions nationales d'interpréter les mesures nationales de mise en œuvre d'une directive « *à la lumière du texte et de la finalité de la directive* »[215].

---

[212] CJCE 8 décembre 1997. Inter-Environnement Walonnie, aff. C-129/96. Rec. 1-74111.
[213] CJCE 14 juin 2007. Commission c/Belgique. af. C-422105, Rec. 1-4749.
[214] CJCE 23 mars 2006, Commission c/Autriche, C-209/04. Rec. 1-2755.
[215] CJCE 10 avr. 1984, Von Colson, aff. 14, 83, Rec. 1891.

Les particuliers peuvent aussi invoquer, dans cette logique, une directive devant leur juge national afin que celui-ci vérifie si les autorités nationales sont restées dans les limites d'appréciation tracées par la directive[216]. Un État membre ne respectant pas cette obligation de résultat ne peut « *opposer aux justiciables le non-accomplissement par lui-même* » de cette obligation (et ne peut donc lui refuser le bénéfice de la directive si celle-ci est techniquement apte à être utilisée par le juge)[217].

Un État membre doit enfin réparer les dommages causés à des particuliers par sa non-transposition dans les délais d'une directive[218].

48. Variabilité de l'intensité normative des directives. La directive est un instrument dont le degré de normativité verticale n'est pas déterminé par une règle préétablie, mais dépend de la politique législative des institutions et se mesure à l'aune des résultats que doit poursuivre leur intervention au regard des dispositions pertinentes du traité[219].

La Cour de Justice a jugé que la compétence laissée aux États membres, en ce qui concerne la forme et les moyens des mesures à prendre par les instances nationales, est fonction « *du résultat que le Conseil ou la Commission entendent voir atteindre* »[220]. Ainsi, le simple constat du recours à la directive est insuffisant pour déterminer le degré d'harmonisation recherché par le texte et partant la liberté reconnue aux États membres afin de mettre en œuvre la directive dans leurs droits internes.

La liberté des États membres dépend du degré d'harmonisation que la directive cherche à atteindre. La portée de l'obligation de transposition est largement tributaire de l'« *intensité normative* » de la directive : la marge d'appréciation dont dispose l'instance de

---

216 CJCE 1er févr. 1977, VNO, aff.. 51/76, Rec. 113.
217 CJCE 5 avr. 1979, Ratti, aff. 148/78, Rec. 1629.
218 CJCE 19 nov. 1991, Francovich, am C-6 et C-9/90, Rec. 1-5403.
219 A. BOUVERESSE, *Le pouvoir discrétionnaire dans l'ordre juridique communautaire*, 2010, Bruylant, Bruxelles.
220 CJCE, 23 nov. 1977, Enka, aff. 38/77.

transposition est, en effet, inversement proportionnelle au degré de précision du texte de la directive.

49. Transposition *a minima*. La pratique communautaire révèle que certaines directives se contentent de fixer un minimum de règles nécessairement uniformes en laissant aux États membres une large marge de manœuvre lors de leur intégration dans leurs ordres internes.

En effet, dans certains domaines, la marge de manœuvre des États membres est plus appréciable et le texte de la directive, moins précis. Ces textes dits « *directives-cadres* » répondent à la définition de l'article 43 du traité de l'UEMOA.

Lorsque la directive se limite à la formulation d'objectifs relativement généraux, laissant aux États membres un véritable choix discrétionnaire quant à la forme et aux moyens, l'obligation pesant sur les autorités chargées de la transposition correspond plutôt à un rapport de «*compatibilité* »[221].

La transposition est alors dite *a minima* lorsque la directive fixe uniquement les objectifs à atteindre. Les États membres retrouvent leur pleine liberté dans le choix des moyens à employer dans leur droit interne. Dans ce cas, l'obligation de transposition est une simple obligation de compatibilité avec le droit communautaire.

Par exemple, l'article 4 de la Directive n°03/2007/CM/UEMOA portant adoption du système Licence, Master, Doctorat (LMD) dans les universités et établissements d'enseignement supérieur au sein de l'UEMOA dispose que « *Les États membres s'obligent à se référer aux normes internationales de qualité admises pour la délivrance des diplômes correspondant aux trois grades universitaires cités à l'article 2.*

---

[221] V. sur la distinction du rapport de conformité et du rapport de compatibilité, C. EISEMANN, « Le droit administratif et le principe de légalité », *EDCE* 1957. 25 s. ; V. égal. A. BOUVERESSE, *Le pouvoir discrétionnaire dans l'ordre juridique communautaire,* Bruxelles, 2010, Bruylant.

Pour ce faire, les États membres conviennent de mettre en place des mécanismes nationaux d'évaluation de la qualité des programmes proposés et mis en œuvre par les institutions d'enseignement supérieur ».

Ainsi, conformément à l'alinéa 1er de l'article 4 précité, un État membre ne pourrait s'exonérer de l'obligation de mettre en place un système LMD qui réponde aux normes internationales de qualité. En vue d'y parvenir, il devrait instituer un mécanisme national d'évaluation de la qualité des programmes.

Toutefois, l'alinéa 2 de ce texte, ne donnant pas de précisions quant aux caractéristiques d'un tel mécanisme d'évaluation, l'État membre retrouve donc sa pleine liberté quant au choix des caractéristiques de son mécanisme d'évaluation.

Les États membres doivent veiller à la cohérence et à la bonne articulation des dispositions prises pour la transposition de la directive avec celles du droit communautaire. L'État membre doit alors sélectionner les mesures nationales de transposition parmi les différentes formules juridiques de nature à permettre la réalisation effective des buts fixés par la directive.

La seule contrainte imposée par l'Union aux autorités nationales est de rester dans les limites du pouvoir d'appréciation encadré par les objectifs déterminés par l'acte de l'Union.

Il arrive naturellement qu'une seule et même directive comporte des dispositions d'intensité normative variable et impose par conséquent une modulation rigoureuse des contraintes affectant le processus de transposition, allant, au sein du même texte, d'une stricte « *compétence liée* » à un « *pouvoir discrétionnaire* » d'ampleur inégale.

En tout état de cause, dans cette situation, le respect des objectifs ne dispense pas de l'observation des dispositions précises, et inversement, la conformité aux dispositions ponctuelles n'autorise pas à négliger le résultat à atteindre[222].

---

[222] V. pour une illustration significative, V. par ex. CJCE, 22 avr. 1997, Nils Draehmpaehl, aff. C-180/95, *Europe* 1997, n° 184, obs. F. Gazin.

49. Transposition *a maxima*. En revanche, les domaines, par nature, techniques, comme l'impôt ou les finances, donnent souvent lieu à la rédaction de directives détaillées et pointilleuses. Il en est ainsi le plus souvent des directives de l'UEMOA relatives aux finances publiques et à la gestion publique financière dans les États membres de l'Union[223].

Dans le souci d'accélérer le processus d'intégration, les directives ont eu tendance à présenter un contenu de plus en plus détaillé et précis, et ce, sans accorder de pouvoir d'appréciation à l'autorité nationale.

Ainsi, la pratique communautaire révèle que certaines directives sont qualifiées de « *directives règlements* », compte tenu de leur haut degré de précision et de détail, elles révèlent un degré d'harmonisation plus poussé niant toute liberté des États membres.

Cette forme de transposition est dite *a maxima*, puisque la directive prescrit à la fois les objectifs à atteindre et les moyens d'y parvenir. Les États membres sont ainsi tenus de reproduire textuellement les dispositions de ladite directive. Dans cette hypothèse, l'obligation de transposition est une obligation de conformité, puisque le contenu de la directive est précis et détaillé.

À titre d'exemple, les directives adoptées en matière de finances publiques, qui appartiennent souvent à la catégorie des directives procédant à une harmonisation *a maxima*, offrent peu de marge de manœuvre aux États membres. L'opération de transposition s'analyse alors en une activité de « *transcription* » stricto sensu, l'acte national devant se contenter de reproduire presque servilement les dispositions de la directive[224].

Il peut s'agir notamment de l'énoncé d'un principe, d'une définition, de la formulation d'une interdiction, des caractéristiques d'une procédure ou d'une obligation d'information.

---

[223] Th. JEFFERSON, « Les nouvelles directives de l'UEMOA sur les finances publiques et la gestion publique financière dans les États membres de l'Union », *Revue française de finances publiques*, n°132, nov. 2015, p. 323.

[224] V. par ex. CJUE, 19 oct. 2017, Europamur Alimentación, aff. C-295/16, *Europe* 2017. Comm. 449, obs. *D.* Simon.

Par exemple, l'article 2 de la Directive n°01/2009/CM/UEMOA du 27 mars 2009 portant Code de transparence dans la gestion des finances publiques au sein de l'UEMOA qui dispose que « *La Commission et les États membres prennent les dispositions nécessaires pour conformer la préparation et l'adoption des textes se rapportant directement ou indirectement à la gestion des finances publiques aux principes et règles définis par ledit Code.*

Les dispositions de l'alinéa 1er du présent article s'appliquent notamment à la préparation et à l'adoption des directives portant :

- Lois de Finances ;

- Règlement Général sur la Comptabilité publique ;

- Plan Comptable de l'État ;

- Nomenclature Budgétaire de l'État ;

- Tableau des Opérations Financières de l'État ;

- Plan Comptable et Nomenclature Budgétaire des Collectivités locales ».

En conséquence, un État ne saurait élaborer un des textes susvisés en appliquant d'autres principes et règles que ceux prévus dans le Code de transparence dans la gestion des finances publiques.

Dans le même sens, on peut citer la Directive n°06/2009/CM/UEMOA du 26 juin 2009 portant lois de finances au sein de l'UEMOA, qui fixe des principes, règles et procédures auxquels les États membres devraient se conformer. Ainsi, l'article 45 de cette directive dispose que le texte de la loi de finances de l'année comprend deux parties distinctes.

Dans la première partie, la loi de finances de l'année :

- prévoit et autorise les recettes budgétaires et les ressources de trésorerie de l'État ;

- autorise la perception des impôts affectés aux collectivités locales et aux établissements publics ;

- fixe les plafonds des dépenses du budget général et de chaque budget annexe, les plafonds des charges de chaque catégorie de comptes spéciaux du Trésor ainsi que le plafond d'autorisation des emplois rémunérés par l'État ;

- arrête les dispositions nécessaires à la réalisation, conformément aux lois en vigueur, des opérations d'emprunt destinées à couvrir les charges de trésorerie ;

- arrête les données générales de l'équilibre budgétaire et financier présentées dans un tableau d'équilibre faisant apparaitre :

a) le solde budgétaire global résultant de la différence entre les recettes et les dépenses budgétaires telles que définies respectivement aux articles 8 et 11 de la présente Directive ;

b) le solde budgétaire de base tel que défini par le Pacte de convergence de stabilité, de croissance et de solidarité entre les États membres de l'UEMOA ;

- approuve le tableau de financement récapitulant, pour la durée de l'exercice, les prévisions de ressources et de charges de trésorerie.

Dans la seconde partie, la loi de finances de l'année :

- fixe, pour le budget général, par programme et par dotation, le montant des crédits de paiement et, le cas échéant, des autorisations d'engagement ;

- détermine, par ministère et par budget annexe, le plafond des autorisations d'emplois rémunérés par l'État ;

- fixe, par budget annexe et par compte spécial du Trésor, le montant des crédits de paiement et, le cas échéant, des autorisations d'engagement;

- définit les modalités de répartition des concours financiers de l'État aux autres administrations publiques ;

- autorise l'octroi des garanties et avals accordés par l'État ;

- approuve les conventions financières conclues par l'État ;

- comporte, le cas échéant, toutes règles fondamentales relatives à l'exécution des budgets publics, à la comptabilité publique et aux responsabilités des agents intervenant dans la gestion des finances publiques.

Ce phénomène d'intensité normative des directives a été dans un premier temps combattu par les autorités de l'Union elles-mêmes, face aux critiques exprimées par les États membres.

Mais cette pratique ne semble pas contraire à l'article 43 du traité de l'UEMOA dans la mesure où ce texte loin de consacrer une définition matérielle de la directive en retient une approche fonctionnelle. D'autant que les notions de résultats et de moyens, marquant la répartition des compétences communautaires et nationales, ne sont pas clairement définies.

Dans l'hypothèse où la directive comporte des dispositions extrêmement détaillées, imposant des obligations précises, l'État membre est tenu à une obligation de résultat qui s'identifie à un rapport de stricte « *conformité* ». Lorsque les institutions communautaires ont défini le résultat à atteindre avec une grande précision, il ne reste souvent aux États membres qu'à « *recopier* » le contenu de la directive dans un acte interne.

SECTION III :

LES CARACTÈRES DE L'OBLIGATION DE TRANSPOSITION DES DIRECTIVES

41. Caractères spécifiques. La directive constitue un acte en deux temps et procède d'une technique de législation à deux étages.

Dans une première étape, la directive émane de l'autorité de l'Union quant à la définition des objectifs à atteindre. L'Union établit l'objectif et le modèle d'intégration normative qui sont souhaités et recherchés.

Dans une seconde étape, la directive est relayée dans sa mise en œuvre par l'autorité nationale qui dispose d'un pouvoir d'appréciation quant aux moyens, et ce dans la mesure où n'est pas compromis le résultat visé par la directive. Les autorités nationales traduisent, ainsi, dans ses modalités, l'objectif à atteindre au sein de l'ordre juridique interne.

L'opération de transposition des directives communautaires présente deux caractères spécifiques. En effet, il s'agit d'une obligation formelle (paragraphe premier) et d'une obligation substantielle (paragraphe II).

PARAGRAPHE PREMIER : LA TRANSPOSITION : UNE OBLIGATION FORMELLE

42.Exigence formelle. Par définition, la transposition suppose l'adoption de toutes les mesures nécessaires à l'incorporation effective de la directive dans l'ordre juridique national par les véhicules normatifs appropriés. En effet, la pénétration de la directive communautaire, en tant que norme médiate, exige l'édiction de mesure d'ordre juridique se traduisant par une intervention législative ou réglementaire.

Il importe, dès lors, d'étudier l'exigence formelle de la transposition des directives (A) avant d'analyser le choix du support normatif de transposition (B).

A. L'exigence formelle de la transposition des directives

43. Édiction d'un texte de droit positif. L'opération de transposition des directives exige fatalement une intervention normative formelle, c'est-à-dire l'adoption d'un ou de plusieurs textes de droit positif (1). Mais cette exigence d'intervention normative formelle comporte des tempéraments (2).

1. Le principe de l'exigence d'une intervention normative formelle

44. Principe. En principe, la première exigence imposée par le traité de l'UEMOA consiste, pour l'État membre destinataire, dans l'obligation de procéder à la transposition de la directive, c'est-à-dire d'adopter les mesures nationales nécessaires pour que la directive puisse produire son plein effet dans l'ordre juridique national, au besoin après qu'aient été abrogées ou modifiées les dispositions internes incompatibles avec les dispositions de la directive[225].

Il incombe, en effet, aux États membres de mettre en place un « *cadre juridique légal ou réglementaire précis*», reposant sur des « *dispositions normatives*»[226]. L'État membre doit adopter un texte de transposition de la directive, c'est-à-dire un texte de droit positif qui peut être une loi, une ordonnance ou même un acte réglementaire (décret ou arrêté).

Par exigence formelle de transposition, on entend l'obligation qui impose aux États membres d'adopter la ou les mesures législatives, réglementaires ou administratives nécessaires à l'introduction dans l'ordre juridique interne des règles posées par la directive de manière à leur permettre de déployer leur pleine efficacité normative.

Cette obligation est systématiquement confirmée par les formules stéréotypées qui figurent dans les dispositions finales de toutes les directives, selon lesquelles « *les États membres adoptent et publient, avant le ..., les dispositions nécessaires pour se conformer à la présente directive*», ou « *les États membres mettent en vigueur les dispositions*

---

[225] D. SIMON et A. RIGAUX, « Les contraintes de la transposition en France des directives communautaires : le secteur de l'environnement », *RJE* 1991. 269.
[226] CJCE, 13 oct. 1987, Commission c/ Pays-Bas, aff. 236/85.

législatives, réglementaires et administratives nécessaires pour se conformer à la présente directive avant le ... » ou encore «*Les États membres prennent les mesures nécessaires...* ». Il semble donc clair, conformément à la nature même de l'instrument juridique de la « *directive* » que pèse normalement sur les autorités nationales une obligation formelle de transposition.

45. Insuffisance d'une pratique administrative conforme à la directive. L'obligation de transposition implique donc une modification formelle de l'ordonnancement juridique national. Il en résulte tout d'abord qu'en aucun cas une « *pratique administrative* » constamment suivie ne peut se substituer à l'adaptation normative du droit national.

Par définition, la pratique administrative ne répond pas, au principe, de sécurité juridique, puisqu'elle est par nature modifiable au gré de l'Administration et dépourvue de publicité adéquate.

L'argument selon lequel, en dépit de l'absence de transposition, la directive serait respectée «*en fait* », à raison d'une attitude des autorités nationales spontanément conforme aux exigences de la norme de l'Union, est systématiquement rejeté par la Cour de justice. Selon le juge de l'Union, une « *pratique de fait* » (sic), voire une « *simple tolérance administrative* », ne présente pas les garanties de stabilité, de publicité et d'obligatoriété nécessaires à la pleine efficacité de la directive[227].

En outre, les autorités nationales ne peuvent se dispenser de leur obligation de transposition formelle, en prétendant que l'application effective de la directive serait assurée par l'effet direct éventuel de ses

---

[227] V. par ex. CJCE, 6 mai 1980, Commission c/ Belgique, aff. 102/79, Rec. 1473 ; CJCE, 25 mai 1982, Commission c/ Pays-Bas, aff. 96/81, Rec. 1791 ; CJCE, 1er mars 1983, Commission c/ Belgique, aff. 301/81, Rec. 467 ; CJCE, 1er mars 1983, Commission c/ Italie, aff. 300/81, Rec. 449 ; CJCE, 15 mars 1983, Commission c/ Italie, aff. 145/82, Rec. 711 ; CJCE, 15 oct. 1986, Commission c/ Italie, aff. 168/85, Rec. 2945 ; CJCE, 2 déc. 1986, Commission c/ Belgique, aff. 239/85, Rec. 3645 ; CJCE, 3 mars 1988, Commission c/ Italie, aff. 116/86, Rec. 1323 ; CJCE, 15 mars 1990, Commission c/ Pays-Bas, aff. C-339/87, Rec. I. 851), ni a fortiori de simples pratiques des opérateurs économiques (CJCE, 11 oct. 2001, Commission c/ Pays-Bas, aff. C-254/00, Rec. I. 7567.

dispositions, les justiciables pouvant solliciter de leurs tribunaux nationaux l'application de la directive qui se substituerait ainsi aux dispositions nationales absentes ou non conformes. Il convient, en effet, de dissocier l'effet direct de certaines dispositions des directives, de l'effet obligatoire de toutes les dispositions des directives à l'égard de l'État membre destinataire.

Pour la Cour de Justice, « *le maintien inchangé, dans la législation d'un État membre, d'un texte incompatible avec une disposition du traité, même directement applicable dans l'ordre juridique des États membres, donne lieu à une situation de fait ambiguë en maintenant les sujets de droit concernés dans un état d'incertitude quant aux possibilités qui leur sont réservées de faire appel au droit communautaire et qu'un tel maintien constitue dès lors, dans le chef dudit État, un manquement aux obligations qui lui incombent en vertu du traité* »[228].

L'éventuel effet direct de certaines dispositions des directives ne constitue qu'une garantie minimale destinée à pallier la méconnaissance par les États membres du caractère obligatoire de la transposition[229].

2. Les tempéraments de l'exigence d'une intervention normative formelle

46. Possible dispense de l'intervention normative. La question s'est posée de savoir si la transposition formelle de la directive est toujours indispensable, notamment dans l'hypothèse où la directive intervient dans un domaine faisant l'objet d'une législation ou d'une réglementation nationale, mais dont le contenu est *a priori* compatible avec les dispositions de la directive.

---

228 CJCE, 15 oct. 1986, Commission c/ Italie, aff. 168/85 ; cette solution transpose concrètement aux directives le raisonnement qui avait été appliqué aux règlements ; V. par ex. CJCE, 4 avr. 1974, Commission c/ France, aff. 167/73 , aff. dite du Code maritime.

229 CJCE, 2 mai 1996, Commission c/ Allemagne, aff. C-253/95 ; CJCE, 20 mars 1997, Commission c/ Allemagne, aff. C-96/95, Europe 1997, nos 138 et 143, obs. D. Simon.

Ce cas de figure correspond à des situations d'« *harmonie préétablie*» ou de «*convergence spontanée* » entre les contraintes du droit de l'Union et l'état du droit national.

Doit-on alors considérer que l'obligation de transposition subsiste, dès lors que le résultat visé par la directive est, par définition, déjà atteint par les règles internes en vigueur et que toute nouvelle intervention normative des autorités nationales ne pourrait avoir alors qu'un caractère déclaratoire ou confirmatif ?

Dans un premier temps, la Cour de justice a semblé avoir voulu imposer en toute hypothèse le respect de l'obligation d'adopter des mesures formelles de transposition[230].

Par la suite, le juge de l'Union a admis que la transposition d'une directive n'implique pas « *nécessairement une action législative dans chaque État membre* »[231], voire n'exigeait pas « *nécessairement une reprise formelle et textuelle de ses dispositions dans une disposition expresse et spécifique et qu'elle peut se satisfaire d'un contexte juridique général, dès lors que celui-ci assure effectivement la pleine application de la directive...* »[232].

Il est généralement admis que la charge de la preuve de l'inutilité d'une transposition formelle incombe à l'État qui l'invoque, à la différence de la situation de droit commun où il appartient à la Commission de rapporter la preuve des défauts qui affectent éventuellement l'opération de transposition[233].

---

230 CJCE, 6 mai 1980, Commission c/ Belgique, aff. 102/79.

231 CJCE, 23 mai 1985, Commission c/ Allemagne, aff. 29/84.

232 CJCE, 27 avr. 1988, Commission c/ France, aff. 252/85.

233 Sur la portée de cette exigence, V. par ex. CJCE, 29 mai 1997, Commission c/ Royaume-Uni, aff. C-300/95, Europe juill. 1997, no 228, obs. F. Gazin ; cependant la solution ambiguë retenue par CJCE, 10 sept. 1996, Commission c/ Belgique, aff. C-11/95, spéc. pts 98 à 102, où la Cour admet que le défaut de transposition ne constitue pas un manquement, en l'absence de dispositif réglementaire de nature à porter atteinte aux exigences de la directive, dans la mesure où la Commission n'a pas rapporté la preuve d'une violation.

47. Conditions de la dispense de l'intervention normative. Toutefois, la dispense de l'intervention normative est subordonnée à des conditions très strictes[234].

En premier lieu, la situation juridique doit être absolument « *claire et précise* », afin que les justiciables soient en mesure de connaître la plénitude de leurs droits et, le cas échéant, de s'en prévaloir devant les juridictions nationales. En particulier, une transposition qui se contenterait d'opérer un simple renvoi au droit de l'Union est jugée insuffisante pour assurer la protection des droits issus des dispositions de la directive[235].

En deuxième lieu, les mesures nationales supposées assurer la mise en œuvre de la directive doivent faire l'objet d'une publicité adéquate, à la fois pour que les ressortissants des États membres de l'Union soient informés de leurs droits et pour que soit garantie une transparence suffisante, afin que la Commission puisse vérifier effectivement si la directive est correctement exécutée.

En troisième lieu, les règles nationales censées assurer l'application de la directive doivent présenter des garanties de stabilité indispensables pour atteindre un degré suffisant de sécurité juridique. Elles doivent également être « *contraignantes* », c'est-à-dire créer une « *situation normative aussi complète que celle de la directive* »[236].

En quatrième lieu, les justiciables doivent, en outre, disposer de moyens juridictionnels adéquats en vue de faire vérifier par les tribunaux nationaux la compatibilité du droit national avec les dispositions de la directive. En particulier, l'expiration des délais de recours contre les actes nationaux présumés conformes à la directive ne doit pas avoir pour effet d'empêcher tout contrôle juridictionnel de compatibilité.

48. Transposition par équivalence. C'est n'est que lorsque l'ensemble de ces conditions sont remplies que l'État membre pourra

[234] D. SIMON, « Directive », *Rép. dr. eur.*, Dalloz, mars 2012, n° 49 et s.
[235] CJCE, 20 mars 1997, Commission c/ Allemagne, aff. C-96/95.
[236] V. par ex. CJCE, 8 juin 1982, Commission c/ Italie, aff. 91/81.

invoquer la situation de « *conformité spontanée* » pour se soustraire à l'obligation de procéder à une transposition formelle de la directive communautaire[237].

D'après le Guide relatif aux méthodes et techniques de transposition des Directives de l'UEMOA et au modèle d'acte de notification adopté par une décision de la Commission de l'UEMOA n° 05/2019/COM/UEMOA du 06 août 2019, la transposition est dite par équivalence lorsque le droit national en vigueur préalablement à l'adoption de la directive est parfaitement conforme au contenu substantiel de la directive à transposer et ne rendrait donc plus utile la reprise expresse de la directive en droit interne.

L'État membre est alors uniquement tenu d'en informer la Commission de l'UEMOA, en lui transmettant le texte national antérieur à la directive. Par exemple le Sénégal a procédé à la transposition par équivalent de la Directive de la CEDEAO du 19 août 2011 portant lutte contre la cybercriminalité. En effet, ce texte communautaire était tout à fait conforme à la directive communautaire pour être inspiré de la loi sénégalaise n° 2008-11 du 25 janvier 2008 portant sur la cybercriminalité.

Toutefois, la méthode de la transposition par équivalence devrait être utilisée avec précaution par l'État membre. En effet, l'État membre, étant tenu de transposer la directive fidèlement et de manière exhaustive, lorsqu'il décide d'effectuer une transposition par équivalence, cela suppose que le sens et la portée des dispositions communautaires et nationales ainsi que le champ d'application, les conditions et les exceptions sont équivalents. Dans le cas où certains de ces aspects ne seraient pas équivalents, l'État membre ne devrait pas pouvoir utiliser la méthode de la transposition par équivalence.

B. Le choix de vecteur normatif de transposition

49. Liberté sur le choix de l'instrument de transposition. La principale caractéristique de la directive tient à la mesure de « *son*

---

[237] V. par ex. CJCE, 19 sept. 1996, Commission c/ Grèce, aff. C-236/95.

intensité normative ». À la différence du règlement et de la décision, obligatoires dans tous leurs éléments, la directive ne crée, en effet, à la charge des États membres qu'une obligation portant sur le « *résultat à atteindre* » et laissant à ces derniers la « *compétence quant à la forme et aux moyens* ».

Ainsi, la logique veut que la directive ne contienne qu'une obligation de résultat et non une obligation de moyen. La Cour de justice l'a d'ailleurs admis, estimant que « *la compétence des États membres, en ce qui concerne la forme et les moyens, est fonction du résultat que le Conseil ou la Commission entendent voir atteindre* »[238].

C'est tout le sens du principe de l'autonomie institutionnelle et procédurale du droit national qui signifie que les autorités nationales disposent de larges marges de manœuvre dans la détermination de l'acte par lequel doit être assurée la transposition. Le support de l'acte de transposition relève de la « *compétence quant à la forme et aux moyens* », reconnue aux États membres par l'article 43 du Traité de l'UEMOA.

Le Conseil constitutionnel sénégalais, dans sa décision n° 1/C/2020 du 24 février 2020[239] a jugé que l'internalisation des directives communautaires obéit aux règles et procédures prévues par la Constitution et les lois nationales notamment en ce qui concerne la délimitation du domaine de la loi et celui du règlement, *« le nécessaire respect des exigences communautaires ne s'opposant pas au droit, pour chaque État, de déterminer, conformément aux règles d'organisation des pouvoirs publics, la nature des mesures de transposition et la procédure à suivre pour l'adoption de telles mesures ».*

La directive impose des obligations, mais elle ne précise pas comment atteindre les objectifs visés par le législateur communautaire. Le silence du texte, quant aux moyens et à la forme, fait présumer que les États membres ont une liberté quant au vecteur normatif de transposition.

---

[238] CJCE, 23 nov. 1977, Enka, aff. 38/77 ; CJCE, 6 mai 1980, Lee, aff. 152/79.
[239] Cons. const. n° 1-C-2020 du 24 février 2020, *inédit*.

La directive est l'instrument privilégié de la réalisation d'un marché commun. Elle a, en effet, pour vocation d'intervenir dans les domaines où il existe des contradictions et des différences substantielles entre les législations nationales ; elle vise alors, à inciter les États membres au rapprochement de leurs législations et à la transcription, au niveau national, des principes fondamentaux des règles à rapprocher.

La directive offre donc une liberté aux États membres quant à la forme et aux moyens, notamment quant au choix de l'acte juridique de transposition (loi, décret, arrêté, etc.) et quant à la désignation des services chargés de son application[240].

50. Une liberté encadrée quant au choix de l'instrument de transposition. Toutefois, la compétence laissée aux instances nationales quant à la forme et aux moyens ne saurait être une compétence discrétionnaire. En effet, la marge de manœuvre des États membres quant au choix de la nature de l'acte de transposition est encadrée.

Le principe de l'autonomie institutionnelle et procédurale des États membres ne signifie pas que le choix des instruments réalisant l'opération de traduction des directives en droit interne relève de l'entière discrétion des États membres, selon une latitude d'action qui comporterait une gamme d'options allant de la loi jusqu'à la simple note de service.

D'abord, le choix de l'acte de transposition doit être dicté par le souci d'assurer le plein « *effet utile* » de la directive. Selon la formule de la Cour de Justice, il incombe aux États membres «*de choisir, dans le cadre de la liberté qui leur est laissée par l'article 189 [du traité CEE], les formes et les moyens les plus appropriés en vue d'assurer l'effet utile des directives, compte tenu de l'objet de celles-ci* »[241].

Plus généralement, la compétence laissée aux États membres quant à la forme et aux moyens est toujours fonction du « *résultat que le*

[240] G. ISAAC et M. BLANQUET, *Droit général de l'Union européenne*, Paris, Sirey, 10e édition, 2012, p 310.
[241] CJCE, 8 avr. 1976, Royer, aff. 48/75.

Conseil ou la Commission entendent voir atteindre »[242]. En d'autres termes, la liberté des autorités nationales n'est qu'une liberté surveillée dont l'usage est mesuré à l'aune de la réalisation effective des objectifs de la directive[243].

51. Utilisation d'un acte contraignant. Une liberté est reconnue aux États par le droit communautaire sur le choix du vecteur normatif de transposition, à condition qu'il soit juridiquement contraignant. La transposition doit être opérée par le truchement d'un acte « *contraignant* » à caractère « *normatif* », ce qui aboutit à interdire purement et simplement aux autorités nationales le recours à certains instruments disponibles en vertu de leur droit interne[244].

Cette exigence exclut, comme nous l'avons déjà indiqué, la possibilité de prétendre que l'application de la directive est suffisamment assurée par une pratique administrative constante, qu'il serait inutile de formaliser dans un acte juridique obligatoire[245].

52. Exclusion des mesures d'ordre intérieur. L'exigence d'un acte contraignant a aussi pour conséquence de prohiber la transposition par voie de mesures d'ordre intérieur comme les circulaires directives ou instructions de service internes à l'administration.

Les mesures d'ordre intérieur sont des actes régissant la vie interne d'un service administratif[246]. Elles ne produisent aucun effet juridique et ne peuvent recevoir application qu'à l'intérieur de l'administration concernée. D'ailleurs, compte tenu de leur importance, les mesures d'ordre intérieur peuvent, à l'image des textes législatifs et

---

[242] CJCE, 23 nov. 1977, Enka, aff. 38/77, préc.

[243] V. not. en ce sens CJCE, 6 mai 1980, Commission c/ Belgique, aff. 102/79.

[244] V. par ex. CJCE, 17 sept. 1987, Commission c/ Pays-Bas, aff. 291/84.

[245] V. à titre de confirmation, CJCE, 7 nov. 1996, Commission c/ Luxembourg, aff. C-221/94.

[246] R. E. CHARLIER, « Circulaires, instructions de service et autres prétendues mesures d'ordre intérieur administratives », *JCP* 1954. I. 1169 ; C. CHAUVET, « Que reste-t-il de la « *théorie* » des mesures d'ordre intérieur », *AJDA* 2015, p. 793 ; A. COCATRE-ZILGIEN, « La nature juridique des mesures d'ordre intérieur », *RISA* 1958, p. 487 ; J. RIVERO, *Les mesures d'ordre intérieur administratives*, Paris, Sirey, 1934.

réglementaires, faire l'objet d'un enregistrement et d'une publication au *Journal officiel.*

Les mesures d'ordre intérieur utilisées par les autorités administratives sont pour l'essentiel des documents d'injonction. Il s'agit de la directive, de l'instruction et de la circulaire.

53. Directive. La directive, encore appelée « *ligne directrice* »[247], est définie comme un acte par lequel une autorité administrative se fixe des orientations de l'action publique[248]. Ce sont des actes incitatifs qui ont été inventés en France par la jurisprudence Crédit foncier de France[249].

Il s'agit de normes d'orientation déterminant une ligne de conduite générale qui doit inspirer l'action des services administratifs tout en leur laissant une grande marge de liberté quant aux modalités de mise en œuvre. Les directives définissent une ligne de conduite dans l'application d'une mission déterminée pour tenter d'harmoniser les pratiques des services[250]. Elles sont l'expression d'un pouvoir d'orientation grâce auquel les autorités administratives centrales fixent

---

[247] Le Conseil d'État français a suggéré que les directives soient désormais dénommées « lignes directrices » V. CE, Étude annuelle 2013, *Le droit souple*, Paris, Doc. fr., 2013. n° 60, p. 13 et p. 139.

[248] D. COSTA, « Des directives aux lignes directrices », *AJDA* 2015, p. 806 ; J. BOULOUIS, « Sur une catégorie nouvelle d'actes juridiques, les « directives », *Recueil d'études en hommage à Charles Eisenmann,* Paris, Cujas, 1975, p. 191 ; P. PAVLOPOULOS, *La directive en droit administratif*, Paris, LGDJ, coll. Biblio. droit public, 1978.

[249] CE du 11 décembre 1970, Crédit foncier de France c/ Gaupillat et Ader, *Lebon*, p. 750, concl. Bertrand ; *AJDA* 1971, p. 196, chron. HTC, orientations fixées par la Commission nationale d'amélioration de l'habitat ; E. UNTERMAIER, « Le droit souple, un regard circonspect sur la jurisprudence Crédit Foncier de France », *RFDA* 2014, p. 1029.

[250] P. DELVOLVÉ, « La notion de directive », *AJDA* 1974, p. 459 ; L. CYTERMAN, « Le droit souple, un nouveau regard sur la jurisprudence Crédit foncier de France », *RFDA* 2013, p. 119 ; D. COSTA, « Des directives aux lignes directrices : une variation en clairs-obscurs », *AJDA* 2015, p. 806 ; M. CLIQUENNOIS, « Que reste-t-il des directives ? À propos du vingtième anniversaire de l'arrêt Crédit foncier de France », *AJDA* 1992, p. 3.

des orientations aux agents subordonnés lors de l'application des textes à des situations individuelles[251].

Ces directives dites « *directives internes* » ne doivent pas être confondues avec les directives communautaires adoptées par les organisations communautaires (UEMOA, CEDEAO, etc.).

Moins qu'un ordre, plus qu'un vœu, la directive correspond à une volonté d'encadrement souple des activités publiques. Elle est certes précise sur les fins (les buts à atteindre) mais effacée quant aux moyens pour y parvenir.

Les directives ne s'adressent pas immédiatement aux administrés, mais aux administrations.

Elles ont indirectement des effets sur les administrés.

L'Administration peut se fonder sur elles pour justifier une décision prise individuellement. Réciproquement, l'administré peut, pour contester une mesure le concernant, se prévaloir de la directive.

C'est pourquoi le juge n'admet pas la recevabilité d'un recours direct contre les directives, estimant qu'elles n'ont pas un caractère réglementaire, qu'elles ne modifient pas par elles-mêmes, la situation juridique des intéressés.

La directive est un « *acte indirect* » et seuls les actes qu'elle cherche à orienter peuvent produire des effets de droit[252]. Par voie de conséquence, les administrés doivent attendre les applications concrètes des directives pour agir en justice. Dans l'arrêt *Abdou Fouta DIAKHOUMPA* rendu le 26 avril 1994[253], le Conseil d'État sénégalais a jugé qu'une directive présidentielle n° 128/PR du 27 décembre 1966, prescrivant que tout fonctionnaire ou agent remis à la disposition de la fonction publique continuera d'être payé par le département de

---

[251] J. GANDOUIN, *Correspondance et rédaction administratives*, Paris, Arman Colin, 2013, p. 151.

[252] P. DELVOLVÉ, « La notion de directive », *AJDA* 1974, p. 459.

[253] CE n° 20/1995 du 26 avril 1995, Abdou Fouta DIAKHOUMPA c/ État du Sénégal, in D. SY, (dir), *Répertoire de jurisprudence : droit administratif (Recueil des arrêts du Conseil d'État) 1993-1994-1995*, p. 222.

provenance pendant une période de deux mois, n'a aucun caractère réglementaire puisqu'elle tend simplement à « *orienter l'action des ministres et des secrétaires d'État* ».

Dès lors, constituant des instructions de service adressées par le Président de la République à ses ministres, elle ne saurait être invoquée à l'appui d'un recours pour excès de pouvoir.

54. Instruction. L'instruction, encore appelée « *instruction générale* » est une mesure d'ordre intérieur qui émane normalement des autorités les plus élevées, à savoir le Chef de l'État ou le chef du Gouvernement ou les ministres.

On a souvent tendance à confondre l'instruction avec la circulaire. En fait, elle s'en distingue par des différences de degré, de portée et de présentation.

On peut citer l'instruction n°112/PR/SGPR du 06 janvier 2021 précisant les règles relatives à l'acquisition, à l'attribution et à l'utilisation des véhicules administratifs et l'instruction n° 002/PM/JUR du 09 janvier 1981 relative aux cabinets ministériels, qui a pour objet de préciser la réglementation relative aux cabinets des ministres.

L'instruction présidentielle du 15 janvier 2015 relative au déroulement du Conseil des Ministres fixe les règles relatives au fonctionnement du Conseil des Ministres.

Émanant des plus hautes autorités, fixant généralement des prescriptions relatives à l'application de textes législatifs ou réglementaires dont elle est le complément et le prolongement, l'instruction revêt une importance particulière et un caractère permanent : elle a une portée générale et demeure valable tant qu'elle n'a pas été abrogée ou modifiée ; elle s'impose à tous les agents de l'Administration[254].

---

[254] M. DIAKHATE, *Rédaction administrative*, Dakar, CREDILA, 2016, p. 155.

Document de portée collective, sa diffusion est le plus souvent très large, puisqu'elle intéresse aussi bien les services centraux que les services extérieurs[255].

Prenant en compte l'importance que revêt l'instruction au sein de l'Administration centrale, les hautes autorités y avaient souvent recours pour uniformiser les procédures, en déterminant les modalités d'application des textes législatifs et réglementaires.

Force est de constater que l'instruction était de moins en moins d'usage au sein de l'Administration sénégalaise, les hautes autorités administratives préférant plus souvent recourir à la circulaire[256].

Mais depuis quelques temps, il a été constaté, dans le cadre de la coordination de l'activité du Gouvernement, un regain d'intérêt des autorités pour les instructions. On peut à cet égard citer l'instruction n° 005 PM/SGG/DAGE du 14 novembre 2022 relative au respect de la réglementation relative aux missions à l'étranger.

55. Circulaire. La circulaire, encore appelée « *instruction de service* » est « *un document dans lequel le chef de service, en sa qualité de supérieur hiérarchique, transmet à ses services ses instructions ainsi que ses directives sur la manière dont il souhaite voir fonctionner ses services ou sur l'interprétation qu'il donne à des textes législatifs ou réglementaires qu'il est chargé d'appliquer* »[257].

C'est une mesure d'ordre intérieur émise par l'autorité titulaire du pouvoir hiérarchique pour guider l'action de ses subordonnés[258]. Les

---

[255] J. GANDOUIN et J.-M. ROUSSIGNOL, *op.cit.,* p. 173 ; J. GANDOUIN, *Correspondance et rédaction administratives*, Paris, Arman Colin, 2013, p. 150.

[256] Sur cette question, V. M. DIAKHATE, *Rédaction administrative*, Dakar, CREDILA, 2016, p. 155.

[257] J. M. NZOUANKEU, *Les grandes décisions de la jurisprudence administrative sénégalaise*, Tome I, Dakar, 2e édition, 1984, p. 159.

[258] R. CHARLIER, « Circulaires, instructions de service et autres prétendues mesures d'ordre intérieur administratives », *JCP* G 1954, I, 1169 ; M. COMBEAU, « Un oubli dans la réforme : l'invocabilité des circulaires et instructions administratives », *AJDA* 2000, p. 495 ; M. COLLET, « La circulaire administrative, instrument de la qualité ? », in E. BONNIS-GARCON et V. MALABAT (dir.), *La qualité de la norme. L'élaboration de la norme* : Mare et Martin, 2016, p. 111 ; Y. GAUDEMET, « Remarques sur les circulaires administratives », in *Mélanges en l'honneur du*

circulaires explicitent souvent les conditions d'application des lois et des règlements[259]. Émanant des autorités administratives, la circulaire prend la qualification de l'autorité qui l'a édictée : circulaire présidentielle, primatorale, ministérielle, préfectorale ou sous-préfectorale[260]. La circulaire éclaire, guide, oriente ou harmonise l'action des services[261].

À titre d'exemple, la circulaire n° 005 PM/SGG/SGA/PAT du 15 mars 2017 relative aux formalités à respecter avant l'adoption des projets de texte ou de convention ayant des incidences financières précise le sens et la portée de l'obligation de consultation obligatoire du Ministère chargé des Finances pour les textes à incidences financières.

Les circulaires contiennent des instructions et des recommandations; elles constituent en quelque sorte le mode d'emploi des lois et règlements de façon à aboutir à une application uniforme sur l'ensemble du territoire national. Les instructions données sont précises et lient les agents qui doivent les respecter[262]. Les circulaires sont destinées à des chefs de service ou à des responsables administratifs désignés[263].

56. Lettre-circulaire. Dans la pratique administrative, on parle parfois de « *lettre-circulaire* » lorsque la circulaire s'apparente à une lettre administrative, de par son contenu purement informatif. La lettre-

---

professeur Michel Stassinopoulos, Paris, LGDJ, 1974, p. 559, p. 572 ; R. NOGUELLOU, « Le statut des circulaires », *Dr. adm*. 2009, alerte 38 ; G. KOUBI, « Les circulaires du Premier ministre [argumentations et justifications] », in *Études en l'honneur de Georges Dupuis. Droit public*, Paris, LGDJ, 1997, p. 187 ; G. KOUBI, *La grammaire juridique des circulaires*, Paris, Berger-Levrault, 2015.

259 En ce sens, V. P. M. DIAO, « La circulaire en droit administratif sénégalais » : https://ceracle.com

260 Sur l'intitulé des circulaires, V. la circulaire n° 60 PM/JUR du 10 juillet 1978 relative à l'intitulé des circulaires.

261 J. GANDOUIN, *Correspondance et rédaction administratives*, Paris, Arman Colin, 2013, p. 151.

262 M. DIAKHATE, *Rédaction administrative*, Dakar, CREDILA, 2016, p. 151.

263 K. KOUBI, *Les circulaires administratives. La littérature grise de l'Administration*, Paris, Economica, 200.

circulaire est une lettre dans la forme et son contenu essentiellement informatif[264].

Par exemple, la circulaire primatorale n° 0007/PM/SGG/DSL/db du 11 mai 2016 relative au rappel des règles de présentation et de rédaction des textes législatifs et réglementaires a pour objet de rappeler les règles de présentation et de rédaction des textes fixées par la circulaire n°0004/PM/SGG/SGA/PAT/SP du 06 octobre 2015.

Selon le Guide relatif aux méthodes et techniques de transposition des Directives de l'UEMOA et au modèle d'acte de notification, adopté par une décision de la Commission de l'UEMOA n° 05/2019/COM/UEMOA du 06 août 2019 : « *les États membres devraient donc adopter des dispositions législatives ou réglementaires qui seules seraient de nature à assurer une sécurité juridique suffisante, contrairement à de simples mesures de nature administrative telles que les circulaires* ».

En effet, ce type d'instruments ne présente pas les garanties de sécurité juridique, de publicité et d'opposabilité aux administrés qui sont nécessaires à l'application effective de la directive communautaire[265]. Les garanties ne sont pas suffisantes quant à la sécurité juridique des particuliers lorsque l'État décide de recourir à une mesure d'ordre intérieur qui ne constitue pas, à ce titre, un acte de transposition valable et conforme.

57. Cas de prédétermination du choix de l'instrument de transposition. L'idée sous-jacente à l'obligation de recourir, dans l'arsenal juridique du droit interne, à un instrument contraignant, revient le plus souvent à consacrer ce qu'on a pu appeler le « *principe d'équipollence* », c'est-à-dire l'obligation de procéder à la transposition par l'intermédiaire d'un acte équivalant à celui qui aurait été adopté en

[264] J. GANDOUIN et J.-M. ROUSSIGNOL, *op.cit.*, p. 171.

[265] en ce sens, parmi une jurisprudence constante, V. par ex. CJCE, 2 déc. 1986, Commission c/ Belgique, aff. 239/85 ; V. égal. CE 22 déc. 1989, Cercle militaire mixte de la caserne Mortier, AJDA 1990. 328, concl. Hagelsteen.

droit interne pour réaliser spontanément un objectif analogue[266]. Le Conseil d'État français admet ainsi que « *le pouvoir réglementaire devait édicter des dispositions soit identiques, soit équivalentes à celles de la directive* »[267].

Le principe de parallélisme des formes et des compétences exige l'adoption d'un acte de même niveau hiérarchique que celui qu'il convient d'abroger ou de modifier[268]. Le recours au support législatif est ainsi imposé à l'État membre qui doit, pour donner plein effet à la directive, abroger ou modifier un ou plusieurs actes législatifs antérieurs.

58. Transposition par loi organique-notion. La transposition d'une directive peut être réalisée au moyen d'une loi organique lorsque la matière concernée par cette directive rentre dans le champ des lois organiques.

La loi organique n'est pas définie par la Constitution. Elle a pour objet de fixer les modalités d'organisation et de fonctionnement des pouvoirs publics[269]. Les lois qualifiées « *lois organiques* » sont des lois auxquelles renvoient certains articles de la Constitution[270] et qui en

---

[266] V. par ex. CJCE, 13 juill. 2000, Commission c/ France, aff. C-160/99 ; CJCE, 2 déc. 1986, Commission c/ Belgique, aff. 239/85.
[267] CE 8 juillet 1991, Palazzi, req. no 95461, *AJDA* 1991. 827, note F. Julien-Laferrière ; CE 28 sept. 1984, Confédération des sociétés de protection des animaux de France et des pays d'expression française, *AJDA* 1984. 695, concl. Jeanneney.
[268] CE 11 juill. 1988, Conseil départemental de l'Ordre des médecins des Alpes Maritimes, *RFDA* 1989. 347.
[269] M. VERPEAUX, « Brèves considérations sur l'actualité renouvelée des lois organiques », *AJDA* 2009, p. 1980; H. AMIEL, « Les lois organiques », *RDP*, 1984, p. 409; P. CAMBY, « la loi organique dans la Constitution de 1958 », *RDP,* 1989, p. 1401 ; « Quarante ans de lois organiques », *RDP*, 1998, p. 1686 ; J.-C. CAR, *Les lois organiques de l'article 46 de la Constitution du 04 octobre 1958*, Paris, Economica, PUAM, 1999 ; I. M. FALL, « La loi organique dans les ordonnancements juridiques des États d'Afrique francophone. Reflexion sur une norme particulière », *RBSJA*, n° 32, 2014, p. 188.
[270] V. art. 32, 35, 54, 60, 60-1, 64, 67, 68, 70, 87, 89, 91, 93 et 100 de la Constitution du 22 janvier 2001.

complètent ou en précisent le contenu. Elles allègent le texte constitutionnel de lourdeurs malvenues[271].

Les lois organiques fixent, notamment, les modalités de remplacement d'un député qui démissionne de son parti en cours de législature, le mode de désignation des membres du Conseil économique social et environnemental, les modalités d'organisation et de fonctionnement de cette institution ainsi que les conditions à remplir pour pouvoir être nommé membre du Conseil constitutionnel.

Elles déterminent aussi la compétence, l'organisation et le fonctionnement du Conseil supérieur de la Magistrature (CSM), le statut des magistrats et l'organisation et la procédure suivie devant de la Haute Cour de Justice.

Les lois organiques ont un régime constitutionnel assez particulier.

En premier lieu, elles sont votées et modifiées selon une procédure particulière. En effet, ces lois sont votées et modifiées à la majorité absolue des membres composant l'Assemblée nationale[272] ; c'est-à-dire au moins par la moitié des membres de l'Assemblée nationale plus une voix[273].

En deuxième lieu, les lois organiques sont soumises au principe du contrôle obligatoire de constitutionnalité[274].

La Constitution du 22 janvier 2001 n'avait pas prévu un contrôle obligatoire de constitutionnalité des lois organiques. L'article 78 de ladite Constitution est sans équivoque. Aux termes de ce texte : « *Les lois organiques sont votées et modifiées à la majorité absolue des membres composant l'Assemblée nationale. Les articles 65 et 77 ne sont pas applicables aux lois organiques* ».

---

[271] Ch. SIRAT, « La loi organique et la Constitution de 1958 », *D.* 1960, chron. 153.
[272] V. art. 78, alinéa 1er de la Constitution modifiée.
[273] V. en ce sens, la circulaire n° 78 du 27 septembre 1960 relative aux incidences de l'entrée en vigueur de la Constitution sur les conditions d'exercice du pouvoir législatif, du pouvoir réglementaire et du pouvoir de prendre des décisions individuelles.
[274] V. art. 78, alinéa 2 de la Constitution modifiée.

Le constituant de 2001 avait, semble-t-il, délibérément choisi de ne pas soumettre les lois organiques au contrôle obligatoire du Conseil constitutionnel[275].

La réforme introduite par la loi constitutionnelle n° 2016-10 du 05 avril 2016 portant révision de la Constitution[276] a procédé à la réintroduction du principe du contrôle obligatoire des lois organiques, par leur soumission au Conseil constitutionnel pour contrôle de constitutionnalité avant leur promulgation[277].

L'article 78, alinéa 2 de la Constitution modifiée énonce que les lois organiques « *ne peuvent être promulguées si le Conseil constitutionnel saisi par le Président de la République, ne les a déclarées conformes à la Constitution* ».

Le règlement de chaque Assemblée détermine notamment les pouvoirs des parlementaires, la composition, le régime disciplinaire de ses membres, les règles de fonctionnement du bureau ainsi que les prérogatives du Président. De façon générale, il fixe toutes les règles ayant pour objet le fonctionnement de l'Assemblée dans le cadre de ses compétences constitutionnelles[278].

La réforme constitutionnelle de 2016 a supprimé le principe du contrôle obligatoire de constitutionnalité des règlements intérieurs des Assemblées. Le dernier alinéa de l'article 62 de la Constitution, qui prévoyait ce type de contrôle obligatoire, a été supprimé par loi constitutionnelle n° 2016-10 du 05 avril 2016 portant révision de la Constitution. D'ailleurs, l'article 1er de la loi organique n° 2016-23 du

[275] En ce sens, EL. H. O. DIOP, *La justice constitutionnelle au Sénégal. Essai sur l'évolution, les enjeux et les réformes d'un contre-pouvoir juridictionnel, Dakar, CREDILA-OVIPA, 2013,* p. 174 ; I. M. FALL, *Les décisions et avis du Conseil constitutionnel du Sénégal*, Dakar, CREDILA, 2008, p. 56 et 74.

[276] JORS n° 6926 du jeudi 07 avril 2016, p. 505.

[277] I. M. FALL, « La réforme constitutionnelle de mars 2016 : un hommage à l'œuvre du professeur Kanté » », in A. SALL et I. M. FALL (dir.), *Actualités du droit public et de la science politique en Afrique, Mélanges en l'honneur de Babacar KANTE*, Dakar, l'Harmattan, 2017, p. 154.

[278] V. art. 62 de la Constitution.

14 juillet 2016 relative au Conseil constitutionnel[279] n'a pas repris le chef de compétence du Conseil constitutionnel lié au contrôle de la constitutionnalité des règlements intérieurs des Assemblées.

Cette solution législative est justifiée par le fait que la loi constitutionnelle du 05 avril 2016 a mis un terme au débat sur la nature juridique du règlement intérieur de l'Assemblée nationale. Le nouvel article 62 de la Constitution énonce clairement que le règlement intérieur est institué par une loi organique. Un auteur a parlé de « *l'attribution de la qualité de loi organique au règlement intérieur de l'Assemblée nationale* »[280]. Dès lors, il est soumis au principe du contrôle obligatoire de constitutionnalité[281].

L'autorité des lois organiques est inférieure à celle de la Constitution, tout en étant supérieure à celle des lois ordinaires. Il est en conséquence inconstitutionnel d'édicter par une loi ordinaire des dispositions relevant d'une loi organique. En vertu de l'article 98 de la Constitution, la loi organique est soumise au respect des traités internationaux[282].

La restauration du contrôle obligatoire de la constitutionnalité de la loi organique par la loi constitutionnelle n° 2016-10 du 05 avril 2016 portant révision de la Constitution contribue à renforcer son autorité dans la hiérarchie des normes et à améliorer sa qualité rédactionnelle[283].

Les lois organiques sont intégrées au bloc de constitutionnalité. Le noyau du bloc de constitutionnalité est constitué du corpus constitutionnel, c'est-à-dire du texte constitutionnel, mais aussi de ses textes d'application, notamment des lois organiques qui en sont le prolongement nécessaire.

---

[279] JORS n° 6946 du vendredi 15 juillet 2016.

[280] I. M. FALL, *La réforme constitutionnelle du 20 mars 2016 au Sénégal. La révision consolidante record*, Dakar, l'Harmattan, 2017, p. 126.

[281] V. art. 78 de la Constitution.

[282] B. MATHIEU, *La loi*, Paris, Dalloz, 1996, p. 66.

[283] I. M. FALL, « La réforme constitutionnelle de mars 2016 : un hommage à l'œuvre du professeur Kanté » », in A. SALL et I. M. FALL (dir.), *Actualités du droit public et de la science politique en Afrique, Mélanges en l'honneur de Babacar KANTE*, Dakar, l'Harmattan, 2017, p. 154.

Le Conseil constitutionnel français se réfère aux lois organiques pour contrôler la constitutionnalité des lois ordinaires[284].

Par exemple, au Sénégal, la Directive n° 06/2009/CM/UEMOA du 26 juin 2009 portant lois de finances au sein de l'UEMOA a été transposée par la loi organique n° 2011-15 du 8 juillet 2011 relative aux lois de finances. Par cette directive communautaire, le Sénégal a voulu imprimer un saut qualitatif dans la gestion des finances publiques en consacrant, entre autres, le passage d'une logique de moyens à une logique de résultats[285].

Le Conseil constitutionnel sénégalais a eu l'occasion de valider le procédé de la transposition d'une directive communautaire par une loi organique.

Le juge constitutionnel, dans sa décision n° 1/C/2020 du 24 février 2020[286] a jugé que *« la République du Sénégal a procédé, en adoptant une loi organique, à la transposition de la Directive n° 06/2009/CM/UEMOA du 26 juin 2009 portant lois de finances au sein de l'Union Économique et Monétaire Ouest Africaine ; qu'il appartient, dans ces conditions, au Conseil constitutionnel d'apprécier, au regard des dispositions des articles 67 et 78, alinéa 2 de la Constitution, la conformité aux exigences constitutionnelles du choix de la nature de la mesure de transposition et de la régularité de la procédure suivie »*.

Le juge constitutionnel a précisé qu' *« en ce qui concerne la nature de l'acte de transposition, qu'en vertu des articles 67, alinéas 4 et 68, alinéa 1er de la Constitution, les lois de finances déterminent les ressources et les charges de l'État dans les conditions et sous les réserves prévues par une loi organique et que l'Assemblée nationale vote les lois de finances dans les conditions fixées par une loi organique; Considérant que l'adoption d'une loi organique pour transposer une directive ayant pour objet de déterminer le contenu des*

284 Cons. const. 11 août 1960, n° 60-8 DC, Loi de finances rectificative pour 1960.
285 V. l'exposé des motifs de la loi organique n° 2011-15 du 08 juillet 2011 relative aux lois de finances modifiée.
286 Cons. Const.n° 1-C-2020 du 24 février 2020, inédit.

lois de finances et les conditions d'examen desdites lois par l'Assemblée nationale est justifiée au regard des dispositions précitées».

59. Loi de finances. À côté des lois ordinaires, l'article 67 de la Constitution énumère des lois particulières, appelées lois de finances qui « *déterminent les ressources et les charges de l'État dans les conditions et sous les réserves prévues par une loi organique* ».

Les lois de finances prévoient les recettes et les dépenses de l'État ou constatent le résultat d'exécution de cette prévision[287]. En raison de leur caractère prévisionnel, les lois de finances sont considérées non pas comme des lois, impératives ou supplétives, mais comme des « *actes conditions* »[288].

Il y a quatre catégories de lois de finances. Ainsi, ont le caractère de lois de finances : la loi de finances de l'année, la loi de finances rectificative et la loi de règlement[289].

La loi de finances de l'année prévoit et autorise, pour chaque année civile, l'ensemble des ressources et des charges de l'État. Par la loi de finances de l'année, le Parlement autorise le Gouvernement à prélever des recettes et à effectuer des dépenses.

Il contient le budget de l'État pour l'année civile. Le budget décrit les recettes et les dépenses budgétaires autorisées par la loi de finances. La loi de finances de l'année comprend le texte de loi proprement dit et les annexes qui l'accompagnent et qui en font partie intégrante[290].

---

[287] E. DIARRA, « La procédure législative au Sénégal », *RIPAS*, n° 11, octobre-décembre 1984, p. 706 ; NG. CHANH TAM, *Finances publiques sénégalaises*, Paris, l'harmattan, 1990, p. 241.

[288] P. M. GAUDEMET, *Finances publiques : politique financière, budget et trésor*, Paris, Montchrestien, 1977, p. 262 et s.

[289] Sur cette question, NG. CHANH TAM, *Finances publiques sénégalaises*, Paris, l'Harmattan, 1990, p. 91 ; plus récemment, N. MEDE, *Finances publiques. Espace UEMOA/UMOA*, Paris, l'Harmattan, 2016, p. 257 et s.

[290] V. art. 5 de la loi organique n° 2020-07 du 26 février 2020 abrogeant et remplaçant la loi organique n° 2011-15 du 08 juillet 2011 relative aux lois de finances.

La loi de finances rectificative a pour objet de modifier, en cours d'année, les dispositions de la loi de finances de l'année.

La loi de règlement constate les résultats financiers de chaque année civile et rend compte de l'exécution du budget ainsi que de l'utilisation des crédits[291].

Il y a des dispositions qui ne peuvent figurer que dans une loi de finances. Le domaine par excellence des lois de finances est constitué par les dispositions financières qui comprennent les opérations budgétaires et les opérations de trésorerie[292]. Déjà, l'article 67 de la Constitution énonce que les créations et transformations d'emplois publics ne peuvent être opérées que par les lois de finances.

Il en est de même des mesures relatives aux ressources et aux charges de l'État, à la détermination des plafonds de dépenses, à l'équilibre budgétaire et à la trésorerie. A été jugé inconstitutionnelle une loi ordinaire qui porte création d'une contribution sur la publicité pour l'alcool affectée au budget de l'État[293].

En France, la juridiction constitutionnelle a eu l'occasion à plusieurs reprises de répudier la pratique dite des « *cavaliers budgétaires* »[294] que l'on retrouve quelquefois dans les lois de finances sénégalaises. Il a été jugé que les dispositions contenues dans une loi de finances qui opèrent une modification globale des règles de droit du crédit sont étrangères au domaine des lois de finances[295].

---

291 R. MUZELLEC, « Un exemple de contrôle parlementaire a posteriori : la loi de règlement », *Revue de science financière,* 1973, p. 67 ; I. M. FALL, « La loi de règlement dans le droit des finances publiques des États membres de l'UEMOA : l'exemple du Sénégal » in *Sénégal, Finances publiques, Décentralisation et transparence budgétaire,* Dakar, Aide Transparence, 2005, pp. 531- 596 ; *Revue de la Faculté de Droit de Toulouse* n°4, 2005, pp. 45-67.

292 A. DIOUKHANE, *Les finances publiques dans l'UEMOA. Le budget du Sénégal*, Paris l'Harmattan, 2015, p. 87.

293 Cons. const. 08 janvier 1991, n° 90-283 DC.

294 J-P. CAMBY, « La prohibition des cavaliers législatifs : une règle constitutionnelle (Cons. const. 4 août 2011) », *LPA* 23 décembre 2011, n° 255, p. 9.

295 Cons. const. 29 décembre 2013, n° 2013-685 DC.

La loi de finances, par sa nature, n'est n'encadrer des situations juridiques ; elle ne saurait constituer le support de la transposition d'une directive communautaire, son objet exclusif étant de prévoir les recettes et les dépenses de l'État pour une année.

D'ailleurs, dans l'arrêt *entreprise Mapathé NDIOUCK SA* rendu le 15 juillet 2019[296], la Cour d'appel de Dakar a jugé que la loi de finances ne peut prévoir un impôt.

Elle a considéré que l'institution de tout impôt est exclusivement du domaine de la loi (fiscale) et qu'en conséquence, elle ne peut se faire par la voie des lois de finances qui « *sont essentiellement destinées à répartir annuellement les ressources de l'État entre ses différentes charges dans les conditions et sous les réserves prévues par une loi organique* ».

60. Transposition par une loi ordinaire. La transposition est souvent opérée au moyen d'une loi ordinaire. Les lois ordinaires sont celles qui sont votées par l'Assemblée nationale selon la procédure parlementaire ordinaire ; elles ont pour objet de régir la vie quotidienne et le fonctionnement des institutions[297]. Ce sont les lois habituelles intervenant sur des sujets variés.

61. Respect du domaine de partage entre la loi et le règlement. Dans la détermination du support normatif de l'acte de transposition de la directive, les États membres ont une liberté d'appréciation quant au vecteur normatif à utiliser, mais ils doivent respecter la répartition constitutionnelle des matières entre la loi et le règlement[298].

On peut lire sous la plume du Conseil constitutionnel sénégalais, dans sa décision n° 1/C/2020 du 24 février 2020[299] que « *l'internalisation des directives communautaires obéit aux règles et procédures prévues par la Constitution et les lois nationales notamment*

---

[296] CA Dakar n° 201 du 15 juillet 2019, l'Entreprise Mapathé NDIOUCK SA c/ Directeur Général des Impôts et Domaines, *inédit*.

[297] E. DIARRA, *op. cit.* p. 706.

[298] V. le Guide relatif aux méthodes et techniques de transposition des Directives de l'UEMOA et au modèle d'acte de notification

[299] Cons. const.n° 1-C-2020 du 24 février 2020, inédit.

en ce qui concerne la délimitation du domaine de la loi et celui du règlement, le nécessaire respect des exigences communautaires ne s'opposant pas au droit ».

On retrouve le même raisonnement dans une décision rendue par la Cour constitutionnelle du Bénin le 08 février 2018 [300].

Selon la haute juridiction, aux termes de l'article 43 alinéa 2 du traité de l'UEMOA du 10 janvier 1994, les directives lient tout État quant aux résultats à atteindre », et « *en laissent, quant à leur internalisation, le choix aux États d'adopter la forme et les moyens compatibles avec les règles internes d'organisation des pouvoirs publics ;*

que dans ces conditions et en l'absence de dispositions constitutionnelles expresses, la transposition d'une directive communautaire dans le droit positif national doit s'opérer conformément aux règles de compétence et de procédure prévues par la Constitution ; que la mesure de transposition ne peut que relever, soit du domaine de la loi soit du domaine réglementaire suivant les règles constitutionnelles de répartition des compétences entre le législateur et l'exécutif ».

La répartition des domaines de la loi et du règlement est fixée par les articles 67 et 76 de la Constitution sénégalaise qui s'est inspirée de la Constitution française de 1958[301].

Il résulte de ces textes constitutionnels que le pouvoir législatif a une compétence d'exception confinée aux matières déterminées par la

---

[300] Cour const. Bénin DCC 18-031 du 08 février 2018, inédite.

[301] J. L'HUILLIER, « La délimitation des domaines de la loi et du règlement dans la Constitution du 04 octobre 1958 », *D.* 1959, p. 278 ; L. FAVOREU, *Le domaine de la loi et du règlement*. Actes du colloque d'Aix-en-Provence, Paris, Economica, 2e éd., 1982 ; A. HAQUET, *La loi et le règlement, Paris,* LGDJ, Système, 2007 ; P. LE MIRE, *La loi et le règlement*, Doc. fr., coll. « Documents d'études », n° 108, 1994 ; J. BASTIDE, « De la délimitation des domaines législatif et réglementaire en matière militaire », *Rev. adm.*, 1969, p. 481 ; A-H. MESNARD, « Dix années de jurisprudence du Conseil constitutionnel en matière de répartition des compétences législatives et réglementaires », *AJDA,* 1970, p. 259 ; P. LE MIRE, « Acte administratif. Domaines respectifs de la loi er du règlement », *Juris-class., Dr. adm.*, 1993, fasc. 106.

Constitution, tandis que le pouvoir réglementaire dispose d'une compétence de droit commun.

62. Compétence d'exception du pouvoir législatif. En vertu des dispositions de l'article 67 de la Constitution, il appartient à l'Assemblée nationale de fixer les règles concernant certaines matières, d'une part, et de déterminer les principes fondamentaux concernant d'autres matières, d'autre part.

63. Fixation des règles concernant certaines matières. L'article 67 de la Constitution a énuméré des matières « *entièrement législatives* » dans lesquelles la loi fixe les règles en posant les principes généraux et en fixant les modalités d'application.

Il faut préciser que les matières listées par l'article 67 de la Constitution, comme relevant du domaine législatif, n'épuisent par les compétences du Parlement. D'autres textes de la Constitution énoncent de façon spécifique d'autres matières qui relèvent du domaine de la loi.

Ainsi, la loi détermine le sceau et l'hymne national[302], les conditions dans lesquelles les partis politiques et les coalitions de partis politiques sont formés, exercent et cessent leurs activités sont déterminées par la loi[303] et le régime de la presse est fixé par la loi[304]. La loi définit également le statut et fixe les droits et devoirs des partis politiques[305].

En tout état de cause, les matières fixées par la loi sont assez nombreuses.

64. Droits civiques et garanties fondamentales accordées aux citoyens pour l'exercice des libertés publiques. La loi fixe les droits civiques et les garanties fondamentales accordées aux citoyens pour l'exercice des libertés publiques. Cette catégorie très large comprend notamment les libertés essentielles telles que la liberté d'association, la liberté du commerce et de l'industrie, la liberté du culte, etc.

---

[302] art. 1er de la Constitution.
[303] art. 4 de la Constitution.
[304] art. 11 de la Constitution.
[305] art. 58 de la Constitution.

La Cour suprême a eu l'occasion de préciser cette catégorie dans un arrêt rendu le 29 mai 1965[306]. Dans cette décision, il a été jugé que les dispositions subordonnant l'existence d'une société à un agrément de l'autorité publique affectent les garanties fondamentales accordées aux citoyens pour l'exercice de la liberté de s'associer reconnue par l'article 9 de la Constitution du 07 mars 1963.

Appartiennent aux règles concernant les droits civiques celles qui sont relatives à l'attribution du droit de suffrage, à l'éligibilité, au mode de scrutin, à la répartition des sièges et au recours éventuellement exercés contre les élections[307].

Au nombre des libertés publiques dont les garanties fondamentales relèvent de la loi figurent le libre exercice du droit d'agir en justice[308], l'institution d'une autorité administrative indépendante chargée de veiller au plein exercice d'une liberté[309] et la liberté d'association[310].

65. Sujétions imposées par la défense nationale aux citoyens. Le législateur fixe aussi les sujétions imposées par la défense nationale aux citoyens en leur personne et en leurs biens. Ainsi, relèvent des sujétions imposées par la défense nationale aux citoyens, non seulement les règles qui déterminent leurs obligations, mais également celles qui fixent les droits que leur ouvrent ces obligations et notamment le droit aux pensions d'invalidité[311].

En revanche, ne constituent pas des règles concernant les sujétions imposées par la défense nationale, les dispositions relatives à

---

306 CS section réunies du 29 mai 1965, Statut de la coopération dans les territoires relevant du Ministère de la France d'Outre-Mer, in *RIPAS,* n° 11, octobre-décembre 1984, p. 938.

307 Cons. const. 04 décembre 1962, n° 62-20 L. *Rec. cons. const.*, p. 34.

308 Cons. const. 02 décembre 1980, n° 80-119 L *Rec. cons. const.*, p. 7.

309 Cons. const. 26 juillet 1984, n° 84-174 DC, JO 28 juillet 1984, p. 2496, Haute autorité de la communication audiovisuelle.

310 CE 25 mars 1988, Sté centrale carine pour l'amélioration des races de chiens en France, Req. n° 65175, *Dr. adm.*, 1988, n° 224.

311 CE 29 janvier 1965, Ass. Républicaine des anciens combattants et victimes de guerre et sieur Lesage, *Rec. CE*, p. 68.

l'ancienneté de grade et les conditions d'avancement des officiers de réserve, mais ne fixant pas les limites d'âge qui leur sont applicables[312].

66. Statut de l'opposition. La loi fixe le statut de l'opposition. L'énumération du statut de l'opposition dans les matières relevant du domaine exclusif de la loi est une innovation de la Constitution du 22 janvier 2001 dont le préambule reconnaît l'opposition « *comme un pilier fondamental de la démocratie et un rouage indispensable au bon fonctionnement du mécanisme démocratique* ».

Le titre V de la Constitution, intitulé « *De l'opposition* », comporte un article 58 qui dispose que la Constitution garantit aux partis politiques qui s'opposent à la politique du Gouvernement le droit de s'opposer. Ce texte ajoute que « *la loi définit leur statut et fixe leurs droits et devoirs* ».

67. Nationalité, état et capacité des personnes, régimes matrimoniaux, successions et libéralités. La fixation de la nationalité, de l'état et de la capacité des personnes, des régimes matrimoniaux, des successions et libéralités relève aussi du domaine exclusif de la loi.

Au Sénégal, les conditions d'acquisition de la nationalité ont été fixées par la loi n° 61-10 du 07 mars 1961 déterminant la nationalité modifiée[313]. Les dispositions relatives à l'état, à la capacité des personnes, aux régimes matrimoniaux, aux successions et aux libéralités sont prévues dans la loi n° 72-61 du 12 juin 1972 portant Code de la Famille modifiée[314]

Le législateur sénégalais estime que la fixation de l'orthographe des noms des personnes relève du domaine exclusif de la loi qui fixe les règles concernant l'état des personnes.

C'est pourquoi les règles relatives à la transcription des noms propres sénégalais en français ont été fixées par la loi n° 74-57 du 28 novembre 1974 relative à la transcription des noms propres sénégalais

[312] *Contra* Cons. const. 17 novembre 1966, n° 69-58 L. *Rec. cons. const.*, p. 34.
[313] JORS n° 3439 du 15 mars 1961, p. 351.
[314] JORS, n° 4243 du 12 août 1972.

en français[315]. Selon l'exposé des motifs de ce texte, « *l'orthographe du nom patronymique fait partie de l'état des personnes* ». En vertu de l'article 2 du Code de la Famille, la personne s'identifie par son ou ses prénoms et par son nom patronymique et que le nom est attribué dans les conditions fixées par la loi.

Une décision du Conseil constitutionnel français du 17 septembre 1964 a énoncé qu'il appartient au législateur de fixer les règles relatives à l'adoption des personnes nées à l'étranger[316]. Mais « *la détermination du format et les différents modèles de livret de famille ne fait pas partie des règles concernant l'état des personnes* »[317].

68. Crimes, délits et peines applicables. Relèvent du domaine exclusif de la loi la détermination des crimes et délits ainsi que les peines qui leur sont applicables. Il appartient au législateur de déterminer les éléments constitutifs des crimes et des délits. La définition d'une infraction punie d'une peine criminelle ou correctionnelle ressortit de la compétence de la loi[318].

La jurisprudence française refuse même à l'exécutif le pouvoir de modifier les dispositions d'un texte, même réglementaire, sanctionnées par une peine correctionnelle[319], considérant qu'une disposition définissant un crime ou un délit et une disposition la réprimant relèvent de la même compétence (législative).

La détermination des peines attachées aux crimes et aux délits relève également de la compétence législative. Mais le législateur n'est pas compétent pour créer des peines contraventionnelles même privatives de liberté ; cette matière relève du domaine réglementaire.

Il a été jugé que les dispositions concernant les sanctions disciplinaires qui sont des mesures d'ordre intérieur destinées à assurer la discipline dans les établissements pénitentiaires ne sont pas relatives

---

315 JORS du 09 décembre 1974, p. 1960.

316 Cons. const. 17 septembre 1964, n° 64-30, *Rec. cons. const.*, p. 41.

317 CE 25 juillet 1975, Sté « les éditions des Mairies », *Rec. CE* , tables, p. 819.

318 Cons. const. 26 juin 1969, n° 69-55 DC.

319 CE 02 février 1967, Confédération gén. des vignerons du midi, *Rec. CE*, p. 55.

au régime des peines au sens de l'article 34 de la Constitution française[320].

Au Sénégal, le Conseil constitutionnel, dans une décision rendue le 20 juillet 2021[321], à propos du recours en inconstitutionnalité dirigé contre les projets de loi modifiant le Code pénal et le Code de Procédure pénale a énoncé « *qu'en vertu du principe de la légalité consacré par l'article 9 de la Constitution, une personne ne peut être condamnée pour un crime ou pour un délit si ce n'est en vertu d'une loi entrée en vigueur avant la commission de l'acte* ».

La haute juridiction constitutionnelle a estimé que le fait pour le législateur de réprimer un fait sous différentes qualifications ne constitue pas une atteinte au principe de la légalité, dès lors que les éléments constitutifs de ces infractions ainsi que les peines qui leur sont applicables ont été fixés par la loi de façon claire et précise.

La transposition des dispositions d'une directive prévoyant des incriminations (délits), en vertu du principe de légalité des délits et des peines, suppose le plus souvent une intervention législative[322].

En outre, une directive prévoyant des dispositions instituant une procédure pénale ne saurait être transposée par un texte réglementaire, cette matière relevant du domaine exclusif de la loi[323].

Relève aussi du domaine réglementaire la détermination des contraventions et des sanctions y attachées. Tout le droit pénal spécial des contraventions dépend exclusivement du pouvoir exécutif. L'exécutif peut donc seul déterminer les faits qui constituent des contraventions et fixer les peines qui leur sont applicables. Au

---

[320] CE 04 mai 1979, Comité d'action des prisonniers, *Rec. CE*, p. 182.
[321] Cons. const. n° 02/C/21 du 20 juillet 2021, Ch. M. A. D. et autres, *inédit*.
[322] CJCE, 21 sept. 1989, Commission c/ Grèce, aff. 68/88 , aff. dite des maïs grecs ; V. égal. par ex., dans le même sens, CJCE, 26 sept. 1996, Luciano Arcaro, aff. C-168/95 ; CJCE gr. ch., 3 mai 2005, Berlusconi e.a., aff. jointes C-387/02 et autres, Europe 2005, no 238, obs. D. Simon
[323] V. art. 67 de la Constitution.

Sénégal, le Code des Contraventions a été institué par le décret n° 65-557 du 21 juillet 1965[324].

D'ailleurs, c'est pour prendre en compte le domaine réglementaire des contraventions que la loi n° 99-05 du 29 janvier 1999 modifiant certaines dispositions du Code de Procédure pénale[325] a apporté une modification à l'article 4 du Code pénal, en consacrant ce qu'un auteur a appelé « *la réglementalité des contraventions* »[326]. Ce texte énonce que nul crime, nul délit, nulle contravention ne peuvent être punis de peines qui n'étaient prévues par la loi « *ou le règlement* » avant qu'ils fussent commis. Il consacre ainsi un véritable doublement des sources de la légalité pénale.

Dans l'arrêt du 29 mai 1965 précité, la Cour suprême du Sénégal a jugé que les contraventions de simple police relèvent du domaine réglementaire, tandis que relève de la loi, la détermination des infractions, dont les plus élevées dépassent le montant maximum des contraventions de simple police.

Le principe de la compétence réglementaire en matière de contravention peut être étendu au droit pénal général des contraventions, c'est-à-dire aux principes généraux du droit pénal des contraventions (état de nécessité, circonstances atténuantes, etc.). Cet élargissement du domaine du règlement n'est pas exclu par l'article 67 de la Constitution[327].

La loi fixe les règles de procédure pénale. En vertu de l'article 67 de la Constitution, la procédure pénale relève du domaine exclusif de la loi. Il s'agit de « *l'ensemble des règles relatives à la constatation des infractions ainsi qu'à l'identification, l'appréhension, la poursuite et le*

---

324 JORS du 23 août 1975, p. 954 et s.

325 JORS, n° 5847 du 27 février 1999, p. 836.

326 D. NDOYE, *Code pénal du Sénégal annoté*, Dakar, *EDJA*, 2009, note sous art. 4, p. 12.

327 Sur cette question, G. ROUJOU DE BOUBEE, « Les deux sources du droit pénal d'après la Constitution du 04 octobre 1958 », *JCP*, 1961, I, 1638 ; également G. RIVES, « La classification des infractions selon leur gravité en droit sénégalais », *Annales africaines* 19734, p. 185.

jugement de leurs auteurs »[328]. Parce qu'elle met en jeu les droits et libertés fondamentaux des citoyens, la procédure pénale fait partie des matières relevant intégralement de la compétence législative[329].

Cette compétence concerne également la procédure de simple police prévue par la loi n°65-61 du 21 juillet 1965 portant Code de Procédure pénale. Au Sénégal, la procédure de jugement des contraventions est encadrée par le titre III du Code de Procédure pénale comportant les articles 509 à 537.

La Cour d'Appel de Dakar a eu l'occasion de préciser la compétence législative en matière de procédure pénale dans l'arrêt *Aïssatou Guèye DIAGNE* rendu le 22 août 2012[330].

Dans cette espèce, la cour a jugé que l'article 27, alinéa 3 du décret n° 2009-328 du 08 avril 2009 fixant le statut des notaires, qui subordonne les poursuites contre les notaires à l'autorisation du Garde des Sceaux, Ministre de la Justice, après avis de la chambre disciplinaire, intervient dans le domaine de la loi et méconnait l'article 67 de la Constitution.

Selon la cour, « *ce texte aménage une procédure pénale spéciale dérogatoire aux règles édictées par la loi n° 65-61 du 21 juillet 1965 portant Code de Procédure pénale et constitue une garantie supplémentaire pour le notaire ; il viole manifestement ladite loi ainsi que l'article 67 de la Constitution, en s'immisçant subrepticement dans les attributions relevant exclusivement du domaine du pouvoir législatif* ».

---

[328] F. DESPORTES et L. LAZERGES-COUSQUER, *Procédure pénale*, Paris, Economica, 3eme édition, 2013, p. 1.

[329] R. GASSIN, « La règle de procédure pénale au sens de l'article 34 de la Constitution », in *Les droits et le Droit, Mélanges B. Bouloc*, Paris, Dalloz, p. 363 ; F. DESPORTES et L. LAZERGES-COUSQUER, *op. cit.*, p. 104.

[330] CA Dakar n° 890 du 22 août 2012, Ministère public c/ Aïssatou Guèye DIAGNE, in *Bulletin des arrêts rendus par la Cour d'Appel de Dakar en matière pénale*, année 2014, p. 134 ; dans le même sens, CA Dakar, n° 635 du 12 juillet 2010, Ministère Public et la Société Nationale d'Assurances Mutuelles dite SONAM c/ Serigne MBAYE BADIANE, *inédit*.

Mais les dispositions qui déterminent le nombre, le siège, le ressort des tribunaux, même si elles entraînent des modifications d'autres juridictions du même ordre et du même degré, ne font pas partie des règles concernant la procédure pénale[331].

Les règles de procédure civile ne sont pas au nombre de celles qui doivent être fixées par la loi. En droit sénégalais, le Code de Procédure civile a été institué par le décret n° 64-572 du 30 juillet 1964 portant Code de Procédure civile[332].

Relèvent ainsi du domaine réglementaire, la détermination de la compétence territoriale des juridictions civiles[333], celles relatives au greffe[334] ainsi que l'attribution de l'initiative d'une action en justice à la partie la plus diligente, en lui impartissant un délai à cet effet[335].

Dans un arrêt rendu le 20 juin 1964[336], les sections réunies de la Cour suprême du Sénégal ont jugé que les dispositions des articles 642, 643 et 648 du Code de Commerce français déclarées exécutoires au Sénégal par la loi du 07 décembre 1850, qui règlent la procédure applicable à l'instruction des causes commerciales en première instance et en appel, ont un caractère réglementaire.

La cour a jugé, dans la même décision, que les dispositions relatives à la surenchère du sixième dans les ventes par adjudication des immeubles appartenant à des mineurs ainsi qu'à la procédure

---

331 Cons. const. 18 juillet 1961, n° 61-64 L. *Rec. cons. const.*, p. 38.

332 Sur cette question, A. CISSE, « Nouvelles dispositions du Code de Procédure civile. Décret n° 2013-1071 du 06 août 2013. L'appel des jugements des tribunaux régionaux », *Lex Hebdo*, n° 1216 du lundi 16 septembre 2013, p. 1 ; J. HERON, *Droit judiciaire privé*, Paris, Montchrestien, 1991, p. 17, n° 13 ; P. A. TOURE, « Le décret n° 2013-1071 du 06 août 2013 modifiant le Code de Procédure civile : entre l'accélération de la cadence judiciaire et la préservation des droits des parties au procès », *EDJA*, n° 102, juillet-août-septembre 2014, p. 49 et s.

333 V. le décret n° 2015-1145 du 03 août 2015 fixant la composition et la compétence des cours d'appel, des tribunaux de grande instance et des tribunaux d'instance

334 Cons. const. 10 mars 1966, n° 66-37 *L. Rec. cons. const.*, p. 25.

335 Cons. const. 27 avril 1977, n° 77697 *L. Rec. cons. const.*, p. 55.

336 CS n° 02 C du 20 juin 1964, *RLJ*, arrêts de la Cour suprême, 1967, p. 68 ; *Penant,* n° 705, janvier-février-mars 1965, p. 81.

d'homologation du procès-verbal de partage constituent des règles de procédure civile ; elles ont, dès lors, un caractère réglementaire.

Les règles de la procédure administrative contentieuse relèvent également de la compétence réglementaire[337]. Il en est ainsi des dispositions relatives à la fixation des délais de recours contentieux administratif[338] et à la fixation de la procédure à suivre devant les tribunaux administratifs, dès lors qu'elles ne concernent ni les modalités de recouvrement d'une imposition ni le principe général relatif aux droits de la défense[339].

En droit sénégalais, la procédure administrative contentieuse est prévue par les articles 729 à 733 du Code de Procédure civile.

En outre, les règles de la procédure contentieuse en matière fiscale devant les juridictions civiles ont un caractère réglementaire, dès lors qu'elles ne mettent pas en cause une règle ou un principe fondamental visé par l'article 34 de la Constitution française.

69. Amnistie. Les règles relatives à l'amnistie relèvent de la compétence législative. Le législateur fixe les règles relatives à l'amnistie[340]. Il s'agit d'une mesure qui ôte rétroactivement à certains faits commis à une période déterminée leur caractère délictueux[341]. Dans l'affaire dite *EZZAN* du 07 janvier 2005 portant loi d'amnistie jugée le 12 février 2005[342], le Conseil constitutionnel sénégalais a précisé les contours de la compétence législative en matière d'amnistie.

Dans cette affaire, suite à l'adoption de la loi précitée qui a amnistié de plein droit, toutes les infractions criminelles ou correctionnelles en relation avec les élections générales ou locales perpétrées entre le 1er

---

337 J. MOREAU, « Le caractère réglementaire ou législatif de la procédure administrative contentieuse », in *Mélanges M. Waline,* 1974, p. 635.
338 CE 15 mars 1971, *Rec. CE,* p. 208.
339 Cons. const. 21 décembre 1972, n° 72-75 *L. Rec. cons. const.*, p. 36.
340 Cons. const. 07 juin 2013, déc. n° 2013-319 QPC, consid. 5.
341 G. CORNU, *Vocabulaire juridique*, Paris, PUF, 2004, p. 63.
342 Cons. const. n° 91/2005 1/C/2005 du 12 février 2005, affaire de la loi n° 2005-01 du 07 janvier 2005 portant loi d'amnistie dite loi EZZAN, in I. M. FALL, *Les décisions et avis du Conseil constitutionnel du Sénégal*, Dakar, CREDILA, 2008, p. 473, obs. A. DIEYE.

janvier 1983 et le 31 décembre 2004 ainsi que celles commises en relation avec le décès de Monsieur Babacar SEYE, ex-vice-président du Conseil constitutionnel, un groupe de députés a saisi le juge constitutionnel d'un recours en inconstitutionnalité dirigé contre la loi dite *EZZAN*.

Le Conseil constitutionnel a jugé, sur le fondement de l'article 67 de la Constitution, que: « *le législateur peut faire disparaitre pour l'avenir tout caractère délictueux à certains faits pénalement répréhensibles, en interdisant toute poursuite à leur égard et en effaçant les condamnations qui les ont frappées ; qu'il lui appartient de déterminer les infractions amnistiées en fonction de critères objectifs et, au besoin, les personnes auxquelles doit s'appliquer le bénéfice de l'amnistie ; que ni la Constitution ni aucune norme de valeur constitutionnelle ne limitent le pouvoir du législateur d'amnistier des catégories quelconques d'infractions qu'elles soient punies de peines criminelles, correctionnelles, ni des faits déjà amnistiés sous réserve du respect de l'intangibilité des droits acquis* ».

Dès lors, précise le juge constitutionnel, en laissant le soin au juge d'interpréter la loi et au pouvoir réglementaire la compétence pour prendre des mesures individuelles de réintégration, le législateur n'a pas violé les articles 67 et 76 de la Constitution.

La haute juridiction constitutionnelle a ajouté qu'il est de la nature de la loi d'amnistie de faire disparaître pour l'avenir tout caractère délictueux de certains faits pénalement répréhensibles.

Ainsi, « *la dérogation apportée au principe de la séparation des pouvoirs trouve son fondement dans les dispositions de l'article 67 de la Constitution qui font figurer au nombre des matières qui relèvent de la loi la fixation des règles concernant l'amnistie* ». Pour le Conseil constitutionnel, la compétence reconnue par l'article 67 de la Constitution au législateur pour fixer les règles relatives à l'amnistie lui confère un large domaine de compétence dans la détermination des infractions amnistiées.

70. Création de nouveaux ordres de juridictions. En droit constitutionnel sénégalais, la loi fixe les règles concernant « *la création de nouveaux ordres de juridictions* »[343]. *Dans le langage juridique, l'ordre de juridiction renvoie à un « ensemble distinct et hiérarchisé de juridictions de même nature* »[344].

La notion « *d'ordres de juridiction* » vise l'existence de hiérarchies de tribunaux ayant à leur tête une juridiction souveraine. Il en est ainsi des juridictions de l'ordre administratif et des juridictions de l'ordre judiciaire.

Au Sénégal, dès le lendemain de l'indépendance, l'option a été prise de passer d'une organisation judiciaire dualiste à une organisation judiciaire unitaire[345].

Le législateur a mis en place un système judiciaire fondé sur l'unification de l'ordre juridictionnel, qui est la conséquence de la suppression des juridictions administratives[346]. Malgré l'introduction de la spécialisation au sommet de la hiérarchie judiciaire par la réforme de 1992, suivie de la restauration de la Cour suprême en 2008, le système judiciaire s'est toujours accommodé de l'unité de juridiction.

En tout état de cause, toute remise en cause du système d'unification juridictionnelle, par la création de nouveaux ordres de

---

[343] V. art. 67 de la Constitution.

[344] G. CORNU, *Vocabulaire juridique*, Paris, PUF, 2014, V° ordre de juridiction, p. 716.

[345] V. K. MBAYE, « L'organisation judiciaire », *Penant*, n° 705, janvier-février-mars, 1965, p. 27 ; M. M. TOURE, « Histoire de l'organisation judiciaire du Sénégal : l'unification des juridictions et l'unicité de la juridiction suprême », *Rev. sén. dr.*, n° 17 juin 1975, p. 51 ; A. KANTE, « Réflexions sur l'organisation judiciaire au Sénégal (1830-1992) », in M. BADJI et O. DEVAUX, *Droit sénégalais*, n°05, De la justice coloniale aux systèmes judiciaires africains contemporains, Toulouse, Presses de l'Université des Sciences sociales de Toulouse, 2006, p. 199-221; P. A. TOURE, *La réforme de l'organisation judiciaire commentée et annotée*, Paris, l'Harmattan, 2016, p. 24 et s.

[346] A. DIOP, « L'organisation judiciaire sénégalaise en matière administrative », *Rev. jur. ind. et coop.*, n° 4, 1969, p. 944 ; K. MBAYE, « L'organisation judiciaire actuelle », in *Encyclopédie juridique de l'Afrique*, Tome IV, Dakar-Abidjan-Lomé, NEA, 1982, tome 4, p. 38 et s.

juridictions (juridictions administratives, judiciaires, coutumières) exige l'intervention d'un texte de nature législative.

Toutefois, la création de nouvelles juridictions n'est pas visée dans la liste des matières relevant du domaine de la loi. Or, l'article 76 de la Constitution énonce que les matières qui ne sont pas du domaine législatif ont un caractère réglementaire.

En conséquence, du moins en principe, la création de nouvelles entités juridictionnelles relève du domaine réglementaire.

Au Sénégal, les juridictions de base (cours d'appel, tribunal de grande instance, tribunal d'instance, tribunal du travail) ont été créées à la suite de modifications du décret portant aménagement de l'organisation judiciaire. Les tribunaux régionaux et les tribunaux départementaux, remplaçant les anciens tribunaux de première instance et les justices de paix, ont été créés par le décret n° 84-1195 du 22 octobre 1984 portant aménagement de l'organisation judiciaire.

Le Conseil constitutionnel français a jugé que relèvent de la compétence législative les règles qui déterminent le nombre de sièges et le ressort des juridictions créées par la loi[347], celles portant création d'une cour d'appel et modification du ressort et de la composition d'autres cours d'appel[348].

Le décret du 20 juillet 2015 détermine également le siège, le ressort, la composition et le classement des cours et tribunaux.

Le législateur déroge bien souvent au principe de la création des nouvelles juridictions par décret.

D'une part, il faut réserver le cas des hautes juridictions que sont le Conseil constitutionnel, la Cour suprême, la Cour des Comptes et la Haute Cour de Justice. Ces juridictions sont, en effet, instituées par la Constitution, qui renvoie expressément à des lois organiques pour fixer leurs règles de compétence d'organisation et de fonctionnement.

---

[347] Cons. const., 18 juillet 1961, *précité.*

[348] CE 11 juillet 1969, Honnet et Vigo, *Rec. CE*, p. 373.

D'autre part, il est également dérogé au principe de la création des juridictions par décret, en ce qui concerne les juridictions d'exception. Ces entités juridictionnelles spéciales ont été toujours instituées par des lois ordinaires. Il en est ainsi de la Cour de Répression de l'Enrichissement illicite créée par la loi n° 81-54 du 10 juillet 1981, du Tribunal militaire institué par la loi n° 94-44 du 27 mai 1994 portant Code de Justice militaire et du tribunal pour enfants créé par la loi n° 65-61 du 21 juillet 1965 portant Code de Procédure pénale[349].

La CREI a été supprimée par la loi n° 2023-14 du 02 août 2023 modifiant le Code de procédure pénale. D'après l'exposé des motifs de la loi n° 2023-14 du 02 août 2023 précitée, « *Compétente pour la répression de l'enrichissement illicite, la CREI a su déployer des efforts importants afin de participer de manière efficiente à la sauvegarde des ressources publiques, nécessaire à la mise en œuvre des politiques publiques et au renforcement de l'État de droit.*

Cependant, force est de constater que la criminalité financière, devenue transnationale, ne cesse de croître et de se complexifier. Elle est par ailleurs traitée par des magistrats non spécialisés, cumulant cette tâche avec d'autres attributions juridictionnelles, toutes particulièrement importantes.

Ce défaut de spécialisation ainsi que ce cumul de fonctions prévalent aussi au niveau de la CREI dont les efforts, aussi appréciables qu'ils puissent être, n'ont pas permis d'endiguer l'enrichissement illicite et les autres formes de criminalité financière.

À cela s'ajoute, la perception négative de cette juridiction aux yeux d'une bonne partie de l'opinion publique. Elle est surtout critiquée par rapport à l'absence d'un double degré de juridiction. Il est apparu nécessaire de mettre en place un organe juridictionnel qui allie à la fois, l'efficacité dans la répression de la criminalité économique et financière et le respect des principes directeurs du procès pénal ».

---

[349] H. DEME, « Le mineur délinquant de moins de 13 ans devant la Justice : entre théorie et pratique », *Revue EDJA*, n° 77, avril-mai-juin 2008, p. 23.

Le législateur a institué, à la place de la CREI, au Tribunal de grande Instance hors classe et à la Cour d'Appel de Dakar, un Pool judiciaire spécialisé dans la répression des crimes et délits économiques ou financiers, dénommé « Pool judiciaire financier », en abrégé « PJF ».

Quant à la Cour de Sûreté de l'État, elle supprimée de l'architecture judiciaire par la loi n° 92-31 du 04 juin 1992[350], qui avait été instituée par la loi n° 73-47 du 04 décembre 1973, en remplacement du Tribunal spécial[351].

Dans son arrêt du 18 août 2014, la Cour de Répression de l'Enrichissement illicite a jugé que : « *Toutes les juridictions à compétence nationale ont été créées par une loi spéciale distincte de la loi n°84-19 du 02 février 1984 fixant l'organisation judiciaire du Sénégal. Il en est ainsi, sans que l'énumération ne soit exhaustive, du Tribunal militaire, de la Haute Cour de Justice et de la Cour de Répression de l'Enrichissement illicite* »[352].

La création des juridictions pénales d'exception par voie législative ne saurait étonner. En effet, les textes particuliers portant création de ces juridictions aménagent en même temps des règles relatives à leur compétence ainsi que la procédure pénale à suivre devant elles.

Or, il résulte des dispositions de l'article 67 de la Constitution que la procédure pénale relève du domaine exclusif de la loi. En conséquence, les textes portant création et fixant les règles d'organisation et de fonctionnement des juridictions pénales d'exception ne peuvent avoir pour support normatif que la loi.

Le Conseil constitutionnel français a considéré que constitue un nouvel ordre de juridiction, tout type de tribunal, original par la compétence qui lui est attribué ou par la composition qui lui est donnée,

---

[350] JORS, n° 5470 du 04 juin 1992, p. 267.

[351] Sur la Cour de sûreté de l'État, M. M. TOURE, « Histoire de l'organisation judiciaire du Sénégal : l'unification des juridictions et l'unicité de la juridiction suprême », *Rev. sén. dr.*, n° 17, juin 1975, p. 62 ; G. RIVES, « Le droit criminel sénégalais », *Rev. sén. dr.*, juin 1974, n° 15, 7e année, p. 45

[352] CREI, n°03/2014 du 18 août 2014, MP et État du Sénégal (AJE) c/ Karim WADE et autres, *inédit*.

alors même qu'il relève en appel ou en cassation de juridictions existantes[353]. Dès lors, la création d'une juridiction à compétence exclusive en matière pénale[354] ou d'un tribunal militaire à compétence spéciale[355] relève de la compétence législative.

Si la création de nouvelles juridictions relève en principe du domaine réglementaire, un arrêté du Ministre de la Justice fixe leur date d'installation. C'est ce qui résulte de l'article 2 du décret du 20 juillet 2015 portant aménagement de l'organisation judiciaire. Aux termes de ce texte : « *Un arrêté du Ministre de la Justice fixe la date d'installation de chacun des tribunaux de grande instance et tribunaux d'instance* ».

À titre d'exemple, l'arrêté ministériel n° 2266 MJ/DSL en date du 15 février 2000[356] a procédé à l'installation des tribunaux départementaux de Bambey, Bignona, Foundiougne, Nioro et Oussouye.

Seules les nouvelles juridictions créées (tribunaux de grande instance de Mbour, Mbacké, Pikine Guédiawaye, Rufisque) sont concernées par l'arrêté d'installation du Ministre de la Justice, à l'exclusion des anciennes juridictions.

En effet, par l'effet de l'automaticité du remplacement des tribunaux départementaux et des tribunaux régionaux par les tribunaux d'instance et les tribunaux de grande instance posé par l'article 4 de la loi n° 2014-26 du 03 novembre 2014 fixant l'organisation judiciaire, il n'est pas nécessaire de procéder à l'installation des anciens tribunaux régionaux et départementaux[357].

---

353 Cons. const., 18 juillet 1961, déc. n° 61-14 *L, Rec. Cons. const.*, 1961, p. 38.

354 Cons. const., 18 juillet 1961, précité.

355 CE Ass. 02 mars 1962, Rubin de Servens, *Rec. CE,* p. 143.

356 JORS du 18 mars 2000, p. 294.

357 P. A. TOURE, *La réforme de l'organisation judiciaire du Sénégal commentée et annotée,* Dakar, l'Harmattan, n° 134, p. 160 et s. ; également, P. A TOURE, « La réforme de l'organisation judiciaire du Sénégal : évolution ou révolution judiciaire ? », *La Balance, Revue semestrielle de L'union des Magistrats Sénégalais*, n° 01, janvier-juin 2017, p. 34 et s.

71. Statut des magistrats. La loi fixe les règles relatives au statut des magistrats ; qu'il s'agisse des magistrats du siège ou des magistrats du parquet[358]. Le législateur organique doit notamment fixer des garanties d'impartialité et d'indépendance des magistrats (inamovibilité des magistrats du siège, institution du Conseil supérieur de la Magistrature, etc.) et définir les conditions d'accès aux fonctions de magistrat, le déroulement de la carrière, les positions des magistrats ainsi que leur régime disciplinaire[359].

La Constitution précise, d'ailleurs, en son article 90 que la compétence, l'organisation et le fonctionnement du Conseil supérieur de la Magistrature ainsi que le statut des magistrats, y compris les magistrats de la Cour des Comptes sont fixés par une loi organique.

Le statut des magistrats est fixé par la loi organique n° 2017-10 du 17 janvier 2017 portant statut des magistrats[360]. La loi organique n° 2016-26 du 05 août 2016 abrogeant et remplaçant la loi organique n° 99-13 du 17 février 1999 portant statut des magistrats de la Cour des Comptes[361] a encadré le statut des magistrats de la Cour des Comptes.

La compétence du pouvoir réglementaire dans cette matière est assez limitée. La loi organique ne saurait confier à un règlement le soin de fixer les conditions d'affectation de magistrats du siège sans avoir déterminé au préalable les garanties qui assurent le respect du principe d'inamovibilité[362].

Le Conseil constitutionnel sénégalais a rappelé cette règle dans sa décision rendue le 09 janvier 2017[363] à l'occasion du contrôle de la constitutionnalité de la loi organique abrogeant et remplaçant l'ordonnance n° 60-16 du 03 septembre 1960 portant loi organique sur l'organisation et le fonctionnement du Conseil supérieur de la

---

358 Sur l'inclusion des magistrats du parquet, Cons. const., 11 août 1993, déc. n° 93-326 DC, *Rec. Cons*. const., 1993, p. 217.
359 Cons. const., 19 juillet 2010, déc. n° 2010-611 DC.
360 JORS n° 6986 spécial du 18 janvier 2017, p. 75.
361 JORS n° 6958 du samedi 20 août 2016.
362 Cons. const. 26 janvier 1967, n° 67-31 DC, *Rec. Cons. Const*., p. 19.
363 Cons. const. n° 01/C/2017 du 09 janvier 2017, *inédit*.

Magistrature (CSM). Le juge constitutionnel a considéré que l'article 5 de ladite loi organique, qui dispose que les modalités de fonctionnement du CSM ainsi que l'organisation de son secrétariat sont fixées par décret, n'est pas conforme à l'article 90 de la Constitution. Selon ce texte, les règles de fonctionnement du CSM sont fixées par une loi organique.

Le Conseil constitutionnel a indiqué que :« *La compétence dévolue au législateur organique, fondée sur la nécessité d'assurer le respect des garanties dues aux magistrats, s'oppose au renvoi à un texte de caractère réglementaire pour la détermination des principes fondamentaux de fonctionnement du Conseil supérieur de la Magistrature, notamment ceux relatifs aux conditions du quorum requises pour la régularité des délibérations ou la majorité exigée pour l'adoption des décisions ; que le renvoi à un décret pour la détermination des modalités de fonctionnement du Conseil supérieur de la Magistrature ne saurait, sans violer l'article 90 de la Constitution, viser d'autres règles que celles ayant pour objet de fixer les modalités techniques de fonctionnement relatives, notamment, à l'élection des membres, à la proclamation des résultats des élections, à la convocation des réunions ou à la tenue des procès-verbaux des délibérations* ».

Selon le juge constitutionnel sénégalais, les modalités de fonctionnement du Conseil supérieur de la Magistrature, pour lesquelles le législateur organique renvoie à un décret, devraient concerner seulement les règles techniques de son fonctionnement relatives, notamment, à l'élection des membres, à la proclamation des résultats des élections, à la convocation des réunions ou à la tenue des procès-verbaux des délibérations.

Elles ne sauraient renvoyer aux conditions du quorum requises pour la régularité des délibérations ou la majorité exigée pour l'adoption des décisions du CSM.

72. Assiette et taux des impositions. Il appartient au législateur de fixer les règles relatives à l'assiette et au taux des impositions. Le régime des impositions est entièrement fixé par la loi. Il revient au pouvoir législatif de déterminer les modalités de l'impôt[364]. L'assiette des impositions vise la détermination de la matière imposable. Il s'agit de la base sur laquelle le législateur assoit l'impôt, c'est-à-dire la matière imposable et ses méthodes d'évaluation.

Quant au taux, il constitue le pourcentage prélevé sur la matière imposable.

Les modalités comprennent les règles régissant le contrôle, le recouvrement, le contentieux, les garanties et les sanctions applicables à une imposition.

Le recouvrement de l'impôt désigne l'opération par laquelle l'administration fiscale procède à la perception de l'impôt dû par le contribuable et le fait entrer dans les caisses du Trésor public[365].

L'impôt est défini comme une prestation pécuniaire requise régulièrement des particuliers par voie d'autorité, sans contrepartie déterminée, en vue de la couverture des dépenses publiques et de la réalisation de la politique économique et sociale de l'État[366]. L'impôt a un caractère pécuniaire, obligatoire, définitif et n'implique aucune contrepartie ; il s'agit de prélèvements qui ne répondent pas au critère de la redevance pour service rendu ni à celui de la cotisation sociale[367].

Dans l'affaire dite des appels entrants jugée le 08 novembre 2012[368], la Chambre administrative de la Cour suprême a annulé le décret n° 2011-1271 du 24 août 2011 abrogeant et remplaçant le décret n°2010-

---

[364] E. H. D. BA, *Droit fiscal*, Paris, l'Harmattan, 2015, p. 22 ; E. DIARRA, « Le pouvoir règlementaire en matière fiscale au Sénégal », *RIPAS* n° 23-24, janvier-décembre 1990, *Actes du 5 eme colloque de la RIPAS*, Dakar du 11 au 15 décembre 1989, pp. 217-235 ; G. MORANGE, « L'exercice du pouvoir règlementaire en matière fiscale », *RSLF*, 1953, pp. 667-680 ; G. TIXIER, « Les prérogatives de l'autorité administrative en matière fiscale », *RSF* 1958, pp. 112-129.

[365] Sur l'ensemble de la question, V. A.A. D. KEBE, *La répartition des compétences entre la loi et le règlement en droit fiscal sénégalais,* Université de Dakar, Thèse de Doctorat, 2012, p. 33

[366] E. H. D. BA, *op.cit,* p. 13.

[367] J.P. CAMBY, « Les impositions de toutes natures, une catégorie sans critère ? » *AJDA*, mai 1991, p. 339.

[368] CS ch. adm. n° 59 du 08 novembre 2012, SONATEL c/ État du Sénégal, *inédit.*

632 du 28 mai 2010 instituant un système de contrôle et de taxation des communications téléphoniques internationales entrant en République du Sénégal. Selon la haute juridiction, la quote-part prélevée en vertu de ce décret sur le coût des appels téléphoniques internationaux entrant au Sénégal, constitue un impôt donc une ressource de l'État qui ne peut être créée par voie réglementaire.

Dans l'arrêt *entreprise Mapathé NDIOUCK SA* rendu le 15 juillet 2019[369], la première chambre civile de la Cour d'Appel de Dakar a eu l'occasion de rappeler l'appartenance de l'impôt au domaine exclusif de la loi.

Dans cette espèce, le Gouvernement du Sénégal, par l'adoption de la loi n°2011-20 portant la loi de finances de l'année 2012, avait institué un nouvel impôt dénommé « *Contribution Spéciale sur les produits des Mines et carrières* » dite CSMC, qui devait être supportée directement par les cimenteries et les entreprises exploitant des mines ou carrières.

La Cour d'appel a jugé que « *la Constitution du Sénégal consacre, en son article 67, alinéa 1 et 3, le principe général de droit fiscal selon lequel la loi crée les impositions tandis que les lois de finances déterminent l'affectation des ressources générées par lesdites impositions* ». Les juges d'appel ont précisé que ce principe général distingue clairement la « *loi de recettes* » ou loi fiscale, contenue principalement dans le code général des impôts et le code des douanes, de la « loi de répartition » ou loi de finances de l'année qui est contenue dans un document appelé « *le budget de l'État* ».

D'ailleurs, ce principe général, d'essence constitutionnelle, a été repris par l'article 3 de la Directive n°6/2009/CM/UEMOA qui dispose en son alinéa 1er que « *les lois de finances déterminent la nature, le montant et l'affectation des ressources et des charges de l'État ainsi que l'équilibre budgétaire et financier qui en résulte, compte tenu de la situation et des objectifs macro-économiques des États membres et des obligations du Pacte de convergence, de stabilité, de croissance et de*

[369] CA Dakar n° 201 du 15 juillet 2019, l'Entreprise Mapathé NDIOUCK SA c/ Directeur Général des Impôts et Domaines, *inédit*.

solidarité ». L'alinéa 2 de ce texte énonce que « *les dispositions relatives à l'assiette, au taux et aux modalités de recouvrement des impositions de toute nature, qu'elles soient perçues par l'État ou affectées à d'autres organismes publics, sont du domaine de la loi*».

La Cour d'Appel de Dakar en a conclu que « *l'institution de tout impôt ou taxe est exclusivement du domaine de la loi (fiscale) et qu'en conséquence, elle ne peut se faire par la voie des lois de finances qui, elles, sont essentiellement destinées à répartir annuellement les ressources de l'État entre ses différentes charges dans les conditions et sous les réserves prévues par une loi organique ;*

Que cela est d'autant plus vrai qu'au Sénégal, l'autorisation de percevoir l'impôt est permanente et réside dans la loi fiscale, notamment, le code général des impôts, le code des douanes et le code minier, entre autres ; Que c'est, d'ailleurs, ce qui fait du régime fiscal sénégalais un régime à « recettes fiscales consolidées », en ce sens qu'elles sont des recettes qui, une fois créées par la loi (fiscale), ne sont plus renouvelées ou remises en question chaque année jusqu'à ce que d'autres lois de recettes viennent en décider autrement, soit en modifiant le taux, soit en modifiant l'assiette et ou leurs modalités de recouvrement ».

La redevance, contrairement à l'impôt, n'est pas un prélèvement obligatoire. Elle est payée en contrepartie d'un service rendu ; c'est le prix payé par les usagers d'un service public. La redevance admet une contrepartie, mais contrairement à la taxe, elle doit être proportionnelle au service reçu en échange[370]. En vertu de l'article 10 de la loi organique n° 2020-07 du 26 février 2020 relative aux lois de finances, la rémunération des services rendus par l'État ne peut être établie et perçue que si elle est instituée par décret pris sur rapport conjoint du Ministre chargé des Finances et du ministre intéressé.

La Cour suprême du Sénégal a confirmé l'appartenance des redevances au domaine réglementaire. Dans un arrêt du 27 juillet 1967, les hauts magistrats de la Cour suprême ont énoncé que les redevances

370 E. H. D. BA, *Droit fiscal*, Paris, l'Harmattan, 2015, p. 18.

minières, perçues en contrepartie du droit concédé à un particulier d'exploiter une mine n'ont pas le caractère d'imposition de toutes natures. Leur établissement et la fixation de leur taux relèvent de la compétence réglementaire[371].

La Chambre administrative de la Cour suprême, dans un arrêt du 09 mars 2017[372], a eu l'occasion de faire une nette distinction entre la redevance et la taxe. Selon la haute juridiction : « *les sommes contestées par la SONATEL, improprement qualifiées de taxes, s'analysent plutôt en des redevances qui sont la contrepartie de l'occupation du domaine public au sens de l'article 15 du décret n° 2005-1185 du 06 décembre 2005 relatif aux prérogatives et servitudes des exploitants des réseaux de télécommunications ouverts au public* ».

La cour a estimé que la délibération du Conseil municipal de Podor, ayant créé cette redevance, qui ne fait pas partie des impositions de toutes natures prévues par la Constitution en ce qu'elle est la rémunération d'un service rendu, n'est pas entachée d'illégalité.

Les cotisations sociales sont, comme les impôts, des prélèvements forcés ; elles comprennent l'ensemble des charges sociales supportées par l'employeur ou par le salarié et servant à financer les dispositifs ou organismes publics chargés de la protection sociale (sécurité, accidents de travail, allocations familiales, retraite complémentaire, etc.)[373].

Contrairement à l'impôt, les prélèvements de sécurité sociale donnent droit à une contrepartie directe comme le remboursement de

---

371 CS n° 03 du 25 juillet 1967, Taux de la redevance pour certains produits miniers, *RLJ*, 2e partie arrêts de la Cour suprême, année 1967, 8e volume, p. 04.

372 CS ch. adm. n° 18 du 09 mars 2017, la SONATEL c/ la Commune de Podor-État du Sénégal, *inédit* ; CS ch. adm. n° 09 du 09 février 2017, la SONATEL c/ Commune de Mboumba-Etat du Sénégal, *inédit* : « *L a délibération attaquée porte sur une redevance qui, ne faisant pas partie des impositions de toutes natures en ce qu'elle est la rémunération d'un service rendu, peut être fixée par voie réglementaire ; Qu'il s'ensuit que le Conseil municipal de Mboumba est compétent pour fixer les montants et modalités de recouvrement d'une redevance pour l'utilisation du domaine public situé sur son périmètre communal* ».

373 E. H. D. BA, *op.cit.* p. 18.

soins ou le versement d'une pension de retraite. En outre, l'imposition institue une solidarité plus large que la solidarité professionnelle.

Il appartient également au pouvoir réglementaire de fixer les règles relatives aux cotisations sociales.

La taxe est une prestation pécuniaire obligatoire, comme l'impôt.

Mais contrairement à l'impôt, elle est requise des particuliers à l'occasion d'un service rendu. En vertu de l'article 9 de la loi organique n° 2011-15 du 08 juillet 2011 relative aux lois de finances modifiée par la loi organique n° 2016-34 du 23 décembre 2016, les taxes parafiscales sont perçues dans un intérêt économique ou social au profit d'une personne morale de droit public ou privé autre que l'État, les collectivités territoriales et leurs établissements publics à caractère administratif.

Toutefois, la taxe ne constitue pas une contrepartie monétaire à ce service. Par exemple, la taxe d'enlèvement des ordures ménagères.

Un arrêt de la Chambre administrative de la Cour suprême le 24 mars 2016 a déjà jugé que la délibération du conseil municipal, qui a fixé les modalités d'assiette et de perception ainsi que les taux maxima de la taxe sur la publicité empiète sur le domaine de la loi et est entachée d'illégalité[374].

Dans la pratique, la distinction entre la taxe et l'impôt est souvent difficile en raison notamment des fluctuations terminologiques. Ainsi, la taxe sur la valeur ajoutée (TVA) est un impôt et non une taxe.

La taxe parafiscale est un prélèvement perçu dans un intérêt économique ou social au profit d'une personne morale de droit public ou privé autre que l'État et ses démembrements. Contrairement à l'impôt et à la taxe, qui sont perçus dans un intérêt purement budgétaire au profit de l'État et des collectivités territoriales, la taxe parafiscale est perçue pour un intérêt économique ou social.

---

[374] CS, ch. adm. n° 21 du 24 mars 2016, Régi Pub S.A., Régidak Cauris com c/ Commune de Mermoz-Sacré Cœur, *inédit*.

Conformément à l'article 9 de la loi organique relative aux lois de finances, les taxes parafiscales sont établies par décret pris sur le rapport du Ministre chargé des Finances et du ministre intéressé[375].

La compétence du législateur s'étend traditionnellement aux conditions dans lesquelles l'institut d'émission exerce son monopole[376] et met en œuvre sa politique monétaire[377].

Toutefois, l'aménagement des conditions dans lesquelles sont contrôlés les instituts d'émission ne relève pas de la compétence législative[378].

73. Régime électoral de l'Assemblée nationale et des assemblées locales. Le régime électoral de l'Assemblée nationale et des assemblées locales appartient au domaine exclusif de la loi. Au nombre des règles relatives au régime électoral de l'Assemblée nationale et des assemblées, figurent notamment celles qui sont relatives à l'attribution du droit de suffrage, à l'éligibilité, au mode de scrutin et à la répartition des sièges des assemblées.

Il en est de même de celles qui concernent l'ouverture des recours pouvant être éventuellement exercés contre les élections et les effets des décisions juridictionnelles par lesquelles il est statué sur ces recours[379].

Mais il appartient au pouvoir réglementaire d'édicter les mesures d'application qui sont nécessaires à la mise en œuvre de ces règles.

Le Conseil d'État français a jugé que la fixation des règles relatives à l'organisation des référendums relève également du pouvoir réglementaire[380].

Dans l'arrêt *Parti démocratique sénégalais* rendu par la Cour suprême le 21 février 1978, la haute juridiction a jugé que l'ancien article 56 de la Constitution a expressément prévu que le régime

---

375 E. H. D. BA, *op. cit.*, p. 17.

376 Cons. const., 03 août 1993, déc. n° 93-324 DC, *Rec. Cons. const.*, 1993, p. 208.

377 Cons. const., 17 mars 1964, déc. n° 64-27 DC.

378 Cons. const., 17 mars 1964, précité.

379 Cons. const. 04 décembre 1962, n° 62-20 *L. Rec. Cons. const.* , p. 34.

380 CE 10 septembre 1992, Meyet, *Dr. adm.,* 1992, n° 477.

électoral de l'Assemblée nationale ainsi que celui des assemblées locales sont fixés par la loi ordinaire et non par la loi organique. Dès lors, l'ancien article L 50 du Code électoral, issu de la loi n° 77-57 du 26 mai 1977, qui a fait du passage à l'isoloir une faculté, n'est pas contraire à la Constitution[381].

74. Garanties fondamentales accordées aux fonctionnaires de l'État. La loi fixe aussi les garanties fondamentales accordées aux fonctionnaires civils et militaires de l'État. En France, il a été jugé que des garanties effectivement acquises par des fonctionnaires, même sous la législation antérieure à la Constitution de 1958, ne peuvent être supprimées ou dénaturées par le pouvoir réglementaire[382].

Les garanties fondamentales accordées aux fonctionnaires comprennent le principe du recrutement par concours. Constituent également des garanties fondamentales accordées aux fonctionnaires, le droit à pension[383], la fixation de l'âge de la retraite des fonctionnaires[384] et le droit au traitement après service fait[385], même s'il appartient au pouvoir réglementaire de fixer les modalités de revalorisation des rémunérations[386].

Mais les conditions d'admission aux concours[387] et les modalités de consultation des dossiers individuels par un jury et celles relatives au choix du jury ne relèvent pas des garanties fondamentales accordées aux fonctionnaires[388].

---

381 CS 21 février 1978, Parti démocratique sénégalais, *GDJAS*, tome I, *RIPAS*, 1984, obs. J.M. NZOUANKEU, p. 161.
382 CE 04 novembre 1960, Syndicat du personnel de l'Assemblée de l'UF, *Rec. CE*, p. 596 ; concl. Bernard.
383 Cons. const. 16 janvier 1986, n° 85-200 DC.
384 Cons. const. 12 septembre 1984, n° 84-179 DC.
385 CE Ass. 07 décembre 1962, Féd. gén. des fonctionnaires CGT-FO, *AJDA* 1963, p. 165.
386 CE 16 décembre 1985, M. Saint Germain, Req. n° 57103.
387 Cons. const. 19 février 1963, n° 63-23 L. Rec. Cons. const., p. 29.
388 Cons. const. 15 juillet 1976, n° 76-67 DC Rec. Cons. const., p. 35.

75. Nationalisations des entreprises et transferts de propriété d'entreprises du secteur public au secteur privé. Les nationalisations d'entreprises et les transferts de propriété d'entreprises du secteur public au secteur privé appartiennent au domaine de la loi. Le législateur est seul compétent pour décider d'une nationalisation[389] et de son champ d'application[390]. Les règles concernant les nationalisations d'entreprises comprennent la fixation des critères devant présider à la nationalisation, les conditions précises de l'indemnisation juste et préalable[391] et la détermination des sociétés devant être nationalisées conformément aux critères retenus[392].

Le régime d'indemnisation consécutive à une spoliation doit être défini par une loi. Il comprend notamment les modalités d'intervention de l'autorité judiciaire[393], les conditions d'obtention des indemnités principales et accessoires[394] ainsi que les sanctions applicables aux personnes qui ont mis le bénéficiaire du droit de préemption dans l'impossibilité d'exercer ce droit[395].

Mais les modalités pratiques de l'expropriation sont fixées par voie réglementaire[396].

S'agissant du transfert de propriété d'entreprises du secteur public au secteur privé, le Conseil d'État français a jugé que le critère unique de l'appartenance d'une entreprise au secteur public résulte du contrôle de la majorité de son capital social, ensemble ou séparément, par l'État et tout organisme ou entreprise publique[397].

---

[389] Sur cette question, A. K. BOYE, *L'acte de nationalisation*, Dakar-Abidjan-Lomé, Berger-Levrault, NEA, 1979.
[390] Cons. const. 16 janvier 1982, n° 82-132 ; Cons. const. 11 février 1982, n° 82-139 DC.
[391] Cons. const. 21 décembre 1981, n° 81-132 DC, *Rec. const* . 1982, p. 18.
[392] Cons. const., 16 janvier 1982, déc. n° 81-132 DC, *Rec. cons. const.*, 1982, p. 18.
[393] Cons. const., 09 février 1965, déc. n° 65-39 L. *Rec. Cons. const.*, 1965, p. 73.
[394] Cons. const., 03 novembre 1977, déc. n° 77-101 L. *Rec.cons. const.*, 1977, p. 70.
[395] CE, 04 juin 1965, Haudy, *Rec. CE,* 1965, p. 336.
[396] Cons. const., 24 octobre 1969, déc. n° 69-58 *L Rec. cons. const.*, 1969, p. 34, modalités de la déclaration d'utilité publique.
[397] CE 22 décembre 1982, Comité central d'entreprise de la société française d'équipement de la navigation aérienne, *Rec. CE*, p. 436.

76. Fixation des principes directeurs concernant certaines matières. L'article 67 de la Constitution a déterminé un domaine « *semi-législatif* » dans lequel la loi ne détermine que les principes fondamentaux[398].

La Constitution ne définit pas la notion de « *principes fondamentaux* ». On admet qu'il s'agit de normes posées par le législateur dans une branche juridique pour créer un droit, imposer une obligation ou prévoir une institution[399]. Relève ainsi des principes fondamentaux, une règle qui pose le principe de l'extinction d'un droit ou d'une obligation[400].

Une fois ces principes posés, il revient au pouvoir réglementaire d'en fixer les modalités d'application.

Les principes fondamentaux devant être fixés par le législateur sont assez nombreux.

77. Organisation générale de la Défense nationale. Il revient à la loi de fixer les principes fondamentaux relatifs l'organisation générale de la Défense nationale. Rentre dans le cadre de l'organisation générale de la Défense nationale, le principe selon lequel c'est l'autorité civile qui détient l'ensemble des pouvoirs en vue de la défense civile et de la sécurité intérieure du territoire[401].

Au Sénégal, la défense nationale est organisée par la loi n° 70-23 du 06 juin 1970 portant organisation générale de la défense nationale, modifiée.

---

[398] Sur cette question, J. M. NZOUANKEU, « Les domaines respectifs de la loi et du règlement en droit sénégalais », *RIPAS* n° 11, octobre-décembre 1984, p. 889 et s.

[399] J. I. SAYEG, « Le pouvoir réglementaire en droit social », in le pouvoir réglementaire des autorités administratives au Sénégal, Actes du 5e colloque de la RIPAS, Dakar, 11-15 décembre 1989, *RIPAS*, janvier-décembre 1990, n° 23-24, p. 187.

[400] A. KANTE, *Droit social sénégalais. Droit du travail. Droit de la protection sociale*, Dakar, l'Harmattan, 2017, p. 24.

[401] Cons. const. 09 mai 1967, n° 67-45 *L. Rec. cons. const.* , p. 29

Il appartient en revanche au pouvoir réglementaire de prendre des mesures qui ne sont que les modalités d'application de ces principes[402]. Par exemple, le décret n° 2001-753 du 02 octobre 2001 fixe l'organisation et les attributions du Conseil supérieur de la Défense nationale (CNDN)[403].

Il faut préciser que la loi n° 70-23 du 06 juin 1970 relative à l'organisation de la défense nationale, modifiée a institué, au niveau de certains départements ministériels à l'exception du Ministère des Forces armées, la fonction de Haut Fonctionnaire de Défense. Le décret n° 2023-459 du 03 mars 2023 a fixé le profil, le rôle et les missions du Haut Fonctionnaire de Défense.

Il est nommé par décret sur proposition de son ministre et relève directement du ministre concerné. Pour l'exercice de sa mission, le Haut Fonctionnaire de Défense travaille en étroite collaboration avec l'ensemble des directions et services du ministère. Il a pour rôle d'assister son ministre de tutelle dans la prise en charge des questions liées à la défense et à la sécurité.

78. Libre administration des collectivités territoriales. Le législateur fixe les principes fondamentaux relatifs à la libre administration des collectivités territoriales, de leurs compétences et de leurs ressources. En vertu de l'article 104 de la Constitution, les collectivités territoriales constituent le cadre institutionnel de la participation des citoyens à la gestion des affaires publiques. Elles s'administrent librement par des assemblées élues[404]. Leur organisation, leur composition et leur fonctionnement sont déterminés par la loi.

Relève du domaine législatif, les dispositions, constituant des garanties de libre administration des collectivités territoriales, mais aussi des établissements publics qui leur sont rattachés ou des

---

[402] Cons. const. 09 mai 1967, *précité.*

[403] JORS n° 6111 du samedi 13 octobre 2001. V. aussi, l'ancien décret n° 60-318 du 13 septembre 1960 portant organisation du Conseil supérieur de la Défense.

[404] A. DIOUKHANE, « Le principe de la libre administration des collectivités locales» in *La régionalisation : approche sénégalaise et expérience française,* Dakar, CREDILA, 1998, p. 95-115.

organismes regroupant des collectivités territoriales[405]. Il en est de même de la détermination du domaine de la tutelle administrative s'exerçant sur les collectivités territoriales et les établissements publics qui leur sont rattachés[406].

Le législateur est seul compétent pour décider d'un transfert de compétence d'une collectivité territoriale à l'État. Toute nouvelle attribution, toute nouvelle charge donnée auxdites collectivités ressort du domaine législatif.

Dans un arrêt rendu le 22 mai 1968[407], la Cour suprême du Sénégal a jugé que la fixation des limites d'une commune ne relève pas des principes fondamentaux de la libre administration des collectivités territoriales au sens de l'article 56 de la Constitution du 07 mars 1963. La Cour régulatrice a estimé en conséquence que l'ordonnance n° 60-39 du 22 octobre 1960 ratifiée par la loi n° 61-53 du 23 juin 1961, qui a fixé les limites territoriales de la commune de Kaolack, est intervenue dans une matière réglementaire.

Le Conseil constitutionnel sénégalais, dans sa décision rendue le 11 décembre 2001[408], a estimé que ne viole pas le principe de la libre administration des collectivités territoriales ainsi que l'article 67 de la Constitution, la loi n° 2001-09 du 21 novembre 2001 qui a institué en lieu et place des assemblées élues des collectivités territoriales et, à titre transitoire, pour une période de six (6) mois, des délégations spéciales constituées par arrêté du Ministre chargé des Collectivités territoriales.

---

405 CE sect. 25 février 1992, n° 351539.

406 Cons. const. 12 mai 1964, n° 64-29 *L.,Rec. Cons. const.* , p. 37

407 CS n° 8/C/68 du 22 mai 1968, Commune de Kaolack, *RIPAS*, janvier-décembre 1990, n° 23-24, p. 943.

408 Cons. const. n° 84/2001 du 11 décembre 2001, affaire des délégations spéciales, in I. M. FALL, *Les décisions et avis du Conseil constitutionnel du Sénégal*, Dakar, CREDILA, 2008, p. 437, obs. A. SALL ; sur cette décision, V. M. ZAKI, « Droit d'amendement des députés et le principe de libre administration des collectivités locales : observations sous Décision 4/C/2001 du Conseil constitutionnel sénégalais, 11 décembre 2001 » : http://afrilex.u-bordeaux4.fr/droit-d-amendement-des-deputes-et.html

Selon le juge constitutionnel, la délégation spéciale a pour objet d'assurer la continuité de l'activité des collectivités territoriales.

79. Enseignement. Le législateur est compétent pour fixer les principes fondamentaux relatifs à l'enseignement. La jurisprudence reconnait une large compétence au législateur pour encadrer l'accès à l'enseignement et son organisation, spécialement en ce qui concerne l'enseignement public[409].

Concernent ainsi le principe fondamental de l'enseignement et relèvent donc de la compétence législative, le principe de la liberté des candidatures au baccalauréat[410] et l'indépendance des personnels enseignants par rapport aux étudiants[411]. Il en est de même de la compétence exclusive des enseignants concernant l'appréciation, la notation[412] et de la détermination des objectifs de l'enseignement[413].

Le Conseil constitutionnel français a jugé que la limitation du nombre d'étudiants pouvant avoir accès à certaines études et l'institution en ces domaines d'un concours de recrutement relèvent du domaine de la loi[414].

Toutefois, la création d'un diplôme nouveau, les modalités de validation d'études par un diplôme n'ayant pas de valeur universitaire[415] et la durée d'une formation conduisant à la délivrance d'un diplôme[416] ne touchent pas aux principes fondamentaux de l'enseignement[417].

---

409 J.Y. PLOUVIN, « La notion de principes fondamentaux de l'enseignement », *RDP,* 1979, p. 59.
410 CE 04 novembre 1977, Syndicat nat. des lycées et collègues et sté des agrégés, *Rec. CE*, p. 419.
411 CE 05 avril 1974, Leroy, *Rec. CE*, p. 214.
412 CE 14 novembre 1975, Min. c/ Simon, *Rec. CE*, p. 569.
413 Cons. const., 21 avril 2005, déc. n° 2005-512 DC.
414 Cons. const. , 19 décembre 1991, n° 91-167 DC.
415 CE, 09 juillet 2010, n° 327663, Féd. nat. Libre Pensée et a., *JurisData,* n° 2010-011134.
416 Cons. const., 03 février 2011, déc. n° 2011-223 L.
417 CE 10 mars 1993, Fédération des établissements hospitaliers d'assistance privée à but non lucratif, Req. n ° 111-264.

80. Régime de la propriété, des droits réels et des obligations civiles et commerciales. La loi fixe les principes fondamentaux relatifs au régime de la propriété, des droits réels et des obligations civiles et commerciales. La protection du droit de propriété ne concerne pas seulement les particuliers, mais également les personnes publiques[418]. Concernent les principes fondamentaux du régime de la propriété, la privation des droits d'un propriétaire ou d'un titulaire de droits réels[419] et la détermination des biens soumis à une servitude d'occupation temporaire[420].

La notion d'« *obligations civiles et commerciales* » renvoie au lien qui unit un créancier à son débiteur en donnant au premier le droit d'exiger du second une prestation ou une abstention[421].

Il appartient au pouvoir législatif d'instituer une prescription entraînant à terme l'extinction d'une obligation[422], de soumettre des contrats à des conditions spéciales[423].

Le législateur doit préciser les règles constitutives des sociétés commerciales. Il en est ainsi des modalités de création d'un nouveau type de société civile[424], de la possibilité pour une entreprise de déroger au droit commun des sociétés anonymes[425].

L'exécutif peut définir le cadre d'application du droit des sociétés. À ce titre, il peut imposer l'obligation de publier des documents utiles à l'information des actionnaires et des tiers[426], de fixer le lieu où doivent être accomplies les formalités nécessaires à la constitution d'une

---

418 Cons. const., 21 juillet 1994, déc. n° 94-346 DC : *Rec. Cons. const.*, 1994, p. 96. ; Cons. const., 22 août 2002, déc. n° 2002-460 DC, consid. 10 à 13, *Rec. Cons. const.*, 2002, p. 198 ; Cons. const., 26 juin 2003, déc. n° 2003-473 DC, consid. 26 à 28 : *Rec. Cons. const.*, 2003, p. 382.

419 Cons. const., 04 décembre 1962, déc. n° 62-61 L : *Rec. Cons. const.*, 1962, p. 36.

420 Cons. const., 29 février 1972, déc. n° 72-71 L . *Rec. Cons. const.*, 1972, p. 27.

421 V. art. 1er du Code des obligations civiles et commerciales.

422 CE, 04 juillet 1969, Ordre avocats cour d'appel Paris et a., *Rec. CE,* 1969, p. 358.

423 Cons. const., 04 juin 1984, déc. n° 84-137 L : *Rec. Cons. const.*, 1984, p. 113.

424 CE, 18 décembre 1989, n° 87584, Desaunay ; Cons. const., 02 juillet 1965, déc. n° 65-35 L : *Rec. Cons. const.*, 1965, p. 79.

425 Cons. const., 14 octobre 1960, déc. n° 60-9 L, *Rec. Cons. const.*, 1960, p. 38.

426 Cons. const.,02 juillet 1965, déc. n° 65-35 L.

société[427] et de définir le statut des sociétés à responsabilité limitée sans modifier les rapports entre les associés et altérer les caractéristiques fondamentales de ce type de société[428].

La Cour suprême du Sénégal, dans un arrêt du 29 mai 1965, a eu l'occasion de préciser l'appartenance des principes fondamentaux relatifs au régime des obligations civiles et commerciales au domaine législatif. Elle a jugé que les règles relatives aux différentes catégories de sociétés civiles ou commerciales, aux conditions d'adhésion à ces sociétés, à la constitution du capital, aux modalités essentielles de désignation des organes de ces sociétés et à la responsabilité encourues par les sociétaires, à la dissolution des sociétés, « *touchent aux principes fondamentaux du régime de la propriété et des obligations civiles et commerciales et relèvent en conséquence du domaine de la loi* »[429].

Le Conseil constitutionnel sénégalais a précisé la compétence législative en matière de fixation des principes fondamentaux relatifs au régime de la propriété, des droits réels et des obligations civiles et commerciales.

Pour rappel, selon l'article 1er de la loi n° 2014-03 du 22 janvier 2014 portant baisse des loyers n'ayant pas été calculés suivant la surface corrigée[430], à compter de l'entrée en vigueur de la loi du 22 janvier 2014, les prix des loyers des baux à usage d'habitation, à l'exclusion de ceux dont la fixation a été obtenue suivant la méthode de la surface corrigée sont baissés ainsi qu'il suit :

- loyers inférieurs à 150 000 francs CFA : 29% ;

- loyers compris entre 150 000 francs CFA à 500 000 francs CFA : baisse 14% ;

---

[427] Cons. const., 13 septembre 1979, déc. n° 79-110 L, *Rec. Cons. const.*, 1979, p. 49.

[428] CE, 29 novembre 1985, n° 56697, SARL Verrerie cristallerie d'Arques, J.G. Durand et Cie.

[429] CS n° 3/C65 du 29 mai 1965, Statut de la coopérative dans les territoires relevant du ministère de la France d'outre-Mer, *RIPAS*, janvier-décembre 1990, n° 23-24, p. 95.

[430] JORS n° 6770 du mercredi 22 janvier 2014, p. 83.

- loyers supérieurs à 500 000 francs CFA : baisse de 4%.

En ce qui concerne l'article 2 de la loi du 22 janvier 2014 précitée, il prévoit qu'elle s'applique à tous les baux à usage d'habitation en cours.

Le Conseil constitutionnel sénégalais, dans sa décision n° 2/C/2023 du 1er février 2023[431], a énoncé qu'en application des dispositions de l'article 67 de la Constitution, qui dispose que la loi détermine les principes fondamentaux du régime de la propriété, des droits réels et des obligations civiles et commerciales, « *le législateur, par la loi portant Code des obligations civiles et commerciales en son article 572, alinéa 2, a prévu que les modalités de fixation des montants des loyers sont déterminées par décret ; qu'il en résulte que les dispositions des articles premier et 2 ont un caractère réglementaire* ».

Ainsi, pour les hauts magistrats du Conseil constitutionnel, les dispositions des articles 1er et 2 de la loi du 22 janvier 2014 ont bénéficié, à tort, de la présomption de caractère législatif.

81. Régime du droit du travail, du droit syndical et de la sécurité sociale. Les principes fondamentaux relatifs au régime du droit du travail, du droit syndical et de la sécurité sociale relevent du domaine législatif. C'est au législateur qu'il appartient de déterminer les principes fondamentaux du droit du travail, du droit syndical et de la sécurité sociale.

Le droit du travail est le droit qui régit les rapports individuels et collectifs entre employeurs et travailleurs, aussi bien dans le secteur privé que dans le secteur public, à l'exception des fonctionnaires et des stagiaires ainsi que les institutions destinées à mettre en œuvre ces règles[432]. Relève de la notion de principe fondamental, la règle qui crée

[431] Pour un bref commentaire de cette décision, V. P. A. TOURÉ, « La procédure constitutionnelle de délégalisation au service de la politique de régulation des loyers : à propos de la décision du Conseil constitutionnel du n° 2/C/2023 du 1er février 2023 » : https://ceracle.com (consulté le 29 avril 2023).

[432] J. I. SAYEG, « Le pouvoir réglementaire en droit social », in *Le pouvoir réglementaire des autorités administratives au Sénégal*, Actes du 5e colloque de la RIPAS, Dakar, 11-15 décembre 1989, *RIPAS*, janvier-décembre 1990, n° 23-24, p.

ou éteint un droit ou une obligation (droits aux congés payés, obligation pour l'employeur de motiver une décision de licenciement, prescription extinctive, présomption irréfragable de non-paiement, etc.).

Toute disposition relative au principe d'une obligation imposée aux employeurs ou aux employés relève de la compétence législative. Une disposition ayant pour effet de modifier les obligations relatives aux conditions de travail et de rémunération relève de la compétence législative[433].

Les dispositions mettant en cause le principe de la liberté contractuelle d'embauche, de rémunération ou de fixation des conditions de travail sont relatives au principe fondamental du droit du travail. La détermination de la durée du travail ou des rémunérations salariales par des contrats librement débattus entre les parties concerne également les principes fondamentaux du droit du travail[434].

Tandis que relève du domaine réglementaire, comme constituant des modalités d'application, la règle qui détermine les conditions d'acquisition, d'exercice d'un droit ou d'extinction d'une obligation (durée des services effectifs ouvrant droit aux congés payés annuels, détermination du nombre de jours de congés acquis, etc.)[435].

82. Régime du droit syndical et de la sécurité sociale. Les principes fondamentaux relatif au régime du droit syndical et de la sécurité sociale appartiennent au domaine de la loi. Relève du droit syndical les règles relatives à la constitution au fonctionnement, au regroupement et à la dissolution des syndicats.

---

186 ; H-J. TAGUM FOMBENO, *Droit du travail sénégalais*, Dakar, l'Harmattan, 2017, p. 16-17 ; A. KANTE, *Droit social sénégalais. Droit du travail. Droit de la protection sociale*, Dakar, l'Harmattan, 2017, p. 17.

[433] Cons. const. 29 mai 1979, n° 79-11 FNR, *Rec. cons const.*, p. 57.

[434] Cons. const. 12 juillet 1967, n° 67-46 L., *Rec. cons const.*, p. 31.

[435] J. I. SAYEGH, *Droit du travail sénégalais,* Paris, LGDJ, NEA, 1987, p. 80.

La sécurité sociale est l'ensemble des règles et institutions d'assistance et de protection collective des travailleurs et des fonctionnaires contre les risques sociaux[436].

La jurisprudence française a interprété très largement la notion de « *sécurité sociale* », en y rattachant l'ensemble des régimes sociaux[437], même quand ils relèvent d'un autre code que celui de la sécurité sociale. Il en est ainsi notamment du régime des accidents du travail et des prestations familiales[438], celui de la sécurité sociale dans les mines[439] et des pensions[440].

Constituent des principes fondamentaux de la sécurité sociale, la mise en place d'allocations prénatales[441], d'allocations temporaires d'invalidité[442] ou d'allocation spéciales en faveur de certaines catégories de travailleurs[443].

Dans un arrêt du 09 février 1965[444], la Cour suprême du Sénégal a jugé que les dispositions de l'article 144, alinéa 2 du Code du Travail « *ne sont relatives ni aux principes fondamentaux du droit de travail, ni à ceux du droit syndical ou de la sécurité sociale* ».

Selon ces dispositions, les permissions exceptionnelles accordées aux travailleurs à l'occasion d'événements familiaux ne peuvent être déduites de la durée du congé acquis ; elles indiquent notamment la limite annuelle dans laquelle les autorisations d'absence peuvent être accordées aux travailleurs et fixent les conditions dans lesquelles les

---

436 J. I. SAYEG, « Le pouvoir réglementaire en droit social », in *le pouvoir réglementaire des autorités administratives au Sénégal,* Actes du 5ème colloque de la RIPAS, Dakar, 11-15 décembre 1989, *RIPAS*, janvier-décembre 1990, n° 23-24, p. 186 ; A. KANTE, *Droit social sénégalais. Droit du travail. Droit de la protection sociale*, Dakar, l'Harmattan, 2017, p. 27.

437 Cons. const. 07 avril 1960, n° 60-04 L., *Rec. cons const.*, p. 31.

438 Cons. const. 17 décembre 1970, n° 70-66 L., *Rec. cons const.*, p. 47.

439 Cons. const. 07 juin 1977, n° 77-09 FNR, *Rec. cons const.*, p. 75.

440 Cons. const. 12 mai 1964, n° 64-29 L., *Rec. cons const.*, p. 37.

441 Cons. const. 22 décembre 1961, n° 61-17 L., *Rec. cons const.*, p. 43.

442 Cons. const. 06 octobre 1976, n° 76-93 L., *Rec. cons const.*, p. 63.

443 Cons. const. 22 février 1979, n° 79-106 L., *Rec. cons const.*, p. 43.

444 CS n° 1/C/65 du 09 février 1965, Code du Travail, *TPOM* n° 177, p. 3829 ; *Annales Africaines* 1978, p. 105.

autorisations peuvent être accordées et leurs effets sur le cours du contrat.

Dans un autre arrêt rendu le 05 mai 1969, la Cour suprême du Sénégal a énoncé que les dispositions de la loi n° 66-68 du 04 juillet 1966 fixant le statut général du personnel des cadres moyens et supérieurs des établissements publics à caractère industriel ou commercial, ne rentrent pas dans la définition de l'ancien article 56 de la Constitution et ont en conséquence un caractère réglementaire.

Ces dispositions concernent notamment les modalités de classement, d'avancement et d'évaluation à l'échelle supérieure des agents statutaires, les conditions de recrutement, de rémunération des heures supplémentaires, la fixation des échelles indiciaires et l'octroi d'une indemnité d'intérim.

Les hauts magistrats ont cependant estimé que les dispositions qui ont pour effet de soustraire le directeur général, le directeur ou le chef de l'établissement employeur à l'application du Code du Travail relèvent du domaine législatif pour concerner les principes fondamentaux relatifs au régime du droit du travail[445].

La loi fixe enfin les principes fondamentaux relatifs au régime de rémunération des agents de l'État. L'expression « *régime de rémunération des agents de l'État* » désigne les règles fixant les éléments de rémunération selon les catégories professionnelles, grades et indices des agents fonctionnaires et non fonctionnaires de l'État[446].

La Cour suprême du Sénégal a déjà jugé que l'indemnité spéciale de 20% en faveur du personnel de l'enseignement du premier degré ne

---

[445] CS n° 01/C/69 du 05 mai 1969, Statut général du personnel des cadres moyens et supérieurs des établissements publics à caractère industriel ou commercial, *Rev. sén. dr.*, n° 6, p. 75.

[446] V. Sur cette question, EL. B. GAYE, « La rémunération des agents de l'administration », in *La fonction publique sénégalaise*, Actes du 1er colloque sur les institutions du Sénégal, *RIPAS*, n° 14, octobre-décembre 1985, p.269-278 ; J. I. SAYEG, « Le pouvoir réglementaire en droit social », in *Le pouvoir réglementaire des autorités administratives au Sénégal*, Actes du 5e colloque de la RIPAS, Dakar, 11-15 décembre 1989, *RIPAS*, janvier-décembre 1990, n° 23-24, p. 186.

constitue pas un principe fondamental du régime de rémunération des agents de l'État[447].

Il en est de même de la fixation du groupe dans lequel sont classés les membres des cabinets ministériels pour le remboursement de leurs frais de transport et de déplacement ainsi que le taux des indemnités mensuelles de cabinet et de la fixation des indemnités de logement et des avantages en nature des membres du Gouvernement et des membres des cabinets ministériels[448].

83. Compétence de droit commun du pouvoir réglementaire. Le pouvoir réglementaire est le pouvoir d'édicter des règlements qui sont des actes exécutoires de portée générale et impersonnelle. Selon les principes de répartition des compétences entre la loi et le règlement, l'exécutif dispose d'une compétence normative de droit commun, qu'il exerce par le biais du pouvoir réglementaire autonome.

Il faut prendre en compte des situations dans lesquelles le Gouvernement exerce un pouvoir réglementaire subordonné.

84. Pouvoir réglementaire autonome. Le pouvoir réglementaire autonome ou initial est le pouvoir réglementaire que le Gouvernement tient, non pas de la loi, mais directement de la Constitution[449].

Le pouvoir réglementaire autonome renvoie d'abord aux matières autres que celles qui sont fixées par le pouvoir législatif énumérées par l'article 67 de la Constitution. L'article 76 de la Constitution énonce que les matières qui ne sont pas du domaine législatif ont un caractère réglementaire. Le pouvoir exécutif dispose, à ce titre, d'une compétence de droit commun[450].

---

[447] CS 10 février 1961, *inédit*.

[448] CS n° 03/C/63 du 25 mai 1963, *inédit*.

[449] R. CHAPUS, « De la soumission au droit des règlements autonomes », *D.* 1960, chron, p. 119 ; L. FAVOREU, « Les règlements autonomes existent-ils ? », in *Mélanges Burdeau*, 1976, p. 405 ; du même auteur, « Les règlements autonomes n'existent pas », *RFDA*, 1987, p. 871.

[450] P. LE MIRE, « Acte administratif. Domaines respectifs de la loi et du règlement », *Juris-class., dr. adm.*, 1993, fasc. 106, n° 02.

Au Sénégal, la question du vecteur normatif approprié pour créer un établissement public a connu de profondes mutations au gré de l'évolution du système constitutionnel[451].

Sous l'empire de la Constitution du 07 mars 1963, « la création des établissements publics » relevait du domaine exclusif de la loi[452].

Dans l'arrêt *Office national des anciens combattants* du 26 juin 1968[453], la Cour suprême a décidé que constituent des règles de création des établissements publics, celles qui octroient la personnalité civile et l'autonomie financière à ces organismes, prévoient l'existence d'un patrimoine propre et fixent le principe de la participation à leurs conseils d'administration de représentants désignés.

S'agissant spécifiquement des établissements publics à caractère industriel et commercial, l'article 3 de la loi n° 90-07 du 26 juin 1990 relative à l'organisation et au contrôle des entreprises du secteur parapublic et au contrôle des personnes morales de droit privé bénéficiant du concours financier de la puissance publique dispose que leur création est autorisée par la loi.

C'est pourquoi sous l'empire de la Constitution de 1963, les établissements publics étaient institués par voie législative. Par exemple, l'Office national de l'Assainissement du Sénégal (ONAS) a été créé par la loi n° 96-23 du 22 février 1996 autorisant la création de l'ONAS. Les règles d'organisation et de fonctionnement de l'ONAS sont fixées par le décret n° 96-662 du 07 août 1996.

Mais la Constitution du 22 janvier 2001 n'énumère plus la création des établissements publics comme appartenant au domaine législatif. Il

---

[451] Sur cette question, P. A. TOURE, *Recueil des principaux textes relatifs au travail législatif et réglementaire du Gouvernement,* Secrétariat général du Gouvernement, Dakar, l'Harmattan, 2018, p. 29 et s.

[452] L'article 39 de la Constitution du 29 août 1960 disposait que la loi fixe les règles concernant « la création de catégories d'établissements publics » ; V. HAMON, « La notion de catégorie d'établissement public », *D. S.*, p. 201.

[453] CS, sect. réun. du 26 juin 1968, Office national des anciens combattants, in *RIPAS*, n° 11, octobre-décembre 1984, p. 944.

résulte de l'article 67 de la Constitution de 2001 que la loi ne fixe, ni les règles ni les principes fondamentaux concernant cette catégorie.

Dans la pratique légistique, l'identification du support normatif approprié pour créer un établissement public a donné lieu à des controverses. Certains départements ministériels introduisent dans le circuit d'adoption des textes des projets de loi ayant pour objet la création d'établissements publics[454] alors que d'autres ministères proposent à la place des projets de décret[455].

Face à cette situation, le Premier Ministre a saisi, l'Assemblée générale consultative de la Cour suprême d'une demande d'avis, à l'effet de savoir si la création des établissements publics relève du domaine législatif ou de la compétence réglementaire.

Par un avis n° 04-A-2017 du 19 avril 2017, la Commission spéciale de l'Assemblée générale consultative de la Cour suprême a distingué suivant qu'il s'agisse d'un établissement public à caractère industriel et commercial (EPIC) ou d'une autre catégorie d'établissement public.

S'agissant des EPIC, elle a soutenu qu'il ne peut être créé que par voie législative en vertu de l'article 3 de la loi n° 90-07 du 26 juin 1990 précitée. Selon ce texte, la création des EPIC est autorisée par la loi.

En ce qui concerne les autres catégories d'établissements publics, en l'absence d'une disposition constitutionnelle ou légale prévoyant leur création par voie législative, la cour estime que le Gouvernement est autorisé, en application de l'article 76, alinéa 2 de la Constitution, à utiliser le support règlementaire.

---

[454] V. notamment, la loi n° 2014-13 du 28 février 2014 portant création de l'Office de Gestion des Forages ruraux (OFOR). L'OFOR est un établissement public à caractère industriel et commercial.

[455] V. notamment, le décret n° 2017-1106 du 29 mai 2017 portant création et fixant les règles d'organisation et de fonctionnement de la Maison de la Presse (MP) et le décret n°2017-1107 du 29 mai 2017 portant création et fixant les règles d'organisation et de fonctionnement du Grand Théâtre national. La Maison de la Presse et le Grand Théâtre national ont le statut d'établissements publics à caractère industriel et commercial.

Cet avis est tout à fait fondé. En effet, l'article 3 de la loi n° 90-07 du 26 juin 1990, adopté sous l'empire de la Constitution de 1963 n'est pas conforme aux dispositions de l'article 67 de la Constitution qui ne vise plus la création des établissements publics dans les matières relevant du domaine législatif. Malgré son inconstitutionnalité, cette disposition n'a fait l'objet d'aucune abrogation expresse et en l'absence d'une décision du Conseil constitutionnel la déclarant inconstitutionnelle, elle est encore dans l'ordonnancement juridique[456].

Conformément à l'article 76 de la Constitution, la création d'un établissement public, autre qu'un EPIC, relève, en principe, du pouvoir réglementaire autonome et n'est plus subordonnée à une intervention législative. Ainsi, les établissements publics à caractère administratif, les établissements publics de santé, à caractère scientifique et technologique, à statut spécial, etc.) devraient être institués par un décret qui en fixera également les modalités d'organisation et de fonctionnement.

Toutefois, si le principe de la création des établissements publics autres que les EPIC par voie décrétale est acquis, il se heurte à certaines limites.

En premier lieu, lorsque dans les règles d'organisation et de fonctionnement de l'établissement public, il y a des matières qui relèvent du domaine exclusif de la loi (procédure pénale, impôts, nationalisation d'entreprises, etc.), le recours au support législatif s'impose[457].

Par exemple, la loi n° 2017-14 du 20 janvier 2017 relative à l'exercice de la profession de sage-femme au Sénégal et portant création de l'Ordre des sages-femmes et des maïeuticiens a créé un établissement public professionnel dénommé « *Ordre des sages-femmes et des maïeuticiens* ».

---

[456] En ce sens, V. l'avis de l'Assemblée générale consultative de la Cour suprême n° 04-A-2017 du 19 avril 2017.

[457] V. l'avis de l'Assemblée générale consultative de la Cour suprêmen° 04-A-2017 du 19 avril 2017, précité.

Mais elle contient des dispositions pénales incriminant et réprimant l'exercice illégal de la profession de sage-femme et de maïeuticien ; c'est pourquoi le recours au support législatif était nécessaire. Il en est de même, lorsque le texte créateur de l'établissement public accorde des garanties à des fonctionnaires ou implique un transfert de propriété d'entreprises du secteur public au secteur privé, matières relevant du domaine législatif.

En deuxième lieu, la voie réglementaire est exclue lorsque le texte portant création et organisation de l'établissement public est contraire ou déroge à une loi en vigueur. En vertu du principe de la hiérarchie des normes, un texte réglementaire ne peut déroger à un autre texte de valeur législative.

En troisième lieu, le recours à la loi est inévitable lorsque les règles de création et d'organisation de l'établissement public remettent en cause un principe général du droit. En effet, comme l'a énoncé l'avis de l'Assemblée générale consultative précité, seule une loi peut déroger à un principe général du droit. Constituent, par exemple, des principes généraux du droit, le principe de la non-rétroactivité des actes administratifs et le principe selon lequel le silence gardé par l'administration vaut décision de rejet[458].

85. Caractères du pouvoir réglementaire autonome. Lorsqu'il exerce un pouvoir réglementaire autonome, le Gouvernement peut intervenir souverainement sans être tenu de respecter des lois existantes, qui d'ailleurs, sont absentes, le Parlement n'étant pas compétent pour intervenir.

Le pouvoir réglementaire autonome est un pouvoir initial, puisqu'il trouve sa source non pas de la loi, mais directement de la Constitution. Il s'agit d'un pouvoir inconditionné, qui n'est pas subordonné au respect de lois existantes.

---

[458] En ce sens, Cons. const. du 26 juin 1969, n° 69-55 *L. Rec. Cons. const.*, p. 27 ; *AJDA* 1969, p. 569.

Enfin, il constitue un pouvoir illimité, ayant une compétence de droit commun ; son champ d'application n'est pas enfermé dans une liste[459]. Le Gouvernement est le « *législateur de droit commun » alors que le parlement est le « législateur d'exception* ».

86. Pouvoir réglementaire subordonné. Le pouvoir réglementaire subordonné est un pouvoir réglementaire dérivé qui signifie qu'il est subordonné à la loi ou qu'il dérive d'elle ; c'est-à-dire qu'il intervient en vertu d'une loi et en vue de son application[460].

Quelle que soit, la matière, le pouvoir réglementaire est, sur le fondement de l'exécution des lois, toujours compétent pour mettre en œuvre les règles posées par le pouvoir législatif [461] ; c'est pourquoi ce pouvoir est appelé « *pouvoir réglementaire d'exécution* ».

87. Domaine du pouvoir réglementaire d'exécution. Les actes réglementaires d'exécution (règlements d'administration publique) ont un domaine très précis.

En premier lieu, le pouvoir réglementaire d'exécution vise des matières énumérées par l'article 67 de la Constitution pour lesquelles la loi ne détermine que les « *principes fondamentaux* ». Dans ces cas, il revient au pouvoir réglementaire de fixer les modalités d'application des lois dans le respect des principes fondamentaux posés le législateur.

En second lieu, le législateur n'est pas toujours en mesure de fixer les modalités précises d'application de la loi. Il se borne bien souvent à poser les normes générales, les principes généraux de la législation. PORTALIS disait que les lois sont des « *actes de souveraineté* » alors que les règlements constituent des « *actes de magistrature* ».

---

[459] A. BOCKEL, *Droit administratif*, Dakar-Abidjan NEA, 1978, p. 106.
[460] J-C. VENEZIA, « Les règlements d'application, in *Mélanges R. CHAPUS*, 1992, p. 673 ; R. LIBCHEBER, « Le décret d'application, norme paradoxale », *RTD.civ.*, 1998, p. 788 ; J. M. AUBY, « L'obligation gouvernementale d'assurer l'exécution des lois », *JCP*, 1953, I, n° 1080 ; J-M. BRETON, « L'obligation pour l'administration d'exercer son pouvoir réglementaire d'exécution des lois. A propos de quelques décisions récentes du juge administratif », *RDP*, 1993,159, p. 1749.
[461] Cons. const., 03 mai 1961, déc. n° 61-13 L ; Cons. const. 25 juillet 1979, n° 105 DC.

Selon l'auteur : « *C'est aux lois à poser, dans chaque matière, les règles fondamentales et à déterminer les formes essentielles. Les détails d'exécution, les précautions provisoires ou accidentelles, les objets instantanés ou variables en un mot, toutes les choses qui sollicitent bien plus la surveillance de l'autorité qui administre que l'intervention de la puissance qui institue ou qui crée, sont du ressort des règlements* »[462].

La compétence réglementaire résulte d'une habilitation législative explicite. À cet égard, la loi peut prévoir que certaines de ses dispositions seront fixées par décret. Il revient au pouvoir exécutif de compléter l'œuvre législative.

C'est au Gouvernement de prendre les mesures d'application nécessaires, par voie de décrets, pouvant être complétés eux-mêmes par des arrêtés ministériels, conjoints ou émanant des autorités décentralisées ou déconcentrées (chefs de circonscriptions administratives)[463], voire par des mesures d'ordre intérieur (instructions, circulaires, directives).

L'intervention réglementaire peut être spontanée, c'est-à-dire sans invitation expresse du législateur, en vertu des pouvoirs propres dévolus au pouvoir exécutif. Il résulte de l'article 57, alinéa 2 de la Constitution que le Premier Ministre « *assure l'exécution des lois et dispose du pouvoir réglementaire sous réserve des dispositions de l'article 43 de la Constitution* ». En dehors de toute habilitation législative, le Premier Ministre est toujours compétent pour édicter des actes réglementaires d'exécution de lois[464].

---

[462] Selon PORTALIS : « *Dans les matières même qui fixent particulièrement son attention, il est une foule de détails qui lui (législateur) échappent, ou qui sont trop contentieux, trop mobiles pour pouvoir devenir l'objet d'un texte de loi* », Projet de Code civil présenté par la commission nommée par le Gouvernement le 24 thermidor an 8.

[463] A. BOCKEL, *Droit administratif*, Dakar-Abidjan NEA, 1978, p. 105 ; A. HAQUET, *La loi et le règlement*, Paris, LGDJ, Système, 2007, p. 107.

[464] P. A. TOURE, *Recueil des principaux textes relatifs au travail législatif et réglementaire du Gouvernement,* Secrétariat général du Gouvernement, Dakar, l'Harmattan, 2018, p. 52 et s.

88. Caractéristiques du pouvoir réglementaire subordonné. Le pouvoir réglementaire subordonné trouve son fondement et ses limites dans la norme supérieure (la loi) dont il assure l'exécution. Sa légalité est donc conditionnée par le respect de la norme législative[465]. Il s'agit de la manifestation la plus éloquente de la subordination hiérarchique de l'acte réglementaire à l'acte législatif.

D'abord, le règlement subordonné doit être pris dans le cadre du champ d'application de la loi[466].

Ensuite, il ne doit ni ajouter de nouvelles dispositions au texte législatif de base ni en restreindre l'application, sauf si l'acte législatif en prévoit expressément la possibilité.

Enfin, le règlement subordonné ne doit comprendre que des mesures nécessaires à l'application de la loi[467].

D'ailleurs, la circulaire n° 0008 PM/SGG/SGA/PAT du 08 juin 2017 relative à la rédaction des textes d'application des projets de loi ou de décret les textes d'application énonce que les décrets d'application pris en méconnaissance des dispositions du texte législatif de base, sont entachés d'illégalité et peuvent, dès lors, faire l'objet d'une annulation devant le juge de l'excès de pouvoir.

89. Nécessité des actes réglementaires d'exécution. L'intervention des textes d'exécution est bien souvent une condition de l'application effective du texte législatif[468].

Dans l'arrêt rendu par la Cour suprême le 13 février 1985[469], un assistant à la Faculté des Sciences juridiques et politiques de

---

[465] En ce sens, C. GAUTRON et M. ROUGEVIN BAVILLE, *Droit public du Sénégal*, Paris, éd. Pédone, 2e éd., 1977, p. 80.
[466] V. en ce sens, la circulaire n° 0008 PM/SGG/SGA/PAT du 08 juin 2017 relative à la rédaction des textes d'application des projets de loi ou de décret.
[467] A. BOCKEL, *Ibid.*
[468] M. GUIBAL, « Le retard des textes d'application des lois », *RDP*, 1974, p. 1039; R. LIBCHABER, « Le décret d'application, norme paradoxale », *RTD civ.*, 1998, p. 788 ; H. MOYSAN, « De la mise en application de la loi à la qualité de sa rédaction », *JCP* éd. G, février 2010, p. 208 et s.
[469] CS, n° 14 du 13 février 1985, Alioune SENGHOR c/ État du Sénégal, *inédit*.

l'Université de Dakar avait fait grief au décret n° 82-844 du 19 octobre 1982 accordant une indemnité de logement aux enseignants des universités d'avoir fixé au 1er juillet 1982 la date à laquelle est accordée l'indemnité de logement alors que la loi n° 81-59 du 09 novembre 1981 portant statut du personnel enseignant des universités n'a pas prévu un différé quant à son application, qui est dès lors immédiate[470].

La Cour suprême a jugé « qu'une loi ne peut entrer en vigueur que si son application est possible sans l'intervention d'autres textes » ; ce qui est bien le cas de l'article 49 de la loi n° 81-59 du 09 novembre 1981 qui renvoyait à un décret le soin de fixer le montant de l'indemnité de logement à allouer aux enseignants.

Les hauts magistrats ont ajouté qu'en l'espèce, l'intervention du décret attaqué dépendait du vote de la loi de finances n° 82-08 du 30 juin 1982 prévoyant dans le budget les crédits afférents au paiement de l'indemnité de logement, à compter du 1er juillet 1982.

Quoi qu'il en soit, une même directive peut être transposée pour une partie par la voie législative et pour une autre partie par la voie réglementaire, l'essentiel est que le partage entre les domaines législatif et réglementaire soit respecté.

90. Respect de la hiérarchie des normes et du parallélisme des formes. La transposition des directives doit aussi être effectuée dans le respect du principe de la hiérarchie des normes et du parallélisme des formes.

D'après le Conseil d'État français, le principe de parallélisme des formes et des compétences exige alors impérativement l'adoption d'un acte de même niveau hiérarchique que celui qu'il convient d'abroger ou de modifier[471].

[470] Sur cette question, C. T. THIAM, « Le statut des enseignants des universités », in *La fonction publique sénégalaise,* Actes du 1er colloque sur les institutions du Sénégal, *RIPAS*, n° 14, octobre-décembre 1985, p.157-168.

[471] CE 11 juill. 1988, Conseil départemental de l'Ordre des médecins des Alpes Maritimes, RFDA 1989. 347)

Ainsi, lorsque la directive à transposer intervient dans un domaine qui fait l'objet d'un texte législatif déjà en vigueur dans un État membre, l'acte de transposition de ladite directive doit fatalement avoir pour support normatif une loi, même si la directive intervient dans le domaine réglementaire. En effet, il est de principe qu'en légistique, la modification ou l'abrogation d'un texte doit être réalisée à l'aide d'un vecteur de même valeur juridique que celui objet de l'abrogation ou de la modification.

91. Transposition par ordonnance. Lorsque la matière dans laquelle intervient la directive relève du domaine législatif, il est possible de recourir au procédé de la transposition par ordonnance dans le respect des procédures constitutionnelles.

En effet, la frontière entre les domaines de la loi et du règlement n'est pas imperméable[472]. Dans certaines circonstances particulières, la Constitution accorde aux autorités exécutives un pouvoir législatif exceptionnel qu'elles exercent par ordonnances. À ce titre, des ordonnances peuvent être prises par le Président de la République.

Les ordonnances sont des mesures prises par le pouvoir exécutif dans le domaine du pouvoir législatif sur habilitation de l'Assemblée nationale[473]. Aux termes de l'article 77 de la Constitution, l'Assemblée nationale peut habiliter, par une loi, le Président de la République à prendre des mesures qui sont normalement du domaine de la loi. Il

[472] Sur cette question. J. M. NZOUANKEU, « Les domaines respectifs de la loi et du règlement en droit sénégalais», *RIPAS* n° 11, octobre-décembre 1984, p. 892 ; P. A. TOURÉ, *La légistique. Techniques de conception et de rédaction des lois et des actes administratifs : une tradition de gouvernance normative*, Dakar, l'Harmattan, 2018, p. 65, n° 74 ; V. GARRABOS, *Le domaine et l'autorité de la loi et du règlement en matière pénale*, thèse Paris, 1970 ; G. STEFANI, « Le domaine de la loi et du règlement en matière pénale », *Études juridiques en hommage à Julliot de la Morandière,* 1965, p. 581.

[473] CH. DEBBASCH, « Les ordonnances de l'art. 38 dans la Constitution du 4 octobre 1958 », *JCP.*, 1962.1.1701 ; A.-M. LE POURHIER, *Les ordonnances. La confusion des pouvoirs en droit public français,* Paris, LGDJ, 2011, p. 25 ; J.-C. COLLIARD, « Que reste-t-il de l'article 38 de la Constitution ? », *Mélanges Yves Jegouzo*, 2009, p. 131 ; P. De MONTALIVET, « L'inflation des ordonnances », *RDP* 2017, p. 37.

s'agit donc d'une extension occasionnelle des pouvoirs du Président de la République habilité à modifier éventuellement les lois existantes[474].

Les ordonnances traduisent un procédé de législation déléguée par lequel le Parlement consent à l'immixtion du Gouvernement dans son domaine en l'autorisant à « *légiférer* »[475]. Ainsi, les ordonnances peuvent intervenir dans le domaine pénal en déterminant des crimes et des délits ou en prévoyant des règles de procédure pénale au sens de l'article 67 de la Constitution.

Sous l'empire de la Constitution du 26 août 1960, l'organisation du Conseil supérieur de la Magistrature ainsi que les modalités de fonctionnement de la Cour suprême étaient respectivement fixées par les ordonnances n° 60-16 MJ du 03 septembre 1960 et n° 60-17 du 03 septembre 1960.

L'ordonnance est une catégorie normative très particulière. Elle est à mi-chemin entre l'acte législatif et l'acte réglementaire. Un auteur a écrit que « *la nature des ordonnances varie dans le temps à la manière du caméléon* »[476].

Avant sa ratification par l'Assemblée nationale, l'ordonnance a une nature réglementaire sans limitation de durée, dès lors que le projet de loi de ratification a été déposé dans les délais. L'expiration de la période d'habilitation n'a aucun effet sur l'ordonnance qui conserve sa nature administrative, sauf si elle a été ratifiée[477].

---

[474] A. BOCKEL, *Droit administratif*, Dakar-Abidjan, NEA, LGDJ, 1978, p. 109.

[475] S. N. TALL, « Les ordonnances en Afrique noire francophone », *Revue EDJA*, n° 64, janvier-février-mars 2005, p. 65 ; J-E GICQUEL, « Ordonnances », *Juris-class. adm.*, fasc. 35, mars 2015, n° 01 ; A. JENNEQUIN, « Les ordonnances de l'article 74-1 de la Constitution, Bilan de la pratique », *RFDA* 2008, p. 920 ; M. GUILLAUME, « Les ordonnances : tuer ou sauver la loi ? », *Pouvoirs* 2005, n° 114, p. 124.

[476] J. GICQUEL et J. E. GICQUEL, *Droit constitutionnel et institutions politiques*, Paris, LGDJ, 31e édition, 2017, p. 708, n° 1286 ; P. A. TOURÉ, « L'ordonnance : un instrument normatif au service de la riposte contre la COVID-19 », *Revue de l'ERSUMA* 2020, n° 12, p. 363.

[477] L. FAVOREU, « Ordonnances ou règlements d'administration publique ? », *RFDA* 1987, p. 686.

En réalité, les ordonnances non ratifiées ont un double régime[478]. Elles suivent le régime des actes législatifs, si l'on sait, qu'intervenant dans le domaine législatif, elles peuvent modifier ou abroger des dispositions législatives et que leurs propres dispositions ne peuvent être modifiées ou abrogées que par une loi[479].

Mais du point de vue de leur régime contentieux, elles sont des actes réglementaires qui peuvent faire l'objet d'un contrôle juridictionnel[480] devant le juge de l'excès de pouvoir dans les conditions prévues par la loi organique n° 2017-09 du 17 janvier 2017 sur la Cour suprême[481].

Aussi, au cours d'un procès, les justiciables peuvent aussi soulever l'exception d'illégalité[482] de l'ordonnance non ratifiée devant les juridictions du fond (Cour d'appel, tribunal de grande instance et

---

[478] Sur l'ensemble de cette question, V. S. N. TALL, *Droit constitutionnel et ordonnances dans les États d'Afrique noire francophone,* Dakar, l'Harmattan, 2021, p. 169 et s.

[479] L. FAVOREU, P. GAÏA, R. GHEVONTIAN, J-L. MESTRE, O. PFERSMANN, A. ROUX et G. SCOFFONI, *Droit constitutionnel*, Paris, Dalloz, 2014, p. 867, n°1206.

[480] V. J-C BONICHOT, F. MERLIN-SOUCRAMANIEN et CH. MAUGÜE, « Le contrôle juridictionnel des ordonnances », *RFDA*, 1997, p. 450.

[481] O. GAYE et M. S. DIOUF, *Le Conseil d'État et la pratique du recours en annulation*, Dakar, éd. 2001 ; M. M. MBACKE, « Le contrôle juridictionnel de l'administration. Le recours pour excès de pouvoir », *EDJA*, juin 1987, p. 09 et s. ; P. M. SY, « Quelques remarques sur l'institution du recours pour excès de pouvoir au Sénégal depuis la création du Conseil d'État », *EDJA*, n° 53, avril-mai-juin 2002, p. 57 et s. ; M. M. MBACKE, « Le Conseil d'État », *Revue EDJA*, n° 20, p. 02.

[482] V. art. 8 de la loi n° 2014-26 du 03 novembre 2014 fixant l'organisation judiciaire. Sur cette question, A. FAYE, « État de droit et contrôle de l'exécutif : réflexions d'un privatiste sur l'exception d'illégalité en droit sénégalais», *EDJA*, n° 33, avril-mai-juin 1997, p. 36; A.A. BA, « L'exception d'illégalité dans le système sénégalais d'organisation judiciaire », *EDJA*, n° 33, avril-mai-juin 1997, p. 41 ; I. DIALLO, « L'exception d'illégalité dans le système judiciaire sénégalais », *Nouvelles Annales africaines*, n° 1, 2010, p. 152; P. A. TOURÉ, *La réforme de l'organisation judiciaire du Sénégal commentée et annotée*, Paris, l'Harmattan 2016, n° 249 et s. ; B. SENE, « Le traitement de l'exception d'illégalité en droit sénégalais », *La Balance, Revue semestrielle de l'Union des Magistrats sénégalais*, n° 01, janvier-juin 2017, p. 53 et s. ; du même auteur, « Le traitement de l'exception d'illégalité en droit sénégalais », in *Droit administratif : convergence ou concurrence des disciplines juridiques?, Mélanges en l'honneur de Demba Sy,* tome 2, Toulouse, Presse universitaire de Toulouse 1, 2020, p. 401 et s.

tribunal d'instance), lorsque de l'examen de sa légalité dépend la solution du litige[483].

Après sa ratification législative, l'ordonnance acquiert rétroactivement une valeur législative à compter de la date de sa publication.

À cet égard, dans la hiérarchie des textes normatifs, elle a une valeur de loi ordinaire et peut, dès lors, faire l'objet d'un recours en inconstitutionnalité devant le Conseil constitutionnel dans les conditions prévues par la loi organique n° 2016-23 du 14 juillet 2016 relative au Conseil constitutionnel[484]. La loi de ratification est une loi par laquelle le Parlement valide les mesures prises par le Président de la République dans le domaine du pouvoir législatif en leur conférant une valeur législative.

Il faut préciser qu'à l'occasion du vote de la loi de ratification, l'Assemblée nationale peut apporter des modifications à l'ordonnance en exerçant son droit d'amendement[485]. Le rejet du projet de loi de ratification par le Parlement entraîne l'abrogation de l'ordonnance.

Une fois ratifiées, les ordonnances intervenant dans le domaine législatif, ainsi hissées à la dignité législative, ne pourront être abrogées ou modifiées que par une loi.

Il en est de même de celles qui sont intervenues dans des matières réglementaires, sauf si elles ont fait l'objet d'une délégalisation encore appelée déclassement[486], suivant la procédure prévue par l'article 76, alinéa 2 de la Constitution.

---

[483] CE, 13 novembre 1974, Sté Leroi et Lardereau, *Rec. CE* 1974, tables, p. 874 ; CE, 09 septembre 1994, Sté Mayotte Motors Corporation, *Rec. CE* 1994, p. 410.

[484] I. Y. NDIAYE, « Le Conseil constitutionnel sénégalais », *Les Nouveaux Cahiers du Conseil constitutionnel,* 2014/4, n° 45, p. 77.

[485] V. art. 77 de la Constitution.

[486] C. CANS, « La délégalisation. Un encouragement au désordre », *RDP,* 1999, p. 1419 ; Y. GAUDEMET, « Le mécanisme de déclassement des lois (art. 37, al. 2) », *D.* 1980, p. 121 ; J.-L. MESTRE, « De l'ancien sur l'article 37, alinéa 2, de la Constitution », *RFDA,* 2001, p. 301 ; L. FAVOREU, « La procédure de l'article 37, alinéa 2 », *RDP,* 1976, p. 225 ; L. FAVOREU, « La délégalisation des textes de forme législative par le Conseil constitutionnel », *Mélanges offerts à Marcel Waline*, Paris, LGDJ, 1974, TII, p. 429.

Selon ce texte, les textes de forme législative intervenus dans le domaine réglementaire peuvent être modifiés par décret si le Conseil constitutionnel, à la demande du Président de la République, a déclaré qu'ils ont un caractère réglementaire.

D'après le Guide relatif aux méthodes et techniques de transposition des Directives de l'UEMOA et au modèle d'acte de notification, adopté par une décision de la Commission de l'UEMOA n° 05/2019/COM/UEMOA du 06 août 2019, le recours à l'ordonnance pour les besoins de la transposition d'une directive devrait demeurer l'exception, le recours à la loi devant être le principe.

Par exemple, la Directive n° 02/98/CM/UEMOA du 22 décembre 1998 portant harmonisation des États membres en matière de TVA a été transposée en droit ivoirien par l'ordonnance n° 2000-25 du 28 mars 2000 portant budget de l'État pour la gestion 2000.

92. Transposition par décret. La transposition d'une directive intervenant dans le domaine du pouvoir réglementaire peut être effectuée par décret édicté par le Président de la République ou par le Premier Ministre.

93. Décrets présidentiels. Les décrets sont des actes administratifs signés par le Président de la République dans le cadre de ses compétences ou par le Premier Ministre sur autorisation du Président de la République.

Le Sénégal, après être sorti du traumatisme de la crise de décembre 1962, a instauré, pour la première fois, dans la Constitution du 07 mars 1963, un régime de type présidentiel avec un exécutif de type monocéphale[487].

La Constitution du 22 janvier 2001 n'a pas bouleversé cette orientation juridique. En vertu de l'article 43 de la Constitution, le

[487] I. M. FALL, *Évolution constitutionnelle du Sénégal de la veille de l'indépendance aux élections de 2007*, Dakar, CREDILA-CREPOS, 2007, p. 51.

Président de la République signe les décrets[488]. Il exerce le pouvoir réglementaire surtout par voie décrétale[489]. Dans le cadre du régime présidentiel issu de la Constitution du 22 janvier 2001, le Président de la République est le détenteur par essence du pouvoir réglementaire[490].

Les décrets du Président de la République doivent, sauf dans certains cas spécifiques, être contresignés par le Premier Ministre associé à leur exécution.

La Cour constitutionnelle du Bénin, dans une décision rendue le 08 février 2018[491], a déjà eu l'occasion de juger que les règles de transparence dans la gestion des finances publiques, qui relèvent du domaine du règlement, peuvent être transposées en droit béninois, par décret.

Selon la haute juridiction « *en matière de finances publiques, seules la loi de finances de l'année, la loi de finances rectificative, la loi de règlement et la loi organique de finances relèvent de la compétence du législateur ; qu'en conséquence, toute autre matière, en l'occurrence des règles de transparence dans la gestion des finances publiques, que du reste le législateur communautaire n'a pas cru devoir inclure dans la Directive n° 06/2009/CM/UEMOA portant loi de finances, ne peut relever que du domaine réglementaire ; que dès lors, il échet pour la Cour de dire et juger que le décret n° 2015-035 du 29 janvier 2015*

---

[488] M. TROPER, « La signature des ordonnances : fonction d'une controverse », *Pouvoirs* 1987, n° 41, p. 75 ; A.-M. LE POURHIET, *Les ordonnances*, Paris, LGDJ, coll. Systèmes, 2011.

[489] A. BOCKEL, Les administration centrales », in *Encyclopédie juridique de l'Afrique*, Tome I, Dakar-Abidjan-Lomé, NEA, 1982, p. 156 ; P. AVRIL, « Les décrets réglementaires du Président de la République non délibérés en Conseil des Ministres », *AJDA,* 1976, p. 116 ; D. POUYAUT, « Les décrets réglementaires du Président de la République », *RFDC* 1993, p. 55 ; également V. l'instruction primatorale n° 04 PM du 12 mars 2970 relative à la présentation et à la préparation des décrets.

[490] M. DEBENE, « Pouvoir règlementaire et régime présidentiel », *RIPAS* n° 23-24, janvier- décembre 1990, *Actes du 5e colloque de la RIPAS*, Dakar du 11 au 15 décembre 1989, p. 45.

[491] Cour const. Bénin DCC 18-031 du 08 février 2018, inédite.

portant code de transparence dans la gestion des finances publiques en République du Bénin n'est pas contraire à la Constitution ».

94. Décrets primatoraux. Les décrets peuvent aussi être édictés par le Premier Ministre. Il résulte de l'article 50, alinéa 2 de la Constitution que le Président de la République peut autoriser le Premier Ministre à prendre des décisions par décret. Le Chef de l'État exerce très rarement cette prérogative ; mais en cas d'autorisation présidentielle, le Premier Ministre peut bien édicter des décrets[492].

À titre d'exemple, on peut citer le décret primatoral n° 2006-12 du 10 janvier 2006 portant création de l'Agence nationale des Expropriations et Relogements (ANER) et le décret primatoral n° 2005-331 du 15 avril 2005 portant nomination du Président du Conseil de Surveillance de l'Agence nationale pour la Relance des Activités économiques sociales en Casamance.

Les actes réglementaires du Premier Ministre sont soumis au contreseing des ministres chargés de leur exécution. Aux termes de l'article 57, alinéa 3 de la Constitution : « *Les actes réglementaires du Premier Ministre sont contresignés par les membres du Gouvernement chargés de leur exécution* ». Ainsi, un décret réglementaire du Premier Ministre doit obligatoirement être contresigné par les ministres chargés d'en assurer l'exécution[493].

Le Président de la République comme le Premier Ministre sont habilités à prendre des décrets réglementaires (décret d'application d'une loi, etc.) ou à signer des décrets individuels (décret de grâce, décret de nomination à un poste, etc.).

95. Transposition par arrêté présidentiel ou primatoral. Reste à savoir s'il est possible de procéder à la transposition d'une directive par arrêté du Président de la République, du Premier Ministre ou d'un ministre.

---

[492] P. TALBOT, « La hiérarchie des décrets réglementaires du Premier Ministre et du Président de la République », *Rev. adm.*, 1990, p. 230.

[493] P. LUPPI, « L'unité du pouvoir réglementaire du Premier Ministre et son caractère ab initio», *AJDA* 2007, p. 1643.

En droit sénégalais, le Président de la République, qui est le chef de l'État, dispose du pouvoir réglementaire[494]. Il exerce le pouvoir réglementaire surtout par voie décrétale[495]. Mais rien ne s'oppose à ce qu'il exerce un tel pouvoir par arrêté.

Le Premier Ministre dispose également du pouvoir réglementaire. Il résulte de l'article 57, alinéa 2 de la Constitution que le Premier Ministre « *assure l'exécution des lois et dispose du pouvoir réglementaire sous réserve des dispositions de l'article 43 de la Constitution* ». À cet égard, il peut exercer le pouvoir réglementaire par voie d'arrêté.

Sous ce rapport, il est techniquement possible de procéder à la transposition d'une directive relevant du pouvoir réglementaire par arrêté du Président de la République ou du Premier Ministre.

Mais force est de constater que les États membres ont souvent recours au support décrétal pour les besoins de la transposition des directives relevant du domaine du règlement.

96. Transposition par arrêtés ministériels. L'action ministérielle passe souvent par le canal du droit ; elle prend la forme de normes juridiques s'imposant aux administrés. Le ministre dispose ainsi d'un pouvoir de prescription juridique, qui se traduit par l'édiction d'actes administratifs à caractère réglementaire sous forme d'arrêtés[496].

---

[494] M. DEBENE, « Pouvoir règlementaire et régime présidentiel », *RIPAS* n° 23-24, janvier- décembre 1990, *Actes du 5e colloque de la RIPAS*, Dakar du 11 au 15 décembre 1989, p. 45.

[495] A. BOCKEL, Les administration centrales », in *Encyclopédie juridique de l'Afrique*, Tome I, Dakar-Abidjan-Lomé, NEA, 1982, p. 156 ; P. AVRIL, « Les décrets réglementaires du Président de la République non délibérés en Conseil des Ministres », *AJDA,* 1976, p. 116 ; D. POUYAUT, « Les décrets réglementaires du Président de la République », *RFDC* 1993, p. 55 ; également V. l'instruction primatorale n° 04 PM du 12 mars 2970 relative à la présentation et à la préparation des décrets.

[496] J. CHEVALLIER., « La science administrative et le paradigme de l'action publique », *Études en l'honneur de Gérard Timsit,* Bruxelles, Bruylant, p. 267.

Il peut s'agit d'arrêtés ministériels, d'arrêtés conjoints ou d'arrêtés interministériels[497].

L'arrêté ministériel est celui édicté par un ministre seul dans son domaine de compétence. Par exemple, l'arrêté du Ministre de la Justice installant un tribunal est un arrêté ministériel.

L'arrêté conjoint est pris par deux ministres[498]. Par exemple, l'arrêté du Ministre de la Justice et du Ministre de l'Économie des Finances et du Plan n° 0087661 du 14 septembre 1993 fixant le barème des provisions constitue un arrêté conjoint.

On parle d'arrêté interministériel lorsque qu'il est édicté par plus deux ministres. Par exemple, l'arrêté des Ministres chargés du Commerce, de l'Environnement et de la Santé publique réglementant la fabrication, l'importation, la détention en vue de la vente, la mise à la disposition du consommateur de produits ou matériaux générateurs de déchets, conformément à l'article L 40 du Code de l'Environnement, constitue un arrêté interministériel.

Les arrêtés conjoints ou interministériels sont co-signés par les ministres titulaires de la compétence ; ce qui signifie que ceux-ci en sont les coauteurs[499].

L'autorité ministérielle peut ainsi exercer le pouvoir réglementaire, c'est-à-dire qu'il peut prendre des mesures générales et impersonnelles[500]. La circulaire n° 25/PM/JUR du 24 avril 1975 relative

[497] Sur cette question, J. GANDOUIN et J.-M. ROUSSIGNOL, *Rédaction administrative Afrique. Maghreb-Afrique subsaharienne,* Armand Colin, 4eme édition mise à jour, 2013, p. 189.

[498] G. KOUBI, « L'acte administratif unilatéral conjoint », *RRJ* 1985, p. 297

[499] CE 1er juillet 1954, Charles, *AJDA,* 1955 II. 302, concl. Laurent ; également, H. BELRHALI, *Les coauteurs en droit administratif,* coll. Bibl. Droit public, t. 231, Paris, *LGDJ*, 2003 ; P. FERRARI, « Essai sur la notion de co-auteurs d'un acte unilatéral en droit administratif français », *Mélanges Eisenmann*, Paris, Cujas, 1975, p. 215.

[500] Sous l'empire de la Constitution de 1960, V. la circulaire n° 016 du 21 mars 1961 relative aux modalités d'exercice du pouvoir réglementaire.

à l'exercice du pouvoir réglementaire[501] a rappelé les conditions d'exercice par les ministres du pouvoir réglementaire[502].

Les prescriptions de cette circulaire ont été précisées par la circulaire n° 0013 PM/SGG/SGA/PAT du 16 novembre 2016 sur l'exercice du pouvoir réglementaire des ministres.

Déjà, l'instruction générale n° 15 PR du 1er mars 1968 sur l'organisation du travail gouvernemental rappelait que : « *la position du ministre est totalement différente de ce qu'elle était sous le régime parlementaire. Les ministres ne sont plus responsables devant l'Assemblée, mais devant le seul Président (de la République). Ils ne disposent d'aucun pouvoir propre, pas plus dans le domaine réglementaire* » [503].

À la différence du Président de la République, les ministres ne disposent pas, en principe, d'un pouvoir réglementaire propre[504].

Mais cette règle souffre de deux exceptions majeures.

97. Pouvoir réglementaire par habilitation. Les ministres disposent d'un pouvoir réglementaire par habilitation législative ou réglementaire.

Ils peuvent exercer le pouvoir réglementaire en vertu de la loi. Dans ce cas, le législateur confère de façon expresse aux ministres le pouvoir de prendre, par arrêtés, des dispositions réglementaires d'application. Tout se passe comme si le législateur « *court-circuitait* » le Président

---

501 JORS du 06 octobre 1975, p. 1403.

502 C. WIENER, *Recherche sur le pouvoir réglementaire des ministres*, Paris, coll. Bibl. Droit public, t. 98, LGDJ, 1970.

503 P. A. TOURE, *Recueil des principaux textes relatifs au travail législatif et réglementaire du Gouvernement,* Secrétariat général du Gouvernement, Dakar, l'Harmattan, 2018, p. 47 et s.

504 CE, sect., 23 mai 1969, Sté "Distillerie Brabant et Cie", *Rec. CE* 1969, p. 264, concl. Questiaux ; *AJDA* 1969, p. 640, concl., note Tournié ; *RD publ.* 1969, p. 1127, concl. ; *D.* 1970, jurispr. p. 770, note Fromont

de la République pour confier directement aux ministres le pouvoir de prendre des arrêtés réglementaires[505].

À titre d'exemple, l'article L 74 du Code du Travail (loi) prévoit que l'organisme devant qui l'apprenti peut passer un examen après la fin de son temps d'apprentissage est désigné par arrêté conjoint du Ministre chargé du Travail et de celui chargé de la Formation professionnelle.

De plus, les ministres peuvent également exercer un pouvoir réglementaire par habilitation du Président de la République. En vertu de l'article 50, alinéa 1er de la Constitution, le Président de la République peut déléguer par décret certains pouvoirs aux autres membres du Gouvernement, à l'exception notamment des mesures relatives à la défense nationale, à l'accréditation des ambassadeurs, à l'exercice du droit de grâce, à la nomination des ministres, à la soumission d'un projet de loi au référendum, à la promulgation des lois et à l'exercice des pouvoirs exceptionnels de l'article 52 de la Constitution[506].

De nombreux décrets renvoient à des arrêtés ministériels, conjoints ou interministériels pour fixer leurs modalités d'application.

98. Pouvoir réglementaire d'organisation du service. Les ministres ont aussi le pouvoir de fixer l'organisation interne de leur service dans le cadre du décret d'organisation de leur département. Il s'agit de la consécration de la jurisprudence *Jamart*[507]. En effet, comme tout chef de service, le ministre dispose du pouvoir réglementaire pour le bon fonctionnement de l'administration placée sous son autorité[508].

Le chef de service est le responsable d'un service qui exerce les pouvoirs hiérarchique et de direction sur les agents placés sous son

---

[505] J. Y. MADEC, « Le partage du pouvoir règlementaire entre les autorités administratives au Sénégal», *RIPAS* n° 23-24, janvier- décembre 1990, *Actes du 5 e colloque de la RIPAS*, Dakar du 11 au 15 décembre 1989, p.112.

[506] V. également, art. 57, al. 5 de la Constitution.

[507] CE du 07 février 1936, Jamart, *Lebon* 172 ; *S.* 1937. 3, p. 113, note Rivero.

[508] V. l'instruction générale n° 15 PR du 1er mars 1968 sur l'organisation du travail gouvernemental. Selon cette instruction générale, le ministre a le « *pouvoir de prendre des mesures de pure organisation interne dans le cadre des décrets existants* ».

autorité. Le Conseil d'État sénégalais a déjà jugé, dans son arrêt du 22 avril 2004[509], que « *les ministres ne peuvent prendre de mesures générales par voie d'actes réglementaires que lorsqu'une loi ou un décret les y autorise* ».

Cependant, ils « *peuvent, comme tout chef de service, prendre les mesures nécessaires au bon fonctionnement des services placés sous leur autorité* ».

La haute juridiction administrative a précisé que la circulaire n°0927/MRTS/SEPA/AF du 24 juillet 2003 du Ministre chargé de la Recherche scientifique et technologique, qui après avoir créé de nouvelles directions et divisions administratives et nommé des chefs de service, a affecté aux nouveaux chefs de service les bureaux occupés par les agents de l'ancienne délégation aux affaires scientifiques et techniques, est fondée sur la nécessité d'assurer le fonctionnement régulier de son département.

Un arrêt de la chambre administrative de la Cour suprême, rendu le 17 décembre 2020, a énoncé que le « *Ministre chargé des Petites et Moyennes entreprises, en tant que chef de service, a le pouvoir de prendre des mesures individuelles et aussi réglementaires relatives à l'organisation de son service, dans le respect et en complément du décret relatif à la répartition des services susvisé et des dispositions du décret n° 2019-800 du 17 avril 2019 fixant ses attributions* »[510].

À cet effet, la circulaire n° 0013 PM/SGG/SGA/PAT du 16 novembre 2016 précitée énonce que l'autorité ministérielle doit s'assurer que les mesures prises par arrêté rentrent dans ses attributions et dans le cadre organisationnel de son département fixé par décret.

Cette exigence ne saurait étonner dès lors qu'en vertu de l'article 2 du décret n° 2017- 314 du 15 février 2017, la création ou la modification

---

[509] CE n° 16 /04 du 22 avril 2004, A. T. S. et 10 autres c/ État du Sénégal (Ministre de la Recherche Scientifique et Technologique, *inédit*.

[510] CS ch. adm. n°25 du 17 décembre 2020, SYNACOM c/ État du Sénégal, *inédit*.

des structures administratives se fait dans le cadre des décrets relatifs à l'organisation des départements ministériels.

Dans ce cadre réglementaire, il reviendra à chaque ministre, sans qu'il soit besoin d'un texte spécial, de préciser, par arrêté, l'organisation et les attributions des divisions et des bureaux, dans la mesure où celles-ci n'ont pas été fixées dans le décret portant organisation du département ministériel.

Il est, à cet égard, fortement recommandé au ministre de consulter le décret fixant ses attributions ainsi que le décret portant organisation de son département. Ces mesures d'organisation du service ne s'appliquent normalement qu'aux agents du service ; elles ne doivent pas concerner les usagers dudit service[511].

La circulaire n° 0013 PM/SGG/SGA/PAT du 16 novembre 2016 sur l'exercice du pouvoir réglementaire des ministres précise qu'en dehors des deux cas susmentionnés (habilitation législative ou réglementaire et organisation du service), tout texte de nature réglementaire édicté par un ministre est dépourvu de base légale et encourt, dès lors, l'annulation du juge de l'excès de pouvoir.

99. Exceptionnelle transposition par arrêté ministériel. La transposition d'une directive par arrêté ministériel pose des problèmes particuliers.

En effet, d'abord, il est difficile de considérer que la transposition d'une directive relève de l'organisation interne d'un ministère, puisque les mesures de transposition des directives présentent souvent un caractère général et impersonnel et dépassent largement le cadre de l'organisation interne d'un département ministériel.

Ainsi, si la transposition d'une directive communautaire, intervenant dans le domaine du pouvoir réglementaire, ne peut être effectuée, à titre principal, par voie d'arrêté ministériel, il reste que l'acte de transposition, qui peut être une loi ou un décret peut renvoyer certaines

---

[511] M. HECQUART-THÉRON, « De la mesure d'ordre intérieur », *AJDA*, p. 1981, p. 235.

de ses modalités d'application à des arrêtés ministériels, conjoints ou interministériels.

Dans ce cas, ces modalités d'application du texte de transposition pourront évidemment être fixées par arrêté ministériel.

100. Transposition par une pluralité de mesures nationales. La transposition d'une directive peut être effectuée par une pluralité d'actes complémentaires, à condition qu'ils assurent conjointement une application exhaustive de la directive et qu'ils soient tous adoptés dans le délai imparti[512].

L'essentiel est que les actes de transposition garantissent la mise en œuvre complète de l'ensemble du corpus normatif communautaire et que ces textes assurent conjointement une application exhaustive de la directive et soient tous adoptés dans le délai imparti. Il en est ainsi lorsque, selon la nature des dispositions contenues dans la directive, certaines sont transposées en droit interne par une loi et les autres par des règlements (décrets, arrêtés).

Ainsi, plusieurs directives peuvent être transposées par un seul texte de droit interne, dans la mesure où ce texte assure de façon exhaustive la mise en œuvre complète de l'ensemble de ces directives dans le délai imparti.

C'est le cas par exemple de plusieurs directives qui portent sur le même secteur d'activités. Par exemple, plusieurs États membres ont transposé dans un texte unique relatif aux télécommunications et aux technologies de l'information et de la communication les six directives suivantes :

- la Directive n° 01/2006/CM/UEMOA relative à l'harmonisation des politiques de contrôle et de régulation du secteur des télécommunications ;

[512] V. par ex. CJCE, 15 mars 1990, Commission c/ Pays-Bas, aff. C-339/87 ; CE 28 sept. 1984, Confédération des sociétés de protection des animaux de France et des pays d'expression française, préc., *AJDA* 1984. 695.

- la Directive n° 02/2006/CM/UEMOA relative à l'harmonisation des régimes applicables aux opérateurs de réseaux et fournisseurs de services ;

- la Directive n° 03/2006/CM/UEMOA relative à l'interconnexion des réseaux et services de télécommunications ;

- la Directive n° 04/2006/CM/UEMOA relative au service universel et aux obligations de performance du réseau ;

- la Directive n° 05/2006/CM/UEMOA relative à l'harmonisation de la tarification des services de télécommunications ;

- la Directive n° 06/2006/CM/UEMOA organisant le cadre général d'une coopération entre les Autorités Nationales de Régulation (ANR) en matière de Télécommunications.

Au Sénégal, les directives précitées ont été transposées à la faveur de l'adoption de la loi n° 2011-01 du 24 février 2011 portant Code des Télécommunications.

101. Transposition par un acte modificatif ou par un acte normatif autonome. Le rédacteur de l'acte de transposition peut procéder à une modification d'un ou de plusieurs textes ou à l'adoption d'une nouvelle législation, l'essentiel est que le principe de fidélité et d'exhaustivité de la transposition soit préservé.

L'opération de modification consiste à apporter des changements à un texte existant soit en supprimant des dispositions, soit en y insérant des dispositions nouvelles.

Ces réaménagements peuvent avoir pour objet une disposition (alinéa ou paragraphe, etc.), une division du dispositif (article, subdivision de l'article, etc.) ou une annexe du texte[513]. Même une réécriture de l'intitulé d'un chapitre ou d'une section d'un texte constitue une modification.

---

[513] *CE, Principes de technique législative. Guide de rédaction des textes législatifs et réglementaires,* CE 2008 p. 73

L'abrogation partielle d'un texte (abrogation d'une disposition) constitue également une modification, c'est-à-dire une modification par abrogation partielle.

Si la transposition doit être complète, elle ne doit pas pour autant conduire à superposer des dispositions nouvelles au droit existant lorsqu'une simple adaptation de ce dernier est satisfaisante.

De façon plus générale, les États membres peuvent étendre la portée de la législation nationale transposant une directive à des domaines non inclus dans le champ d'application de cette dernière, pour autant qu'aucune autre disposition du droit communautaire n'y fasse obstacle[514].

Par exemple, pour la transposition de la Directive n° 01/2012/CM/UEMOA du 10 mai 2012 relative à la libre circulation et à l'établissement des docteurs vétérinaires ressortissants des États membres de l'UEMOA, l'État membre qui dispose déjà d'un texte relatif à l'exercice de la profession vétérinaire n'aurait pas besoin d'adopter un texte nouveau.

Toutefois, l'État membre devrait apporter des modifications au texte de droit interne en vigueur pour tenir compte des spécificités apportées par la directive.

Ainsi, dans la mesure où le texte de droit interne en vigueur pose le principe de la reconnaissance aux nationaux de l'exercice de la profession de docteur vétérinaire, la première modification qui devrait être faite consiste à préciser que désormais l'exercice de la profession de docteur vétérinaire dans l'État membre est ouvert à « *tout docteur vétérinaire ressortissant d'un État membre de l'Union » titulaire d'un diplôme de docteur vétérinaire reconnu par le CAMES et régulièrement inscrit à l'Ordre national des docteurs vétérinaires d'un État membre de l'UEMOA* »[515].

---

[514] CJCE, 6 nov. 2003, Lindqvist, aff. C-101/01, Rec. I. 12971.
[515] Cf. les articles 3 et 6 de la directive.

102. Respect du délai de transposition. Le respect du délai de transposition de la directive est une exigence majeure.

Les dispositions finales des directives comportent dans la quasi-totalité des cas l'indication d'un délai pendant lequel doivent être prises les mesures nationales de transposition.

Ce délai varie souvent de six mois à deux ans selon la complexité prévisible de l'opération de transcription. Il est contraignant, les États membres ne pouvant en aucun cas reporter unilatéralement la date limite ainsi fixée, ce qui aurait pour effet de porter atteinte à l'uniformité et à la simultanéité de l'application de l'acte de l'Union.

Si la directive ne fixe pas de délai obligatoire de transposition, les États membres doivent de toute façon la transposer dans un délai raisonnable afin de garantir son effet utile[516]. Avant l'expiration du délai de transposition et en l'absence d'une transposition en droit national, une directive n'est pas encore invocable devant une juridiction nationale[517].

Le délai de transposition ou délai de mise en œuvre ne doit pas être confondu avec l'entrée en vigueur de la directive, qui correspond selon les cas à la date de publication, à la date de réception de la notification aux États membres ou à la date qu'elle fixe elle-même. La date d'entrée en vigueur fixe le droit applicable et fait courir le délai de transposition. C'est seulement lorsque le délai de transposition est passé que certaines dispositions de la directive sont susceptibles d'avoir un effet direct.

L'État peut adopter les mesures de transposition par anticipation, mais reste, en principe, libre de revenir sur ces mesures avant la fin du délai de transposition[518].

Le respect des délais fixés par la directive permet que son exécution en soit uniformément assurée dans la communauté tout entière ; à défaut, la disparité des régimes appliqués dans les États membres pourrait engendrer des discriminations[519]. L'absence de transposition

[516] CJCE, 2 juin 2005, Commission c/ Irlande, aff. C-282/02, Rec. I. 4653, attendu 31.
[517] CJCE, 15 mars 2001, Mazzoleni et ISA, aff. C-165/98, Rec. I. 2189, attendu 17.
[518] CJCE, 6 oct. 1970, aff. 9/70, Frantz Grad, att. 13, Rec. CJCE 1970, p. 825.
[519] CJCE, 26 févr. 1976, Commission c/ Italie, aff. 52/75, Rec. 277.

dans les délais a des effets également sur les voies de recours nationales[520].

Les arguments développés par les États membres pour justifier le non-respect des délais de transposition ont souvent été rejetés par la Cour : « *un État membre ne saurait exciper de dispositions, pratiques ou situations de son ordre juridique interne pour justifier le non-respect des obligations résultant des directives communautaires* »[521].

Il ne peut non plus évoquer l'absence de réciprocité, de la part, des autres États membres qui ne respecteraient pas leurs obligations de transposition, ni invoquer le caractère trop bref des délais imposés.

À cet égard, pour la Cour, dans de tels cas, il appartient aux États membres de prendre, dans le cadre communautaire, « *les initiatives appropriées en vue d'obtenir que soit arrêtée, par l'institution communautaire compétente, la prorogation nécessaire du délai* »[522].

De même, un État membre ne saurait s'appuyer sur un éventuel effet direct d'une directive comme justification « *pour se dispenser de prendre, en temps utile, des mesures d'application adéquates à l'objet de chaque directive* »[523].

Il ne peut non plus faire valoir le fait qu'ayant choisi de transposer la directive dans un texte plus général qui contient également des dispositions devant être notifiées en application de la Directive n° 98/34 du Parlement européen et du Conseil du 22 juin 1998 prévoyant une procédure d'information dans le domaine des normes et réglementations

---

[520] CJCE, 25 juill. 1991, Emmott, aff. C-208/90, Rec. I. 4269, dans lequel la Cour a estimé qu'un État membre en infraction à cet égard ne pouvait invoquer la tardiveté d'un moyen de recours fondé sur une infraction aux dispositions de la directive.

[521] V. not. CJCE, 2 févr. 1982, Commission c/ Belgique, aff. jointes 68/81, Rec. 153 ; CJCE, 2 févr. 1982, Commission c/ Belgique, aff. jointes 69/81, Rec. 163 ; CJCE, 2 févr. 1982, Commission c/ Belgique, aff. jointes 70/81, Rec. 169 ; CJCE, 2 févr. 1982, Commission c/ Belgique, aff. jointes 71/81, Rec. 175 ; CJCE, 2 févr. 1982, Commission c/ Belgique, aff. jointes 72/81, Rec. 183 ; CJCE, 2 févr. 1982, Commission c/ Belgique, aff. jointes 73/81, Rec. 189 ; CJCE, 10 avr. 2003, Commission c/ France, aff. C-114/02, Rec. I. 3783.

[522] CJCE, 26 févr. 1976, Commission c/ Italie, aff. 52/75, Rec. 277.

[523] CJCE, 6 mai 1980, Commission c/ Belgique, aff. 102/79, Rec. 1473.

techniques et des règles relatives aux services de la société de l'information, la mise en œuvre de la procédure de notification par la Commission l'empêche de respecter les délais de transposition[524].

Un État membre qui transpose tardivement une directive ne peut, dans son acte de transposition, dispenser les destinataires des obligations découlant de cette directive par une mesure transitoire couvrant la période entre la date limite de mise en œuvre de la directive et la date d'entrée en vigueur de la mesure de transposition[525]. Il ne peut non plus invoquer des difficultés liées à l'interprétation d'une directive pour en différer la transposition au-delà des délais prévus[526].

Antérieurement à la date de transposition, l'entrée en vigueur de la directive ne saurait en elle-même octroyer aux particuliers qui en respecteraient les termes une confiance légitime leur permettant de s'exonérer du respect des dispositions nationales non encore modifiées, la directive éventuellement déjà introduite dans un État membre ne pouvant avoir d'effet à l'égard d'un autre État membre dans un tel cas[527].

Néanmoins, pendant le délai de transposition, l'État membre doit s'abstenir de prendre des dispositions de nature à compromettre sérieusement la réalisation, à l'expiration dudit délai, du résultat prescrit par la directive[528].

Toute transposition tardive constitue une infraction constitutive d'un manquement aux obligations communautaires. Les Gouvernements des États membres, qui par définition participent aux travaux préparatoires des directives, ont implicitement admis leur capacité d'assurer la transposition dans le délai qu'ils ont eux-mêmes fixé et qu'ils auraient pu prolonger dans la directive elle-même en cas de difficultés particulières de transposition.

---

524 CJCE, 8 sept. 2005, Commission c/ France, aff. C-57/05, non publié.
525 CJCE, 9 août 1994, Bund Naturschutz in Bayern E.A., aff. C-396/92, Rec. I. 3717.
526 CJCE, 20 mars 2003, Commission c/ Allemagne, aff. C-135/0 , Rec. I. 2837.
527 CJCE, 5 avr. 1979, Ministère public c/ Ratti, aff. 148/78, Rec. 1629.
528 CJCE, 18 déc. 1997, Inter-Environnement Wallonie, aff. C-129/96, Rec. I. 7411.

En outre, les États membres ont toujours la possibilité de solliciter, tant que le délai initialement fixé n'est pas expiré, sa prorogation par voie de modification formelle de la directive par le Conseil ou la Commission[529].

L'éventuelle prorogation du délai ne peut ainsi être admise qu'à la condition que l'État membre invoque des nécessités impérieuses correspondant à des difficultés réelles, notamment dans le cas où la mise en œuvre d'une directive implique la création de nouveaux services, d'outils statistiques, de techniques de mesure, d'organismes de contrôle ou encore des opérations de zonage qui supposent souvent des procédures d'études d'impact ou d'enquêtes préalables, imposant des délais supplémentaires.

Toutefois, cette faculté ne peut plus être invoquée ultérieurement, l'infraction étant constituée dès la survenance du terme imparti pour la transposition. En tout état de cause, il est exclu qu'un État membre excipe de dispositions, pratiques ou situations de son ordre interne pour justifier le non-respect des délais résultant des directives, en vertu d'une jurisprudence constante qui vaut d'ailleurs non seulement pour la mise en œuvre des directives, mais également pour l'ensemble des mesures d'exécution du droit de l'union.

103. Techniques de rédaction de l'acte de transposition. La conception et la rédaction des textes normatifs de transposition des directives communautaires obéissent aux mêmes règles que celles prévues pour tous les autres textes législatifs et réglementaires[530].

De façon générale, les techniques légistiques ont une réputation d'exotérisme. La conception d'un texte normatif exige un appareillage technique et un outillage conceptuel spécifiques dont les arcanes échappent bien souvent aux hauts fonctionnaires de la technostructure

---

[529] V. not. CJCE, 1er mars 1983, Commission c/ Belgique, aff. 301/81.

[530] V. la circulaire n° 00041 PM/SGG/SGA/PAT/SP du 06 octobre 2015 relative aux règles de présentation et de rédaction des textes législatifs et réglementaires.

administrative sénégalaise[531]. En effet, on ne rédige pas une loi comme on rédigerait une missive adressée à un ami d'enfance.

En outre, l'acte de légiférer ou de réglementer constitue une opération délicate et grave, puisque dès que le texte élaboré entre dans la vie juridique, il accède au patrimoine normatif et devient une règle de droit ayant une force obligatoire à l'égard des particuliers. L'activité normative est même susceptible, dans certains cas, d'engager la responsabilité de l'État pour risque[532].

Néanmoins, l'élaboration des normes de transposition des directives présente quelques spécificités techniques liées à l'objet même de l'acte de transposition. En effet, l'opération de transposition des directives constitue une technique légistique relevant des méthodes de légistique spécialisée, qui ont pour objet de garantir la pleine et fidèle incorporation de la directive communautaire dans l'ordre juridique national[533].

À cet égard, le Guide relatif aux méthodes et techniques de transposition des Directives de l'UEMOA et au modèle d'acte de notification distingue les techniques ordinaires de rédaction des textes de transposition des méthodes spécifiques de transposition de la législation uniforme.

---

[531] V. J-C. GAUTRON, *L'administration sénégalaise*, Paris, Berger-Levrault IIAP, 1971 ; F. SOW, *Les fonctionnaires de l'administration sénégalaise*, Dakar, IFAN, *initiations et Etudes africaines,* 28, 1972.

[532] V. art. 142, al. 2 du Code des Obligations de l'Administration ; CE, ass., 8 février 2007, n° 279522, Gardedieu, *JurisData* n° 2007-071434 ; *Rec. CE* 2007, p. 78 ; *RFDA* 2007, p. 361, concl. Derepas ; *RFDA* 2007, p. 525, étude D. Pouyaud ; *RFDA* 2007, p. 789, M. Canedo-Paris ; *AJDA* 2007, p. 585, chron. Lenica et Boucher ; *AJDA* 2007, p. 1097, tribune P. Cassia ; *D.* 2007, p. 1214, note Clamour ; *Dr. adm.* 2007, comm. 50, Gautier et Melleray ; *JCP* A 2007, 2083, note Broyelle ; *JCP* G 2007, I, 166, note B. Plessix ; *RGDIP* 2007, p. 488, note F. Poirat ; *RTD civ.* 2007, p. 297, note Marguénaud ; *RTDH* 2007, p. 907, note Lemair ; D. POUYAUD, « Le fondement de la responsabilité du fait des lois en cas de méconnaissance des engagements internationaux [note ss CE, ass., 8 févr. 2007, Gardedieu] », *RFDA* 2007, p. 525.

[533] C. ZOLYNSKI, *Méthode de transposition des directives communautaires*, Paris, Dalloz, Collection Nouvelle Bibliothèque de Thèses, 2007.

104. Techniques ordinaires de rédaction des textes de transposition.

105. Intitulé de l'acte de transposition. L'intitulé est le titre que porte le texte normatif. Il doit permettre d'identifier le support normatif utilisé (loi, ordonnance, décret ou arrêté)[534]. Par exemple : « **Projet de loi portant……** ».

En légistique, l'intitulé remplit deux fonctions essentielles.

D'une part, il permet de déterminer l'objet de l'acte normatif, c'est-à-dire ce sur quoi il porte.

D'autre part, il facilite l'identification de cet acte. En effet, lorsqu'un texte est dépourvu d'un numéro d'identification, son intitulé permet de ne pas le confondre avec un autre texte du même type et de la même date[535].

Comme pour tout texte normatif, l'intitulé de l'acte de transposition de la directive indique, de manière aussi claire, précise et concise que possible, l'objet essentiel de l'acte de transposition[536].

Si l'intitulé de la directive n'est pas long ou si la directive à transposer n'a pas fait l'objet de modifications, il est recommandé de mentionner la directive dans l'intitulé de l'acte de transposition ainsi qu'il suit :

« Projet de loi n°... portant transposition … de la Directive n°… »

Par contre, si l'intitulé de la directive est long ou si la directive à transposer a fait l'objet de modifications, il est préférable de déterminer l'objet du texte de transposition en fonction de son contenu.

---

[534] D. BATSELE, *Initiation à la rédaction des textes législatifs, réglementaires et administratifs*, Bruxelles, Bruyant, 3e édition, 2013, n° 22.

[535] CE, *Principes de technique législative. Guide de rédaction des textes législatifs et réglementaires,* 2008, p.35.

[536] *Guide pour l'élaboration des textes législatifs et réglementaires, Mali*, août 2016, p. 132.

Par exemple : « **Projet de loi relatif à la lutte contre le blanchiment de capitaux et le financement du terrorisme** ».

106. Mention de la directive transposée dans l'acte de transposition. Le processus formel de transposition des directives par les États membres doit permettre l'identification claire des mesures internes destinées à mettre en œuvre une directive déterminée. Ce principe se justifie à la fois par la volonté de donner aux ressortissants des différents États membres la possibilité de discerner les droits qu'ils peuvent tirer du droit de l'Union et par le souci de faciliter l'exercice du contrôle de la Commission ainsi que du juge de l'Union et des juridictions nationales, sur les modalités d'exécution de la directive.

En premier lieu, l'exécution de l'obligation de transparence suppose que les autorités nationales fassent référence, dans le texte de transposition, à la directive qu'il a pour objet de transposer.

En règle générale, la mention de la directive transposée dans le texte de transposition est une obligation de transparence. Les directives communautaires imposent souvent une telle obligation en indiquant dans leurs dispositions finales que les textes de transposition contiennent une référence à la directive lors de leur publication officielle.

Lorsque la directive est transposée par une loi, il est recommandé, faute de visas, de mentionner la directive transposée dans l'exposé des motifs, puisque dans la tradition légistique sénégalaise, les lois ne comportent pas de visas.

Il est également utile de viser la directive transposée dans l'article premier de la loi de transposition relatif à l'objet ainsi qu'il suit : « *La présente loi a pour objet la transposition de la Directive n°...* ».

Lorsque la directive communautaire a été transposée par une ordonnance, un décret ou un arrêté, il est recommandé de faire référence à la ou aux directives (s) transposée (s) dans le document de présentation (rapport ou note de présentation) et/ou dans les visas.

Il est aussi conseillé de mentionner la directive transposée dans l'article premier du texte réglementaire de transposition relatif à l'objet.

Par exemple : « *La présente loi a pour objet la transposition de la Directive n°...* ».

Lorsque la directive est transposée à l'aide d'un acte modificatif, il suffit de mentionner la directive transposée dans le document de présentation du texte de transposition (exposé des motifs ou rapport de présentation).

107. Visas ou référents. Objet. Les projets d'acte réglementaire de transposition des directives (projets de décret, d'arrêté) comportent des visas encore appelés référents[537]. Il en est de même des projets d'ordonnance, puisque tant qu'elles n'ont pas fait l'objet d'une ratification législative, elles revêtent encore la nature d'actes réglementaires. D'ailleurs, en raison de son origine gouvernementale, la présentation de l'ordonnance se rapproche de celle du décret[538].

Mais les lois ne contiennent pas de visas, puisqu'il s'agit de normes cadres[539].

Ces visas, qui constituent les références du texte, sont appelés visas de référence, par opposition aux visas de contrôle. Ces derniers visas ont pour objet de s'assurer du contrôle effectué par certains services de l'État au cours de la procédure d'adoption de certains textes. En effet, un arrêté ou une décision peut requérir, avant sa signature, le visa préalable d'autres autorités (Contrôle financier, Ministère des Finances, etc.)[540].

---

[537] G. DUPUIS, « Les visas apposés sur les actes administratifs », in *Mélanges offerts à Marcel Waline, Le juge et le droit public*, Tome 2, juillet 1974, p. 407 et s. 179 ; D. BATSELE, *Initiation à la rédaction des textes législatifs, réglementaires et administratifs*, Bruxelles, Bruyant, 3e édition, 2013, n° 30 et s.

[538] J. GANDOUIN et J.-M. ROUSSIGNOL, *Rédaction administrative Afrique. Maghreb-Afrique subsaharienne,* Armand Colin, 4e édition mise à jour, 2013, p. 201.

[539] Sur cette question, C. BERGEAL, *op. cit.*, p. 293 ; également, *Guide pour l'élaboration des textes législatifs et réglementaires*, Mali, août 2016, p. 40 ; C. BERGEAL, *Manuel de légistique*, 8e édition, Paris, Berger-Levrault, 2018, p. 291, n° 270.

[540] En ce sens, J. GANDOUIN et J.-M. ROUSSIGNOL, *op. cit.*, p. 192.

Il en est ainsi des projets de texte ayant des incidences financières. Par exemple, une décision du Ministre chargé de l'Enseignement supérieur autorisant le versement d'une somme d'argent à un institut d'enseignement supérieur au titre d'une année de gestion, exige le visa du Contrôle financier. Dans ce cas, le visa financier doit être porté sous le timbre ou dans la marge du document.

Les visas de référence ont pour objet notamment :

- de préciser la base légale qui donne à l'auteur de l'acte la compétence et le pouvoir de l'édicter ;
- de mettre en évidence les textes dont le projet doit faire application ou qu'il doit modifier ou transposer ;
- d'attester du respect des procédures, particulièrement des consultations obligatoires (la Commission d'évaluation des agences, le Conseil consultatif national du Travail et de la Sécurité sociale, le Conseil supérieur de la Fonction publique, etc.)[541] et de la consultation de certaines institutions (l'Assemblée générale consultative de la Cour suprême, Conseil économique social et environnemental, Haut Conseil des Collectivités territoriales) [542].

Par exemple, le projet d'ordonnance doit viser la loi habilitant le Président de la République à intervenir dans le domaine du pouvoir législatif.

En outre, le projet d'ordonnance ou de décret vise le décret fixant les attributions du ministre rapporteur du texte.

108. Absence de portée juridique. Les visas n'ont pas de portée juridique propre ; ils sont facultatifs. L'absence de mention de la base légale d'un texte normatif ne le rend pas illégal, dès lors que cette base

---

[541] En vertu de la circulaire n° 00001 PM/SGG/SGA/PAT du 15 janvier 2018 relative au respect de l'obligation de recueillir l'avis des organismes consultatifs, les consultations obligatoires font l'objet d'un visa avant celui de l'avis de la Cour suprême et celui du rapporteur du texte.

[542] P. A. TOURE, *Recueil des principaux textes relatifs au travail législatif et réglementaire du Gouvernement,* Secrétariat général du Gouvernement, Dakar, l'Harmattan, 2018, p. 81 et s.

existe. Inversement, l'omission d'un visa ou une erreur dans les visas est sans influence sur la légalité du texte. Il s'agit d'une formalité non substantielle[543].

Mais l'absence de visa de textes de base peut laisser penser que l'auteur de l'acte a ignoré l'existence d'une norme en vigueur, ce qui peut avoir des conséquences juridiques sur la qualité ou la légalité du projet normatif.

C'est la raison pour laquelle la rédaction des visas doit être faite non pas après la conception du dispositif, mais avant même son élaboration[544].

À l'inverse, la surabondance de visas sans rapport avec le projet de texte peut tout aussi bien dissimuler une absence de base légale du projet de texte[545].

109. Techniques de présentation. Les visas doivent être soigneusement présentés.

Ils sont précédés du mot « VU » qui s'écrit en majuscule.

Les textes sont visés avec leur numéro, leur date et leur intitulé suivi d'un point-virgule ; les codes s'écrivent avec un « C » en majuscule[546].

Par exemple : VU la loi n° 72-61 du 12 juin 1972 portant Code de la Famille, modifiée ;

La circulaire n° 0064/PM/SGG du 20 novembre 1974 relative à la rédaction des visas des décrets proscrit le recours à des formules abrégées ou fantaisistes ; elle prescrit le visa des titres des textes dans leur l'intégralité et leur exactitude.

---

[543] CE sect. 28 juin 1974, Charmasson, n° 79473 ; également, *Guide pratique d'élaboration des textes législatifs et réglementaires, Secrétariat général du Gouvernement du Niger*, édition 2016, p. 11.

[544] C. BERGEAL, *op. cit.* , p. 294.

[545] En ce sens, D. REMY, *Légistique. L'art de faire les lois*, Paris, Romillat, 1994, p. 140 et s.

[546] V. la circulaire n° 00041 PM/SGG/SGA/PAT/SP du 06 octobre 2015 relative aux règles de présentation et de rédaction des textes législatifs et réglementaires.

Les avis des organismes consultés sont mentionnés avec leur numéro et leur date.

Par exemple : « VU l'avis n° 0025/2015 du 02 mai 2015 du Conseil du Conseil supérieur de la Fonction publique ; »

Lorsque l'organisme n'a pas émis d'avis dans le délai qui lui était imparti par les dispositions législatives ou réglementaires et qu'il est alors réputé s'être prononcé, il convient de viser l'acte par lequel l'organisme a été saisi en utilisant la formule suivante : « VU la saisine du … en date du… ; »

Dans ce cas, le visa est placé, le cas échéant, après celui des avis qui ont été effectivement rendus ; mais avant la mention de la consultation l'Assemblée générale consultative de la Cour suprême, éventuellement[547].

Il n'est pas fait mention des avis facultatifs. Mais ceux émis par les institutions de la République, comme l'Assemblée générale consultative de la Cour suprême, le Conseil économique social et environnemental et le Haut Conseil des Collectivités territoriales, doivent être visés.

Par exemple, l'avis donné par l'Assemblée générale consultative de la Cour suprême est visé ainsi qu'il suit : « la Cour suprême entendue en sa séance du … ; »

Lorsque le texte a été édicté à la suite d'un avis conforme donné par un organisme ou une administration, comme le Ministère de l'Économie, des Finances et du Plan, la formule suivante est recommandée : « Sur l'avis conforme du Ministère de l'Économie, des Finances et du Plan en date du .... ».

110. Méthodes de rédaction. Les techniques de rédaction des visas sont marquées par une règle de base : le rédacteur peut viser un texte que le projet abroge partiellement, mais jamais un texte que le projet

---

[547] V. *Guide pour l'élaboration des textes législatifs et réglementaires*, Paris, La documentation française, 2005, p. 153 ; C. BERGEAL, *op. cit.* , p. 294, n° 155.

abroge entièrement[548]. En effet, un texte abrogé totalement sort de l'ordonnancement juridique.

De même, dans un projet de texte, on ne vise pas un texte de valeur inférieure. Par exemple, un projet de décret ne vise pas en principe un arrêté ministériel ou interministériel. Un projet d'arrêté ne vise pas de décision[549].

Une décision peut viser la Constitution, des lois, des décrets, des arrêtés et d'autres décisions.

Si un texte est pris en application d'un règlement communautaire ou pour les besoins de la transposition d'une directive communautaire, il convient de viser le règlement ou la directive en question.

Lorsque l'acte visé est un texte modificatif, la circulaire n° 71-PM/JUR du 13 décembre 1971 sur la rédaction des visas des décrets et arrêtés ministériels prescrit de ne pas le viser de façon autonome[550]. En réalité, l'acte modificatif s'incorpore, dès son entrée en vigueur, dans l'acte originel modifié ; de sorte qu'il importe seulement de viser le texte originel en précisant qu'il a fait l'objet d'une ou de plusieurs modifications.

Par exemple : VU le décret n° … du …relatif…, modifié par le décret n°… du … ;

Le visa de la Constitution est réservé aux textes pris directement sur son fondement ; il en est ainsi notamment des ordonnances et des décrets pris directement en application de l'article 76 de la

---

[548] V. *Guide pour l'élaboration des textes législatifs et réglementaires*, Paris, La documentation française, 2005, p. 153 ; C. BERGEAL, *op. cit.* , p. 294, n° 243 ; *Guide pratique d'élaboration des textes législatifs et réglementaires, Secrétariat général du Gouvernement du Niger*, édition 2016, p. 20.

[549] En ce sens, J. GANDOUIN et J.-M. ROUSSIGNOL, *Rédaction administrative Afrique. Maghreb-Afrique subsaharienne,* Armand Colin, 4e édition mise à jour, 2013, p. 192.

[550] V. également, la circulaire du Secrétaire général du Gouvernement n° 0064/PM/SGG du 20 novembre 1974 relative à la rédaction des visas des décrets.

Constitution ; c'est-à-dire dans le cadre du domaine du pouvoir réglementaire autonome[551].

Dans les textes, les rédacteurs ont souvent tendance à viser systématiquement le décret portant nomination du Premier Ministre, le décret portant composition du Gouvernement et le décret portant répartition des services de l'État et du contrôle des établissements publics, des sociétés nationales et des sociétés à participation publique entre la Présidence de la République, la Primature et les ministères.

En règle générale, le visa de ces textes spécifiques n'est justifié que lorsque le texte a un lien avec eux. À titre d'exemple, un projet de décret devant être contresigné par le Premier Ministre, devrait viser le décret portant nomination du Premier Ministre.

111. Visa des textes modifiés. Lorsque le texte visé comporte plusieurs modifications, il était d'usage de mentionner expressément les textes modificatifs dans la limite de trois, avec l'indication de leur numéro et de leur date, mais non de leurs intitulés.

Cette convention d'écriture avait été consacrée au Sénégal par la circulaire du Secrétaire général du Gouvernement n° 0064/PM/SGG du 20 novembre 1974 relative à la rédaction des visas des décrets.

Lorsque le texte a subi plus de trois modifications, on se contentait de le signaler par la mention « modifié (e) » placée après sa date et son objet.

Par exemple : « VU la loi n° 65-60 du 21 juillet 1965 portant Code pénal, modifiée ».

Ces techniques de rédaction des visas des textes modifiés, qui présentent une certaine complexité, donnaient souvent lieu à des hésitations sur le décompte du nombre de modifications du texte originaire effectivement entrées en vigueur.

C'est la raison pour laquelle la circulaire n° 006 PM/SGG/SGA/PAT du 05 avril 2017 relative aux techniques de rédaction des visas des

---

[551] C. BERGEAL, *op. cit.*, p. 294.

textes modifiés a procédé à la modification de ces techniques dans le sens d'une simplification des méthodes rédactionnelles. Désormais, lorsqu'un texte comporte une seule modification, le rédacteur mentionne, après son indication, le texte modificatif avec l'indication de son numéro et de sa date, sans préciser son intitulé.

Par exemple : « VU la loi n° 2011-15 du 08 juillet 2011 portant loi organique relative aux lois de finances, modifiée par la loi organique n° 2016-34 du 23 décembre 2016 ; ».

Si le texte a fait l'objet de plus d'une modification, il importe d'ajouter, après son indication, la mention « modifié (e) » placée après celle de son numéro, de sa date et de son intitulé.

Par exemple : « VU la loi n° 65-60 du 21 juillet 1965 portant Code pénal, modifié ; ».

112. Ordre des visas. Le rédacteur doit respecter un ordre hiérarchique et chronologique des visas[552].

113. Ordre hiérarchique. La présentation des visas obéit à un ordre hiérarchique conforme au principe de la hiérarchie des normes[553].

Les actes normatifs visés sont classés en commençant par les textes les plus élevés dans la hiérarchie des normes et en descendant jusqu'au niveau de la norme proposée[554].

Les codes législatifs (Code pénal, Code général des Impôts, etc.) sont normalement placés avant les lois[555].

Après les textes sont visés les avis des organismes dont la consultation est obligatoire et, à la fin, s'il y a lieu, l'intervention des institutions consultatives comme l'Assemblée générale consultative de

---

552 C. BERGEAL, *Manuel de légistique*, 8e édition, Paris, Berger-Levrault, 2018, p. 292, n° 271.
553 *Guide pratique d'élaboration des textes législatifs et réglementaires, Secrétariat général du Gouvernement du Niger*, édition 2016, p. 20.
554 V. la circulaire n° 64 PM/SGG du 20 novembre 1974 relative à la rédaction des visas des décrets ; également, la circulaire du Secrétaire général du Gouvernement n° 0064/PM/SGG du 20 novembre 1974 relative à la rédaction des visas des décrets.
555 C. BERGEAL, *ibid.*

la Cour suprême, le Conseil économique, social et environnemental et le Haut Conseil des Collectivités territoriales.

Par exemple, « La Cour suprême entendue en sa séance du … ».

Le classement hiérarchique des textes est le suivant :

- la Constitution ;
- les conventions internationales ;
- les règlements et directives communautaires ;
- les lois organiques ;
- les codes législatifs ;[556]
- les codes réglementaires ;[557]
- les lois ;
- les ordonnances ayant de plein droit valeur législative ;
- les décrets ;
- les arrêtés ;
- les avis des organismes dont la consultation est obligatoire (Comité de Suivi du Secteur parapublic, Conseil supérieur de la Fonction publique, etc.) ;
- les avis des institutions consultatives (Conseil économique, social et environnemental, Assemblée générale consultative de la Cour suprême, Haut Conseil des Collectivités territoriales).

114. Ordre chronologique. Les textes d'une même catégorie (par exemple, les lois) sont classés selon un ordre chronologique en commençant par les textes les plus anciens et en terminant par les textes les plus récents suivant le modèle suivant :

---

[556] Les codes législatifs sont des codes institués par des lois ; il en est ainsi du Code pénal, du Code général des Impôts, etc.

[557] Les codes réglementaires sont des codes institués par des décrets ; on peut citer, le Code des Contraventions, le Code des Marchés publics et le Code de Procédure civile.

« VU la loi n° 61-33 du 15 juin 1961 relative au statut général des fonctionnaires, modifiée ;

VU la loi n° 97-17 du 1er décembre 1997 relative au Code du Travail, modifié ;

VU la loi n° 2011-01 du 24 février 2011 portant Code des Télécommunications. »

Le Premier Ministre M. Abdou DIOUF, devant les nombreux manquements constatés, a rappelé les principes régissant l'ordre chronologique des visas, par une circulaire n° 71-PM/JUR du 13 décembre 1971 sur la rédaction des visas des décrets et arrêtés ministériels. D'après cette circulaire, à l'intérieur de chaque catégorie (loi, décret, arrêté ministériel) l'ordre chronologique doit être strictement respecté[558].

Ainsi, précise-t-elle, un décret individuel antérieur à un décret réglementaire doit être visé avant celui-ci en dépit de son caractère individuel. Ces règles sont conformes à la « *doctrine* » de l'Assemblée générale consultative de la Cour suprême.

Les consultations sont visées dans l'ordre chronologique en commençant par les avis explicitement rendus puis par le visa des lettres de saisine pour les organismes qui n'ont pas rendu d'avis.

Les avis donnés par les organismes dont la consultation est obligatoire (Conseil supérieur de la Fonction publique, Comité consultatif du Secteur parapublic, etc.) doivent également précéder ceux émis par les institutions consultatives (Assemblée générale consultative de la Cour suprême, Haut Conseil des Collectivités territoriales, Conseil économique social et environnemental, etc.).

115. Transposition par référence : prohibition de principe. La transposition par référence consiste à faire référence, dans le texte de

---

558 V. également, la circulaire n° 64 PM/SGG du 20 novembre 1974 relative à la rédaction des visas des décrets.

transposition, à la directive transposée en indiquant qu'elle serait applicable dans le droit interne, sans en reproduire le contenu.

Les méthodes de transposition des directives ne recommandent pas cette technique. En effet, en principe, le texte de transposition devrait se suffire à lui-même. Une loi ou un décret ne devrait pas renvoyer à la directive en se bornant à lui conférer une valeur obligatoire.

Il a été jugé que le simple renvoi général au droit communautaire prévu par une loi allemande « *ne saurait constituer une transposition assurant d'une façon suffisamment claire et précise la pleine application effective de directives qui visent à créer des droits au profit des ressortissants des autres États membres* »[559].

116. Tempéraments. Toutefois, la transposition par référence pourrait être envisagée dans le cas de la transposition de dispositions techniques, telles que les annexes d'une directive qui comportent des modèles de formulaires ou de certificats ou des listes et tableaux recensant des substances, objets et produits. Elle pourrait encore être envisagée dans le cas d'annexes faisant l'objet de modifications fréquentes.

Mais le recours à la transposition par référence est encadré. En effet, le renvoi global à une directive (renvoi au texte de la directive en général) ne constitue pas une norme de transposition valable. Pour être valable, le renvoi à la directive devrait être impérativement ciblé.

En d'autres termes, le texte de transposition devrait viser des dispositions spécifiques de la directive transposée. Néanmoins, il est recommandé d'user avec précaution de la méthode de transposition par référence.

117. Techniques spécifiques de transposition de la législation uniforme. Le Guide relatif aux méthodes et techniques de transposition des Directives de l'UEMOA et au modèle d'acte de notification, adopté par une décision de la Commission de l'UEMOA n°

[559] CJCE, 20 mars 1997, Commission c/Allemagne, aff. C-96/95, Rec. I. 1653.

05/2019/COM/UEMOA du 06 août 2019 a prévu des techniques spécifiques de transposition de la législation uniforme.

Il faut relever que l'évocation dans ce guide des techniques de « *transposition* » de la législation uniforme est assez curieuse. En effet, ces techniques particulières ne concernent pas les directives de l'UEMOA, mais plutôt les lois uniformes de l'UMOA.

De plus, ces lois uniformes ne donnent pas lieu à proprement parler à des mesures de transposition au sens technique du terme. D'ailleurs, les décisions du Conseil des Ministres de l'UMOA qui adoptent les lois uniformes mettent à la charge des États membres l'obligation de les « *incorporer* » dans leurs ordres juridiques dans un délai.

Dans le processus d'incorporation des lois uniformes dans leurs législations, les États membres n'ont pas les mêmes marges de manœuvre que dans le cadre d'un processus classique de transposition de directives.

Quoi qu'il en soit, les méthodes de transposition des lois uniformes dans les droits nationaux respectifs des États membres présentent des spécificités.

Ainsi, les lois uniformes, n'étant pas répertoriées dans la nomenclature des droits nationaux, les États membres ne devraient pas ajouter l'adjectif « *uniforme* » à l'intitulé de la loi nationale de transposition. En effet, ce texte constitue souvent une loi ordinaire, élaboré en vue d'incorporer un projet de loi uniforme dans l'ordre juridique national.

Il suffirait d'indiquer le support législatif du texte suivi de son numéro et de son intitulé.

Par exemple, « Loi n°……relative à la lutte contre le blanchiment de capitaux et le financement du terrorisme ».

Le Guide relatif aux méthodes et techniques de transposition des Directives de l'UEMOA et au modèle d'acte de notification énonce que dans le processus d'insertion de la loi uniforme dans les législations nationales, les États membres n'ont pas une grande liberté d'appréciation.

En effet, ladite loi uniforme, ayant été adoptée par le Conseil des Ministres de l'Union, les États membres ont l'obligation de procéder à l'incorporation de ses dispositions dans leurs ordres juridiques, sans y apporter des modifications ou y insérer des dispositions de nature à contrarier le texte communautaire.

Les seules observations pouvant être faites concernent notamment les règles formelles de présentation des textes (subdivisions du texte, rédaction de l'appellation officielle de l'État, du timbre du ministère maître d'œuvre, etc.), celles relatives à la rédaction du document de présentation et au respect de la charte graphique prévue par la circulaire n° 00041 PM/SGG/SGA/PAT/SP du 06 octobre 2015 relative aux règles de présentation et de rédaction des textes législatifs et réglementaires.

D'ailleurs, une fois que la loi uniforme est incorporée dans la législation nationale et entre en vigueur, il n'est plus possible, pour le législateur national, d'y apporter des modifications remettant en cause la substance du texte adopté par le Conseil des Ministres de l'UMOA.

A titre d'exemple, le 03 mars 2009, le Conseil des Ministres du Sénégal avait déjà adopté un projet de loi modifiant l'article 29 de la loi uniforme n° 2004-09 du 06 février 2004 relative à la lutte contre le blanchiment de capitaux.

Ce projet de loi avait pour objet d'habiliter le procureur de la République qui reçoit le rapport de la Cellule Nationale de Traitement des Informations Financières (CENTIF) soit à classer le dossier sans suite, soit à saisir le juge d'instruction. Ce projet de loi, très controversé, a fait l'objet d'un rejet de la part de la Commission des Lois de l'Assemblée nationale[560].

---

[560] M. FALL, « Projet de modification de la saisine de la CENTIF: qui veut blanchir les blanchisseurs ? » : http://www.leral.net/Projet-de-modification-de-la-saisine-de-la-Centif-qui-veut-blanchir-les-blanchisseurs-Analyse-de-Madior-Fall_a14449.html#

Il arrive, en effet, que la loi uniforme renvoie, sur certaines questions spécifiques, aux législations des États membres. Dans ces situations, le législateur national retrouve toute son autonomie normative, à la seule condition de se conformer aux principes directeurs fixés par le projet de texte uniforme.

Par exemple, le projet de loi uniforme relatif à la lutte contre le blanchiment de capitaux et le financement du terrorisme dans les États membres de l'Union Économique et Monétaire Ouest Africaine adopté par une décision du Conseil des Ministres n° 26/CM/UMOA du 02 juillet 2016, renvoie aux législations nationales la détermination des délais de prescription de l'action publique de l'infraction de blanchiment de capitaux.

PARAGRAPHE II : LA TRANSPOSITION : UNE OBLIGATION SUBSTANTIELLE

118. Exigence substantielle. La transposition suppose l'adoption de mesures nationales destinées à permettre que soit atteint le résultat visé par la directive. Les États membres sont tenus de mettre en conformité leur droit national avec les objectifs et les dispositions des directives.

Le pouvoir normatif des autorités nationales dans la mise en œuvre des directives est encadré par des contraintes matérielles qui imposent aux États membres de faire en sorte que l'ensemble du droit national applicable à la matière couverte par la directive soit compatible avec les exigences de fond posées par le droit communautaire.

Cette obligation résulte directement de l'effet obligatoire des directives et, plus globalement, du principe de primauté du droit communautaire sur le droit national.

Les mesures de transposition visent à assurer l'application effective des dispositions normativement incomplètes des directives en y apportant les compléments normatifs nécessaires.

Ainsi, la correcte transposition des directives passe par l'identification claire des objectifs que s'assigne la directive, en s'interrogeant sur leurs implications éventuelles sur d'autres objectifs fixés au niveau national. Il s'agira de déterminer de degré de compatibilité ou de complémentarité des objectifs fixés par la directive avec d'autres objectifs au niveau national.

En tout état de cause, la mise en conformité du droit national avec les objectifs et le contenu de la directive (B) suppose au préalable une interprétation des termes de la directive (A).

A. L'interprétation préalable des termes de la directive

119. Règle dite du « *sens communautaire* ». Au titre des obligations liées à l'opération de transposition des directives figure une obligation d'« *interprétation conforme* », imposant un respect scrupuleux de la portée des concepts juridiques utilisés dans le texte communautaire[561].

Les directives doivent, en effet, faire l'objet d'une interprétation et d'une application uniformes dans l'ensemble des droits nationaux, ce qui suppose que les termes utilisés se voient reconnaître une signification identique sur l'ensemble du territoire de l'Union.

Cette règle dite du « *sens communautaire* »[562] ou la reconnaissance des « *notions autonomes* » du droit de l'Union suppose, par conséquent, que les notions juridiques figurant dans une directive soient transcrites dans les droits nationaux dans un vocabulaire fidèle à la portée des termes utilisés par la directive, indépendamment des qualifications divergentes qui pourraient être attachées, du fait des diverses traditions juridiques internes, à des dispositions matériellement identiques, mais différemment connotées (sur la signification des « *notions autonomes*»[563].

---

[561] Sur l'importance de cette question, V. not. le Rapport public 1992 du Conseil d'État français, EDCE 1993, n° 44, spéc. 44 s.

[562] Sur cette règle, voir D. SIMON, *L'interprétation judiciaire des traités d'organisations internationales, morphologie des conventions et fonction juridictionnelle*, Paris Pédone 1 981, 576 et s.

[563] V. par ex. D. SIMON, Les « notions autonomes » en droit de l'Union, Mélanges H. Oberdorff, 2015, LGDJ, Lextenso, p. 93 s. Pour une illustration jurisprudentielle, V. par ex. CJUE, 1er juin 2017, Zarski, aff. C-330/16)

De plus, comme l'a itérativement précisé la Cour de Justice, il y a lieu, pour l'interprétation d'une disposition de droit de l'Union, de tenir compte non seulement des termes de celle-ci, mais également de son contexte et des objectifs poursuivis par l'ensemble réglementaire dont elle fait partie[564].

Certes, la pratique des institutions de l'Union tend à se prémunir par anticipation contre ces éventuelles divergences sémantiques ou conceptuelles, en procédant à une «*préconstitution*» de l'interprétation grâce à une liste de définitions intégrées dans les dispositions liminaires des directives. On retrouve souvent dans les directives une disposition relative à la terminologie ainsi rédigée : « *Au sens de la présente directive, on entend…* ».

120. Difficultés d'interprétation. Il arrive néanmoins que des difficultés d'interprétation surgissent en cours de l'application des directives, ce qui risque de porter atteinte à l'unité du droit applicable dans l'ensemble du territoire communautaire[565].

Ces obstacles peuvent être levés par une meilleure information réciproque des instances de l'Union et des administrations nationales lors de l'élaboration de la directive ou par une collaboration permanente des autorités nationales avec les services de la Commission pendant la phase de transposition.

A posteriori, la solution ne peut être que juridictionnelle, par l'intermédiaire de la procédure de renvoi préjudiciel ou à l'occasion d'une procédure de constatation de manquement[566].

---

[564] V. par ex. CJCE, 19 oct. 1995, Hönig, aff. C-128/94. Pour une analyse systématique de la problématique de l'interprétation du droit de l'Union, V. not. D. SIMON, *L'interprétation des traités d'organisations internationales, morphologie des conventions et fonction juridictionnelle*, 1981, Paris, Pedone.

[565] V. par ex. les difficultés liées à la définition de la notion de « déchets toxiques et dangereux » dans la mise en œuvre de la Direct. no 78/319/CEE du 20 mars 1978, JOCE, n° L 84, 31 mars 1978, illustrées par CJCE, 28 mars 1990, Vessoso et Zanetti, aff. jointes C-206/88 et C-207/88 ; CJCE, 25 juin 1997, Tombesi, aff. jointes C-304/94 et autres.

[566] V. par ex. CJCE, 24 oct. 1996, Kraaijeveld e.a., aff. C-72/95, Europe déc. 1996, n° 452, obs. D. Simon.

L'un des exemples les plus caractéristiques des difficultés d'interprétation des directives peut être fourni en Europe par la mise en œuvre de la Directive 78/31 9/CEE du 20 mars 1978 relative aux déchets toxiques et dangereux. Dans son rapport concernant l'application par les États membres des directives de la CEE dans le secteur des déchets[567], la Commission a mis l'accent sur les divergences existant entre les différents droits nationaux quant à la définition des déchets toxiques et dangereux. En particulier, on constate que dans les États du Bénélux et en Italie, le niveau de concentration était pris en compte comme facteur de classification des déchets, alors qu'un tel critère est sans pertinence dans d'autres États membres.

De plus, les niveaux de concentration employés pour définir le même produit chimique ne sont pas identiques d'un État membre à l'autre ; l'origine des déchets est considérée par certains droits nationaux (Danemark, République fédérale d'Allemagne, France, Italie, Pays-Bas, Royaume-Uni) comme un critère de qualification en déchets toxiques ou dangereux.

Le champ d'application des législations et des réglementations nationales quant aux substances couvertes est dans tous les États membres plus large que dans les dispositions de la directive.

Cette divergence dans les définitions est de nature à entraîner des distorsions dans l'application de la directive, qui ne pourront probablement être totalement éliminées que par une harmonisation plus poussée.

La Directive 78/31 9/CEE du 20 mars 1978 a d'ailleurs déjà été à l'origine d'un contentieux devant les juridictions italiennes, d'autant plus important qu'il se situait dans des procédures répressives à l'occasion de poursuites pénales engagées contre des entreprises ayant procédé à des

[567] SEC (89) 1455 final du 27 septembre 1989, qui concerne l'application des directives 75/442/CEE du 15 juillet 1975 relative aux déchets (J.O.C.E. n° L. 194 du 25 juillet 1975, 39), 75/439/CEE du 16 juin 1975 relative à l'élimination des huiles usagées (eod. loc. p. 23), 76/403/CEE du 6 avril 1976 relative à l'élimination des PCB/PCT U.O.C.E. n° L. 108 du 24 avril 1976, 41), et 78/31 9/CEE du 20 mars 1978 relative aux déchets toxiques et dangereux {J.O.C.E. n° L. 84 du 31 mars 1978, 43).

transports de « *déchets* » sans avoir obtenu les autorisations requises par le droit italien : selon la définition retenue pour la notion de déchets toxiques et dangereux, qui n'était pas rigoureusement identique dans la directive communautaire et dans le texte national de transposition, l'infraction était constituée ou non.

La Cour de justice de Luxembourg, saisie par le mécanisme du renvoi préjudiciel de l'article 177 CEE, a notamment considéré que la notion de déchet, au sens des Directives 75/442/CEE et 78/31 9/CEE, ne doit pas s'entendre comme excluant les substances et objets susceptibles d'une réutilisation économique, reconnaissant ainsi que la réglementation italienne qui avait opéré la transposition des directives en cause était incompatible avec les exigences de ces dernières[568].

Dans les mêmes affaires, il a également été décidé que la notion de déchet au sens du droit communautaire ne présupposait pas, dans le chef du détenteur qui se défait d'une substance ou d'un objet, l'intention d'exclure toute réutilisation économique de cette substance ou de cet objet par une autre personne.

121. Réception des notions communautaires. Néanmoins, le rédacteur de l'acte de transposition doit se préoccuper de la traduction dans l'ordre juridique national de certaines notions et ou termes juridiques utilisés dans la directive. Il s'agit de veiller à la correcte insertion des concepts communautaires dans le droit national[569].

Les instances communautaires, dans leur office, sont quelquefois confrontées à des difficultés liées à la nécessité d'édicter une législation harmonisée applicable dans tous les États membres de l'organisation d'intégration, dans le respect des spécificités juridiques propres à chaque État.

Le législateur communautaire utilise souvent un langage de compromis. Alors que les rédacteurs des directives formulent une règle

---

[568] C.J.C.E., 28 mars 1990, Vessoso et Zanetti, C-206/88 et C-207/88, Rec. 1990, 1-1461 ; 28 mars 1990, Zanetti et autres, C-359/88, Rec. 1990, 1-1509.

[569] C. BERGEAL, *Rédiger un texte normatif. Manuel de légistique*, 7e édition, Paris, Berger-Levrault, octobre 2012, p. 163, n° 124.

à destination de sujets de droit même si les États membres en sont les destinataires formels, ils suivent le plus souvent une logique propre au droit négocié droit accepté et non autoritairement imposé.

En raison de *« l'impossibilité d'employer des termes précis et spécifiques appartenant à l'organisation judiciaire ou administrative des États parties »*[570], la législation communautaire se contente souvent de faire référence à des notions génériques et à des périphrases souples susceptibles de s'intégrer dans les catégories juridiques préexistantes des États membres.

Il en est ainsi des notions d'« *autorité administrative* », de « *juridiction compétente* » ou de « *service compétent* ».

Sur des questions à sensibilité nationale, le législateur opte souvent pour un renvoi pur et simple aux législations nationales pour ne pas froisser les susceptibilités nationales. Ainsi, les formules « *juridiction compétente* », « *juridictions compétentes* », au « *juge compétent dans l'État partie* » ou au « *service compétent* » postulent un renvoi aux législations nationales pour identifier le juge ou le service compétent.

Il arrive même que le législateur utilise des formules ou périphrases très floues difficiles à cerner conceptuellement.

Quoi qu'il en soit, les législateurs des États membres doivent veiller à traduire en droit interne les notions et termes juridiques utilisés par la directive à transposer[571].

Aussi, lorsque la directive à transposer utilise des notions partiellement ou totalement étrangères au droit interne ou des termes employés dans un sens différent de celui du droit sénégalais, il pourra s'avérer nécessaire de prévoir dans le texte de transposition la définition des notions utilisées.

---

[570] Selon l'expression du Professeur J. ISSA-SAYEGH, « Le bilan jurisprudentiel du droit uniforme OHADA (incertitudes législatives et turbulences jurisprudentielles) » : www.ohada.com

[571] CE, *Principes de technique législative. Guide de rédaction des textes législatifs et réglementaires*, 2008, p. 114.

C. La mise en conformité du droit national avec les objectifs et le contenu de la directive

122. Obligation de compatibilité. Les autorités investies du pouvoir de transposition sont tenues de faire en sorte que les mesures nationales assurent une application complète et exhaustive de la directive, leur compétence quant à la forme et aux moyens ne trouvant à s'exercer que dans les limites du pouvoir d'appréciation qui leur est reconnu par la directive elle-même.

L'opération de transposition des directives est traversée par des principes directeurs, en vue d'assurer la mise en conformité de la législation nationale avec les exigences de la directive communautaire (1). En outre, cette opération est encadrée par des règles assez strictes (2).

1. Les principes directeurs de la transposition des directives

123. Principes généraux. L'insertion des directives communautaires dans l'ordre juridique interne obéit à des principes directeurs qui irriguent tout le processus de transposition de ces normes[572].

Le Guide relatif aux méthodes et techniques de transposition des Directives de l'UEMOA et au modèle d'acte de notification a prévu deux principes majeurs régissant la transposition des directives. Il s'agit du principe de la fidélité et de l'exhaustivité de la transposition (a) et celui du « *tout ou rien* » (b).

a. Le principe de la fidélité et de l'exhaustivité de la transposition

124. Contenu du principe. Le principe de la fidélité et de l'exhaustivité de la transposition signifie que les États membres ne sont pas autorisés à dénaturer la directive ou à en faire une transposition

[572] P. A. TOURE, « Le cadre normalisé de la transposition des directives communautaires au Sénégal », in *Séminaire régional sur la pratique des États membres en matière de transposition des directives communautaires*, Bissau (Guinée Bissau) du 28 novembre au 02 décembre 2016.

partielle. L'incorporation de la directive dans l'ordre normatif national doit être fidèle et complète par rapport au texte de la directive éclairé, au besoin, par ses considérants[573].

Les États membres doivent transposer la directive fidèlement et dans son intégralité. Une transposition qui entraînerait une dénaturation de la directive, c'est-à-dire une modification de son sens, ou qui serait partielle ne respecterait pas le principe de fidélité et d'exhaustivité de la transposition.

À cet égard, il est recommandé aux rédacteurs des textes de transposition d'établir un tableau de transposition mettant en rapport les dispositions de la directive et celles du projet de texte de transposition.

Il s'agit de garantir la complétude de la transposition de la directive et d'assurer une bonne articulation avec les textes en vigueur.

Les textes de transposition des directives ne sauraient altérer la portée des dispositions précises des directives, en limitant leur domaine d'application et les garanties de protection fixées au niveau communautaire.

Ainsi, les États membres doivent choisir des mesures adéquates aux objectifs poursuivis par les directives. La caractéristique principale des directives du point de vue matériel tient incontestablement au fait qu'elles laissent aux autorités étatiques chargées de leur mise en œuvre une marge d'appréciation variable en fonction de la nature de leurs objectifs et du degré de précision de leurs dispositions.

L'appréciation du caractère fidèle et complet de la transposition devrait être effectuée par rapport au texte de la directive éclairé, au besoin, par ses considérants. La transposition ne doit pas être une nouvelle occasion de discussion des questions d'ordre substantiel et conduire au maintien des spécificités du droit interne.

Par exemple, l'article premier de la Directive n°01/2005/CM/UEMOA du 16 septembre 2005 sur l'égalité de

[573] *Guide pour l'élaboration des textes législatifs et réglementaires, Mali, a*oût 2016, p. 132.

traitement des étudiants ressortissants de l'UEMOA dispose que « *Les étudiants ressortissants de tout État membre de l'UEMOA bénéficient, sur l'ensemble du territoire de l'Union, du droit d'accéder aux Institutions publiques d'enseignement supérieur, dans des conditions similaires à celles prévues pour les nationaux du pays d'accueil. Ils acquittent des frais universitaires de même montant que les nationaux*».

Cette directive ne serait pas transposée de façon satisfaisante si un État venait à y introduire une clause de réciprocité.

De même, la mise en œuvre du principe de fidélité implique pour les États membres d'assurer une intégration cohérente de la norme communautaire dans l'ordre juridique interne.

Lorsque la transposition pourrait être génératrice d'incohérence, il faudrait rechercher le moyen d'y remédier, au besoin, en avisant la Commission de l'UEMOA.

En tout état de cause, si le maintien des dispositions nationales en vigueur risque d'entraîner une contradiction avec la norme communautaire, les dispositions nationales devraient être modifiées ou abrogées.

b. Le principe « *du tout ou rien* »

125. Énoncé du principe. Les directives communautaires peuvent contenir tant des dispositions ayant un caractère impératif que des dispositions à caractère facultatif. Il est évident que les Etats ont l'obligation de transposer les dispositions obligatoires de la directive.

En ce qui concerne les dispositions facultatives de la directive, il est loisible aux Etats membres de les transposer ou de ne pas le faire. Mais en vertu du principe « *du tout ou rien* », lorsque l'État membre opte pour la transposition des dispositions facultatives de la directive, il a l'obligation d'incorporer intégralement ces dispositions dans son édifice national.

La transposition des prescriptions facultatives est alors soumise au principe dit « *du tout ou rien*». En effet, la liberté de l'État concerne uniquement la liberté de transposer ou non une disposition facultative, mais le contenu doit demeurer intangible.

La marge de manœuvre de l'État réside uniquement dans la liberté de transposer ou de ne pas transposer une disposition facultative. Une fois la décision de transposer prise, tout le contenu de la directive doit être fidèlement transcrit dans l'ordre juridique national.

À titre d'exemple, l'article 9, alinéa 2 de la Directive n° 02/2006/CM/UEMOA du 23 mars 2006 relative à l'harmonisation des régimes applicables aux opérateurs de réseaux et fournisseurs de services énonce que les États membres peuvent imposer des redevances afin de tenir compte de la nécessité d'assurer une utilisation optimale de la ressource attribuée.

Conformément au principe « *du tout ou rien* », un État qui décide de rendre obligatoire une redevance ne saurait imposer une redevance ayant un caractère discriminatoire[574].

2. La transposition : une obligation encadrée

126. Encadrement de l'opération de transposition. L'opération de transposition fait l'objet d'un encadrement très rigoureux. La compétence des États membres est systématiquement confinée à l'exigence d'application uniforme de la directive dans l'ensemble du territoire de l'Union.

Sous ce rapport, les contraintes pesant sur l'exercice du pouvoir de transposition ne sont pas essentiellement différentes de celles qui s'imposent en matière d'exécution des règlements[575]. En d'autres termes, les États membres sont tenus de transposer « *la directive, rien que la directive et toute la directive* ». Cette obligation emporte une

---

[574] P. A. TOURE, « Le cadre normalisé de la transposition des directives communautaires au Sénégal », in *Séminaire régional sur la pratique des États membres en matière de transposition des directives communautaires*, Bissau (Guinée Bissau) du 28 novembre au 02 décembre 2016.

[575] (V. pour une analyse plus approfondie de cette similitude, Y. GAUTIER, « L'exécution du droit communautaire », in G. DUPRAT (dir), *L'Union européenne, droit, politique, démocratie*, 1996, PUF, p. 39 s. ; V. égal. du même auteur, *La délégation en droit communautaire*, thèse, Strasbourg, 1995.

prohibition de la « *surtransposition* » (a) ainsi que l'exigence de respecter de l'ensemble du droit de l'Union (b).

a. L'interdiction de la « *surtransposition* »

127. Principe de la prohibition de la « *sur transposition* ». L'obligation de transposer la directive, mais rien que la directive pose le problème de la « *surtransposition* » pratiquée dans certains États membres. Elle consiste en quelque sorte à profiter de l'opération de transposition pour injecter dans le droit national, à l'occasion du vote de la loi de transposition ou de l'adoption des mesures réglementaires de transposition, des dispositions qui n'étaient pas strictement exigées par la mise en œuvre de la directive[576].

La « *surtransposition* » d'une directive consiste dans l'extension des dispositions au-delà de ce qui est expressément prévu, c'est-à-dire au-delà de ce qui est nécessaire à la transposition des directives. Elle est régulièrement identifiée comme l'un des symptômes de l'inflation normative.

L'acte de transposition ne doit pas, en principe, aller au-delà de ce qu'exige la directive. Selon le Guide relatif aux méthodes et techniques de transposition des Directives de l'UEMOA et au modèle d'acte de notification, sous réserve de l'appréciation de l'opportunité par le Gouvernement et, le cas échéant par le Parlement, toute mesure allant au-delà de ce qu'implique strictement la mise en œuvre de la directive doit être écartée.

Par exemple, pour la transposition de la Directive n°06/2005/CM/UEMOA relative à la libre circulation et au droit d'établissement des Médecins au sein de l'UEMOA, un État membre qui assortirait le droit d'établissement du respect d'une condition de

[576] Sur cette question, SIMON, n° 76 ; Sénat [F], J. BIZET, Note sur la surtransposition des directives européennes, février 2017, http://www.senat.fr/lc/lc277/lc277_mono.html; A. THOUROT et J-L. WARSMANN, *Rapport sur les moyens de lutter contre la surtransposition des directives européennes dans le droit français, Commission des Lois (Assemblée nationale),* 21 décembre 2017 (lire en ligne [archive])

résidence d'un délai préalable de cinq ans procèderait ainsi à une « *surtransposition* », dans la mesure où cette condition de délai de résidence n'est pas prévue par la directive.

D'ailleurs, on admet que toute « *surtransposition* » est en particulier interdite lorsque les directives sont transposées par voie de délégation consentie par le législateur au Gouvernement. En effet, l'objet des mesures réglementaires de transposition doivent rester dans les strictes limites de la loi d'habilitation[577].

128. Conséquence de l'interdiction de la « *sur transposition* ». Le principe de la prohibition de la surtransposition emporte un certain nombre de conséquences reconnues par la jurisprudence.

129. Interdiction des mesures incompatibles. Les autorités nationales ne peuvent en aucun cas adopter des mesures directement contraires aux obligations fixées par la directive.

C'est ainsi que le Conseil d'État français a annulé les arrêtés du Ministre de l'Environnement autorisant les chasses traditionnelles à la tourterelle, alors que ces dispositions réglementaires étaient radicalement incompatibles avec l'interdiction totale de la chasse des oiseaux migrateurs pendant la période de reproduction et de nidification formulée par la directive communautaire[578]. De même, les interdictions clairement exprimées par les directives doivent être textuellement reproduites dans l'acte de transposition[579].

130. Interdiction des exceptions ou dérogations. Il est interdit aux autorités nationales d'introduire des exceptions ou des dérogations non explicitement envisagées par la directive elle-même[580]. Seules sont licites les exceptions et dérogations autorisées par une habilitation explicite figurant dans le texte même de la directive.

En outre, même dans cette hypothèse, pour que la législation ou la réglementation nationale soit jugée conforme aux exigences du droit

---

[577] D. SIMON, « Directive », *Rép. dr. eur.*, Dalloz, mars 2012, n° 79.
[578] CE 7 déc. 1984, Féd. française des sociétés de protection de la nature, *Lebon* 410.
[579] CJCE, 27 avr. 1988, Commission c/ France, aff. 252/85.
[580] CJCE, 08 juillet 1987, Commission c/ Belgiqueaff. 247/85.

communautaire, encore faut-il que la mise en œuvre de l'exception ou l'exercice du pouvoir de dérogation soient rigoureusement définis et efficacement contrôlés[581].

L'étendue du pouvoir de dérogation fait naturellement l'objet d'une interprétation stricte, en tant qu'il s'agit d'une limite à la réalisation des objectifs fixés par la directive.

131. Interdiction des conditions supplémentaires. La nécessité d'assurer une application uniforme de la directive dans tous les États membres implique la prohibition de toute condition supplémentaire par rapport au texte de la directive[582].

C'est ainsi qu'a été condamnée une réglementation française subordonnant l'abattage des animaux à l'accord préalable du propriétaire, alors qu'une telle condition n'était pas prévue par la directive relative au transport d'animaux vivants et s'avérait, en outre, contraire à l'objectif visant à éviter des souffrances inutiles aux animaux[583].

En outre, a été jugée illicite une réglementation italienne ajoutant une hypothèse de caducité des autorisations de mise sur le marché des médicaments qui n'était pas prévue par la directive communautaire[584].

De même, il est interdit aux États membres d'imposer un mécanisme d'autorisation administrative préalable, même si celle-ci est accordée de façon automatique, dès lors qu'une telle procédure n'est pas prévue par la directive[585].

---

[581] V. par ex. CJCE, 8 juill. 1987, Commission c/ Belgique, aff. 247/85 ; CJCE, 8 juill. 1987, Commission c/ Italie, aff. 262/85.

[582] V. par ex. CJCE, 23 nov. 1989, Parfümerie-Fabrik 4711 c/ Provide, aff. 150/88.

[583] CE 28 sept. 1984, Confédération nationale des sociétés de protection des animaux, *AJDA* 1984. 695.

[584] CJCE, 7 déc. 1993, Pierrel e.a., aff. C-83/92.

[585] CJCE, 5 juill. 1990, Commission c/ Belgique, aff. C-304/88.

b. L'obligation de respecter de l'ensemble du droit de l'Union

132. Respect de la légalité communautaire. Il ne suffit pas d'assurer une exacte transcription des règles fixées par la directive, pour assurer une correcte transposition. Encore faut-il que l'acte de transposition ne viole pas au passage d'autres dispositions en vigueur dans l'espace communautaire de l'UEMOA.

Les mesures prises dans le champ de la directive doivent en d'autres termes respecter, non seulement la directive elle-même, mais également l'ensemble de la légalité communautaire, qu'il s'agisse du droit originaire et du droit dérivé[586].

De même, les États membres sont tenus de respecter, dans la mise en œuvre des directives communautaires, les principes généraux du droit de l'Union, et notamment les droits fondamentaux garantis par le droit de l'Union, y compris évidemment par la Charte des droits fondamentaux, qui font partie intégrante du bloc de légalité communautaire[587].

[586] CJCE, 7 févr. 1985, Commission c/ France, aff. 173/83, affaire dite des « *huiles usagées* » : la transposition française avait ajouté au dispositif prévu par la directive une interdiction implicite d'exportation des déchets en cause en violation des règles du Traité relatives à la libre circulation des marchandises.

[587] CJCE, 13 juill. 1989, Wachauf c/ Bundesamt für Ernährung und Forstwirtschaft, aff. 5/88 ; CJUE, 13 oct. 2016, Prezes Urzędu Komunikacji Elektronicznej et Petrotel, aff. C-231/15, *Europe* 2016, n° 446, obs. D. Simon. Pour une illustration de la sanction, par les juridictions nationales, du respect des principes généraux du droit dans la mise en œuvre des directives, V. par ex. CAA Bordeaux, 22 févr. 1994, Banque populaire Centre-Atlantique, Europe 1995, n° 8 ; TA Strasbourg, 8 déc. 1994, Entr. Freymuth, *AJDA* 1995. 555 ; *Europe* oct. 1995, n° 336, obs. D. Simon.

CHAPITRE II :

LA PROCÉDURE DE TRANSPOSITION DES DIRECTIVES

133. Étapes de la transposition. La procédure d'adoption des directives communautaires relève de la compétence des États membres. Le Conseil constitutionnel sénégalais, dans sa décision du 24 février 2020, a jugé que le nécessaire respect des exigences communautaires ne s'oppose pas au droit pour chaque État de déterminer, conformément aux règles d'organisation des pouvoirs publics, la procédure à suivre pour l'adoption des mesures de transposition des directives[588].

Le Guide relatif aux méthodes et techniques de transposition des Directives de l'UEMOA et au modèle d'acte de notification a instauré une procédure de transposition des directives pour faciliter l'adoption des textes de transposition conformément aux objectifs fixés par les instances communautaires.

Il s'agit des différentes étapes que doivent respecter les autorités nationales pour les besoins de l'élaboration des textes de transposition des directives, l'objectif étant de garantir une correcte transposition desdites directives.

Quoi qu'il en soit, il importe de distinguer la procédure ordinaire de transposition des directives (section première) de la procédure spécifique de « *transposition* » de la législation uniforme, qui concerne les lois uniformes de l'espace UMOA (section II).

[588] Cons. Const.n° 1-C-2020 du 24 février 2020, *inédit*.

SECTION PREMIÈRE :

LA PROCÉDURE ORDINAIRE DE TRANSPOSITION DES DIRECTIVES

134. Procédure spécifique de transposition. La procédure de transposition des directives diffère d'un État membre de l'UEMOA à l'autre, en fonction de l'environnement juridique, du cadre institutionnel et de l'organisation administrative.

La procédure ordinaire de transposition des directives prévue par le Guide relatif aux méthodes et techniques de transposition des Directives de l'UEMOA et au modèle d'acte de notification comporte deux phases majeures. Il s'agit de l'étape de l'anticipation de la transposition d'une directive durant la phase de préparation et de négociation (paragraphe premier) et de l'étape de la planification de la transposition dès la publication de la directive au bulletin officiel de l'union (paragraphe II).

PARAGRAPHE PREMIER : L'ANTICIPATION DE LA TRANSPOSITION DE LA DIRECTIVE EN PRÉPARATION

135. Approche anticipative. Dans la plupart des États membres, le processus de transposition des directives n'est déclenché qu'à la suite de leur publication au bulletin officiel de l'UEMOA et de leur transmission aux ministères en charge des Finances.

Or, une transposition de qualité de la directive communautaire en droit interne doit commercer dès le démarrage du processus communautaire conduisant à l'adoption de ladite directive.

La capacité d'anticipation et d'une synergie entre les acteurs impliqués dans le processus de transposition des directives présente une importance certaine dans le processus de transposition. Plus la gestion de ce processus est anticipative, mieux les divers enjeux de la transposition sont adressés et les problèmes (juridiques ou autres) susceptibles de se poser une fois la directive transposée, identifiés. Le recours à cette approche anticipative dans le processus de transposition des directives présente le mérite d'éclairer en temps utile la position des autorités nationales durant la négociation de la directive.

L'anticipation de la transposition d'une directive durant la phase de préparation et de négociation se traduit par la mise en place de plusieurs outils et de structures.

136. Équipe projet de la transposition. Dès la transmission aux États membres du projet de directive à l'État membre, une équipe projet doit être mise en place au sein du (des) ministère (s) concerné(s), pour en évaluer l'impact, y compris du point de vue de sa transposition. Cette équipe doit rester opérationnelle jusqu'à la transposition définitive du texte.

Le (s) point (s) focaux UEMOA du (des) ministère (s) concerné(s) et le (s) juriste (s) de ce (s) ministère (s) doit être d'office membre de l'équipe projet. Un échéancier est fixé suivant les différentes phases définies au niveau communautaire.

La CSI est l'épine dorsale du dispositif de suivi de la transposition des directives. En vertu du décret n° 2014-1171 du 16 septembre 2014 portant organisation du Ministère de l'Économie des Finances et du Plan modifié par le décret n° 2017-480 du 03 avril 2017, la CSI a pour mission d'assurer le traitement des questions relatives à l'intégration concernant le Ministère de l'Économie, des Finances et du Plan. À cet effet, elle est chargée de suivre en relation avec les services techniques concernés, les questions relatives à l'intégration économique.

Dans l'hypothèse où plusieurs ministères sont impliqués dans cette équipe, un ministère demeure chef de file. Le responsable de l'équipe projet est un agent du ministère-chef de file. Un agent de la structure point focal national UEMOA, logée au Ministère en charge des Finances, y participe de droit, afin d'avoir les informations en temps réel sur les difficultés identifiées du point de vue de l'impact du projet de directive.

L'équipe projet est responsable de la constitution d'un fonds de dossier sur la directive, qui pourrait être utile à la conservation de la mémoire de la négociation et de la transposition du texte en cas de mobilité des personnes constituant l'équipe initialement constituée. Ce fond de dossier doit être disponible aux formats physique et électronique stocké dans une base de données centralisée du (des) ministère (s) concerné (s), avec des niveaux d'accès différents selon les utilisateurs.

137. Réseau de correspondants de la transposition. Un correspondant de la transposition doit aussi être nommé dans chaque département ministériel. La fonction de correspondant peut être confiée au secrétaire général, au directeur de cabinet ou à un conseiller technique du ministre.

Mais le secrétaire général du ministère chargé de la coordination administrative et technique des activités des différents ministères peut jouer un rôle décisif. En effet, au sein des départements ministériels, le secrétaire général du ministère a un rôle essentiel dans la mise en œuvre de la fonction de coordination au sein du département.

En effet, en vertu de l'article 3 du décret n° 2017-313 du 15 février 2017 instituant un Secrétariat général dans les ministères, le secrétaire général du département est chargé de la coordination administrative et technique des activités des différents services du ministère dont il s'assure du bon fonctionnement[589].

À cet égard, la circulaire n° 24/PM/SGG/ADJ.2 du 07 avril 1978 relative au rôle du secrétaire général de ministère a rappelé le rôle du secrétaire général de ministère qui est « *la mémoire du ministère* », notamment dans les périodes d'instabilité gouvernementale[590]. Il est l'élément de coordination institutionnelle stable du département, garant de la continuation du service public au plus haut niveau. Sa stabilité

[589] V. la circulaire n° 24/PM/SGG/ADJ.2 du 07 avril 1978 relative au rôle du secrétaire général de ministère.

[590] Y. MOREAU, « Les secrétariats généraux des ministères », in *De Gaulle en son siècle, Tome 3 « Moderniser la France », Plon-La Documentation française,* 1992, p. 569 sq ; P. LEMOYNE DE FORGES, « Les secrétaires généraux des ministères », IFSA, éd. Cujas, n° 8,1973, p. 99 sq.

devrait permettre au nouveau ministre de poursuivre sans discontinuité les actions entreprises par son prédécesseur.

En liaison étroite avec le point focal UEMOA du ministère, le juriste et le point focal national UEMOA, le correspondant de la transposition contrôle le respect des échéances et des différentes missions assignées à l'équipe projet.

138. Consultation des parties prenantes. Dès la constitution de l'équipe projet, celle-ci doit identifier les différentes parties prenantes sur lesquelles l'adoption du projet de directive a un impact.

L'équipe projet doit ainsi entamer les consultations dans un délai d'une semaine à compter de sa mise en place. En cas d'urgence, ce délai peut être ramené à la moitié.

Les parties prenantes disposent, pour faire connaître leurs points de vue, d'un délai correspondant à la moitié du temps global imparti à l'équipe projet afin d'évaluer l'impact du projet de directive.

Les ministères sont encouragés à vulgariser leur approche en ce qui concerne le processus de négociation, d'adoption et de transposition des directives auprès des parties prenantes avec lesquelles ils interagissent habituellement, afin de faciliter la collaboration et le respect des délais.

139. Information du Secrétariat général du Gouvernement. Le ministère, chef de file, doit transmettre, au Secrétariat général du Gouvernement, pour avis, le projet de directive accompagné d'une fiche d'impact simplifiée, dite FIS 1, dans la semaine suivant la validation de la FIS 1. Le ministère-chef de file doit préciser le délai dans lequel l'avis est attendu au regard du délai global.

140. Fiche d'impact simplifiée. La fiche d'impact simplifiée doit être rédigée par l'équipe projet et validée par le correspondant de la transposition du ministère-chef de file dans les trois (3) semaines de la mise en place de cette équipe.

En cas d'urgence, ce délai peut être ramené à la moitié. La fiche d'impact simplifiée contient une description sommaire du projet de directive et de son insertion dans l'environnement juridique national, ainsi qu'un avis sur le principe du texte.

Le correspondant de la transposition du ministère-chef de file s'assure du respect du délai imparti. Les dates d'émission et de validation doivent être indiquées sur le document.

La fiche d'impact simplifiée est également archivée dans le fond de dossier constitué par l'équipe projet sous format physique et format électronique.

141. Fiche d'impact stratégique. Après la réception des informations et observations des parties prenantes par l'équipe projet, cette dernière complète la fiche d'impact simplifiée pour en faire une véritable analyse d'impact, appelée « *fiche d'impact stratégique* » dans les trois (3) mois après la mise en place de l'équipe-projet.

Le niveau de détail de cette analyse d'impact est laissé à l'appréciation des services compte tenu du degré de complexité du texte de la directive.

La fiche d'impact stratégique comporte un « *tableau de concordance précoce* ».

Elle est validée par le correspondant de la transposition du cabinet du ministre, chef de file, qui s'assure également du respect du délai imparti. Les dates d'émission et de validation doivent être indiquées sur le document.

Modèle de tableau de concordance précoce			
Dispositions de la proposition de directive Article par article	**Droit interne en vigueur susceptible d'être modifié** Citation de la disposition concernée	**Première estimation des normes à adopter en vue de la transposition** - Abrogation / modification de dispositions existantes ; - Ajout de dispositions nouvelles ; - Précision de la nature juridique	**Observations relatives à l'impact de la disposition du projet de directive**

La fiche d'impact stratégique est également archivée dans le fond de dossier constitué par l'équipe projet au format physique et au format électronique. Elle est ultérieurement annexée au projet de texte de transposition transmis au Secrétariat général du Gouvernement.

PARAGRAPHE II : LA PLANIFICATION DE LA TRANSPOSITION DE LA DIRECTIVE ADOPTÉE

142. Approche de planification. L'adoption de la directive et sa publication au Bulletin officiel de l'Union marquent l'entrée dans la phase finale de la transposition, caractérisée par l'identification des textes de transposition et l'établissement d'un calendrier programmant leur rédaction et leur adoption.

De la publication de la directive au Bulletin officiel de l'Union à la date de transposition, le processus de transposition devrait être rythmé par plusieurs échéances, afin de garantir son achèvement dans les délais impartis.

143. Plan de transposition. L'équipe projet doit élaborer un plan de transposition, qui doit être validé par le correspondant de la transposition du ministère-chef de file.

Le plan de transposition contient un tableau de concordance définitif. Ce tableau doit permettre d'identifier clairement les dispositions à adopter en droit interne pour la transposition de la directive, mais également les consultations à effectuer dans ce cadre, conformément au modèle présenté ci-dessous, qui pourrait être davantage détaillé au besoin.

Ce plan est élaboré par l'équipe projet dans un temps défini en fonction de la date de publication de la directive (n) et du délai de transposition. Ce qui correspondrait par exemple à un mois et demi pour une directive dont le délai de transposition est de douze (12) mois et à trois (3) mois pour une directive dont le délai de transposition est de vingt-quatre (24) mois.

Dispositions de la directive	Droit interne en vigueur	Nouvelles normes à adopter en vue de la transposition	Consultations obligatoires et autres consultations jugées indispensables	Observations
Article par article	Citation de la disposition concernée	-Abrogation ou modification de dispositions existantes ;		

144. Échéancier de transposition. À l'issue du délai de rédaction du tableau de concordance, le correspondant de la transposition transmet ce tableau au Secrétariat général du Gouvernement (SGG) dans un délai d'une semaine.

Le SGG doit réunir l'équipe projet dans un délai de deux semaines afin de mettre au point l'échéancier de transposition, et ainsi finaliser le plan de transposition. Ce délai peut être ramené à la moitié en fonction de l'urgence. Ce rôle dévolu au SGG recoupe harmonieusement sa mission dans le cadre de la coordination de l'action normative du Gouvernement.

Dans la plupart des États membres, le SGG constitue un service de la Primature chargé d'assister le Premier Ministre dans sa mission de coordination de l'activité gouvernementale. Le Secrétariat général du Gouvernement (SGG), haut lieu de « *l'interministérialité* »[591] est la clé de voûte de la coordination du travail gouvernemental[592].

[591] J. GICQUEL et J. E. GICQUEL, *Droit constitutionnel et institutions politiques,* Paris, LGDJ, 31e édition, 2017, p. 690.
[592] J. M. EYMERI-DOUZANS et M. MANGENOT MICHEL, « Rouage ou centre de l'État ? (I) Genèse et institutionnalisation du Secrétariat général du Gouvernement »,

L'interministérialité constitue une modalité de coordination et d'action transversale de deux ou de plusieurs départements ministériels dont les attributions et les sphères d'intervention se caractérisent par une certaine spécialité disciplinaire[593].

L'échéancier de transposition définit un calendrier de rédaction et un calendrier d'adoption des textes, selon leur nature juridique. Il comprend également un échéancier des consultations à mener sur les textes de transposition.

Le calendrier de rédaction des projets de textes de transposition doit être négocié par les ministères avec le SGG dans le cadre d'un « *contrat de transposition* », en fonction de leurs possibilités. À l'image du contrat qui a une force obligatoire, le contrat de transposition engage ces ministères, dès lors qu'ils l'ont accepté sous le contrôle des correspondants de la transposition des cabinets des ministères concernés.

145. Indicateurs. Les différentes échéances déterminées dans le cadre du plan de transposition constituent des indicateurs de mesure du respect de ses engagements par chaque ministère et faire l'objet d'un suivi par le SGG. Ces indicateurs doivent faire l'objet d'une large diffusion auprès des acteurs concernés par la transposition et des parties prenantes par le correspondant de la transposition du ministère.

146. Élaboration des actes de transposition. La responsabilité de la conception des actes de transposition incombe entièrement au ministère maître d'œuvre.

Après l'adoption de la directive, la Commission de l'UEMOA la notifie aux États membres en leur transmettant une copie par le biais

---

RFAP, 2019/3, n° 171, p. 603 ; R. PY, *Le secrétariat général du Gouvernement,* Paris, doc. Fr., 1985.

[593] M. ZAOUAQ, « L'interministérialité et l'efficacité de l'action publique », Bulletin de l'Observatoire
Marocain de l'Administration Publique, Observatoire Marocain de l'Administration Publique (OMAP), 2017, p.3.

d'une correspondance adressée au Ministre en charge de l'Économie et des Finances.

Au Sénégal, dès réception de la lettre de la Commission, le Ministre de l'Économie, des Finances et du Plan initie à son tour des correspondances destinées aux ministres sectoriels pour leur transmettre une copie de la directive.

La transmission de la directive amorce en réalité le début du processus de transposition par les services compétents du Ministère sectoriel concerné et du suivi de cette transposition par la Cellule de Suivi de l'Intégration du Ministère de l'Économie, des Finances et du Plan.

À cet égard, les services du Ministère en charge des Finances recommandent aux ministères maîtres d'œuvre de mette en place un comité ad-hoc de transposition et de désigner un point focal titulaire et un suppléant chargé du suivi ministériel des questions de transposition.

Dans la pratique normative, rien ne distingue fondamentalement la procédure d'adoption d'un texte de transposition d'une directive de celle relative aux autres textes législatifs ou réglementaires.

En effet, dans la plupart des cas, le ministre maître d'œuvre, c'est-à-dire le département dont l'élaboration de l'acte de transposition rentre dans les attributions prépare le texte de transposition de la directive en rapport avec les autres ministères et services de l'État impliqués, avant de l'introduire dans le circuit normatif, en le transmettant au Secrétariat général du Gouvernement[594].

Le Ministère de l'Économie, des Finances et du Plan assure le suivi et la coordination de la transposition des directives en rapport avec les ministères sectoriels. Il s'appuie, à cet effet, sur la Cellule de Suivi de l'Intégration (CSI) de la Direction générale de la Planification et des Politiques économiques. Pour mener sa tâche, elle s'appuie sur son

[594] V. en France, la circulaire du 27 septembre 2004 relative à la procédure de transposition en droit interne des directives et décisions-cadres négociées dans le cadre des institutions européennes.

réseau de points focaux ministériels qui rendent compte régulièrement de l'état d'avancement des travaux des comités ad-hoc ministériels pour la transposition des directives.

Il a été, au sein du Ministère de l'Économie des Finances et du Plan, du Projet de Coordination des Réformes budgétaires et financières (PCRBF), qui est une stratégie permettant d'assurer un suivi rapproché des directives du cadre harmonisé de gestion des finances publiques. A cet égard, il a été mis en place, au sein dudit ministère, par arrêté n° 08975 MEF/CAB/PCRBF du 04 octobre 2010, un comité national de transposition des directives de l'UEMOA relatives au cadre harmonisé des finances publiques de 2009[595].

Par ailleurs, la circulaire n° 008/PM/SGG/SGA/DSL/IS du 31 mai 2017 sur le processus de transposition des directives communautaires a rappelé que l'obligation de transposition des directives participe de l'harmonisation des législations des États et de la mise en œuvre des réformes communautaires.

Cette circulaire a également recommandé aux ministères de prendre toutes les dispositions nécessaires pour accélérer le processus de transposition des directives relevant de leur compétence en rapport avec la CSI du Ministère de l'Économie des Finances et du Plan.

Il est nécessaire d'assurer une coordination étroite entre les ministères et le SGG, dans le cadre de l'élaboration et de l'adoption des textes de transposition de nature législative ou réglementaire

Dans le cas particulier des textes de nature législative, il est aussi nécessaire de garantir une coordination étroite entre le Gouvernement et le Parlement le plus en amont possible.

Il est même recommandé de faire un point annuel sur la transposition des directives au Parlement.

Les projets de loi ou de texte réglementaires de transposition doivent être rédigés par l'équipe projet ou, le cas échéant, sous son contrôle,

---

[595] Sur cette question, O. SAMB, « Procédures et effets attachés au défaut de transposition », *Echos Finances*, n° 04, janvier-février-mars, 2017, p. 42 et s.

dans un temps défini par l'échéancier, en fonction du contenu du texte de transposition, de la date de publication de la directive, du délai de transposition et des consultations nécessaires.

À cet égard, au Sénégal, la Cellule juridique encore appelée « *Cellule des Affaires juridiques* » occupe une place de choix dans l'élaboration et la coordination des textes de transposition des directives. En effet, prenant en compte la complexité de la technique légistique, le Premier Ministre, par la circulaire n° 0030 CAB/PM/SGG/DSL du 18 décembre 2014 sur la mise en place de l'Agenda législatif et réglementaire du Gouvernement pour l'année 2015, exhorte les ministères à créer des cellules juridiques rattachées, soit au secrétariat général du ministère, soit au cabinet du ministre, selon le cas[596].

Mais le rattachement de la Cellule juridique au secrétariat général est plus approprié, en raison de la mission de coordination de l'activité normative du département ministériel qui lui est dévolue. En effet, la vocation transversale des cellules juridiques s'accommode très mal de leur rattachement à une direction technique du département ministériel.

La Cellule juridique du ministère remplit, en réalité, une fonction de support pour l'ensemble des structures (directions et services rattachés) dans le cadre de la coordination et de la cohérence de la « *production* » normative du département.

L'obligation de mise en place d'une cellule juridique a été rappelée par la circulaire n° 000260 PM/SGG/DSL/db du 27 mars 2017 relative à la création des cellules juridiques.

La Cellule juridique a notamment pour mission de suivre l'état de mise en œuvre de l'agenda législatif et réglementaire, de participer aux réunions d'évaluation trimestrielles de cet agenda et de veiller à la qualité des projets de loi et de décret avant leur transmission au

---

[596] P. A. TOURE, *La légistique. Techniques de conception et de rédaction des lois et des actes administratifs : une tradition de gouvernance normative*, Dakar, l'Harmattan, 2018, n° 30.

Secrétariat général du Gouvernement[597]. Elles sont aussi chargées d'élaborer, en rapport avec les directions techniques, services et organismes relevant de la tutelle du département, les projets de texte législatif et réglementaire du ministère.

Les cellules juridiques sont également pour mission de contrôler les textes législatifs et réglementaires du département ministériel. Elles veillent, en effet, à la bonne articulation entre ces textes ainsi qu'à leur conformité avec la politique normative du Gouvernement.

Chaque cellule est dirigée par un coordonnateur, de préférence un juriste, qui est le point focal au sein du Comité technique de validation des textes législatifs et réglementaires. Il assiste, à ce titre, aux réunions de cette instance, chaque fois que les points inscrits à l'ordre du jour intéressent le département où est rattachée la cellule juridique.

Dans le cas particulier des projets de loi, il peut être envisagé que ces projets soient disponibles au plus tard un an avant l'échéance de transposition.

147. Notification des mesures de transposition- Principe. L'adoption des actes de transposition des directives communautaires en droit interne n'épuise pas les obligations qui pèsent, en vertu du droit communautaire, sur les autorités nationales. En effet, la notification de la transposition des directives est prévue expressément par le droit communautaire.

Les directives comportent à peu près systématiquement une disposition figurant dans les clauses finales, qui impose aux États membres de communiquer à la Commission les dispositions de droit interne qu'ils adoptent dans le champ couvert par la directive, ainsi que les mesures spécifiques adoptées en vue de transposer le texte de la directive en droit interne.

Le principe de transparence impose ainsi aux autorités nationales une obligation d'information à destination de la Commission sur l'état

[597] Sur cette question, P. A. TOURE, *op. cit.*, n° 438.

d'exécution de la directive, qui est également inscrite de façon systématique dans les dispositions finales des directives.

Selon le Guide relatif aux méthodes et techniques de transposition des Directives de l'UEMOA et au modèle d'acte de notification, la notification doit intervenir au plus tôt après la publication de la mesure de transposition. À cet effet, le ministère, chef de file adresse au point focal national de l'UEMOA (Ministère des Finances) le texte des mesures de transposition.

Le point focal national UEMOA devrait être seul habilité à notifier les mesures nationales d'exécution à la Commission de l'UEMOA, dans les formes prescrites par la Commission, le cas échéant, de manière électronique dans le respect de la procédure mise en place par la Commission de l'UEMOA.

Il est recommandé aux États membres d'utiliser les modèles d'actes de notification prévus selon le type de transposition et annexés au Guide relatif aux méthodes et techniques de transposition des Directives de l'UEMOA et au modèle d'acte de notification, adopté par une décision de la Commission de l'UEMOA n° 05/2019/COM/UEMOA du 06 août 2019 ; ce qui est de nature à faciliter le respect de leur obligation de notification.

148. Fondement de l'obligation de notification. L'obligation des actes de transposition des directives est prévue par l'article 26 du Traité UEMOA, puisque c'est le seul moyen pour la Commission, gardienne du Traité, d'exercer efficacement sa mission de contrôle de l'application de la directive communautaire sur tout le territoire de l'Union. Elle permet ainsi à la Commission de s'assurer que les États membres garantissent à tous les citoyens les mêmes droits prévus par la directive.

La notification est également prévue par une disposition expresse de chaque directive par l'emploi des formules suivantes : « *Les États membres communiquent à la Commission le texte des dispositions de droit interne qu'ils adoptent dans le domaine régi (dans les matières régies par la présente Directive)* », « *Ces dispositions sont notifiées à la Commission de l'UEMOA dès leur adoption* ».

149. Contours de l'obligation de notification. L'obligation de l'obligation de notification des directives consiste pour l'État membre à fournir à la Commission des informations claires et précises, indiquant sans équivoque les mesures législatives et réglementaires au moyen desquelles l'État membre considère avoir rempli les différentes obligations qui lui sont imposées par la directive.

La notification doit porter sur l'instrument juridique de transposition de la directive publié au *Journal officiel.* En effet, il s'agit d'attester à la Commission de l'UEMOA du respect par l'État de son obligation de transposition par l'adoption et l'entrée en vigueur di ou des textes de transposition. En effet, l'applicabilité d'un texte législatif ou réglementaire, encore appelée « *entrée en vigueur* », constitue le premier moment de la vie de l'acte.

Il s'agit du point de repère à partir duquel l'acte législatif ou réglementaire revêt un caractère obligatoire et créé des droits subjectifs. C'est le moment à partir duquel le texte doit être observé par toute personne concernée et appliqué par les juridictions[598]. C'est cette qualité particulière du texte que certains auteurs appellent la « *date d'observation* » de l'acte normatif[599].

En principe, l'entrée en vigueur des lois et des actes administratifs suppose leur publication au *Journal officiel*. En effet, il résulte des dispositions de l'article 10 de la loi n° 2021-21 du 02 mars 2021 fixant

---

598 Sur la notion d'entrée en vigueur, V. M. DIAKHATE, « Le régime de l'entrée en vigueur des actes législatifs et réglementaires au Sénégal », in Atelier sur la procédure d'adoption des textes législatifs et réglementaires au Sénégal, ENA, Dakar, 28 et 29 avril 2015 ; B. SARR, « L'entrée en vigueur de l'acte administratif unilatéral », *Annales africaines*, volume 1, avril 2021, n° 14, p. 112 ; P. A. TOURE, *L'entrée en vigueur des lois, des ordonnances et des actes administratifs en droit sénégalais*, Dakar, Abis éditions, 2021.

599 P.-A. CÔTÉ, « Contribution à la théorie de la rétroactivité de la loi », *Revue Barreau canadien*, mars 1989, p. 60 et s., not. p. 68 et s. ; J. HÉRON, « Le temps et la norme », in *Penser la norme, publication du Centre de recherche sur la logique et son histoire*, Université de Rennes I, 1995 et *Principes du droit transitoire,* Paris, Dalloz 1996, p. 28 et s.

les règles d'applicabilité des lois, des actes administratifs à caractère réglementaire et des actes administratifs à caractère individuel, contenues dans la section IV, intitulé « Applicabilité des textes » que : « *Les lois et, lorsqu'ils sont publiés au Journal officiel, les actes administratifs à caractère réglementaire entrent en vigueur un jour franc à compter de leur publication au Journal officiel (...)* »[600].

L'applicabilité des lois et des actes administratifs à caractère réglementaire n'est plus subordonnée au dépôt du *Journal officiel* au Secrétariat général du Gouvernement. Elle est seulement tributaire de leur publication au *Journal officiel* sur support papier et par voie électronique. Un jour franc après sa publication au *Journal officiel*, le texte normatif entre en vigueur.

Sous ce rapport, l'exigence de la notification de la Commission de l'UEMOA du *Journal officiel* dans lequel le texte de transposition est publié se comprend aisément.

Mais dans la fixation du régime de la notification des actes de transposition des directives, le Guide relatif aux méthodes et techniques de transposition des Directives de l'UEMOA et au modèle d'acte de notification, adopté par une décision de la Commission de l'UEMOA n° 05/2019/COM/UEMOA du 06 août 2019, ne prend pas en compte les textes non publiés au *Journal officiel.*

En effet, au Sénégal, la réforme du régime de l'applicabilité des textes introduite par la loi n° 2021-21 du 02 mars 2021 précitée a consacré pour la première fois un système de non-publications ou de publication partielle de certains textes législatifs ou réglementaires au *Journal officiel*.

L'article 3 de la loi du 02 mars 2021 précitée réserve la possibilité d'une non-publication ou d'une publication partielle des lois et des actes réglementaires, en énonçant que les lois promulguées ainsi que les actes administratifs à caractère règlementaire sont publiés par insertion au *Journal officiel* sur support papier et par voie électronique « sauf

[600] H. MOYSAN, « Entrée en vigueur de la loi : le jour même ou le lendemain de la publication ? », *JCP adm. collect. territ.*, 22 avril 2013. 2116.

disposition législative ou réglementaire autorisant la non-publication ou la publication partielle de textes ».

En outre, seuls les lois et les actes réglementaires peuvent être dispensés de la publication au *Journal officiel*, à l'exclusion des actes administratifs à caractère individuel qui doivent être notifiés aux intéressés pour être exécutoires.

Dans tous les cas, pour que la dispense de publication de dispositions du texte puisse jouer, il est nécessaire d'insérer dans ledit texte une disposition expresse prévoyant sa non-publication ou sa publication partielle.

Cette disposition devrait, à l'image des dispositions transitoires, être contenue dans les dispositions finales du texte.

Le législateur a également fixé le régime d'entrée en vigueur des lois et des actes réglementaires non publiés ou ayant fait l'objet d'une publication partielle au *Journal officiel*.

Selon l'article 10, alinéa 3 de la loi n° 2021-21 du 02 mars 2021 susvisée, lorsque les textes législatifs et réglementaires comportent une disposition autorisant leur non-publication ou leur publication partielle au *Journal officiel*, « les dispositions non publiées entrent en vigueur à la date expressément prévue ou à défaut, à compter de leur promulgation, s'il s'agit d'une loi ou à compter de leur signature, s'il s'agit d'un acte réglementaire ».

Ainsi, lorsqu'une disposition d'entrée en vigueur est insérée dans le texte non publié ou publié partiellement, il est applicable à compter de la date fixée par cette disposition.

En effet, dans ce cas, une disposition expresse d'entrée en vigueur fixe la date d'applicabilité du texte. Le législateur peut décider que le texte entrera en vigueur à une date déterminée indépendamment de sa publication au *Journal officiel*.

Faute d'insertion d'une disposition d'entrée en vigueur dans le texte, il ne sera applicable qu'à compter de sa promulgation s'il s'agit d'une loi ou de sa signature s'agissant des actes réglementaires.

Il faut préciser que le régime d'entrée en vigueur des textes non publiés ou publiés partiellement ne s'applique pas aux ordonnances dont les modalités d'applicabilité sont fixées par la Constitution qui exige leur publication.

En tout état de cause, nous pensons que dans le silence du Guide relatif aux méthodes et techniques de transposition des Directives de l'UEMOA et au modèle d'acte de notification, nous pensons que dans le cas où le texte de transposition n'est pas publié au *Journal officiel*, la notification devrait porter sur la dernière mouture du texte après son adoption, et au besoin, sa promulgation par le Président de la République.

150. Sanction de l'obligation de notification. Le non-respect de cette obligation d'information constitue une infraction autonome, qui peut être sanctionnée par l'introduction, y compris si l'État membre a, par ailleurs, correctement transposé la directive, d'un recours en constatation de manquement, fondé à la fois sur l'effet obligatoire de la directive résultant de l'article 43 du traité de l'UEMOA et sur l'obligation subsidiaire issue du principe de coopération loyale des États membres avec les institutions communautaires[601].

C'est sur ce fondement que la Commission peut solliciter des autorités nationales, au-delà même de l'obligation figurant explicitement dans la directive elle-même, toute information qui pourrait lui être utile en vue d'exercer son contrôle, le non-respect de cette obligation constituant également un cas de manquement[602].

D'ailleurs, dans le souci de renforcer cette obligation de transparence des opérations de transposition, en Europe, le traité de Lisbonne a introduit une procédure de manquement spécifique, en cas de défaut de communication à la Commission des mesures de transposition, qui permet à la Commission d'assortir son recours d'une demande

---

[601] V. not. CJCE, 19 févr. 1991, Commission c/ Belgique, aff. C-374/89, *JDI* 1992. 419 s., obs. D. Simon.

[602] V. par ex. CJCE, 14 oct. 1992, Commission c/ Grèce, aff. C-65/91, Rec. I. 5245, obs. D. Simon ; *JDI* 1993. 395.

immédiate de sanctions pécuniaires. La Commission peut ainsi solliciter que soit imposé à l'État membre le paiement d'une astreinte ou d'une somme forfaitaire qu'elle juge « *adaptée aux circonstances* ». La Cour de justice peut infliger le versement de l'amende ou de l'astreinte, dans la limite du montant indiqué par la Commission, qui sera exigible à la date fixée par l'arrêt de manquement. La Commission a fixé dans une communication les modalités d'utilisation de cette procédure de sanctions pécuniaires[603].

[603] Communication 2011/C012/01, JOUE, no C 12, 15 janv. 2011 ; V. A. RIGAUX, « Recours en manquement », in D. SIMON (dir.), *Contentieux de l'Union européenne /3, Renvoi préjudiciel, recours en manquement*, 2011, coll. Axe Droit, Lamy, Wolters Kluwer, spéc. p. 264 s. ; D. SIMON, « Recours en constatation de manquement », J.-*Class. eur. Traité,* fasc. 380 et 380-I.

SECTION II :

LA PROCÉDURE PARTICULIÈRE DE TRANSPOSITION DE LA LÉGISLATION UNIFORME

151. Objet de la procédure particulière. À côté de la procédure ordinaire de transposition des directives, le Guide relatif aux méthodes et techniques de transposition des Directives de l'UEMOA et au modèle d'acte de notification a aménagé une procédure particulière de transposition qui a vocation à s'appliquer à la législation uniforme de l'UMOA, à savoir les lois uniformes.

Il faut préciser que l'évocation d'une telle procédure dans le Guide de transposition des directives de l'UEMOA interroge.

En effet, d'une part, la procédure particulière de transposition prévue dans le Guide ne décrit pas les différentes phases que doivent respecter les autorités nationales pour les besoins de l'élaboration des textes de transposition des directives. Mais elle a plutôt pour objet de rappeler les grandes étapes de la « *transposition* » des lois uniformes depuis leur adoption par le Conseil des Ministres jusqu'à leur incorporation dans les ordres juridiques nationaux.

D'autre part, comme nous l'avons déjà relevé, les lois uniformes ne donnent pas lieu à proprement parler à des mesures de transposition au sens technique du terme. D'ailleurs, les décisions du Conseil des Ministres de l'UMOA qui adoptent les lois uniformes mettent à la charge des États membres l'obligation de les « *incorporer* » dans leurs ordres juridiques dans un délai déterminé. Les États membres qui procèdent à l'incorporation des lois uniformes dans leurs législations n'ont pas les mêmes marges de manœuvre que ceux qui transposent une directive communautaire.

152. Étapes de la procédure. L'insertion de la législation uniforme dans les ordres juridiques nationaux obéit à une procédure assez spécifique par rapport à la procédure ordinaire de transposition des

Directives. Cette procédure relève parfois d'une méthode de législation à deux étages.

En effet, le Conseil des Ministres de l'UMOA élabore d'abord un projet de loi uniforme dans l'une des matières prévues par l'article 34 du traité de l'UMOA. Il s'agit de l'exécution et du contrôle des relations financières entre les États membres et ceux n'appartenant pas à l'UMOA, des règles générales d'exercice de la profession bancaire et financière et les activités s'y rattachant, des systèmes de paiement, de la répression de la falsification des signes monétaires et de l'usage des signes falsifiés ainsi que de la répression du blanchiment de capitaux.

Ensuite, le Conseil des Ministres adopte dans une décision le projet de loi uniforme en impartissant souvent aux États membres un délai pour prendre les dispositions nécessaires, en vue de son insertion dans leurs ordres juridiques nationaux.

Enfin, il revient aux États membres d'incorporer la loi uniforme ainsi adoptée dans leurs ordres normatifs dans le respect de leurs procédures internes.

À titre d'exemple, la loi uniforme n° 2008-48 du 3 septembre 2008 relative à la répression des infractions en matière de chèque, de carte bancaire et d'autres instruments et procédés électroniques de paiement[604] est entrée en vigueur au Sénégal à la suite de l'adoption d'un projet de loi uniforme relatif aux instruments de paiement, par le Conseil des Ministres de l'Union Monétaire Ouest Africaine (UMOA), réuni en session ordinaire le 29 septembre 1995 à Bamako.

La même procédure a été suivie par l'UMOA en matière de répression de l'usure. En effet, suite à l'élaboration du projet de loi uniforme relative à la répression du faux monnayage et des autres atteintes aux signes monétaires, le Conseil des Ministres de l'UMOA a, par une décision en date du 24 juin 2016, adopté ce projet de loi uniforme et a fait obligation aux États membres de prendre les

---

[604] JORS n° 6453 du 7 février 2009.

dispositions nécessaires en vue de son insertion dans leurs ordres juridiques.

Le Sénégal a incorporé la loi uniforme précitée dans son ordre juridique par l'adoption de la loi n°2018-02 du 23 février 2018 relative à la répression du faux monnayage et des autres atteintes aux signes monétaires[605].

Mais l'incorporation des lois uniformes dans les ordres juridiques nationaux peut être plus complexe et traduire une sorte de dialogue entre des instruments normatifs de l'UMOA et de l'UEMOA.

Dans certains cas, l'adoption du projet de loi uniforme et son incorporation dans l'ordre juridique national sont précédées de l'adoption d'une directive par le Conseil des Ministres de l'UEMOA. De sorte que le projet de loi uniforme adopté par le Conseil des Ministres de l'UMOA n'est que la reproduction fidèle de la directive de l'UEMOA ; ce qui renvoie à un procédé de législation à trois étages

Par exemple, dans le cadre de la lutte contre le blanchiment de capitaux et le financement du terrorisme, le Conseil des Ministres de l'UEMOA a adopté la Directive n° 02/CM/UEMOA du 02 juillet 2015 relative à la lutte contre le blanchiment de capitaux et le financement du terrorisme dans les États de l'UEMOA.

Cette directive a été « *incorporée* » dans un projet de loi uniforme adopté par une décision du Conseil des Ministres de l'UMOA n° 26 du 02 juillet 2016.

Cette décision du Conseil des Ministres a accordé aux États un délai de six (6) mois, à compter de la date de sa signature, pour prendre les dispositions nécessaires en vue de l'insertion du projet de loi uniforme dans leurs ordres juridiques.

Le Sénégal a internalisé ce projet de loi uniforme en adoptant la loi n° 2018-03 du 23 février 2018 relative à la lutte contre le blanchiment de capitaux et le financement du terrorisme.

---

605 JORS n° 7095 du 14 mai 2018, p. 553.

Mais une question vient à l'esprit : la procédure d'élaboration de l'acte d'incorporation de la loi uniforme dans la législation nationale obéit-elle pas à celle prévue par le Guide relatif aux méthodes et techniques de transposition des Directives de l'UEMOA et au modèle d'acte de notification, adopté par une décision de la Commission de l'UEMOA n° 05/2019/COM/UEMOA du 06 août 2019, pour les besoins de la transposition des directives (mise en place d'une équipe projet, correspondant de la transposition, plan de transposition, notification de l'acte de transposition) ?

Rien n'est moins sûr. En effet, dans le cadre du processus d'incorporation des lois uniformes dans les ordres juridiques nationaux, les États membres n'ont pas beaucoup de marges de manouvre, dès lors que ces dernières lois uniformes font l'objet d'une adoption par le Conseil des Ministres de l'UMOA et s'imposent, dès lors, aux législateurs nationaux. Ainsi, sous réserve des adaptations nationales prévues par le texte communautaire, le département ministériel dont les compétences rentrent dans le cadre de la loi uniforme se contente souvent de transcrire le contenu de la loi uniforme dans l'ordre juridique national.

CHAPITRE III :

LA SANCTION DE L'OBLIGATION DE TRANSPOSITION DES DIRECTIVES

153. Obligation sanctionnée. La transposition des directives communautaires constitue une obligation constitutionnelle et une exigence résultant des engagements communautaires des États membres. Ainsi, ces derniers sont tenus de transposer les directives communautaires dans leurs ordres juridiques.

La non-transposition ou la mauvaise transposition des directives constitue un manquement par les États de leurs obligations qui leur incombent en vertu du traité de l'UEMOA qui est susceptible de fonder un recours en constatation de manquement (section première).

Par ailleurs, s'il est vrai que la mise en œuvre « *normale* » des directives passe par l'opération de transposition, il peut se produite une situation dite « *pathologique* » résultant du défaut ou de la mauvaise transposition des directives[606].

Cette situation peut avoir pour conséquence de priver d'effet la directive, en tant que norme communautaire. C'est pourquoi la jurisprudence de la Cour de Justice a très tôt posé le principe de l'effet direct de la directive non transposée ou mal transposée à l'expiration des délais (section II).

---

[606] J. TUROT, « Défaut de transpositions d'une directive communautaire le choix des armes : la pique ou la masse ? Première partie : Les angles morts de l'exception d'illégalité », *RJF* 11/92, p. 867.

SECTION PREMIÈRE :

LE RECOURS EN CONSTATATION DE MANQUEMENT

154. Objet du recours en constatation en manquement. Le défaut de transposition ainsi que la transposition incorrecte ou tardive des directives peuvent donner lieu à un recours en constatation de manquement devant la Cour de Justice de l'UEMOA à l'encontre de l'État fautif. La Cour de Justice de l'UEMOA joue, en effet, le rôle d'institution régulatrice du droit, en contrôlant le respect par les États membres des obligations qui leur incombent en vertu du traité, dont la transposition des directives dans le délai fixé[607].

Pour mieux comprendre la spécificité du recours en constatation de manquement, il importe au préalable d'étudier son mécanisme (paragraphe premier), ses conditions de mise en œuvre (paragraphe II) ainsi que la procédure en constatation du manquement aux obligations communautaires (paragraphe III).

PARAGRAPHE PREMIER : LE MÉCANISME DU RECOURS EN CONSTATATION DE MANQUEMENT

155. Fondement du recours en constatation de manquement. L'objet du recours en manquement est de constater l'existence de manquements imputables aux États membres à leurs obligations communautaires, afin de les obliger à y mettre fin. Il y a manquement lorsqu'un État ne respecte pas une obligation découlant du droit communautaire.

Le recours en constatation de manquement trouve son fondement dans le protocole additionnel n° 1 relatif aux organes de contrôle de l'UEMOA (1996). En vertu de l'article 5 de ce texte, la Cour de Justice

---

[607] E. AKPO, « Le juge et le défaut de transposition des directives dans l'espace UEMOA », UEMOA Cour de Justice, Communication, Rentrée solennelle de l'année judiciaire 2021-2022, octobre 2021, p. 17.

connaît, sur recours de la Commission ou de tout État membre, des manquements des États membres aux obligations qui leur incombent en vertu du Traité de l'Union. Si la Cour de Justice constate qu'un État membre a manqué à une des obligations qui lui incombent en vertu du Traité de l'Union, cet État est tenu de prendre les mesures que comporte l'exécution des arrêts de la Cour. En cas d'abstention de l'État membre dont le manquement a été constaté, la Commission a la faculté de saisir la Conférence des Chefs d'État et de Gouvernement afin qu'elle invite l'État membre défaillant à s'exécuter[608].

L'article 7 du protocole additionnel n° 1 précité précise que lorsque le recours en manquement est formé par un État membre, la Cour avant de statuer, invite la Commission à lui communiquer ses observations.

Mais il faut préciser qu'en droit communautaire de l'UEMOA, la Cour de Justice n'a pas encore eu l'occasion de connaitre d'un recours en constatation de manquement, notamment pour défaut ou mauvaise transposition d'une directive communautaire.

L'originalité du système de contrôle institué par ces textes trouve sa justification dans la nature même de l'ordre juridique de l'Union. Il convient de rappeler que si l'édiction du droit communautaire relève de la compétence exclusive des institutions de l'Union, sa mise en œuvre est, en revanche, très largement décentralisée, laissant aux États membres la responsabilité essentielle de l'exécution des règles communes[609].

---

[608] V. art. 6 du protocole additionnel n° 1 de 1996 relatif aux organes de contrôle de l'UEMOA.

[609] En ce sens, V. not., J. RIDEAU, Le rôle des États membres dans l'application du droit communautaire : AFDI 1972, p. 864 ; La Communauté et ses États membres : Colloque de Liège, La Haye, Nijhoff, 1973, spéc. les rapports de R. KOVAR et M. ZULEEG, « L'application du droit communautaire par les États membres » G.-C. AZZI (dir.): Maastricht, IEAP, 1985 ; Y. MENY (dir.), « Mises en œuvre nationales du droit communautaire », *RF adm. publ.* 1985, n° 34, p. 177 s. : R. KOVAR, « Le droit national d'exécution du droit communautaire, essai d'une théorie de l'écran communautaire », *Mélanges Boulouis*, p. 341 ; V. également, B. LE BAUT FERRARESE, *La Communauté européenne et l'autonomie institutionnelle et procédurale des États membres*, Thèse, Lyon III, 1996 ; C. HAGUENAU, *L'application effective du droit communautaire en droit interne*, Bruxelles, Bruylant,

Il est indispensable pour les autorités de l'Union de disposer d'un instrument efficace afin de s'assurer que les autorités nationales respectent les obligations découlant du droit de l'Union et, le cas échéant, afin de sanctionner leur violation[610].

C'est toute la philosophie générale qui inspire l'institution du recours en constatation de manquement, moyen privilégié de « *surveillance* » ou de « *contrôle* » de l'application par les États membres du droit communautaire.

Qualifié par la Cour de Justice de « *procédure comminatoire* »[611], à laquelle les États ne peuvent se soustraire en raison de la compétence obligatoire et exclusive de la Cour de Justice[612], le recours en manquement permet de faire « *prévaloir les intérêts communautaires consacrés par le traité contre l'inertie et contre la résistance des États membres* »[613].

1995 ; R. MEHDI, *Le statut contentieux des mesures nationales d'exécution du droit communautaire (l'exemple français)*, Thèse, université de Rennes I, 1994 ; « L'exécution nationale du droit communautaire. Essai d'actualisation d'une problématique au cœur des rapports de systèmes », *Mélanges en hommage au Recteur G. Isaac,* Presse de l'université des Sciences sociales, 2007 ; V. également L. GUILLOUD-COLLIAT, H. OBERDORFF et F. TERPAN (dir.), *L'européanisation du droit, Quelle influence du droit de l'Union européenne sur le droit français ?,* Paris, LGDJ-Lextenso, 2016.

[610] C. BERTRAND, « La responsabilité des États membres en cas de non-transposition des directives communautaires », *RD publ.* 1994. 1508 ; P. LE MIRE, « La responsabilité des États membres pour non-transposition des directives communautaires et la face cachée de l'arrêt *Francovich*, note sous CJCE, 19 nov. 1991 », *AJDA* 1992. 143 ; D. SIMON, « Une étape décisive dans la protection des droits des justiciables communautaires : la responsabilité des États membres en cas de non-transposition des directives », *Europe* déc. 1991, chron. 1.

[611] CJCE, 14 déc. 1962, Commission c/ Luxembourg et Belgique, aff. jointes 2 et 3/62, Rec. 813.

[612] CJCE, 30 mai 2006, Commission c/ Irlande, aff. C-459/03, Rec. I. 4635, [Usine MOX].

[613] CJCE, 15 juill. 1960, Italie c/ Haute Autorité de la CECA, aff. 20/59 , préc.

156. Fonctions du recours en constatation de manquement. Le mécanisme du manquement présente le caractère d'un « *recours plurifonctionnel* »[614].

En premier lieu, à la différence du mécanisme existant en droit international général, le recours en manquement n'est pas un véritable contentieux de la responsabilité. C'est la raison pour laquelle l'introduction de la procédure et la recevabilité d'une éventuelle saisine de la juridiction de l'Union ne sont pas subordonnées à la règle, pourtant classique en matière de responsabilité internationale, de l'épuisement des voies de recours internes.

La Cour de Justice a déjà jugé que « *l'existence de voies de droit ouvertes auprès des juridictions nationales ne saurait préjudicier, à aucun égard, à l'exercice du recours visé à l'article 169, les deux actions poursuivant des buts et ayant des effets différents* »[615]. Inversement, la

---

[614] A. RIGAUX, « Le recours en constatation de manquement », in D. SIMON (dir.), *Contentieux de l'Union européenne/3*, Paris, Lamy, coll. Axe Droit, 2011, spéc. § 84 ; DE BELLESCIZE, « L'article 169 du traité de Rome et l'efficacité du contrôle communautaire sur les manquements des États membres », *RTD eur.* 1977. 173 ; J.-P. PUISSOCHET, « L'action en manquement peut-elle encore se parer de ses justes vertus », Mélanges Iglesias, 2003, 569 ; R. MUÑOZ, « Comment pallier les manquements du recours en manquement ? », *Europe* 1999, chron. 2 ; « La « nouvelle approche » de la Commission concernant l'application du droit communautaire : grandeur et décadence des mécanismes de contrôle », *Europe* 2007, chron. 11 ; G. MARCHESINI, Recours en constatation des manquements des États : le traité CECA, Les Novelles, Larcier, Bruxelles, 1969, p. 367 s ; J.-L. SAURON , « L'intégration du juge national aux procédures en manquement », Mélanges Isaac, Toulouse, PUSS, 2004, p. 867 ; J.-L. SAURON, « Présentation du recours en manquement », in G. CANIVET, L. Idot, D. SIMON (ss dir.) Lamy Procédures communautaires, Paris, Lamy, 2005, étude 345 ; B. THOMAS, « Infractions et manquements des États membres au droit communautaire », *RMC* 1991, p. 887 ; D. SIMON et M.-F. GAYET, « Constatation de manquement et effet direct du droit communautaire, observations sous CJCE, 13 juillet 1972, Comm. c/ Italie, 48/71 », *Cah. dr. eur*. 1973, p. 301 ; CANDELA CASTILLO et MONGIN, Les infractions au droit communautaire commises par les États membres. Quelques apports clés de la jurisprudence récente de la Cour de Justice en matière de manquement, *RMCUE* 1996. 51 ; GOFFIN, Le manquement d'un État membre selon la jurisprudence de la Cour de Justice des Communautés européennes, in *Les progrès du droit des gens,* Mélanges Dehousse, 1979, vol. 2, F. Nathan, p. 211.

[615] CJCE, 17 févr. 1970, aff. 31/69, Comm. c/ Italie, pt 9 ; également, concl. av. gén. Reischl, CJCE, 4 avr. 1974, aff. 167/73, Comm. c/ France.

Cour estime que : « *la circonstance que le traité [...] permet à la Commission et aux États membres d'attraire devant la Cour un État qui n'a pas exécuté ses obligations n'implique pas pour les particuliers l'impossibilité d'invoquer, le cas échéant, devant le juge national ces obligations, tout comme le fait que le traité met à la disposition de la Commission des moyens pour assurer le respect des obligations imposées aux assujettis n'exclut pas la possibilité, dans les litiges entre particuliers devant le juge national, d'invoquer la violation de ces obligations* »[616].

Par ailleurs, le recours en manquement se distingue d'une action en responsabilité en tant qu'il ne suppose pas que soit rapportée la preuve d'un dommage. Comme le rappelle souvent la Cour de Justice, le recours en constatation de manquement « *n'implique pas l'existence d'un préjudice subi par les autres États membres comme condition de l'exercice de la procédure de constatation de manquement* »[617].

De même, l'engagement de la procédure en manquement n'est pas subordonné à l'existence d'une faute dans le chef de l'État poursuivi.

C'est pourquoi une erreur de droit commise en toute bonne foi par un État membre dans l'application du droit communautaire peut donner lieu à constatation de manquement au même titre qu'une violation délibérée ou qu'une résistance systématique.

Comme le constate régulièrement la Cour, « *la procédure visée à l'article 169 du traité repose sur la constatation objective du non-respect par un État membre des obligations que lui imposent le traité ou un acte de droit dérivé. Dès lors qu'un tel constat a été établi, il est sans pertinence que le manquement résulte de la volonté de l'État membre auquel il est imputable, de sa négligence ou bien encore de difficultés techniques auxquelles celui-ci aurait été confronté* »[618].

---

[616] CJCE, 5 févr. 1963, aff. 26/62, Van Gend en Loos, pt 30.

[617] CJCE, 14 déc. 1971, aff. 7/71, Comm. c/ France ; CJCE, 27 nov. 1990, aff. C-209/88, Comm. c/ Italie ; CJCE, 1er févr. 2001, aff. C-333/99, Comm. c/ France : Europe 2001 , comm. 126, note M. Pietri.

[618] CJCE, 1er oct. 1998, aff. C-71/97, Comm. c/ Espagne, italiques ajoutés.

C'est la raison pour laquelle la reconnaissance par l'État membre de l'existence de la violation n'affecte pas l'éventuelle constatation du manquement[619]. En d'autres termes, la procédure de manquement constitue certes un mécanisme de sanction à l'égard des États membres récalcitrants[620]. L'un des objectifs de la procédure de manquement est donc d'«*assurer une interprétation uniforme et authentique du traité*»[621].

La Cour de Justice rappelle que « *la procédure en manquement d'État permet de déterminer la portée exacte des obligations des États membres en cas de divergences d'interprétation [...] et repose sur la constatation objective du non-respect par un État membre des obligations que lui imposent le traité ou un acte de droit dérivé* »[622].

Il arrive, d'ailleurs, que l'État membre poursuivi soit en quelque sorte lui-même « *demandeur* » d'une interprétation du droit de l'Union revêtue de l'autorité de chose jugée, soit afin de lever une incertitude dont la pérennisation pourrait soulever des difficultés en termes de sécurité juridique[623].

Le recours en manquement remplit, à cet égard, une fonction pédagogique, qui peut se doubler d'une fonction préventive, en ce sens que la clarification du droit applicable permet d'éviter par anticipation des violations ultérieures du droit de l'Union. Encore faut-il que le recours ne vise pas exclusivement des manquements « *futurs ou*

---

619 V. par ex. CJUE, 14 sept. 2017, aff. C-320/15, Comm. UE c/ Grèce ; CJUE, 15 mars 2018, aff. C-575/16, Comm. UE c/ République tchèque.
620 CJCE, 15 juill. 1960, aff. 25/59, Pays-Bas c/ Haute Autorité, citée n° 1, pt 41.
621 Concl. av. gén. Roemer, CJCE, 15 juill. 1960, aff. 25/59, Pays-Bas c/ Haute Autorité.
622 CJCE, 18 janv. 2001, aff. C-83/99, Comm. c/ Espagne : Rec. CJCE 2001, p. I-445.
623 V. par ex., CJCE, 12 juill. 1977, aff. 89/76, Comm. c/ Pays-Bas, affaire dans laquelle, si l'on en croit l'avocat général Mayras, le gouvernement défendeur avait demandé à la Commission de « poursuivre sans délai la procédure » de manière à ce que soit levée l'ambiguïté pesant sur la légalité des taxes litigieuses, afin de disposer d'arguments à l'égard de groupes d'intérêts hostiles à l'application de la solution préconisée par le droit de l'Union européenne.

éventuels » ou ne se limite pas à solliciter une interprétation du droit de l'Union dans un contexte purement hypothétique[624].

PARAGRAPHE II : LES CONDITIONS DE L'ACTION EN MANQUEMENT

157. Conditions de mise en œuvre. Le recours en manquement est enfermé dans des conditions précises. Pour analyser ces conditions, il faut passer en revue l'existence d'un manquement aux obligations communautaires (A) ainsi que l'imputabilité dudit manquement (B).

A. L'existence d'un manquement aux obligations communautaires

158. Caractérisation du manquement. Les textes de l'UEMOA sont particulièrement elliptiques quant à la nature de la violation susceptible de justifier l'engagement d'une procédure de constatation de manquement, et c'est à la Commission et, en dernier ressort, à la Cour de Justice qu'est revenue la tâche de définir avec précision le sens de la formule liminaire des dispositions instituant la procédure de constatation de manquement.

L'article 5 du protocole additionnel n° 1 de 1996 date relatif aux organes de contrôle de l'UEMOA énonce, à cet égard, que « *Si la Cour de Justice constate qu'un État membre a manqué à une des obligations qui lui incombent en vertu du Traité de l'Union »,* cet État est tenu de prendre les mesures que comporte l'exécution des arrêts de la Cour.

Pour mieux comprendre les conditions de l'action en manquement, il importe d'étudier la nature de l'obligation méconnue (1) et la nature du comportement illicite (2).

---

[624] V. par ex. s'agissant d'un recours en manquement à l'initiative d'un État membre en vertu de l'article 259 du TFUE, CJUE, gr. ch., 16 oct. 2012, aff. C-364/10, Hongrie c/ Slovaquie, *Europe* 2012, comm. 474 , obs. D. Simon.

1. La nature de l'obligation

159. Obligation en vigueur. La règle dont la méconnaissance est reprochée à l'État membre mis en cause doit exister antérieurement à l'ouverture de la procédure : il doit s'agir, comme l'a précisé la Cour, d'une « *obligation préexistante* »[625].

Le recours en manquement ne peut en aucun cas avoir pour objet ou pour effet d'imposer aux États membres une obligation nouvelle qui ne résulterait pas de l'état du droit existant. En particulier, l'usage par la Commission des pouvoirs qui lui sont conférés dans le cadre de la procédure de constatation de manquement pour combler les lacunes ou les insuffisances de son pouvoir réglementaire constituerait un détournement de procédure manifestement.

En principe, l'obligation doit également être encore en vigueur, c'est-à-dire procéder d'une norme dont la validité n'a pas expiré du fait de la survenance d'un terme, d'un retrait ou d'une abrogation, ou encore d'une annulation ou d'une déclaration d'invalidité prononcée à la suite d'un contentieux.

Toutefois, l'introduction d'un recours en annulation à l'encontre d'un acte ne fait pas disparaître l'obligation pour son destinataire de s'y conformer, en l'absence d'un effet suspensif attaché au recours en annulation et pour autant qu'un sursis à exécution n'a pas été prononcé par le juge des référés[626]. Il peut arriver à l'inverse que l'obligation de respecter les obligations survive à l'annulation de l'acte, dans les hypothèses où le juge a décidé de maintenir les effets de l'acte jusqu'à l'adoption d'un acte de régularisation[627].

De même, le manquement peut être constaté, même si l'acte dont la violation est reprochée à l'État membre est modifié ou abrogé, dès lors

---

[625] CJCE, 15 juill. 1960, aff. 20/59, Italie c/ Haute Autorité, citée n° 1.
[626] V. par ex., CJCE, 7 juin 1988, aff. 63/87, Comm. c/ Grèce.
[627] CJCE, 26 sept. 2000, aff. C-205/98, Comm. c/ Autriche : Europe 2000, comm. 364, note F. Mariatte ; V. n° 13.

que les obligations figurant dans l'acte sorti de vigueur sont reprises à l'identique dans les nouvelles dispositions qui s'y substituent[628].

L'action en constatation de manquement, compte tenu des pouvoirs attribués à la Cour de justice, est subordonnée à la justiciabilité de la disposition dont la violation est reprochée à l'État membre mis en cause.

2. La nature du comportement illicite

160. Droit primaire. Si l'action en manquement ne vaut que pour les seules obligations justiciables, elle vaut pour toutes les obligations justiciables. En effet, malgré la formulation ambiguë des dispositions pertinentes des traités, on s'accorde à reconnaître que les « *obligations [...] en vertu du [...] traité* » englobent à la fois les règles du droit originaire et celles du droit dérivé.

Il est évident que les actes pris par les institutions en vertu des traités constitutifs (droit dérivé) créent à la charge des États membres des obligations dont la violation peut être sanctionnée par le recours en manquement[629].

Ainsi, l'obligation violée peut naturellement être fondée sur le traité[630], mais de manière plus générale, sur l'ensemble du droit primaire. Par conséquent, les protocoles annexés au traité faisant partie intégrante de ceux-ci, leur violation est constitutive d'un manquement[631].

---

[628] CJCE, 9 nov. 1999, aff. C-365/97, Comm. c/ Italie ; CJCE, 10 avr. 2003, aff. C-392/99, Comm. c/ Portugal. – Cette position est confirmée par une jurisprudence constante, V. par ex., CJCE, 19 mars 2009, aff. C-270/07, Comm. c/ Allemagne ; CJCE, 23 avr. 2009, aff. C-331/07, Comm. c/ Grèce ; CJCE, 10 sept. 2009, aff. C-416/07, Comm. c/ Grèce.

[629] CJCE, 8 mars 1960, aff. 3/59, Allemagne c/ Haute Autorité.

[630] CJCE, 10 nov. 2005, Commission c/ Portugal, aff. C-432/03, Rec. I. 9665.

[631] CJCE, 22 mars 2007, Commission c/ Belgique, aff. C-437/04, Rec. I. 2513 – violation du protocole sur les privilèges et immunités ; CJCE, 31 janv. 2006, Commission c/ Espagne, aff. C-503/03 , Rec. I. 1097 ; appréciation du manquement en considération du protocole 2 annexé au Traité d'Amsterdam intégrant l'acquis de Schengen.

À cet égard, en France, le contentieux de la transposition et de l'exécution des directives est devenu quantitativement le terrain privilégié des procédures de constatation de manquement.

161. Droit dérivé. Le droit dérivé constitue également une source d'obligation dont la violation sera sanctionnée par le recours en manquement. Aussi, la méconnaissance de l'applicabilité directe des règlements en raison de mesures assimilables à des mesures de réception constitue-t-elle un manquement[632]. Il en va de même d'une exécution tardive d'un règlement ou de la violation de ses dispositions de fond[633].

Compte tenu du régime juridique de la directive, un manquement procède tout autant d'une transposition tardive que d'une mauvaise transposition[634]. La même conclusion s'impose pour la violation d'une décision adressée aux États[635].

La violation du droit de l'Union est protéiforme, la Cour ayant très tôt jugé « *qu'une abstention, tout autant qu'un comportement positif, est susceptible de constituer de la part d'un État membre un manquement à une obligation lui incombant* »[636].

162. Manquement par action. Le manquement peut résulter d'un comportement positif de l'État membre en cause, c'est-à-dire notamment de l'adoption et/ou de l'application d'une mesure nationale partiellement ou totalement incompatible avec le droit de l'Union[637], ou d'opérations matérielles effectuées en violation des traités, ou encore de refus explicites opposés à l'exécution d'obligations communautaires[638].

Il peut s'agir d'une transposition tardive ou d'une transposition incomplète ou non conforme au contenu de la directive,

---

632 CJCE, 7 févr. 1973, Commission c/ Italie, aff. 39/72, Rec. 101.
633 CJCE, 4 mars 1970, Commission c/ Italie, aff. 33/69, Rec. 93.
634 CJCE, 16 oct. 2008, Commission c/ Espagne, aff. C-136/07, Rec. I. 7793.
635 CJCE, 13 déc. 2001, Commission c/ France, aff. C-1/00 , Rec. I. 9989.
636 CJCE, 17 févr. 1970, aff. 31/69, Comm. c/ Italie.
637 V. par ex., CJCE, 5 mai 1970, aff. 77/69, Comm. c/ Belgique ; CJCE, 22 oct. 1998, aff. C-184/96, Comm. c/ France.
638 V. par ex., concl. av. gén. Mayras, CJCE, 7 févr. 1973, aff. 39/72, Comm. c/ Italie.

En toute hypothèse, « *de simples pratiques administratives [...] par nature modifiables au gré de l'administration, ne sauraient constituer une exécution valable de l'obligation qui incombe aux États membres destinataires d'une directive en vertu de l'article 189 du traité CEE* »[639].

Il en est de même de la transposition par voie de mesures d'ordre intérieur (par exemple, une circulaire), qui ne garantit pas une application effective de la directive, mais, en outre, ne remplit pas les exigences de transparence inhérentes à l'application du droit de l'Union dans les États membres[640].

Le recours en constatation de manquement est ainsi l'instrument privilégié permettant de sanctionner les retards de transposition des directives[641].

De manière analogue, la Cour condamne les manquements résultant de l'absence de voies de recours effectives dans l'hypothèse où une directive impose à l'État membre de garantir une protection juridictionnelle adéquate[642].

C'est ainsi par exemple que la Cour a sanctionné la transposition de directives communautaires par la voie de simples pratiques administratives comme contraire au principe général de clarté et de précision du droit inhérent aux exigences de sécurité juridique imposées par le droit communautaire.

Plus généralement, la Cour a rappelé que : « *les principes de sécurité juridique et de protection des particuliers exigent que, dans les*

---

[639] CJCE, 23 févr. 1988, aff. 429/85, Comm. c/ Italie ; CJCE, 2 mars 1988, aff. 309/86, Comm. c/ Italie ; CJCE, 3 mars 1988, aff. 116/86, Comm. c/ Italie. – CJCE, 24 mars 1988, aff. 104/86, Comm. c/ Italie.

[640] V. jurisprudence constant, V. par ex., CJCE, 2 déc. 1986, aff. 239/85, Comm. c/ Belgique ; CJCE, 19 mai 1999, aff. C-225/97, Comm. c/ France ; CJCE, 11 nov. 1999, aff. C-315/98, Comm. c/ Italie ; CJCE, 17 mai 2001, aff. C-159/99, Comm. c/ Italie : Europe 2001, comm. 217, obs. A. Rigaux ; V. également D. Simon, Directive : Encyclopédie Dalloz, coll. Répertoire de droit européen, 2018.

[641] (parmi une jurisprudence extrêmement abondante, V. par ex., CJCE, 4 juin 1987, aff. 134/ 86, Comm. c/ Belgique ; CJCE, 7 juill. 1987, aff. 49/86, Comm. c/ Italie.

[642] V. par ex., CJCE, 29 oct. 2009, aff. C-474/08, Comm. c/ Belgique, *Europe* 2010, comm. 13, obs. A. Rigaux.

domaines couverts par le droit communautaire, les règles du droit des États membres soient formulées de manière non équivoque qui permette aux personnes concernées de connaître leurs droits et obligations d'une manière claire et précise et aux juridictions nationales d'en assurer le respect »[643].

163. Exécution tardive par dépassement du délai raisonnable. Toutefois, le problème est plus complexe dans l'hypothèse où aucun texte de droit de l'Union ne prévoit une date impérative d'exécution. Il en est ainsi lorsque par exemple la directive n'a imparti un délai aux États membres pour procéder à sa transposition.

Quoi qu'il en soit, on ne peut pas déduire de l'absence de délai imparti à l'État membre que ce dernier dispose d'une faculté illimitée de retarder l'application de la règle communautaire.

Mais il convient de déterminer à partir de quel moment l'inaction de l'État devient une inertie coupable, susceptible de constituer un manquement à l'obligation de bonne foi communautaire consacrée[644]. La Cour de Justice a posé le principe selon lequel les mesures nationales d'exécution devaient en tout état de cause être prises « *dans des délais raisonnables* »[645].

Il importe, en effet, que « *chaque État membre donne aux directives une exécution qui corresponde aux exigences de clarté et de certitude des situations juridiques voulues par les États membres dans l'intérêt des opérateurs économiques établis dans d'autres États membres*»[646]. On peut y ajouter l'adoption de mesures manifestement contraires aux obligations imposées par une directive, même avant l'expiration du délai de transposition, dès lors que les mesures adoptées sont « *de*

[643] CJCE, 21 juin 1988, aff. 257/86, Comm. c/ Italie, pt 12, italiques ajoutés.

[644] Sur la portée de cette disposition, on se reportera à M. BLANQUET, L'article 5 du traité CEE, recherche sur les obligations de fidélité des États membres de la Communauté, Paris, LGDJ, 1994 ; V. CONSTANTINESCO, « L'article 5 CEE, de la bonne foi à la loyauté communautaire » in Liber amicorum P. PESCATORE : Nomos Verlag, Baden Baden, 1987.

[645] CJCE, 17 févr. 1970, aff. 31/ 69, Comm. c/ Italie.

[646] CJCE, 6 mai 1980, aff. 102/79, Comm. c/ Belgique, pt 11, italiques ajoutés.

nature à compromettre sérieusement la réalisation du résultat prescrit par cette directive »[647].

164. Manquement par abstention. La violation du droit de l'Union peut correspondre à une abstention illicite, c'est-à-dire à l'omission de prendre les mesures exigées par la règle de droit originaire ou dérivé[648].

Les cas d'omission visent surtout la situation où l'État membre s'est abstenu d'adopter la moindre mesure imposée par la transposition d'une directive.

Ce « *cas d'ouverture* » du manquement permet notamment d'appréhender toutes les hypothèses de non-transposition des directives dans les délais requis. L'omission par les autorités nationales de prendre les mesures correspondant à l'obligation de transposition inhérente à la mise en œuvre des directives est évidemment constitutive d'un manquement.

L'absence de mesures administratives de transposition d'une directive pourrait, d'ailleurs, être assimilée au défaut d'adoption d'actes réglementaires d'exécution d'une loi interne, situation qui constitue une faute de nature à engager la responsabilité de l'État[649].

B. L'imputabilité du manquement

165. Imputation du manquement. Le souci d'appréhender l'ensemble des attitudes des États membres susceptibles de porter atteinte à l'application uniforme de la règle de droit de l'Union a conduit la Cour de Justice à adopter une position parfaitement claire quant à l'imputabilité du manquement[650].

---

[647] CJCE, 18 déc. 1997, aff. C-129/96, Inter-Environnement Wallonie, *Europe* 1998, comm. 42, obs. A. Rigaux.

[648] CJCE, 8 mars 1960, aff. 3/59, Allemagne c/ Haute Autorité.

[649] V. not. CE, ass., 27 nov. 1964, Renard, Rec. CE, p. 590, concl. Galmot ; B. GENEVOIS, concl. sur CE, ass., 22 déc. 1978, Min. Intérieur c/ Cohn-Bendit, ibid., p. 524 ; T. LARZUL, obs. sur CJCE, 19 nov. 1991, *Petites Affiches* 4 août 1993, n° 93, p. 32 ; P. CASSIA, « Abandonner la jurisprudence Cohn-Bendit ? », *AJDA* 2006. 281

[650] D. SIMON et A. BARAV, « La responsabilité de l'administration nationale en cas de violation du droit communautaire », *RMC* 1987, p. 165.

Les gouvernements défendeurs ont très fréquemment invoqué l'argument selon lequel le manquement aurait été commis, en réalité, par un organe constitutionnellement indépendant, pour s'exonérer de leur « *responsabilité* ».

La Cour a systématiquement rejeté cette justification, en considérant que le manquement est constitué : « *quel que soit l'organe de l'État dont l'action ou l'inaction est à l'origine du manquement, même s'il s'agit d'une institution constitutionnellement indépendante* »[651]. Ainsi, si le recours en manquement reflète la mise en place d'un système qui transcende « *de loin les règles jusqu'à présent admises en droit international classique pour assurer l'exécution des obligations des États* »[652].

L'argument des gouvernements nationaux, tiré du principe de séparation des pouvoirs, doit donc céder devant le constat selon lequel la méconnaissance de la règle de droit de l'Union a pour responsable l'État en tant que tel, quelle que soit l'autorité étatique à laquelle la violation est directement et spécifiquement imputable. Cette solution est, d'ailleurs, parfaitement conforme aux principes généraux du droit de la responsabilité internationale[653].

Ce principe découle naturellement du fait que le sujet de droit international demeure l'État, qui s'engage dans des liens conventionnels et qui doit exécuter de bonne foi ses obligations, par le truchement de

---

[651] CJCE, 5 mai 1970, aff. 77/69, Comm. c/ Belgique ; V. également, CJCE, 18 nov. 1970, aff. 8/70, Comm. c/ Italie ; il s'agit d'une jurisprudence parfaitement constante.
[652] CJCE, 15 juill. 1960, Italie c/ Haute Autorité de la CECA, aff. 20/59, Rec. 663 ; RUZIÉ, *Organisations internationales et sanctions internationales,* 1971, A. Colin, p. 96.
[653] En ce sens, L. CONDORELLI, « L'imputation à l'État d'un fait internationalement illicite », *RCADI* 1984, V, 188, p. 9 ; V. également P. JACOB, *L'imputation d'un fait à l'État en droit de la responsabilité internationale* Thèse, Rennes, 2010 ; F. FINCK, *L'imputabilité dans le droit de la responsabilité internationale*, Thèse, Strasbourg, 2011.

ses différents organes, en fonction des attributions de chacun, selon ses règles constitutionnelles[654].

La jurisprudence de la Cour de Justice en matière d'imputation du manquement est ainsi rigoureusement concordante avec les positions développées dans le contexte de la responsabilité encourue par les États membres en cas de violation du droit de l'Union : « *dans l'ordre juridique international, l'État, dont la responsabilité serait engagée du fait de la violation d'un engagement international, est également considéré dans son unité, que la violation à l'origine du préjudice soit imputable au pouvoir législatif, judiciaire ou exécutif. Il doit en être d'autant plus ainsi dans l'ordre juridique communautaire que toutes les instances de l'État, y compris le pouvoir législatif, sont tenues, dans l'accomplissement de leurs tâches, au respect des normes imposées par le droit communautaire et susceptibles de régir directement la situation des particuliers* »[655].

À cette justification tirée du droit international, s'ajoutent des raisons plus spécifiques à l'ordre juridique de l'Union. Le principe selon lequel toute hypothèse de violation du droit de l'Union par un État membre doit permettre l'engagement de la procédure en manquement, et ce, « *quel que soit l'organe de l'État membre dont l'action ou l'omission est à l'origine du manquement* » s'impose, en effet, au nom de l'unité d'application du droit de l'Union.

L'application de ce principe doit être assurée, quel que soit l'organe qui, en vertu du principe d'autonomie institutionnelle et procédurale du droit national, est en charge de la mise en œuvre du droit de l'Union dans l'État membre concerné. C'est ce qu'exprime la Cour de justice sur le terrain de la responsabilité de la puissance publique en cas de violation du droit de l'Union, mais dans des termes qui sont

---

[654] V. par ex. dans la jurisprudence internationale classique CPJI, 25 mai 1926, Intérêt allemands en Haute Silésie polonaise (Allemagne c/ Pologne), série A n° 7, p. 19 ; CPJI, 13 sept. 1928, Usine de Chorzow (fond), série A n° 17, spéc. p. 13 et 19.

[655] CJCE, 5 mars 1996, aff. jtes C-46/93 et C-48/93, Brasserie du pêcheur et Factortame, spéc. pt 34 ; V. également concl. av. gén. Tesauro, spéc. pt 38, D. Simon, *JDI* 1997, p. 488.

rigoureusement transposables au contentieux du manquement. Selon les magistrats de la Cour de Justice « *eu égard à l'exigence fondamentale de l'ordre juridique communautaire que constitue l'uniformité d'application du droit communautaire [...], l'obligation de réparer les dommages causés aux particuliers par les violations du droit communautaire ne saurait dépendre des règles internes de répartition des compétences entre les pouvoirs constitutionnels* »[656].

Par ailleurs, le fait pour le juge de l'Union de tenir compte du partage des compétences et des pouvoirs au sein des États membres aurait pu constituer une ingérence dans l'organisation constitutionnelle interne, incompatible avec la place reconnue à l'autonomie institutionnelle et procédurale dans la répartition verticale des compétences entre l'Union et ses États membres[657].

Enfin, comme l'a confirmé la Cour dans sa jurisprudence relative à la responsabilité des États membres en cas de violation du droit de l'Union devant les tribunaux nationaux « *la circonstance que le manquement reproché est, au regard des règles internes, imputable au législateur national n'est pas de nature à remettre en cause les exigences inhérentes à la protection des droits des particuliers qui se prévalent du droit communautaire et, en l'occurrence, le droit d'obtenir réparation du préjudice causé par ledit manquement devant les juridictions nationales* »[658].

166. Rejet de la circonstance exonératoire tirée du manquement antérieur ou simultané d'un autre État membre. La jurisprudence a consacré le principe de l'exclusion du principe de réciprocité dans les relations entre les États membres. Le manquement initial d'un État membre ne dispense pas les autres États membres de continuer à respecter leurs obligations, sous peine de commettre eux-mêmes un

---

[656] CJCE, 5 mars 1996, Brasserie du pêcheur et Factortame, préc., spéc. pt 33 ; V. également, CJCE, 21 févr. 1991, aff. jtes C-143/88 et C-92/89, Zuckerfabrik, spéc. pt 26.

[657] Sur ce point, V. D. SIMON, *Le système juridique communautaire*, Paris, PUF, 3e éd., 2001, spéc. n° 103 et s.

[658] CJCE, 5 mars 1996, Brasserie du pêcheur et Factortame, préc., pt 35, italiques ajoutés.

manquement subséquent. Par exemple, un État membre ne peut en aucun cas se dispenser d'exécuter ou de transposer une directive, ou ne pas respecter le délai de transposition fixé par la directive, au motif que d'autres États membres n'ont pas non plus satisfait à leurs obligations ou n'ont pas non plus respecté le délai de transposition de cette même directive.

En effet, « *les retards éventuels pris par d'autres États membres dans l'exécution des obligations imposées par une directive ne sauraient être invoqués par un État membre pour justifier l'inexécution, même temporaire, des obligations qui lui incombent ; en effet, le traité ne s'est pas borné à créer des obligations réciproques entre les différents sujets auxquels il s'applique, mais a établi un ordre juridique nouveau qui règle les pouvoirs, droits et obligations desdits sujets, ainsi que les procédures nécessaires pour faire constater et sanctionner toute violation* »[659].

167. Manquements du fait du comportement du législateur. Un manquement peut être retenu à la charge d'un État membre alors que la responsabilité directe de la violation est imputable à l'action ou à l'inaction de l'organe parlementaire, même si le Gouvernement ne disposait d'aucun moyen constitutionnel pour contraindre la ou les assemblées à adopter une législation compatible avec le droit communautaire.

Il en résulte donc que : « *les obligations découlant [...] du traité incombent aux États en tant que tels et que la responsabilité d'un État membre au regard de l'article 169 est engagée, quel que soit l'organe de l'État dont l'action ou l'inaction est à l'origine du manquement, même s'il s'agit d'une institution constitutionnellement indépendante*»[660].

Selon la haute juridiction, l'absence d'application régulière du droit communautaire dans les délais requis à raison des blocages temporaires ou définitifs résultant de l'attitude du législateur ne constitue pas un cas

---

[659] CJCE, 26 févr. 1976, aff. 52/75, Comm. c/ Italie, spéc. pt 11.
[660] CJCE, 5 mai 1970, aff. 77/69, Comm. c/ Belgique, spéc. pt 15.

de force majeure susceptible d'exonérer l'État membre de son manquement. Il incombe, en effet, aux États membres d'adapter leur droit constitutionnel aux exigences imposées par l'exécution de leurs engagements communautaires[661].

168. Rejet de la circonstance exonératoire tirée du comportement des institutions de l'Union. Le même raisonnement justifie que l'action ou l'abstention illicite d'une institution de l'Union n'ait pas pour effet de décharger l'État de la responsabilité de son propre manquement. En effet, ce dernier aurait pu introduire un recours en annulation ou un recours en carence en vue de faire sanctionner par le juge l'acte adopté ou l'omission d'agir qu'il jugerait illégaux. Comme l'a itérativement précisé la Cour de Justice : « *la faute éventuelle de la Commission, justiciable d'un contentieux propre, n'affecterait en rien le recours pour violation du traité [...]* »[662].

Par exemple, le retard pris par la Commission dans l'envoi d'un formulaire destiné à la transmission de certaines données par les États membres ne saurait exonérer l'État de son manquement à l'obligation de communication et de transparence dans la transposition des directives[663]. En outre, la carence des institutions dans l'application d'une directive ne saurait également justifier un défaut de transposition par les États membres[664].

---

[661] Sur les difficultés inhérentes à l'exécution législative du droit de l'Union, et sur les moyens de les surmonter, V. par ex., D. SIMON, *Le système juridique communautaire*, Paris, PUF, 3e éd., 2001, n° 106 ; P. CASSIA et E. SAULNIER, « L'incidence de la présidence française de l'Union européenne sur l'exécution du droit communautaire par le Parlement français », *Europe* 2001, chron. 3 ; S'agissant du cas particulier de la transposition des directives, V. H. PONGÉRARD, *L'application des directives communautaires en droit interne, aspects normatifs*, Thèse, Saint-Denis de La Réunion, 2000 ; A. RIGAUX et D. SIMON, « Les contraintes de la transcription en droit français des directives communautaires : l'exemple de l'environnement », *Rev. jur. env.* 1991, p. 269 s.

[662] CJCE, 14 déc. 1962, aff. jtes 2/62 et 3/62, Comm. c/ Luxembourg et Belgique, aff. dite des pains d'épices.

[663] CJCE, 11 sept. 2001, aff. C-67/99, Comm. c/ Irlande ; CJCE, 11 sept. 2001, aff. C-71/99, Comm. c/ Allemagne ; CJCE, 11 sept. 2001, aff. C-220/99, Comm. c/ France.

[664] CJCE, 18 déc. 1997, aff. C-263/96, Comm. c/ Belgique, spéc. pt 28, *Europe* 1998, comm. 47, F. Berrod.

169. Exclusion de principe de l'excuse tiré de la force majeure. La nature particulière de la procédure de constatation de manquement, qui ne s'identifie pas à une action classique en responsabilité, a conduit la Cour de Justice à écarter l'un des moyens de défense traditionnels du contentieux de la responsabilité, à savoir l'invocation de la force majeure.

Cette jurisprudence peut être justifiée par l'inexistence de l'un ou l'autre élément constitutif de la force majeure (imprévisibilité/ irrésistibilité/extériorité) ou tout simplement par l'application du principe de supériorité du droit de l'Union sur le droit national et par l'obligation incombant aux États membres de tirer dans leur ordre juridique interne les conséquences de leur appartenance à l'Union.

Il n'en demeure pas moins que l'argument tiré de la force majeure est très souvent utilisé par les gouvernements nationaux pour tenter de justifier les comportements incriminés comme manquements[665].

170. Indifférence des circonstances politiques, constitutionnelles ou administratives. La jurisprudence a tout d'abord refusé que des circonstances politiques non attendues puissent excuser une violation du droit de l'Union. Il en est ainsi des retards dans la procédure législative qui peuvent en pratique avoir temporairement paralysé l'action gouvernementale[666].

Ne constituent pas aussi des circonstances exonératoires, la nécessité d'accomplir certaines formalités constitutionnellement obligatoires[667] ou des difficultés particulières liées à la structure fédérale de l'État[668].

---

[665] V. par ex., CJUE, 8 juill. 2010, aff. C-334/08, Comm. c/ Italie, soutenue par Allemagne, spéc. pt 39 : Europe 2010, comm. 301, obs. V. Michel.

[666] CJCE, 5 mai 1970, aff. 77/69, Comm. c/ Belgique ; CJCE, 24 nov. 1987, aff. 125/86, Comm. c/ Italie), une crise ministérielle (CJCE, 18 nov. 1970, aff. 8/70, Comm. c/ Italie), la dissolution d'une assemblée parlementaire (CJCE, 10 déc. 1968, aff. 7/68, Comm. c/ Italie ; CJCE, 12 févr. 1998, aff. C-144/97, Comm. c/ France, *Europe* 1998, comm. 120, D. Ritleng), des difficultés d'ordre politique (CJCE, 7 juill. 1987, aff. 49/86, Comm. c/ Italie ; CJCE, 24 nov. 1987, aff. 124/86, Comm. c/ Italie).

[667] CJCE, 8 févr. 1973, aff. 30/72, Comm. c/ Italie.

[668] CJCE, 21 janv. 1999, aff. C-347/97, Comm. c/ Belgique, *Europe* 1999, comm. 97, obs. D. Simon ; CJCE, 6 juill. 2000, aff. C-236/99, Comm. c/ Belgique.

Comme cela résulte d'une jurisprudence constante « *un État membre ne saurait exciper de dispositions, pratiques ou situations de son ordre juridique interne, y compris celles découlant de son organisation fédérale, pour justifier le non-respect des obligations et des délais prescrits par une directive.*

À cet égard, un État fédéral ne saurait arguer du fait que son droit constitutionnel lui interdit d'adopter des mesures de transposition d'une directive à la place d'un État fédéré et que seule une condamnation par la Cour permettrait de fonder sa compétence pour procéder à la transposition. En effet, si chaque État membre est libre de répartir, comme il l'entend, les compétences normatives sur le plan interne, il n'en demeure pas moins que, en vertu de l'article 226 CE, il reste seul responsable, à l'égard de la Communauté, du respect des obligations qui résultent du droit communautaire »[669].

L'usage par le Gouvernement d'un État fédéral d'une procédure juridictionnelle permettant de régler un conflit de compétence et l'attente corrélative du jugement le tranchant, ne peut justifier le retard pris dans la transposition d'une directive[670].

Ne peut justifier un manquement à l'obligation de transposition, l'absence de cadre juridique à Gibraltar permettant de transposer une directive[671].

Ainsi, la dissolution du Parlement, présentée comme justifiant le retard pris dans la transposition d'une directive, n'est pas de nature à justifier un manquement[672]. La Cour rejette également le moyen de défense, tenant au fait que le retard pris dans la transposition d'une

---

[669] CJCE, 16 déc. 2004, aff. C-358/03, Comm. c/ Autriche ; CJUE, 31 mars 2011, aff. C-407/09, Comm. c/ Grèce ; CJUE, 2 mars 2017, aff. C-160/16, Comm. c/ Grèce.
[670] CJCE, 4 juin 1987, Commission c/ Belgique, aff. 134/86, Rec. 2415
[671] CJCE, 5 juill. 1990, Commission c/ Belgique, aff. C-42/89, Rec. 2821 ; coût des opérations à déployer pour satisfaire aux exigences d'une directive.
[672] CJCE, 12 févr. 1998, Commission c/ France, aff. C-144/97, Rec. I. 613

directive est lié à celui accusé dans la mise en œuvre d'une directive antérieure[673].

171. Exclusion des difficultés d'interprétation d'une directive. Un État membre ne peut se prévaloir des difficultés d'interprétation d'une directive pour différer sa transposition au-delà du délai fixé par cette directive[674].

En tout état de cause, la clarification préalable de la signification et de la portée de la norme communautaire ne peut jamais être considérée comme une condition d'introduction de l'action en manquement.

C'est ainsi que la Cour a rejeté l'idée selon laquelle la recevabilité d'un recours en manquement serait subordonnée à la consultation préalable du « *comité 113* », chargé d'assister la Commission dans la négociation des accords conclus par l'Union, sur l'interprétation d'un « *arrangement* » dans le secteur des produits laitiers[675].

De même, la Cour juge que « *lorsqu'il existe des difficultés d'interprétation et, par voie de conséquence, de mise en œuvre d'une décision, en ce que les exigences imposées à l'ensemble des États membres ne sont ni claires ni précises, un État membre ne peut cependant plus invoquer la force majeure à partir du moment où il a été pleinement informé, par la Commission, de l'étendue des obligations résultant pour lui de ladite décision et a disposé d'un délai raisonnable pour la mettre en œuvre, telle qu'interprétée et précisée* »[676].

172. Indifférence de la modification de la règle de droit de l'Union. Les États membres ont souvent tenté d'échapper aux conséquences de leurs manquements en invoquant le fait que les règles, dont la violation leur est reprochée, ont été, depuis l'introduction de la procédure, modifiées ou abrogées.

---

673 CJCE, 12 févr. 1998, Commission c/ Italie, aff. C-139/97, Rec. I. 605 ; CJCE, 23 mars 1994, Commission c/ Espagne, aff. C-268/93, Rec. I. 947.
674 V. par ex. CJUE, 27 oct. 2011, aff. C-311/10, Comm. c/ Pologne.
675 CJCE, 10 sept. 1996, aff. C-61/94, Comm. c/ Allemagne.
676 CJCE, 13 déc. 2001, aff. C-1/00, Comm. c/ France ; CJCE, 15 mai 2008, aff. C-341/07, Comm. c/ Suède.

Mais la Cour s'est également montrée très ferme sur cette question. Par exemple, il a été jugé que le fait qu'un État membre, poursuivi en manquement, sollicite et obtienne la modification de la disposition dont l'inexécution est à l'origine du manquement ne saurait suffire à faire disparaître ce dernier, qui subsiste tant que la modification n'est pas adoptée, ou l'abrogation décidée[677].

De même, la modification en cours d'une directive entreprise alors qu'un recours en manquement est pendant pour violation de la directive précédemment applicable, n'élimine pas l'existence du manquement résultant de la non-transposition dans les délais requis de la première directive.

C'est ainsi que l'argument selon lequel la Commission viserait à faire constater le défaut de mise en conformité de l'ordre juridique national avec une réglementation de l'Union qui ne serait plus actuelle, et aurait donc un caractère purement « *formel* », a été rejeté. Selon la Cour, la Commission n'a pas à rapporter la preuve d'un intérêt à agir et est en droit de faire sanctionner les violations objectives du droit de l'Union chaque fois qu'elle estime devoir exercer sa fonction de « *gardienne des traités* » dans l'intérêt général de l'Union[678].

La Cour laisse ainsi entendre qu'un manquement passé, même s'il a disparu du fait d'une modification ultérieure du droit de l'Union, a pu produire des conséquences dommageables et doit donc pouvoir être constaté avec autorité de chose jugée par la Cour de Justice. Il en est de même si le manquement a disparu à raison d'une régularisation tardive par mise en conformité du droit national alors que la Cour a été déjà saisie.

---

677 CJCE, 12 févr. 1987, aff. 306/84, Comm. c/ Belgique, spéc. pt 7.

678 CJCE, 1er juin 1995, aff. C-182/94, Comm. c/ Italie ; CJCE, 29 juin 1995, aff. jtes C-109/94, C-207/94 et C-225/94, Comm. c/ Grèce, ces dernières affaires jointes étant d'autant plus significatives que le Conseil d'État grec avait estimé qu'il était illégal de procéder à l'adoption d'un décret de transposition d'une directive qui n'était plus en vigueur.

PARAGRAPHE III : LA PROCÉDURE EN CONSTATATION DU MANQUEMENT AUX OBLIGATIONS COMMUNAUTAIRES

173. Étapes de la procédure. Dans la procédure en constatation du manquement aux obligations communautaires, il importe de distinguer deux étapes : la phase de l'initiative du recours (A) et l'étape du déroulement de la procédure (B).

A. L'initiative du recours

174. Initiative. La détection des violations du droit communautaire est un élément central du recours en manquement. Le « *pouvoir de saisir le juge communautaire afin de faire constater un manquement à ses obligations de la part d'un État membre ne s'étend pas aux personnes physiques ou morales* »[679].

Cela ne signifie, cependant, pas que les particuliers ne peuvent pas contribuer à la détection des manquements. En Europe, la pratique du recours en manquement révèle, en effet, qu'ils sont de précieux auxiliaires de la Commission.

175. Initiative de la Commission. La procédure de constatation de manquement confère un rôle déterminant à la Commission, y compris quand le recours est introduit par un État membre. La Commission est l'organe d'initiative prépondérant. Cette prérogative, reconnue par le protocole additionnel n° 1 de 1996 date relatif aux organes de contrôle de l'UEMOA, coïncide avec sa mission de gardienne du droit de l'Union.

En vertu de l'article 15 du Règlement n° 1/96/CM du 5 juillet 1996 portant Règlement des procédures de la Cour de Justice de l'UEMOA, le recours en manquement appartient à la Commission.

La spécificité du recours en constatation de manquement des États membres à leurs obligations se manifeste de façon particulièrement caractéristique dans l'organisation procédurale du mécanisme. En effet,

[679] TPI ord., 4 juill. 1994, Century Oils Hellas c/ Commission, aff. T-13/94, Rec. II. 431.

à la différence des solutions généralement retenues en droit international classique, les poursuites ne sont pas laissées à la seule initiative du ou des États membres lésés par la violation commise par un ou plusieurs autres États membres. La mise en œuvre de l'action en constatation de manquement est confiée pour l'essentiel à la Commission de l'UEMOA, qui, conformément à la mission qui lui est impartie par le traité.

176. Pouvoir discrétionnaire de la Commission. Conformément à une jurisprudence constante, la Commission dispose d'un pouvoir discrétionnaire quant au déclenchement ou non de la procédure d'infraction et au moment pour ce faire, de même qu'en ce qui concerne la saisine éventuelle de la Cour et le moment pour ce faire.

En outre, la Commission dispose d'un pouvoir d'appréciation discrétionnaire excluant le droit pour les particuliers d'exiger d'elle qu'elle prenne position dans un sens déterminé. En d'autres termes, un plaignant ne peut introduire un recours en carence contre la Commission lorsqu'elle décide de ne pas agir en manquement[680].

Les États membres peuvent néanmoins renseigner la Commission sur leurs propres manquements. Si cela peut étonner au premier abord, ce mode d'information se comprend aisément dès lors qu'il est lié au régime juridique de la directive et, plus précisément, à l'obligation, pour les États membres, de communiquer à la Commission les mesures de transposition, le défaut de communication étant censuré par la Cour[681].

177. Initiative des États membres. Le monopole dont dispose la Commission dans le cadre du recours en manquement est atténué par l'existence d'une procédure particulière, consacrant l'initiative concurrente des États membres, organisée par l'article 5 du Protocole additionnel n° 1 de 1996 relatif aux organes de contrôle de l'UEMOA. Selon ce texte, la Cour de Justice connaît, sur recours de tout État

[680] CJCE ord., 12 juin 1992, Asia Motor France SA c/ Commission, aff. C-29/92, Rec. I. 3939.

[681] CJCE, 25 mai 1982, Commission c/ Pays-Bas, aff. 97/81, Rec. 1819.

membre, des manquements des États membres aux obligations qui leur incombent en vertu du Traité de l'Union.

En vertu de l'article 15 du Règlement n° 1/96/CM du 5 juillet 1996 portant Règlement des procédures de la Cour de Justice de l'UEMOA, la procédure en constatation du manquement aux obligations communautaires « *est également ouverte à chaque État membre, après saisine préalable de la Commission* ».

Les États peuvent ainsi déclencher la procédure en constatation de manquement. Si cette prérogative peut être considérée comme renvoyant à « *une hypothèse de contentieux typique du droit international* »[682], il n'en demeure pas moins qu'elle est conçue dans une logique propre au contentieux communautaire. En effet, en tant qu'atténuation du monopole d'initiative de la Commission[683], l'initiative des États apparaît essentiellement comme « *servant à vaincre la carence de la Commission* »[684].

Mais en cas de saisine de la Cour à l'initiative d'un État membre, la Cour doit émettre un avis motivé, après avoir mis l'État concerné en mesure de présenter ses observations. Si la Commission n'a pas émis d'avis dans un délai de trois mois à compter de la demande, l'affaire peut être directement portée devant la Cour.

B. Le déroulement de la procédure de constatation du manquement

178. Étapes de la procédure. La mise en œuvre de la procédure de constatation est commandée par la double nature du contentieux du manquement. Il s'agit, en effet, à la fois de sanctionner les infractions aux règles de droit de l'Union et de rétablir au plus vite l'application effective et uniforme de ces règles. Le caractère « *répressif* » du premier objectif implique certaines contraintes en matière de charge de la

---

682 PESCATORE, op. cit, p. 75),

683 D. SIMON, « Recours en constatation de manquement-Procédure de constatation », *J.-class. Eur.*, fasc. 380-1, n° 61.

684 PESCATORE, op. cit., p. 75.

preuve de la violation et de respect des droits de la défense de l'État membre poursuivi.

La seconde finalité suppose une certaine souplesse, notamment dans le déroulement de la phase précontentieuse, qui privilégie la négociation en vue de l'élimination du manquement par rapport à une application rigide d'une volonté de sanction.

La procédure de constatation du manquement comporte ainsi une phase informelle (1) et une phase précontentieuse (2) et une phase contentieuse (3).

1. La phase informelle

179. Mécanismes de prospection des manquements. Cette première phase de la procédure n'est pas à proprement parler prévue par les textes communautaires, mais elle devait s'imposer d'elle-même. En effet, dès lors qu'il incombe à la Commission de veiller au respect du traité et d'engager en tant que de besoin la procédure de manquement, il lui appartenait de concevoir les instruments lui permettant en pratique de se livrer à une prospection systématique des éventuelles infractions au droit de l'Union.

La source majeure d'information de la Commission quant à l'existence d'infractions au droit de l'Union est constituée par les « *plaintes* » qui lui sont adressées par les ressortissants de l'Union, victimes de violations alléguées du droit de l'Union par les administrations nationales. Ces plaintes sont enregistrées sans formalités et sans frais.

L'identification des violations présumées des traités peut résulter de la surveillance exercée par les services de la Commission sur l'application du droit de l'Union dans les États membres. Chaque service de la Commission est chargé, dans le champ de ses compétences, de contrôler les conditions d'exécution du droit de l'Union dans les droits nationaux.

Les États membres sont, en principe, tenus, soit en vertu de dispositions explicites figurant dans les traités ou dans les actes des institutions, soit indirectement en vertu de l'obligation de coopération loyale rappelée, d'informer la Commission sur les mesures ou projets de mesures susceptibles d'affecter l'application des règles communes, ce qui peut alerter la Commission sur les risques éventuels d'une violation du droit de l'Union.

C'est ainsi que les dispositions finales des directives prévoient systématiquement une clause stéréotypée imposant aux États membres de communiquer à la Commission l'état du droit national dans le champ d'application de la directive avant l'entrée en vigueur de cette dernière ainsi que l'ensemble des mesures prises en vue d'assurer la transposition et l'application de ladite directive.

La Commission peut de cette manière vérifier la compatibilité de la transposition et/ou de l'application avec les exigences formelles et substantielles découlant de l'effet obligatoire de la directive, et en cas de transposition et/ou d'application incorrecte, enclencher une procédure de manquement.

Le non-respect de cette obligation de transparence est lui-même sanctionné comme manquement, de même que le refus ou l'omission de transmettre à la Commission les informations supplémentaires dont elle peut estimer avoir besoin aux fins d'exercer son contrôle.

2. La phase précontentieuse

180. Étape précontentieuse. Les règles applicables à la phase précontentieuse de la procédure ont pour objet d'établir un équilibre entre l'efficacité de l'action en manquement et le respect des droits de la défense des États membres.

Cette phase précontentieuse, conçue pour favoriser l'élimination amiable du manquement, traduit un large pouvoir d'appréciation de la Commission[685]. Elle débute par l'envoi par la Commission d'une lettre de mise en demeure à l'État membre incriminé (a), qui peut aboutir à l'émission d'un avis motivé (b).

---

[685] CJCE, 21 janv. 1999, Commission c/ Belgique, aff. C-207/97 , Rec. I. 275.

a. La mise en demeure

181. Lettre de mise en demeure. Formellement, l'engagement de la procédure de manquement commence par l'envoi par la Commission à l'État membre incriminé d'une lettre de mise en demeure, identifiant la violation présumée et fixant à l'État membre destinataire un délai pour formuler ses observations.

En vertu de l'article 15 du Règlement n° 1/96/CM du 5 juillet 1996 portant Règlement des procédures de la Cour de Justice de l'UEMOA, le recours en manquement appartient à la Commission. Si elle estime qu'un État membre ne s'est pas conformé aux obligations communautaires, elle adresse à cet État un avis motivé à ce sujet, après avoir mis cet État en mesure de présenter ses observations.

La compétence pour émettre cette lettre de mise en demeure appartient à la Commission et la décision est prise en formation collégiale, l'intervention en amont d'un commissaire étant considérée comme un acte préparatoire[686].

182. Objet de la mise en demeure. La lettre de mise en demeure contient un exposé sommaire des griefs articulés par la Commission en vue d'établir la teneur du manquement.

Selon la Cour, « *il résulte de la finalité assignée à cette phase précontentieuse de la procédure en manquement que la lettre de mise en demeure a pour but de circonscrire l'objet du litige et d'indiquer à l'État membre qui est invité à présenter ses observations les éléments nécessaires à la préparation de sa défense [...] ; la possibilité pour l'État membre concerné de présenter ses observations constituant, même s'il estime ne pas devoir en faire usage, une garantie essentielle voulue par le traité, le respect de cette garantie est une condition de la régularité de la procédure en manquement d'État. S'il en résulte que l'avis motivé visé à l'article 169 du traité CEE doit contenir un exposé cohérent et détaillé des raisons ayant amené la Commission à la conviction que l'État intéressé a manqué à une des obligations qui lui*

[686] V. sur ce point, Trib. UE, ord., 20 juill. 2010, aff. T-186/10, J.-Ch. Perret c/ Comm., citée n° 5.

incombent en vertu du traité, la Cour ne saurait poser des exigences de précision aussi strictes à l'égard de la mise en demeure, laquelle ne peut nécessairement consister qu'en un premier résumé succinct des griefs »[687].

La phase ouverte par l'envoi de la lettre de mise en demeure permet à l'État membre de faire valoir ses observations sur le manquement qui lui est reproché, soit qu'il conteste son existence et tente de convaincre la Commission du bien-fondé de sa propre position, soit qu'il admette l'existence de l'infraction (manquement « *non contesté* ») et indique à la Commission le délai pendant lequel et les moyens selon lesquels il entend mettre fin au manquement.

183. Effet juridique de la mise en demeure. L'envoi de la lettre de mise en demeure produit par lui-même différents effets juridiques.

En premier lieu, dans la mesure où elle est destinée à garantir les droits de la défense de l'État auquel un manquement est reproché, la mise en demeure est considérée par la Cour comme une « *forme substantielle de la régularité de la procédure* », dont l'omission entraîne l'irrégularité de l'avis motivé et l'irrecevabilité de l'action subséquente[688].

La Cour de Justice s'est montrée extrêmement rigoureuse quant à la portée de cette exigence. C'est ainsi que dans le cadre de la procédure de notification préventive des normes et règles techniques liée à l'élimination des entraves techniques à la libre circulation des marchandises, la haute juridiction a, en effet, condamné une pratique pourtant bien établie de la Commission, qui consistait à estimer que l'« *avis circonstancié* » adressé à l'État membre dans le cadre de la procédure préventive instituée par cette directive, et indiquant les

---

687 CJCE, 28 mars 1985, aff. 274/83, Comm. c/ Italie, spéc. pts 19 à 21 ; V. également, CJCE, 31 janv. 1984, aff. 74/82, Comm. c/ Irlande ; CJCE, 11 juill. 1984, aff. 51/83, Comm. c/ Italie ; CJUE, gr. ch., 19 sept. 2017, aff. C-552/15, Comm. c/ Irlande : Europe 2017, comm. 411, obs. S. Cazet.

688 CJCE, 17 févr. 1970, aff. 31/69, Comm. c/ Italie ; CJCE, 15 déc. 1982, aff. 211/81, Comm. c/ Danemark ; CJCE, 11 juill. 1984, aff. 51/83, Comm. c/ Italie ; CJUE, 14 avr. 2011, aff. C-522/09, Comm. c/ Roumanie : Europe 2011, comm. 215, obs. V. Michel.

raisons s'opposant à la mise en œuvre du projet de norme ou de règle technique, valait « *mise en demeure* ».

La Commission adressait alors à l'État membre refusant de suivre ces indications un avis motivé, et le cas échéant déclenchait la procédure juridictionnelle de constatation de manquement.

La Cour a, néanmoins, jugé que l'émission d'une lettre de mise en demeure suppose que soit allégué un manquement préalable à une obligation incombant à l'État membre concerné.

Or, force est de constater qu'au moment de l'émission d'un avis circonstancié au titre de la Directive 83/189/CEE du Conseil du 28 mars 1983 prévoyant une procédure d'information dans le domaine des normes et réglementations techniques, l'État membre destinataire de cet avis ne saurait s'être rendu coupable d'une violation du droit communautaire, l'acte n'existant qu'à l'état de projet.

L'opinion contraire aboutirait à ce que l'avis circonstancié constitue une mise en demeure conditionnelle dont l'existence serait subordonnée à la suite que l'État membre concerné réserverait audit avis. Les exigences de la sécurité juridique, inhérentes à toute procédure susceptible de devenir contentieuse, s'opposent à une telle incertitude[689].

En deuxième lieu, le contenu des griefs sommairement articulés dans la lettre de mise en demeure a pour effet de « *lier* » le contentieux opposant l'État membre à la Commission, et d'interdire à cette dernière de soulever dans la suite de la procédure précontentieuse et au cours de la procédure contentieuse des moyens nouveaux, à peine d'irrecevabilité.

En troisième lieu, l'échange de correspondances officielles, constituées par la lettre de mise en demeure et les observations formulées en réponse par l'État membre mis en cause, commande ainsi la suite de la procédure. À ce stade, la procédure peut être interrompue

[689] CJCE, ord., 13 sept. 2000, aff. C-341/97, Comm. c/ Pays-Bas, spéc. pts. 18 s. ; V. pour une confirmation, CJCE, 15 févr. 2001, aff. C-230/99, Comm. c/ France.

dans deux situations différentes : soit la Commission est convaincue du bien-fondé de la position de l'État membre et donc de l'absence de manquement, soit l'État procède à l'élimination immédiate du manquement allégué.

Dans les autres hypothèses, la procédure doit normalement se poursuivre, soit que l'État membre ne présente pas d'observations dans le délai imparti, soit qu'il conteste que son comportement soit constitutif d'un manquement, soit qu'admettant l'existence du manquement, il refuse ou néglige d'y mettre fin.

b. L'avis motivé

184. Émission de l'avis motivé. Si la Commission demeure convaincue, en dépit des observations présentées par l'État membre en réponse à la mise en demeure, de l'existence du manquement, il lui appartient d'émettre un avis motivé. Selon l'article 15 du Règlement n° 1/96/CM du 5 juillet 1996 portant Règlement des procédures de la Cour de Justice de l'UEMOA, si la Commission estime qu'un État membre ne s'est pas conformé aux obligations communautaires, elle adresse à cet État un avis motivé à ce sujet, après avoir mis cet État en mesure de présenter ses observations.

L'avis motivé a pour objet de préciser les raisons de fait et de droit pour lesquelles elle estime qu'il y a manquement, d'indiquer les mesures qu'elle juge nécessaires pour y mettre fin et de fixer le délai qu'elle impose à l'État membre pour se conformer à ses obligations.

La Cour de justice a jugé que « *la Commission n'a pas le pouvoir de déterminer de manière définitive, par les avis formulés, ou par d'autres prises de position dans le cadre de cette procédure, les droits et obligations d'un État membre, ou de lui donner des garanties concernant la compatibilité avec le traité d'un comportement déterminé. Selon les articles 169 à 171 du traité, la détermination des droits et obligations des États membres et le jugement de leur comportement ne peuvent résulter que d'un arrêt de la Cour [...] les avis émis par la Commission en vertu de l'article 169 n'ont un effet juridique que par rapport à la saisine de la Cour, dans le cadre des manquements d'État [...]* »[690].

La décision d'émettre l'avis motivé, comme le choix du moment et le contenu de l'avis, relève du pouvoir discrétionnaire de la Commission, sous réserve que soient respectés les droits de l'État défendeur[691].

185. Objet de l'avis motivé. La Cour de Justice a eu l'occasion de préciser les règles relatives au contenu et à la portée de l'avis motivé.

En premier lieu, l'avis motivé doit comporter « *un exposé cohérent des raisons ayant amené la Commission à la conviction* » que l'État membre a manqué à ses obligations[692]. Il doit donc être plus détaillé que la mise en demeure, dont la fonction est simplement de circonscrire l'objet du litige et d'indiquer à l'État membre les éléments nécessaires à la présentation de sa défense[693].

À cet égard, l'avis motivé affine et précise l'exposé des motifs qui figurait dans la lettre de mise en demeure. Comme le rappelle souvent la Cour, l'avis motivé doit contenir un exposé cohérent et détaillé des raisons ayant amené la Commission à la conviction que l'État membre intéressé a manqué à l'une des obligations qui lui incombent en vertu du traité.

En revanche, la lettre de mise en demeure ne saurait être soumise à des exigences de précision aussi strictes, celle-ci ne pouvant nécessairement consister qu'en un premier résumé succinct des griefs. Rien n'empêche donc la Commission de détailler, dans l'avis motivé, les griefs qu'elle a déjà fait valoir de façon plus globale dans la lettre de mise en demeure[694].

---

[690] CJCE, 27 mai 1981, aff. jtes 142/80 et 143/80, Essevi et Salengro.
[691] V. par ex., CJCE, 21 janv. 1999, aff. C-207/97, Comm. c/ Belgique.
[692] CJCE, 19 déc. 1961, aff. 7/61, Comm. c/ Italie.
[693] CJCE, 11 juill. 1984, aff. 51/83, Comm. c/ Italie ; CJCE, 28 mars 1985, aff. 274/83, Comm. c/ Italie.
[694] V. par ex., CJCE, 17 janv. 2008, aff. C-152/05, Comm. c/ Allemagne.

En deuxième lieu, l'avis motivé ouvre une période, déterminée par le délai qui est imparti à l'État membre concerné, pendant laquelle il doit, en principe, être mis fin au manquement. Bien que le choix des techniques juridiques susceptibles de mettre fin au manquement relève en principe de la compétence de l'État membre concerné, la Cour a, cependant, admis que la Commission pouvait préciser les moyens qui lui semblaient appropriés[695].

186. Délai fixé pour l'élimination du manquement. Si les textes de l'UEMOA ne fixent expressément aucun délai, il est généralement admis que le délai imparti à l'État membre par l'avis motivé doit être un délai raisonnable, de façon à tenir compte des exigences procédurales imposées par le droit national[696]. Il est arrivé à la Commission de fixer des délais anormalement brefs.

Par exemple, la Commission avait dès réception des observations consécutives à la mise en demeure, adressé un avis motivé imposant à l'Irlande l'élimination des mesures relatives aux licences d'importation incompatible avec les règles de libre circulation des marchandises, dans un délai de cinq (5) jours.

La Cour ne s'est pas privée de dénoncer l'attitude de la Commission : « *La Cour ne peut que marquer sa désapprobation du comportement de la Commission à cet égard. Il est en effet, comme le signale le Gouvernement irlandais, déraisonnable de laisser un délai de cinq jours à un État membre pour modifier une législation qui est restée applicable pendant plus de quarante années et qui, au surplus, n'a donné lieu à aucune action de la part de la Commission au cours de la période écoulée depuis l'adhésion de cet État membre à la Communauté. Il est en outre apparu qu'il n'y avait aucune urgence particulière* »[697].

---

[695] CJCE, 12 juill. 1973, aff. 70/72, Comm. c/ Allemagne.
[696] V. par ex., CJCE, 2 févr. 1988, aff. 293/85, Comm. c/ Belgique.
[697] CJCE, 31 janv. 1984, aff. 74/82, Comm. c/ Irlande, spéc. pt 12.

En dépit de cette condamnation, la Cour juge, toutefois, que ces circonstances ne « *suffisent pas à elles seules* » à entraîner l'irrecevabilité du recours.

En revanche, dans l'affaire du « *minerval belge* », le juge a sanctionné l'excessive brièveté du délai imparti par l'avis motivé en jugeant irrecevable le recours introduit par la Commission[698].

Ce délai, tel que fixé dans l'avis motivé, est, en principe, impératif, mais il peut être prorogé à la demande de l'État membre de bonne foi.

187. Effet de l'avis motivé. Bien que l'avis motivé soit par définition dépourvu d'effet obligatoire, l'État membre aura tout intérêt à s'y conformer, s'il veut éviter le passage à la phase contentieuse de la procédure de manquement. En effet, l'émission de l'avis motivé par la Commission exprime sa position formelle à l'égard de la situation juridique de l'État membre concerné[699].

La fonction de l'avis motivé participe donc de la fonction globale de la procédure précontentieuse, qui a pour but de donner l'occasion à l'État membre, d'une part, de se mettre en règle avant que la Cour ne soit saisie et, d'autre part, de faire valoir ses moyens de défense à l'encontre des griefs retenus par la Commission[700].

La Cour de Justice a eu l'occasion de préciser de façon relativement détaillée la fonction de l'avis motivé, en distinguant les hypothèses dans lesquelles l'État s'est conformé dans le délai requis aux indications fournies par la Commission et les hypothèses dans lesquelles il a été nécessaire d'aller jusqu'à la saisine de la Cour.

---

[698] CJCE, 2 févr. 1988, aff. 293/85, Comm. c/ Belgique, aff. « *minerval* » ; les délais étaient en l'espèce de 15 jours francs à compter de l'avis motivé. Cependant, dans d'autres affaires, la Cour a jugé que le délai laissé à l'État membre pour présenter ses observations en réponse à la lettre de mise en demeure et pour éliminer le manquement avant le terme fixé par l'avis motivé devait être jugé suffisant (CJUE, 18 oct. 2018, aff. C-301/17, Comm. c/ Roumanie : Europe 2018, comm. 464, obs. A. Rigaux).

[699] CJCE, 29 sept. 1998, aff. C-191/95, Comm. c/ Allemagne, spéc. pt 36, *Europe* 1998, comm. 361, obs. M. Pietri et D. Simon.

[700] CJCE, 31 janv. 1984, aff. 74/82, Comm. c/ Irlande, spéc. pt 13.

En ce qui concerne l'émission d'un avis motivé, il convient de constater qu'il s'agit d'une procédure préliminaire[701], qui ne comporte pas d'effet juridique contraignant à l'égard du destinataire de l'avis motivé.

Ce dernier ne constitue qu'une phase précontentieuse d'une procédure aboutissant éventuellement à la saisine de la Cour. Le but de cette procédure précontentieuse est de permettre à l'État membre de se conformer volontairement aux exigences du traité ou, le cas échéant, de lui donner l'occasion de justifier sa position[702].

Il en résulte notamment qu'il est impossible d'invoquer l'illégalité d'un avis motivé, l'appréciation de son bien-fondé se confondant avec celle du bien-fondé du recours lui-même[703].

En revanche, selon la Cour, au cas où cet effort de règlement n'est pas couronné de succès, l'avis motivé a pour fonction de définir l'objet du litige.

Mais la Commission n'a pas le pouvoir de déterminer de manière définitive, par des avis motivés formulés, les droits et les obligations d'un État membre, ou de lui donner des garanties concernant la compatibilité avec le droit communautaire d'un comportement déterminé. La détermination des droits et des obligations des États membres ainsi que le jugement de leur comportement ne peuvent résulter que d'un arrêt de la Cour.

Il en résulte que l'avis motivé n'a donc un effet juridique que par rapport à la saisine de la Cour, alors que, par ailleurs, dans le cas où l'État ne se conforme pas à cet avis dans le délai imparti, la Commission a la faculté, mais non l'obligation, d'opérer une telle saisine.

---

[701] CJCE, 27 mai 1981, Essevi et Salengo, aff. jtes 142/80 et 143/80.

[702] CJCE, 23 oct. 1997, aff. C-157/94, Comm. c/ Pays-Bas, citée n° 13, pt 60 ; CJCE, 23 oct. 1997, aff. C-158/94, Comm. c/ Italie, citée n° 13, pt 56 ; CJCE, 23 oct. 1997, aff. C-159/94, Comm. c/ France, citée n° 13, pt 103 ; CJCE, 29 sept. 1998, aff. C-191/95, Comm. c/ Allemagne, spéc. pt 44.

[703] CJCE, 10 déc. 1969, aff. jtes 6/69 et 11/69, Comm. c/ France.

L'avis motivé produit un dernier effet juridique non négligeable en tant qu'il détermine la fixation de la date critique de qualification du comportement incriminé. En effet, c'est l'état de la situation juridique au jour de la notification de l'avis motivé qui détermine l'existence et l'ampleur du manquement soumis le cas échéant ensuite à l'examen de la Cour.

En d'autres termes, l'avis motivé lie le contentieux en cristallisant l'état du manquement à la date de son émission. Il en résulte qu'une régularisation ultérieure sera sans effet sur l'existence du manquement, qui pourra être constaté tel qu'il existait à la date de l'avis motivé alors même qu'il aurait disparu à la date du prononcé du jugement.

Il est de jurisprudence constante que l'existence d'un manquement doit être appréciée en fonction de la situation de l'État membre telle qu'elle se présentait au terme du délai fixé dans l'avis motivé et que les changements intervenus par la suite ne sauraient être pris en compte par la Cour[704].

En revanche, la disparition du manquement à la date d'émission de l'avis motivé rend, en principe, le recours irrecevable[705].

188. Éventuelle indemnisation du préjudice résultant d'un avis motivé. Sans remettre en cause le pouvoir discrétionnaire de la Commission quant à l'émission d'un avis motivé, on peut s'interroger sur l'éventuelle mise en jeu de la responsabilité de l'Union du fait de l'adoption par la Commission d'un avis motivé[706].

Il a jugé à cette occasion que si, dans le cadre de ses compétences, la Commission apprécie librement l'opportunité d'engager ou non une action en manquement à l'encontre d'un État membre sans devoir justifier son choix et si elle peut, dès lors, adresser dans les mêmes conditions un avis motivé à celui-ci dans le cadre de l'exercice de ses

---

704 CJCE, 2 mai 1996, aff. C-133/94, Comm. c/ Belgique spéc. pt 1 ; V. aussi CJCE, 27 nov. 1990, aff. C-200/88, Comm. c/ Grèce, pt 13 ; CJUE, 15 juill. 2010, aff. C-512/09, Comm. c/ Grèce.

705 CJCE, 11 oct. 2007, aff. C-237/05, Comm. c/ Grèce.

706 Trib. UE, 18 déc. 2009, aff. jtes T-440/03, T-121/04, T-171/04, T-208/04, T-365/04 et T-484/04, Arizmendi e.a., citée n° 7.

compétences, il ne saurait être exclu que, dans des circonstances tout à fait exceptionnelles, une personne puisse démontrer qu'un tel avis motivé est entaché d'une illégalité constituant une violation suffisamment caractérisée d'une règle de droit de nature à lui causer un préjudice.

La haute juridiction a ajouté, par ailleurs, que le fait qu'un avis motivé de la Commission ne constitue pas un acte destiné à produire des effets juridiques obligatoires à l'égard des tiers et, partant, que ledit avis n'est pas un acte susceptible de faire l'objet d'un recours en annulation n'affecte pas l'appréciation qui précède.

En effet, un avis motivé peut, en principe, par son contenu illégal, causer un préjudice à des tiers. Ainsi, par exemple, il ne pourrait être exclu que la Commission cause un préjudice à des personnes lui ayant confié des informations confidentielles en divulguant ces informations dans un avis motivé. De même, il ne saurait être exclu qu'un avis motivé contienne des informations inexactes sur certaines personnes de nature à leur causer un préjudice.

3. La phase contentieuse

189. Étapes de la procédure. La phase contentieuse comporte plusieurs phases. Il s'agit de l'étape de la saisine de la Cour de Justice de l'UEMOA (a), de celle du jugement du manquement (b) et de sa sanction (c).

a. La saisine de la Cour de Justice de l'UEMOA

190. Pouvoir discrétionnaire de la Commission. Si l'État membre n'a pas éliminé l'infraction dans le délai fixé par l'avis motivé, la Commission a le pouvoir de saisir la Cour de justice d'un recours visant à la constatation juridictionnelle du manquement.

Il ne s'agit nullement d'une obligation, mais d'une simple faculté, relevant à nouveau du pouvoir discrétionnaire de la Commission, qui, pas plus qu'elle ne pouvait être contrainte d'engager la procédure de

manquement, ne pourra en aucun cas être contrainte de saisir la Cour de Justice de l'UEMOA[707].

Tout au plus, un État membre peut se substituer à la Commission et saisir directement la Cour, mais seulement dans l'hypothèse où la Commission n'aurait pas émis d'avis motivé dans un délai de trois (3) mois à compter de sa propre saisine.

Le pouvoir discrétionnaire de la Commission quant à la saisine de la Cour n'est conditionné que par l'expiration du délai fixé à l'avis motivé sans que l'État membre mis en cause ait pris les mesures requises en vue d'éliminer le manquement.

En revanche, aucune autre condition ne peut être imposée à la Commission. Par exemple, elle n'est jamais tenue d'attendre qu'un comité consultatif se soit prononcé sur l'interprétation des obligations des États membres pour saisir la Cour, si elle l'estime justifié, d'une demande de constatation de manquement[708].

191. Liberté de choix du moment de la saisine la Cour. La liberté d'appréciation de la Commission dans l'exercice de sa faculté de saisir la Cour de Justice se manifeste également dans sa capacité de choisir le moment qu'elle juge opportun pour porter l'affaire devant le juge.

L'exercice du recours en constatation de manquement n'est pas enfermé dans un délai préétabli, cette procédure comportant, en raison de sa nature et de son but, le pouvoir pour la Commission d'apprécier les moyens et délais les plus appropriés en vue de mettre fin aux manquements éventuels[709].

La Cour a précisé que c'est à la Commission qu'il appartient d'apprécier le choix du moment auquel est introduite l'action en manquement, les considérations qui déterminent ce choix ne pouvant

---

[707] En ce sens, parmi une jurisprudence constante, CJCE, 14 févr. 1989, aff. 247/87, Star Fruit Company; CJCE, 6 déc. 1989, aff. 329/98, Comm. c/ Grèce.

[708] CJCE, 10 sept. 1996, aff. C-61/94, Comm. c/ Allemagne, *Europe* 1996, comm. 396, obs. F. Kauff-Gazin.

[709] CJCE, 14 déc. 1971, aff. 7/71, Comm. c/ France ; V. également, CJCE, 10 déc. 1968, aff. 7/68, Comm. c/ Italie. ; CJCE, 10 avr. 1984, aff. 324/82, Comm. c/ Belgique.

affecter la recevabilité de l'action. Dans ces conditions, le fait de ne pas donner suite à l'avis motivé, immédiatement ou à bref délai, d'une part, et de ne pas faire état du manquement lors d'une réunion bilatérale, d'autre part, ne saurait créer, dans le chef de l'État membre concerné, la confiance légitime que la procédure a été clôturée[710].

La question du délai de saisine a, toutefois, été débattue. En Europe, on a pu, en effet, reprocher à la Commission la longueur injustifiée de certaines procédures de manquement et la saisine excessivement tardive de la Cour de Justice.

Néanmoins, la Cour a toujours admis que le choix, par la Commission, du moment de la saisine ne pouvait affecter la recevabilité du recours[711], y compris dans les cas où elle déplorait le fait que la période séparant la réponse de l'État membre à l'avis motivé et sa propre saisine apparaissait « *inhabituelle* », voire « *anormalement longue* »[712] ou dans les cas où la durée de la procédure est manifestement excessive[713].

Toutefois, la Cour n'a pas exclu absolument qu'en dépit de l'absence de tout délai de recours à caractère impératif, l'excessive lenteur des procédures en manquement puisse être sanctionnée par une irrecevabilité du recours. Elle admet, en effet, que dans certaines hypothèses, une durée excessive de la procédure précontentieuse est susceptible d'augmenter, pour l'État mis en cause, la difficulté de réfuter

---

710 CJCE, 1er juin 1994, aff. C-317/92, Comm. c/ Allemagne.

711 V. par ex., CJCE, 1er juin 1994, aff. C-317/92, Comm. c/ Allemagne.

712 CJCE, 12 sept. 2000, aff. C-359/97, Comm. c/ Royaume-Uni, affaire dans laquelle plus de 8 ans s'étaient écoulés entre la réponse à l'avis motivé et la saisine.

713 Pour un ex., V. CJCE, 1er févr. 2001, aff. C-333/99, Comm. c/ France : Europe 2001, comm. 126, obs. M. Pietri, affaire dans laquelle plus de 10 ans s'étaient écoulés entre le début du litige et la saisine de la Cour ; V. également CJUE, 28 oct. 2010, aff. C-500/09, Comm. c/ Grèce ; CJUE, 10 mai 2011, aff. C-479/10, Comm. c/ Suède. – CJUE, 27 avr. 2017, aff. C-202/16, Comm. c/ Grèce ; CJUE, gr. ch., 19 sept. 2017, aff. C-552/15, Comm. c/ Irlande : Europe 2017, comm. 411, obs. S. Cazet.

les arguments de la Commission et de violer ainsi les droits de la défense[714].

C'est alors à l'État membre de rapporter la preuve de l'incidence de la durée excessive de la procédure précontentieuse sur l'exercice des droits de la défense[715].

La Commission est dispensée de rapporter la preuve d'un intérêt à agir. Le pouvoir discrétionnaire de la Commission quant à la saisine de la Cour de Justice est, par ailleurs, renforcé par le fait qu'elle n'est même pas tenue de rapporter la preuve d'un intérêt à agir.

Le recours en manquement est une procédure qui s'inscrit dans un contentieux objectif, en tant qu'il vise moins à sanctionner un État membre qu'à assurer le respect de la légalité communautaire. Par conséquent, la Commission, dont la mission est de veiller à l'exécution des obligations découlant du traité, est toujours censée agir « *dans l'intérêt de la loi* » ou « *dans l'intérêt général communautaire* »[716].

En effet, dans le cadre de l'exercice de ses compétences, la Commission n'a pas à démontrer l'existence d'un intérêt spécifique à agir.

Celle-ci, dans l'intérêt général communautaire, a pour mission de veiller d'office à l'application, par les États membres, du traité et des dispositions prises par les institutions en vertu de celui-ci et de faire constater, en vue de leur cessation, l'existence de manquements éventuels aux obligations qui en dérivent. Eu égard à son rôle de gardienne du traité, la Commission est, dès lors, seule compétente pour décider s'il est opportun d'engager une procédure en constatation de

---

[714] CJCE, 16 mai 1991, aff. C-96/89, comm. c/ Pays-Bas, pt 16, en l'espèce, la phase pré-contentieuse avait duré 5 ans ; également CJCE, 5 nov. 2002, aff. C-207/97, Comm. c/ Belgique.

[715] V. par ex., CJCE, 18 juill. 2007, aff. C-490/04, Comm. c/ Allemagne ; CJCE, 2 déc. 2008, aff. C-83/07, Comm. c/ Italie.

[716] V. not., CJCE, 4 avr. 1974, aff. 167/73, Comm. c/ France ; CJCE, 1er juin 1995, aff. C-182/94, Comm. c/ Italie.

manquement et en raison de quel agissement ou omission imputable à l'État membre concerné cette procédure doit être introduite[717].

La régularisation tardive du manquement ne fait pas disparaître l'intérêt de la constatation judiciaire. Le fait que la Commission soit dispensée de prouver un intérêt à agir est d'une très grande importance dans l'hypothèse où un État membre procède à la régularisation de sa situation au regard du droit communautaire postérieurement à la saisine de la Cour.

Dans cette occurrence, le manquement ayant disparu, on aurait pu penser que la Cour de Justice serait conduite à prononcer un non-lieu à statuer, dans la mesure où l'arrêt se borne à « *constater*» l'existence d'un manquement et n'aurait par conséquent plus d'objet.

Cependant, le recours n'a pas été pour autant jugé irrecevable pour défaut d'objet. La Cour de Justice a, en effet, considéré qu'il pouvait subsister, même après élimination du manquement, un intérêt à voir trancher la question de savoir si un manquement avait été commis.

Dans ce cas, l'intérêt à agir de la Commission n'est plus présumé, mais doit, en principe, être prouvé[718], ou en tout cas la présomption d'intérêt à agir pourrait se voir renversée par la preuve contraire.

Le recours doit être considéré comme recevable dès lors que la Commission estime nécessaire d'obtenir une décision « *en droit* » sur l'existence du manquement, ce qui confirme que l'une des fonctions de la procédure en manquement est bien de faire trancher avec autorité de chose jugée une divergence d'interprétation du droit communautaire[719].

Cette jurisprudence s'explique également par le souci de la Cour d'écarter d'éventuelles manœuvres dilatoires de l'État incriminé. En effet, si la régularisation, fût-elle tardive, avait pour effet de dessaisir la Cour, et si l'État membre de mauvaise foi commettait une nouvelle infraction identique après radiation du recours, il pourrait ainsi gagner

[717] CJCE, 10 avr. 2003, aff. jtes C-20/01 et C-28/01, Comm. c/ Allemagne.
[718] CJCE, 9 juill. 1970, aff. 26/69, Comm. c/ France.
[719] V. par ex., CJCE, 19 déc. 1961, aff. 7/61, Comm. c/ Italie.

du temps en contraignant la Commission à reprendre la procédure au stade initial de la procédure précontentieuse.

Cependant, la raison la plus déterminante pour admettre la recevabilité du recours dans cette hypothèse doit être recherchée dans ce que la Cour de Justice qualifie d'intérêt matériel, à savoir l'utilité que l'arrêt peut comporter en vue d'établir la base d'une responsabilité qu'un État membre peut être dans le cas d'encourir, en conséquence, de son manquement à l'égard d'autres États membres ou des particuliers[720].

L'arrêt de la juridiction de l'Union constatant le manquement d'un État membre à ses obligations constituerait ainsi la base d'une action en réparation ouverte aux particuliers devant les juridictions nationales[721].

La Cour de Justice a finalement consacré expressément l'existence d'une responsabilité des États membres, en cas de violation du droit de l'Union, comme corollaire de la primauté du droit communautaire, en précisant par la suite les liens que l'obligation de réparation ainsi imposée aux États membres entretient avec le contentieux du manquement.

192. Causes d'irrecevabilité du recours. La contrepartie du large pouvoir discrétionnaire reconnu à la Commission réside dans les exigences posées par la Cour de Justice quant à la garantie des droits de la défense de l'État membre incriminé. La gravité d'une procédure, qui conduit à la constatation juridictionnelle de la violation de ses obligations par un État souverain, a incité le juge de l'Union à se montrer très rigoureux. Certes, certains moyens de défense invoqués

---

[720] CJCE, 7 févr. 1973, aff. 39/72, Comm. c/ Italie ; V. également dans le même sens, CJCE, 20 févr. 1986, aff. 309/84, Comm. c/ Italie ; CJCE, 24 mars 1988, aff. 240/86, Comm. c/ Grèce.

[721] Pour plus de détails sur cette question, V. par ex., D. SIMON et A. BARAV, « La responsabilité de l'administration nationale en cas de violation du droit communautaire », *RMC* 1987, p. 165. En France, certaines juridictions nationales ont d'ailleurs tiré les conséquences d'un manquement d'État sur le terrain de la responsabilité de la puissance publique en droit national. Par ex., CE, 23 mars 1984, Alivar, *AJDA* 1984, p. 396, note B. Genevois ; TA Strasbourg, 5 juin 1984, Tresch Alsacaves : Common Market Law Reports 1986, p. 625 ; TA Dijon, 15 avr. 1986, Sté viticole Bérard : *Lebon*, p. 311 ; *RTDE* 1988, spéc. p. 109, note P. Soler-Couteaux.

par les États membres ne peuvent constituer des motifs d'irrecevabilité du recours.

Par ailleurs, l'élimination du manquement postérieurement à la saisine de la Cour n'est ni une cause de non-lieu à statuer ni une cause d'irrecevabilité.

En revanche, la Cour a dégagé, dans le silence des textes, certaines conditions de recevabilité, chaque fois que le respect des droits de la défense de l'État membre auquel le manquement est reproché était en cause.

193. Respect du délai raisonnable. Sont sanctionnées par l'irrecevabilité du recours les pratiques de la Commission, quand elle impose des délais excessivement réduits dans sa lettre de mise en demeure, privant ainsi l'État membre de la possibilité effective de faire valoir ses observations, ou dans son avis motivé, empêchant ainsi l'État de régulariser sa situation en temps utile avant la saisine de la Cour.

Quelles que puissent être les justifications invoquées par la Commission, le juge refuse que les droits de l'État défendeur soient de la sorte compromis[722].

194. Règle de l'identité des griefs au cours des procédures. Le même souci de protection des droits de l'État poursuivi a conduit le juge communautaire à poser une règle impérative, selon laquelle les moyens et motifs soulevés dans la requête introductive d'instance et tout au long de la procédure écrite et orale devant la Cour doivent être rigoureusement identiques à ceux invoqués dans la mise en demeure initiale et dans l'avis motivé, à peine d'irrecevabilité[723].

---

[722] CJCE, 2 févr. 1988, aff. 293/85, Comm. c/ Belgique, aff. « *minerval* », les délais étaient en l'espèce de 8 jours francs dans la mise en demeure et de 15 jours francs dans l'avis motivé ; CJCE, 14 juill. 1993, aff. C-56/90, Comm. c/ Royaume-Uni a contrario.

[723] Parmi une jurisprudence constante, V. par ex., CJCE, 1er déc. 1965, aff. 45/64, Comm. c/ Italie ; CJCE, 17 févr. 1970, aff. 31/69, Comm. c/ Italie ; CJCE, 10 mars 1970, aff. 7/69, Comm. c/ Italie ; CJCE, 9 déc. 1981, aff. 193/80, Comm. c/ Italie ; CJCE, 20 févr. 1986, aff. 309/84, Comm. c/ Italie ; CJCE, 17 nov. 1992, aff. C-157/91, Comm. c/ Pays-Bas ; CJCE, 12 janv. 1994, aff. C-296/92, Comm. c/ Italie). Cette règle impose d'une part, l'identité des griefs au cours de la phase pré-contentieuse, entre la

Le juge a également consacré l'identité des griefs entre les deux étapes de la procédure, c'est-à-dire entre les justifications exposées dans l'avis motivé et les arguments développés devant la Cour[724], et enfin l'identité de griefs au cours de la phase contentieuse elle-même, c'est-à-dire entre la procédure écrite et la procédure orale[725].

Cette position est justifiée par l'idée selon laquelle si, *a contrario*, de nouveaux griefs pouvaient être soulevés devant la Cour, sans avoir été discutés au cours de la phase précontentieuse, cette dernière perdrait sa raison d'être.

Selon la Cour, la lettre de mise en demeure adressée par la Commission à l'État membre puis l'avis motivé émis par la Commission délimitent l'objet du litige qui ne peut plus, dès lors, être étendu. En effet, la possibilité pour l'État membre concerné de présenter ses observations constitue, même s'il estime ne pas devoir en faire usage, une garantie essentielle voulue par le traité et son observation est une forme substantielle de la régularité de la procédure constatant un manquement d'un État membre.

Par conséquent, l'avis motivé et le recours de la Commission doivent reposer sur les mêmes griefs que ceux de la lettre de mise en demeure qui engage la procédure précontentieuse[726].

195. Limites de la règle de l'identité des griefs. En dépit de la rigueur dont fait preuve la Cour de Justice, l'exigence de l'identité des griefs doit être nuancée. Il ne s'agit pas, en effet, d'imposer une identité terme à terme entre les thèses avancées dans les différentes pièces de procédure, mais d'exiger une homogénéité excluant la présentation tardive de moyens nouveaux. C'est ainsi que la Commission est

---

mise en demeure et l'avis motivé (V. par ex., CJCE, 5 juin 2003, aff. C-145/01, Comm. c/ Italie. Dans le cas particulier de l'envoi d'une lettre de mise en demeure complémentaire, CJCE, 10 avr. 2008, aff. C-442/06, Comm. c/ Italie).

724 V. par ex., CJCE, 10 sept. 2009, aff. C-457/07, Comm. c/ Portugal.

725 V. par ex., CJCE, 17 nov. 1992, aff. C-105/91, Comm. c/ Grèce ; CJCE, 28 avr. 1993, aff. C-306/91, Comm. c/ Italie.

726 CJCE, 9 nov. 1999, aff. C-365/97, Comm. c/ Italie, Europe 2000, comm. 15, obs. D. Simon.

autorisée à apporter certaines précisions à l'appui de son argumentation[727].

En revanche, il lui est strictement interdit, à peine d'irrecevabilité du moyen, de procéder à une modification substantielle du grief articulé au cours de la phase précontentieuse[728].

Mais le recours est à l'inverse recevable en l'absence d'une transformation substantielle des griefs initialement avancés[729], à condition que l'objet du manquement soit identique[730].

Cette exigence de stricte homogénéité des griefs tout au long de la procédure de constatation de manquement soulève une difficulté spécifique dans le cas particulier où l'État membre, postérieurement à l'avis motivé, mais antérieurement à la saisine de la Cour, a remplacé la législation ou la réglementation contestée par une autre, qui s'avère elle-même incompatible avec le droit de l'Union.

En principe, dans ce cas, la Cour de Justice exige de la Commission qu'elle reprenne la procédure précontentieuse au point de départ et juge irrecevable une action introduite sur la base de la procédure précontentieuse menée à propos de la législation ou réglementation initiale.

On peut mesurer ainsi à quel point les droits de la défense de l'État incriminé priment en l'occurrence sur les exigences de rapidité de la constatation juridictionnelle du manquement.

---

727 CJCE, 28 mars 1986, aff. 274/85, Comm. c/ Italie.

728 CJCE, 23 oct. 1997, aff. C-375/95, Comm. c/ Grèce : Europe 1998, comm. 32, obs. A. Rigaux ; CJCE, 22 avr. 1999, aff. C-340/96, Comm. c/ Royaume-Uni, *Europe* 1999, comm. 205, obs. F. Kauff-Gazin ; CJCE, 9 nov. 1999, aff. C-365/97, Comm. c/ Italie, préc. ; CJCE, 17 mai 2001, aff. C-159/99, Comm. c/ Italie, *Europe* 2001, comm. 217, obs. A. Rigaux.

729 V. pour une illustration caractéristique, la série d'arrêts relatifs aux monopoles d'importation d'électricité et de gaz, CJCE, 23 oct. 1997, aff. C-157/94, Comm. c/ Pays-Bas, citée n° 13 ; CJCE, 23 oct. 1997, aff. C-158/94, Comm. c/ Italie ; CJCE, 23 oct. 1997, aff. C-159/94, Comm. c/ France, citée n° 13 ; CJCE, 23 oct. 1997, aff. C-160/94, Comm. c/ Espagne.

730 CJCE, 20 mars 1997, aff. C-96/95, Comm. c/ Allemagne, *Europe* 1997, comm. 143, obs. D. Simon.

Toutefois, la Cour a nuancé l'exigence d'une rigoureuse coïncidence entre les dispositions nationales visées dans l'avis motivé et celles qui apparaissent dans la requête introductive d'instance, dès lors que la législation nationale contestée a été « *dans son ensemble* » maintenue[731].

On relèvera que cette règle procédurale, dont l'enjeu est le respect des droits de la défense de l'État poursuivi, est évidemment soulevée le plus souvent par l'État concerné comme moyen de défense, et plus exceptionnellement sous forme d'une exception d'irrecevabilité formelle[732]. Elle ne semble pas devoir constituer pour le juge un moyen d'ordre public à relever d'office.

Il faut également signaler que la justification de ce principe a pour conséquence qu'il n'est pas réversible : l'État membre demeure pour sa part toujours en droit de soulever, à tout moment dans le déroulement de la procédure des moyens de défense nouveaux qu'il n'avait pas évoqués dans ses mémoires précédentes ou dans ses observations au cours de la procédure précontentieuse[733].

Il en découle que les éléments essentiels de fait et de droit sur lesquels un recours est fondé doivent ressortir d'une façon cohérente et compréhensible du texte de la requête elle-même et que les conclusions de cette dernière doivent être formulées de manière non équivoque afin d'éviter que la Cour ne statue *ultra petita* ou bien n'omette de statuer sur un grief[734].

---

[731] CJCE, 10 sept. 1996, aff. C-11/95, Comm. c/ Belgique, *Europe* 1996, comm. 397, obs. D. Simon ; V. dans le même sens, CJCE, 17 nov. 1992, aff. C-105/91, Comm. c/ Grèce ; CJUE, 4 mars 2010, aff. C-241/08, Comm. c/ France, pts 12 et 13 et concl. J. Kokott dans cette affaire, pt 17.

[732] Pour un ex. en ce sens, CJCE, 16 sept. 1997, aff. C-279/94, Comm. c/ Italie : Europe 1997, comm. 342, obs. A. Rigaux et D. Simon.

[733] CJCE, 16 sept. 1999, aff. C-414/97, Comm. c/ Espagne : Europe 1999, comm. 367 et 393, obs. F. Berrod.

[734] CJUE, 15 juin 2010, aff. C-211/08, Comm. c/ Espagne soutenue par Belgique, Danemark, Finlande et Royaume-Uni, *Europe* 2010, comm. 265, obs. A. Rigaux ; V. dans le même sens, CJCE, 26 avr. 2007, aff. C-195/04, Comm. c/ Finlande ; CJUE, 14 janv. 2010, aff. C-343/08, Comm. c/ République tchèque.

Il en résulte que la Commission est habilitée à mentionner des faits postérieurs à l'avis motivé, confirmant la preuve d'un comportement systématique et constant de l'État membre[735].

196. Collégialité au cours des différentes étapes de la procédure. La pratique de la Commission en matière d'émission de la lettre de mise en demeure ou de l'avis motivé, voire de l'adoption de la décision de saisir la Cour, a pu susciter des questions sur les conditions d'exercice des compétences que la Commission tire du traité à la fois dans le cadre de la procédure précontentieuse et dans le cadre de la procédure contentieuse.

Il est clair qu'en vertu du principe de collégialité, qui s'applique à l'ensemble de l'activité de la Commission[736], les décisions mises en œuvre dans le cadre de la procédure de manquement devraient, par principe, relever de la Commission statuant en collège. Comme le rappelle la Cour, en effet, les décisions d'émettre un avis motivé et d'introduire un recours s'inscrivent ainsi dans le cadre général de la mission de surveillance de la Commission.

En émettant l'avis motivé, la Commission exprime sa position formelle à l'égard de la situation juridique de l'État membre concerné. Par ailleurs, en constatant formellement la violation du traité qui est reprochée à l'État membre concerné, l'avis motivé conclut la procédure précontentieuse. La décision d'émettre un avis motivé ne saurait, dès lors, être qualifiée de mesure d'administration ou de gestion, et ne peut faire l'objet d'une délégation[737].

Il en est de même de la décision de saisine de la Cour. En effet, c'est dans le cadre de son rôle de gardienne du traité que la Commission est compétente pour adopter une décision sur l'opportunité d'engager une procédure en constatation de manquement. Une telle décision relève du

---

[735] V. par ex. CJUE, 5 avr. 2017, aff. C-488/15, Comm. c/ Bulgarie.

[736] V. par ex., CJCE, 15 juin 1994, aff. C-137/92 P, Comm. c/ BASF e.a., spéc. pt 62.

[737] CJCE, 29 sept. 1998, aff. C-191/95, Comm. c/ Allemagne, spéc. pts 34 à 36 : Europe 1999, comm. 286, obs. M. Pietri.

pouvoir discrétionnaire de l'institution et ne saurait être qualifiée de mesure d'administration ou de gestion[738].

Néanmoins, l'application du principe de collégialité, si elle impose que la décision soit prise en collège, n'exclut pas que pour des raisons d'efficacité, des assouplissements soient introduits dans la pratique.

Comme le précise également le juge de l'Union, les modalités selon lesquelles l'émission de l'avis motivé et l'introduction du recours en manquement devaient être délibérées en commun par le collège doivent donc être déterminées au regard des effets juridiques de ces décisions à l'égard de l'État concerné[739].

Il résulte que tant la décision de la Commission d'émettre un avis motivé que celle d'introduire un recours en manquement doivent être délibérées en commun par le collège. Les éléments sur lesquels ces décisions sont fondées doivent donc être disponibles pour les membres du collège. En revanche, il n'est pas nécessaire que le collège arrête lui-même la rédaction des actes qui entérinent ces décisions et leur mise en forme définitive[740].

197. Autorité de chose jugée d'un précédent arrêt de manquement. Les États membres ont parfois invoqué l'autorité de chose jugée d'un précédent arrêt de manquement au titre des exceptions d'irrecevabilité d'un recours introduit par la Commission.

C'est ainsi que le Portugal avait prétendu que la Cour s'était déjà prononcée sur la même question et avait rejeté les griefs portant sur le taux de TVA applicable aux péages perçus pour le franchissement du pont sur le Tage[741]. La Cour a rappelé à cette occasion que l'autorité de la chose jugée ne s'attache qu'aux points de fait et de droit qui ont été effectivement ou nécessairement tranchés par une décision juridictionnelle.

---

[738] CJCE, 29 sept. 1998, aff. C-191/95, Comm. c/ Allemagne, spéc. pt 37.
[739] CJCE, 29 sept. 1998, aff. C-191/95, Comm. c/ Allemagne, pt 43.
[740] CJCE, 29 sept. 1998, aff. C-191/95, Comm. c/ Allemagne, pt 48.
[741] CJCE, 8 mars 2001, aff. C-276/98, Comm. c/ Portugal.

Or, en l'espèce, les faits sur lesquels étaient fondés les deux recours successifs étaient différents, et ce, précisément à raison des indications erronées fournies par le Gouvernement défendeur au cours de la première procédure[742]. Plus récemment, le Luxembourg a usé du même argumentaire sans plus de succès, bien que la Cour ait mis l'accent avec une certaine insistance sur « *l'importance que revêt, tant dans l'ordre juridique de l'Union que dans les ordres juridiques nationaux, le principe de l'autorité de la chose jugée* »[743].

Mais en l'occurrence, l'absence de rigoureuse identité des faits excluait la méconnaissance de l'autorité de chose jugée de la part de la Commission.

198. Élimination du manquement avant l'expiration du délai fixé par l'avis motivé. La régularisation de la situation juridique par élimination de la violation dans le délai fixé par l'avis motivé rend irrecevable la saisine de la Cour.

La Cour a jugé qu'en matière de passation de marchés publics, un recours en manquement est irrecevable si, à la date d'expiration du délai fixé dans l'avis motivé, le contrat en question avait déjà épuisé tous ses effets[744]. En d'autres termes, la Commission n'a pas d'intérêt à agir contre une infraction qui a cessé. Un tel manquement peut, cependant, être indirectement sanctionné par les juridictions nationales si elles sont saisies d'une action en responsabilité.

b. Le jugement du manquement.

199. Pouvoirs de la cour. S'agissant de l'examen au fond du recours en constatation de manquement, la Cour dispose de pouvoirs assez larges. L'étendue de ses pouvoirs peut, notamment, être illustrée par la

---

742 CJCE, 12 juin 2008, aff. C-462/05, Comm. c/ République portugaise, *Europe* 2008, comm. 257, obs. D. Simon.

743 CJUE, 29 juin 2010, aff. C-526/08, Comm. c/ Luxembourg, *Europe* 2010, comm. 302, obs. A. Rigaux ; V. dans le même sens, CJCE, 30 sept. 2003, aff. C-224/01, Köbler ; CJCE, 16 mars 2006, aff. C-234/04, Kapferer. ; CJCE, 3 sept. 2009, aff. C-2/08, Fallimento Olimpiclub, Europe 2009, comm. 393, obs. D. Simon.

744 CJCE, 31 mars 1992, aff. C-362/90, Comm. c/ Italie ; CJCE, 2 juin 2005, aff. C-394/02, Comm. c/ Grèce ; CJCE, 11 oct. 2007, aff. C-237/05, Comm. c/ Grèce.

faculté qu'elle s'est reconnue, dans certaines hypothèses limites, de rendre un arrêt interlocutoire, renvoyant aux parties la solution au fond du litige concret, à la lumière des considérations juridiques développées dans ses motifs. C'est seulement à la suite de l'échec de cette solution pragmatique qu'elle statuera définitivement sur le fond, à la suite d'une nouvelle saisine[745].

200. Charge de la preuve du manquement. C'est à la Commission, qui est en position de demanderesse (ou à l'État membre demandeur), de rapporter la preuve du manquement allégué. Il lui appartient d'établir l'existence du manquement allégué et d'apporter à la Cour les éléments nécessaires à la vérification par celle-ci de ce manquement, sans pouvoir se baser sur une présomption quelconque[746].

La Cour a opté pour une interprétation relativement rigoureuse de cette exigence[747].

201. Présomption de violation du traité. La Commission ne peut se dispenser de cet *onus probandi* en invoquant le jeu d'une présomption de violation du traité[748]. Par exemple, si un État membre omet de transmettre à la Commission les informations requises en matière de transposition ou d'application des directives, il est possible qu'il soit condamné pour manquement au devoir de transparence ; mais il est interdit à la Commission d'inférer de ce silence l'absence de transposition ou d'application de la directive[749].

---

[745] CJCE, 27 févr. 1980, aff. 170/80, Comm. c/ Royaume-Uni ; CJCE, 17 déc. 1980, aff. 149/79, Comm. c/ Belgique ; CJCE, 26 mai 1982, même aff.

[746] CJCE, 25 mai 1982, aff. 96/81, Comm. c/ Pays-Bas ; CJCE, 22 sept. 1988, aff. 272/86, Comm. c/ Grèce. – CJCE, 20 mars 1990, aff. C-62/89, Comm. c/ France.

[747] V. par ex., CJCE, 23 oct. 1997, aff. C-157/94, Comm. c/ Pays-Bas, citée n° 13 ; CJCE, 23 oct. 1997, aff. C-158/94, Comm. c/ Italie ; CJCE, 23 oct. 1997, aff. C-159/94, Comm. c/ France; CJCE, 23 oct. 1997, aff. C-160/94, Comm. c/ Espagne ; CJCE, 11 sept. 2008, aff. C-305/06, Comm. c/ Grèce.; CJCE, 6 oct. 2009, aff. C-438/07, Comm. c/ Suède; CJCE, 6 oct. 2009, aff. C-335/07, Comm. c/ Finlande : sur ces deux dernières affaires, V. *Europe* 2009, comm. 465, obs. M. Meister.

[748] V. en ce sens pour une formulation particulièrement claire, CJCE, 9 sept. 1999, aff. C-217/97, Comm. c/ Allemagne : Europe 1999, comm. 368 et 369, obs. F. Kauff-Gazin.

[749] CJCE, 25 mai 1982, aff. 96/81, Comm. c/ Pays-Bas.

L'absence de preuve à suffisance du manquement peut aboutir soit au rejet d'un des griefs avancés, ce qui n'exclut pas la condamnation de l'État membre du chef des autres griefs qui ont pu être valablement établis[750], soit au rejet total du recours, si la Cour estime qu'aucune violation du droit de l'Union n'est véritablement prouvée[751].

La charge de la preuve incombant à la Commission est appréciée avec une grande rigueur par la Cour de justice, y compris quand il s'agit de rapporter la preuve souvent délicate d'une pratique contraire au droit de l'Union[752].

202. Renversement de la charge de la preuve. Exceptionnellement toutefois, la charge de la preuve peut être renversée, ce qui conduit à imposer à l'État membre de démontrer qu'il ne s'est pas mis en situation d'infraction.

C'est d'abord le cas dans l'hypothèse où un État membre prétend se dispenser de l'opération de transposition formelle d'une directive en arguant de la conformité *a priori* de son droit national avec les exigences de la directive[753]. Il lui incombe alors de rapporter la preuve que son droit national est bien en « *harmonie préétablie* » avec le contenu substantiel de la directive[754].

La seconde situation est celle dans laquelle un État membre invoque le bénéfice d'une exception inscrite dans une directive. Il lui appartient alors de prouver, en liaison avec le principe d'interprétation restrictive

---

[750] V. à titre d'exemple, CJCE, 10 sept. 1996, aff. C-61/94, Comm. c/ Allemagne.
[751] V. par ex., CJCE, 4 mai 2006, aff. C-508/03, Comm. c/ Royaume-Uni ; CJCE, 4 mai 2006, aff. C-98/04, Comm. c/ Royaume-Uni ; CJCE, 18 mai 2006, aff. C-221/04, Comm. c/ Espagne ; Sur ces trois affaires, *Europe* 2006, comm. 208, obs. F. Kauff-Gazin ; CJCE, 29 mai 1997, aff. C-300/95, Comm. c/ Royaume-Uni, *Europe* 1997, comm. 228, obs. F. Kauff-Gazin.
[752] V. par ex., CJCE, 27 avr. 2006, aff. C-441/02, Comm. c/ Allemagne, *Europe* 2006, comm. 183, obs. crit. A. Rigaux ; CJCE, 1er juin 2007, aff. C-342/05, Comm. c/ Finlande, *Europe* 2007, comm. 202, obs. A. Rigaux.
[753] CJCE, 23 mai 1985, aff. 29/84, Comm. c/ Allemagne.
[754] V. sur ces questions, D. SIMON, *La directive européenne*, Paris, Dalloz, 1997 ; D. SIMON, « Directive » ; *Rép. Droit eur.*, Dalloz, 2018.

des exceptions ou dérogations, qu'il remplit bien les conditions requises pour pouvoir s'en prévaloir[755].

En tout état de cause, dans les hypothèses où la charge de la preuve incombe à la Commission, les États membres sont tenus, en vertu du principe de coopération loyale de collaborer avec la Commission en vue d'établir la situation juridique exacte en matière d'application de la règle de droit de l'Union en cause sur le territoire de l'État membre concerné[756].

203. Prononcé d'un jugement de constatation de manquement par défaut. Le fait pour un État membre de ne pas donner suite à la lettre de mise en demeure et à l'avis motivé n'empêche pas la saisine de la Cour. Si après cette saisine, l'État membre poursuivi s'abstient d'exercer ses droits de la défense en ne produisant pas de mémoire et en ne participant pas à la procédure orale, la Cour peut, en principe, condamner l'État membre défendeur par défaut en adjugeant à la Commission ses conclusions.

Il s'agit d'une situation très exceptionnelle, mais qui s'est déjà rencontrée, même si la Cour a tenu à se montrer particulièrement prudente dans un tel contexte[757].

204. Effets de la constatation du manquement. L'originalité des procédures de manquement se manifeste aussi dans la détermination des conséquences qui s'attachent à la constatation de la violation par un État membre de ses obligations communautaires[758]. L'objectif du recours en manquement est, en principe, « *d'aboutir à l'élimination*

[755] CJCE, 12 févr. 1998, aff. C-92/96, Comm. c/ Espagne, *Europe* 1998, comm. 122, obs. A. Rigaux, à propos des situations météorologiques exceptionnelles qui peuvent justifier des dérogations aux exigences de la directive relative aux eaux de baignade.
[756] En ce sens, V. par ex., CJCE, 7 mars 2002, aff. C-10/00, Comm. c/ Italie.
[757] V. par ex., CJCE, 21 sept. 1989, aff. 68/88, Comm. c/ Grèce ; CJCE, 25 avr. 1996, aff. C-274/93, Comm. c/ Luxembourg, *Europe* 1996, comm. 235, obs. D. Simon.
[758] G. VANDERSANDEN et M. DONY, *La responsabilité des États membres en cas de violation du droit communautaire,* Bruylant, Bruxelles, 1997.

effective des manquements et de leurs conséquences passées et futures »[759].

L'équilibre entre les exigences de l'unité d'application du droit de l'Union, et de l'efficacité de la constatation de manquement, d'une part, et d'autre part, le respect de l'autonomie institutionnelle des États membres et de l'autonomie procédurale des droits nationaux, déterminent les conséquences attachées à la décision de constatation, à la fois quant à la qualification de ses effets immédiats et quant à la définition de ses implications médiates.

205. Effets immédiats de la constatation de manquement : l'obligation d'exécution. Les recours en manquement visent à faire constater par la Cour de Justice les manquements commis par les États membres afin qu'ils y remédient. Tenus « *de prendre toutes les mesures que comporte l'exécution de l'arrêt de la Cour* », les États membres doivent se conformer aux arrêts rendus par la Cour de Justice, faute de quoi ils pourront faire l'objet de sanctions pécuniaires prenant la forme d'amende forfaitaire et d'astreinte[760].

206. Nature déclaratoire de l'arrêt de constatation de manquement. Les textes communautaires sont muets sur la nature de l'arrêt constatant le manquement.

Selon l'article 15 du Règlement n° 1/96/CM du 05 juillet 1996 portant Règlement des procédures de la Cour de Justice de l'UEMOA, si la Cour estime le recours fondé, elle constate le manquement.

Dans son arrêt, la Cour de Justice ne peut que rejeter la demande ou, si elle y fait droit, constater le manquement, cette constatation ayant un caractère purement déclaratoire, les États pouvant et devant en tirer seuls les conséquences. La Cour ne peut procéder elle-même à la

---

[759] CJCE, 12 juill. 1973, aff. 70/72, Comm. c/ Allemagne, Rec. CJCE 1973, p. 813.

[760] CJCE, 12 juill. 2005, aff. C-304/02, Comm. c/ France, Rec. CJCE 2005, I, p. 6263 ; CJUE, 19 déc. 2012, aff. C-374/11, Comm. c/ Irlande ; CJUE, 4 juill. 2018, aff. C-626/16, Comm. c/ Slovaquie ; CJUE, 12 nov. 2019, aff. C-261/18, Comm. c/ Irlande.

suppression de la mesure incriminée, c'est-à-dire annuler ou abroger elle-même les lois nationales ou les actes administratifs condamnés[761].

L'arrêt de manquement ne saurait davantage, dans son dispositif, contenir des injonctions à l'État condamné et notamment lui prescrire explicitement les mesures concrètes qu'il devrait prendre pour se mettre en règle.

Il s'ensuit qu'il incombe, à l'État fautif, la prise de toutes mesures nécessaires à l'exécution de la décision pour qu'il soit mis fin non seulement au manquement, mais aussi à ses conséquences passées, actuelles et futures.

Par conséquent, qu'elle soit saisie par la Commission ou par un État membre, la Cour ne peut que rejeter le recours, si elle l'estime non fondé, ou, si elle y fait droit, constater le manquement; c'est alors à l'État membre mis en cause de prendre les mesures nécessaires en vue de faire cesser la violation du traité[762].

207. Absence de pouvoir d'injonction. Certes, la Cour de justice ne peut en aucun cas opérer elle-même l'élimination de la violation, c'est-à-dire procéder à l'abrogation ou à l'annulation de la disposition nationale reconnue incompatible avec le droit de l'Union. Elle s'interdit à juste titre de « *s'ingérer directement dans la législation ou l'administration des États membres* »[763].

En vertu de la même logique, la Cour de Justice ne dispose pas d'un pouvoir d'injonction, de nature à lui permettre de prescrire, dans le dispositif de son arrêt de constatation de manquement, les mesures concrètes qu'il incomberait aux autorités nationales de prendre pour assurer l'exécution de l'arrêt.

La Cour a reconnu implicitement le caractère insurmontable, dans l'état actuel du droit de l'Union, de cette limitation de sa compétence,

---

761 CJCE 16 déc. 1960, //umh/et, afï. 6/60, Rec. 1 128.

762 En ce sens, R. KOVAR, « L'autorité des arrêts et des résolutions des organes de protection, Rapport au colloque de Grenoble », *Rev. dr. homme* 1973, p. 685, spéc. p. 699.

763 CJCE, 16 déc. 1960, aff. 6/60, Humblet, citée supra n° 2 , spéc. p. 1145.

en suggérant qu'il soit procédé, à l'occasion d'une révision des traités, à l'attribution au juge de l'union d'un véritable pouvoir d'injonction[764].

Néanmoins, on constate une tendance du juge communautaire à s'affranchir des contraintes excessives que lui imposerait le respect de l'autonomie institutionnelle et procédurale des États membres.

C'est ainsi que la Cour de justice a admis que l'obligation incombant à l'État membre concerné puisse être « *concrétisée* » par la Commission dans l'avis motivé ou dans la requête introductive d'instance, et que l'État membre soit sanctionné s'il n'adoptait pas les mesures préconisées par la Commission, ce qui revient à faire produire à l'arrêt de manquement une obligation d'adopter des mesures déterminées[765].

Par ailleurs, même si le dispositif des arrêts de constatation de manquement demeure purement déclaratoire, les motifs sont souvent à ce point précis et détaillés que la marge d'autonomie de l'État membre est pratiquement nulle[766]. Ces différents indices montrent que la Cour de Justice ne se refuse pas systématiquement à encadrer l'autonomie des États membres, de façon à conférer sa pleine efficacité à la constatation juridictionnelle du manquement.

208. Obligation d'exécution intégrale. En vertu de l'article 15 du Règlement n° 1/96/CM du 5 juillet 1996 portant Règlement des procédures de la Cour de Justice de l'UEMOA, tous les organes de l'État membre concerné ont l'obligation d'assurer, dans les domaines de leurs pouvoirs respectifs, l'exécution de l'arrêt.

L'État membre ne peut invoquer l'existence de pratiques administratives conformes pour prétendre avoir exécuté un arrêt de constatation de manquement[767].

---

[764] V. les suggestions de la CJCE sur l'Union européenne, Bull. CE Suppl. 9/1975, spéc. p. 17.
[765] CJCE, 12 juill. 1973, aff. 70/72, Comm. c/ Allemagne.
[766] V. par exemple, CJCE, 6 mai 1980, aff. 102/79, Comm. c/ Belgique, Rec. CJCE 1980, p. 1473.
[767] V. par exemple, CJCE, 13 juill. 1988, aff. 169/87, Comm. c/ France, Rec. CJCE, 1988, p. 4093.

De même, l'exécution doit être intégrale, au sens où une exécution partielle n'exonère pas l'État d'une éventuelle constatation de l'atteinte à l'autorité de chose jugée de l'arrêt constatant le manquement. L'argument selon lequel l'exécution est en cours et se heurte à certaines difficultés constitutionnelles ou politiques n'est pas non plus admissible. On retrouve ici le même raisonnement que celui qui excluait l'invocation de difficultés internes comme circonstances exonératoires de la constatation du manquement initial[768].

Enfin l'exécution intégrale peut exiger dans certains cas la remise en cause de situations acquises. C'est ainsi que l'Allemagne a été condamnée pour inexécution d'un précédent arrêt de constatation de manquement pour défaut de résiliation de contrats conclus par des communes en matière de traitement de déchets, en violation des règles communautaires de passation des marchés publics.

La Cour a considéré que les mesures d'exécution, applicables à l'égard des contrats futurs étaient insuffisantes en tant qu'elles n'avaient aucun effet sur les contrats illicitement conclus antérieurement[769].

209. Autorité de l'arrêt de manquement. L'arrêt de manquement a d'abord autorité de chose jugée vis-à-vis de l'État qui est tenu de prendre toutes les mesures que comporte réexécution de l'arrêt. L'objectif de la procédure étant « *d'aboutir à l'élimination effective des manquements conséquences passées et futures* »[770].

L'arrêt de manquement a aussi autorité de chose jugée vis-à-vis des autorités nationales de l'État condamné. La Cour a, en effet, affirmé que « *l'effet du droit communautaire, tel qu'il avait été constaté avec autorité de chose jugée à l'égard (d'un État), impliquait pour les autorités nationales compétentes prohibition de plein droit d'appliquer une prescription nationale reconnue incompatible avec le traité et, le*

[768] V. par exemple, CJCE, 10 janv. 2008, aff. C-70/06, Comm. c/ Portugal, *Europe* 2008, comm. 77, obs. A. Rigaux.
[769] CJCE, 18 juill. 2007, aff. C-503/04, Comm. c/ Allemagne : Europe 2007, comm. 240, obs. D. Simon)
[770] CJCE 12 juill. 1973, Conam. c Allemagne, atf. Rec. 813.

cas échéant, obligation de prendre toutes dispositions pour faciliter la réalisation du plein effet du droit communautaire »[771].

Il y a là un effet qui, même s'il ne vaut que lorsque la règle à laquelle l'État a manqué est directement applicable[772], renforce considérablement l'autorité des arrêts de manquement.

Le Conseil d'État français a reconnu que les arrêts en constatation de manquement ont pour les juridictions nationales une autorité absolue[773].

Sans attendre l'intervention de l'arrêt de manquement, la Cour de Cassation française invite même les juridictions pénales saisies de poursuites pour infraction à une disposition nationale que la Commission a déférée à la Cour de Justice par la voie du recours en manquement, a surseoir à statuer ; ce qui signifie que le simple engagement de la procédure de manquement tient en l'état les poursuites pénales[774].

Enfin, l'arrêt de manquement a une autorité de chose interprétée comparable à celle des arrêts rendus sur renvoi préjudiciel. L'interprétation du droit communautaire qu'il consacre s'impose aux juridictions nationales de tous les pays et les dégage, le cas échéant, de leur obligation de renvoi.

210. Délai d'exécution. La Cour a considéré que « *la mise en œuvre de l'exécution de l'arrêt doit être entamée immédiatement et doit aboutir dans les délais les plus brefs* »[775].

Certes, le temps de régularisation peut varier, le cas échéant, en fonction de la complexité de l'espèce comme de la nature des mesures nationales à adopter. La Commission admet, d'ailleurs, dans certaines situations qu'un délai suffisant soit imparti à l'État membre, de manière

---

[771] 13 juill. 1972, Comm. c/ltalie, aff. 48/71, Rec. 536.
[772] CJCE 14 déc. 1982. Comité national de lutte contre l'alcoolisme, aff. 314 à 3 17 'SI et 83/82, Rec. 4337 RTDE 1983. 463, note G. Isaac.
[773] 23 mars 1992, Sté Klôckner France, Rec. 133.
[774] Crim. 1er octobre 1079, Rossi di Montalera, JCP 1981. II. 19554.
[775] CJCE, 5 nov. 1986, aff. 160/85, Comm. c/ Italie, Rec. CJCE 1986, p. 3245 ; CJCE, 12 févr. 1987, aff. 69/86, Comm. c/ Italie, Rec. CJCE 1987, p. 773 ; CJCE, 14 janv. 1988, aff. 227/85 à 230/85, Comm. c/ Belgique, Rec. CJCE 1988, p. 1.

à lui permettre de se mettre en conformité avec les exigences du droit de l'Union[776].

Cependant, les États membres ne sont pas autorisés à invoquer l'un quelconque des moyens de défense qu'ils soulèvent usuellement en cours de procédure pour se soustraire à l'obligation d'exécuter l'arrêt dans un délai raisonnable.

c. La sanction du manquement

211. État du droit UEMOA. L'article 6 du Protocole additionnel relatif aux organes de l'UEMOA énonce que : « *Si la Cour de Justice constate qu'un État membre a manqué à une des obligations qui lui incombent en vertu du Traité de l'Union, cet État est tenu de prendre les mesures que comporte l'exécution des arrêts de la Cour. En cas d'abstention de l'État membre dont le manquement a été constaté, la Commission a la faculté de saisir la Conférence des Chefs d'État et de Gouvernement, afin qu'elle invite l'État membre défaillant à s'exécuter*».

L'article 15 du Règlement n° 1/96/CM du 5 juillet 1996 portant Règlement des procédures de la Cour de Justice de l'UEMOA précise qu'en cas d'abstention de l'État membre dont le manquement a été constaté, la Commission a la faculté de saisir la Conférence des Chefs d'État et de Gouvernement afin qu'elle invite l'État membre défaillant à s'exécuter sans préjudice des sanctions prévues à l'article 74 du Traité de l'Union relatif à l'exercice de la surveillance multilatérale.

L'article 74 du traité de l'UEMOA organise l'exercice de la surveillance multilatérale qui s'appuie sur le rapport de la Commission, les éventuelles directives du Conseil et les éventuels avis du Parlement.

Ainsi, en cas d'abstention de l'État membre dont le manquement a été constaté, la Commission a la faculté de saisir la Conférence des Chefs et de Gouvernement afin qu'elle invite l'État membre défaillant à s'exécuter sans préjudice des sanctions prévues à l'article 74 du traité de l'Union relatif à l'exercice de la surveillance multilatérale. Les

---

[776] V. en ce sens, Rép. quest. écrite n° 1159/79, JOCE n° C 74, 24 mars 1980.

sanctions concernées, mentionnées à l'article 74 du traité modifié, comprennent la gamme de mesures graduelles, à savoir :

- la publication par le Conseil d'un communiqué, éventuellement assorti d'informations supplémentaires sur la situation de l'État concerné ;

- le retrait annoncé publiquement, des mesures positives dont bénéficiait éventuellement l'État membre ;

- la recommandation à la BOAD de revoir sa politique d'intervention en faveur de l'État membre concerné ;

- la suspension des concours de l'Union à l'État membre concerné.

212. Position du droit européen. A titre de droit comparé, au niveau de l'Union européenne, le Traité de Lisbonne a introduit la faculté, pour la Commission, en cas de défaut de communication par l'État membre des mesures de transposition d'une directive, d'assortir son recours en manquement d'une demande immédiate de sanctions pécuniaires[777].

En Europe, selon le dispositif introduit par le traité de Maastricht, si la Commission estime que l'État membre concerné n'a pas pris ces mesures, elle émet, après avoir donné à cet État la possibilité de présenter ses observations, un avis motivé précisant les points sur lesquels l'État membre concerné ne s'est pas conformé à l'arrêt de la Cour de Justice.

Si l'État membre concerné n'a pas pris les mesures que comporte l'exécution de l'arrêt de la Cour dans le délai fixé par la Commission, celle-ci peut saisir la Cour de Justice. Elle indique le montant de la somme forfaitaire ou de l'astreinte à payer par l'État membre concerné qu'elle estime adapté aux circonstances.

---

[777] V. art. 260, § 3, TFUE.

Si la Cour de Justice reconnaît que l'État membre concerné ne s'est pas conformé à son arrêt, elle peut lui infliger le paiement d'une somme forfaitaire ou d'une astreinte[778].

La Cour de Justice se voit donc reconnaître la compétence d'infliger des sanctions pécuniaires sous forme d'amende ou d'astreinte dans un arrêt de « *manquement sur manquement* » en cas d'inexécution de son premier arrêt qui a constaté que l'État membre avait méconnu ses obligations. C'est la Commission qui propose à la fois le type de sanction et son montant. Selon la Cour de Justice, « *la procédure prévue à l'article 228, paragraphe 2, CE doit être considérée comme une procédure judiciaire spéciale d'exécution des arrêts de la Cour, en d'autres termes, comme une voie d'exécution* »[779].

Il faut relever que si la Commission estime qu'un État n'a pas pris les mesures induites par l'arrêt en manquement, et procéder par exemple à la transposition d'une directive visée, elle saisit alors la Cour de Justice d'une demande de condamnation dudit État au paiement d'une amende (somme forfaitaire) ou d'une astreinte[780]. Dans un arrêt du 11 décembre 2012, la Cour de Justice, constatant un manquement sur manquement, a condamné l'Espagne cumulativement à une amende et une astreinte[781].

---

[778] A. RIGAUX, « Manquement sur manquement : propositions inédites de l'avocat général sur les conséquences financières potentielles des manquements persistants et structurels », *Europe* 2004, chron. 4 ; L. CLÉMENT-WILZ, « Une nouvelle interprétation de l'article 228-2 CE favorisée par le dialogue entre la Cour et son avocat général », *Cah. dr. eur.* 2005, p. 725.

[779] CJCE, 10 sept. 2009, aff. C-457/07, Comm. c/ Portugal, spéc. point 47 : Europe 2009, comm. 400, obs. A. Rigaux ; V. également, CJCE, 12 juill. 2005, aff. C-304/02, Comm. c/ France, spéc. point 92, Rec. CJCE 2005, I, p. 6263, et concl. av. gén. L. A. Geelhoed dans cette affaire, point 11.

[780] V. sur cette question, J. DIETZ-HOCHLEITNER, « Le traité de Maastricht et l'inexécution des arrêts de la Cour e justice par les États membres », *RMUE* 2-1994, p. 111 ; D. SIMON, « Une fable pour l'an 2000 : le mauvais élève et la présidence », *Europe* 2000, repère p. 3 ; P. CASSIA et E. SAULNIER, « L'incidence de la présidence française sur l'exécution du droit communautaire par le Parlement français », *Europe* 2001, chron. 3.

[781] CJUE, 11 déc. 2012, Commission c/ Espagne, aff. C-610/10, Europe févr. 2013. Comm. 65, obs. Rigaux.

L'institution de sanctions pécuniaires et d'astreintes en droit communautaire de l'UEMOA, en remplacement des sanctions, telles que l'exclusion des États fautifs ou la suspension des concours de l'Union ou de la politique d'intervention de la BOAD, présenterait le mérite de garantir l'exécution par les États membres de leurs obligations communautaires et de contribuer ainsi à l'enracinement de l'intégration économique.

Dans l'espace UEMOA, à ce jour et en dépit de l'existence d'une multitude de défauts de transposition de directives ou de transpositions tardives ou incorrectes de directives, la Cour de Justice de l'UEMOA attend encore sa première saisine pour recours en manquement, soit par la Commission de l'UEMOA, soit par un État membre.

SECTION II :

LA RECONNAISSANCE DE L'EFFET DIRECT DES DIRECTIVES NON TRANSPOSÉES OU MAL TRANSPOSÉES

213. Principe de l'applicabilité directe des directives. Le droit de l'UEMOA, droit de l'intégration, s'insère automatiquement dans l'ordre interne des États membres, en tant que source de droit national.

Mais il s'agit d'une source communautaire de droit national en ce qu'il détermine lui-même, au titre de son autonomie, les caractères juridiques dont ses normes sont revêtues et qui vont lui assurer une « *force de pénétration* » toute particulière.

Compte tenu de leurs caractéristiques, les directives soulèvent des problèmes particuliers. En effet, elles n'ont nullement vocation à être « *reçues* » dans l'ordre juridique national, car elles y sont intégrées de plein droit sans que les mesures de transposition puissent être assimilées à des mesures d'incorporation ou de réception[782].

Les États membres doivent simplement adopter les actes requis par une transposition correcte. On ne saurait, cependant, subordonner l'efficacité ou l'invocabilité des directives en droit interne à l'exercice de cette compétence d'exécution.

L'étude du principe de l'effet direct de la directive (paragraphe premier) permet de mieux comprendre la portée qui s'attache à ce principe (paragraphe II).

---

[782] RELWENDE L. Martial ZONGO, *L'union de droit au sein de l'Union économique et monétaire ouest africaine (UEMOA). Etude à la lumière du droit de l'Union européenne (UE),* Paris, l'Harmattan, 2020, p. 100.

PARAGRAPHE PREMIER : LE PRINCIPE DE L'EFFET DIRECT DES DIRECTIVES

214. Applicabilité directe des directives. L'effet direct est un des principes cardinaux qui, à l'instar de l'immédiateté ou de la primauté, constituent les « *murs porteurs* » de l'ordre juridique communautaire[783]. Pour mieux comprendre, le principe de l'applicabilité directe des directives, il importe de cerner, au préalable, les contours de la notion d'effet direct (A) avant d'analyser ses fondements (B) ainsi que les conditions de sa reconnaissance (C).

A. La notion d'effet direct ou d'application directe

215. Définition. L'effet direct ou l'application directe peut être défini comme l'aptitude d'une norme communautaire à créer par elle-même des droits ou des obligations au bénéfice ou à la charge de personnes privées ; ces dernières jouissent ainsi de la faculté d'invoquer de telles normes, plus ou moins largement et toujours sous conditions, afin d'en obtenir, à l'occasion d'un litige, l'application directe et effective[784].

Le principe de l'effet direct consiste donc plus largement à créer des droits ou des obligations pour les personnes juridiques, ce qui leur permet d'invoquer le droit communautaire dans leurs relations avec d'autres personnes, au besoin devant leurs juges, lesquels ont alors l'obligation d'appliquer le droit communautaire pour la solution des litiges dont ils sont saisis. L'effet direct est la plus complète illustration

---

[783] M. BLANQUET, « Effet direct du droit communautaire », *Rép. dr. comm.*, Dalloz, 2015, § 5, p. 3 ; L.-J. CONSTANTINESCO, *L'applicabilité directe dans le droit de la CEE*, Bruxelles, Bruylant, coll. Droit de l'Union européenne, Grands écrits, 2006, p. 6 ; D. RITLENG, « La reconnaissance de l'effet direct de la directive Retour », *RTD eur*. 2011, p. 885 ; J. WILDEMEERSCH, « Primauté, vous avez dit primauté ? Sur l'invocabilité des directives dans les litiges entre particuliers », *RAE* 2018, n° 3, p. 541 ; M. BLANQUET, « Effet direct du droit de l'Union européenne », *Rép. dr. eur.*, 2022 ; M. BLANQUET, « L'effet direct du droit de l'Union en eaux troubles, Le droit européen source de droits, source du droit », *Études en l'honneur de Vassilios Skouris*, 2022.

[784] R. MEHDI, « Ordre juridique de l'Union européenne- Effet direct », *Jurisclass. Eur. Traité*, 2022, Fasc. 195, n°13.

(mais non la seule) de ce que le droit communautaire est une source de droit dans l'ordre juridique des États membres[785].

216. Position jurisprudentielle. La Cour de Justice a d'abord défini très généralement l'effet direct en indiquant qu'il consistait pour une disposition à engendrer « *dans le chef des justiciables des droits individuels que les juridictions internes doivent sauvegarder* »[786].

L'effet direct comporte les trois dimensions.

D'abord, il s'agit de la capacité à créer directement des droits et des obligations dans le chef des particuliers. Ensuite, il renvoie à la possibilité, pour les particuliers d'invoquer ces droits devant le juge national. Enfin, l'effet direct postule l'obligation pour le juge de les garantir des droits et des obligations des particuliers prévus par la norme communautaire.

Par la suite, dans l'arrêt *Franz Grad en Loos*[787], l'effet direct d'une disposition a été défini comme « *le droit pour le justiciable de s'en prévaloir en justice* ». Il est, certes, pertinent de viser en tant que bénéficiaire le « *justiciable* » plutôt que le « *particulier* », en ce que la Cour a élargi à toutes les « *personnes concernées* »[788] l'éventuel bénéfice de l'effet direct, ce qu'il faut traduire par « *toute personne juridique* »[789].

En revanche, cette formulation incite à confondre l'effet direct avec l'invocabilité du droit de l'Union. Elle se limite ensuite à une invocabilité devant le juge à laquelle s'ajoute l'invocabilité devant toutes les autorités publiques et notamment l'administration[790].

---

785 M. BLANQUET, « Effet direct du droit communautaire », *Rép. comm.*, Dalloz, 2008, n° 4.
786 CJCE 5 févr. 1963, Van Gend en Loos, aff. 26/62, Rec. 1.
787 CJCE 6 oct. 1970, Franz Grad, aff. 9/70, Rec. 825.
788 CJCE 5 avr. 1979, Ministère Public c/ Ratti, aff. 148/79, Rec. 1629.
789 CJCE 17 oct. 1989, Ufficio distrettuale delle imposte dirette di Fiorenzusla c/ Cne di Carpaneto Piacentino, aff. jtes 321/87 et 129/88, Rec. 3233) ou de la Communauté elle-même (CJCE 22 févr. 1990, Busseni, aff. C-221/88, Rec. I. 495.
790 CJCE 22 juin 1989, Fratelli Costanzo c/ Cne de Milan, aff. 103/88, Rec. 1839.

L'effet direct est intimement lié à la spécificité et à l'autonomie de l'ordre juridique de l'Union. Cette notion traduit donc non seulement l'invocabilité d'une norme directement applicable, mais aussi sa propension à enrichir ou à grever le patrimoine juridique de personnes privées.

217. Effet direct et applicabilité immédiate. L'effet direct ou applicabilité directe, encore appelée « *invocabilité de substitution* » doit être distingué de l'applicabilité immédiate. L'effet direct de la norme communautaire porte sur la condition juridique des personnes qu'elle concerne (États et particuliers), dans la mesure où elle peut leur reconnaitre des droits et leur imposer des obligations que les juridictions nationales doivent sanctionner.

Quant à l'application immédiate, il s'agit d'une exigence en vertu de laquelle l'efficacité du droit communautaire ne saurait être subordonnée à quelques mesures de réception que ce soit.

F. RIGAUX estime que l'expression « *effet direct* » désigne les conditions d'application d'une règle dans l'ordre étatique sans pouvoir être confondue avec la possibilité pour les individus d'être titulaires de droit et/ou d'obligations en vertu de ces règles[791].

Contrairement à ce que l'on pourrait penser, les directives, comme l'ensemble du droit communautaire, bénéficient de l'applicabilité immédiate et sont donc intégrées à l'ordre juridique des États membres par le seul effet de leur entrée en vigueur selon les procédures de droit de l'Union ; ce qui explique que le juge national puisse en tirer des effets juridiques des directives avant même leur transposition.

218. Effet direct et transposition. Quels que soient les avantages de leur possible effet direct, et plus largement de leur invocabilité, il demeure cependant conforme à leur nature que seule leur transposition confère aux directives l'intégralité de leurs effets internes.

---

[791] F. RIGAUX, « Le problème des dispositions directement applicable [self-executing] des traités internationaux et son application aux traités instituant les Communautés », Deuxième colloque international de droit européen, La Haye, 1963, p. 16.

La reconnaissance potentielle de l'effet direct ne doit donc pas relativiser l'exigence de transposition. Dans cette même logique, la Cour de Justice a eu l'occasion d'affirmer que l'effet direct « *ne saurait servir de justification à un État membre pour se dispenser de prendre, en temps utile, des mesures d'application adéquates à l'objet de chaque directive* », notamment sous prétexte que sa législation (ou sa pratique administrative) serait conforme aux finalités communautaires[792]. On peut néanmoins signaler le cas du « *contexte juridique général existant*» assurant parfois, pour la Cour, la pleine application de la directive de façon suffisamment claire et précise.

B. Les fondements de l'effet direct des directives

219. Rejet de l'objection textuelle. L'article 43 du traité de l'UEMOA fait des États membres les destinataires des directives et leur laisse la compétence quant à la forme et les moyens à utiliser pour atteindre le résultat qui, seul, leur est imposé. Partant de ce constat, la doctrine dominante a longtemps considéré que le concept de directive et la formulation du traité, en fait un acte d'application médiate par nature ; ce qui exclut absolument tout effet direct.

La Cour a d'abord considéré que « *si en vertu de l'article 189 les règlements sont directement applicables, [...] il n'en résulte pas que d'autres catégories d'actes visés par cet article ne peuvent jamais produire d'effets analogues* »[793]. Elle s'est également référée à l'effet contraignant que confère l'article 288 TFUE aux directives. Cette vertu serait battue en brèche, si les justiciables ne pouvaient se réclamer devant le juge national d'une directive à l'encontre d'un État membre qui aurait omis d'adopter les mesures d'exécution idoines ou procédé à une transposition incorrecte.

Mais par la suite, la principale objection généralement opposée à la reconnaissance de l'effet direct des directives reposait sur un argument de texte, tiré de la lettre de l'article 43 du traité. En effet, cette disposition précise expressément que le règlement est « *directement*

---

[792] CJCE 6 mai 1980, Commission c/ Belgique, aff. 102/79, Rec. 1473.
[793] CJCE, 4 déc. 1974, aff. 41/74, Van Duyn : Rec. CJCE 1974, p. 1337.

applicable dans tout État membre » et ne comporte aucune indication de ce type s'agissant de la directive, il en résulterait, par un argument *a contrario*, que cette dernière est dépourvue de l'aptitude à produire un tel effet.

Cette interprétation littérale a été rejetée par la Cour qui estime que « *si, en vertu des dispositions de l'article 189, les règlements sont directement applicables et par conséquent, par leur nature, susceptibles de produire des effets directs, il n'en résulte pas que d'autres catégories d'actes visés par cet article ne peuvent jamais produire d'effets analogues* »[794].

220. Garantie efficace des droits générés par la directive. En outre, l'exclusion de tout effet direct au profit des directives serait incompatible avec l'effet contraignant qui leur est attribué par l'article 43 du traité de l'UEMOA, « *particulièrement dans les cas où les autorités communautaires auraient, par directive, obligé les États membres à adopter un comportement déterminé, l'effet utile d'un tel acte se trouverait affaibli si les justiciables étaient empêchés de s'en prévaloir en justice et les juridictions nationales empêchées de la prendre en considération en tant qu'élément du droit communautaire*»[795]. Il s'agit d'assurer une garantie efficace des droits que les directives créent dans le chef des justiciables.

L'idée sous-jacente à ce raisonnement consiste à estimer que l'obligation de mise en œuvre des directives en droit national serait sanctionnée de manière insuffisante par le biais du seul recours en constatation de manquement. En effet, l'application effective des directives suppose qu'au contrôle exercé par les autorités de l'Union s'ajoute la sanction des juridictions nationales, mise en mouvement par la « *vigilance des particuliers intéressés à la sauvegarde de leurs droits*», selon la formule célèbre utilisée par l'arrêt *Van Gend en Loos*[796].

---

[794] arrêt Van Duyn c/ Home Office, préc., pt 12.

[795] arrêt Van Duyn c/ Home Office, préc., spéc. pt 12.

[796] F. PICOD, « Le statut des particuliers, désormais titulaires de droits individuels », Actes du colloque, 50e anniversaire de l'arrêt *Van Gend en Loos*, 1963-2013, Luxembourg, Cour de Justice, p. 83.

221. Application effective dans l'ordre juridique interne. La jurisprudence de la Cour de Justice a eu recours à un second argument qui s'inspire d'une logique apparentée au principe d'«*estoppel*» ou à la règle « *nemo auditur propriam turpitudinem allegans* » (« *nul ne peut se prévaloir de sa propre turpitude* »). Il est certain, en effet, que « *l'État ne peut opposer aux particuliers le non-accomplissement des obligations que la directive comporte* »[797]. En d'autres termes, l'État membre, qui n'a pas ou a mal transposé une directive, ne peut tirer avantage de sa propre carence pour faire obstacle à l'application effective de la directive.

L'obligation inscrite dans l'article 43 du traité de l'UEMOA serait, en effet, « *privée de toute efficacité s'il était permis aux États membres d'annuler, par leur carence, jusqu'aux effets qu'en vertu de leur contenu, certaines dispositions d'une directive sont susceptibles de produire* »[798].

Il apparaît donc clairement que l'invocabilité des directives devant les tribunaux nationaux se justifie, puisqu'il s'agit d'assurer l'application effective des directives dans l'ordre juridique interne des États membres, en sanctionnant le non-respect par les autorités nationales de l'effet obligatoire attaché aux directives par l'article 43 du traité de l'UEMOA.

C. Les conditions de la reconnaissance de l'effet direct des directives

222. Conditions classiques. La consécration de l'absence d'infirmité congénitale des directives à produire un effet direct ne signifie pas la reconnaissance générale de cette qualité à « *toutes* » les dispositions de « *toutes* » les directives[799]. Si la directive a virtuellement vocation à être invocable devant les juridictions nationales, encore faut-il qu'elle puisse être effectivement appliquée par un juge, c'est-à-dire qu'elle remplisse

797 CJCE, 5 avr. 1979, Ministère public c/ Ratti, aff. 148/78.
798 CJCE, 19 janv. 1982, Becker, aff. 8/81, préc.
799 CJCE 5 avr. 1979, Ministère public c/ Ratti, aff. 148/78, Rec. 1629.

les exigences minimales de justiciabilité, généralement exprimées sous la forme des critères ou conditions techniques de l'effet direct.

La jurisprudence reprend désormais les conditions de l'effet direct des directives : il y a effet direct « *...dans tous les cas où des dispositions... apparaissent comme étant, du point de vue de leur contenu, inconditionnelles et suffisamment précises* »[800].

Comme le rappelle la Cour de Justice, dans son arrêt *Van Duyn*, l'effet direct implique que soient examinés, dans chaque cas, « *la nature, l'économie et les termes de la disposition en cause* » et ne peut être reconnu qu'aux dispositions remplissant les conditions de clarté, de précision, d'inconditionnalité, d'absence d'interposition de mesures discrétionnaires des institutions ou des États membres, traditionnellement exigées s'agissant de l'effet direct des dispositions du droit primaire.

223. Clarté et précision. L'exigence de clarté et de précision de la directive doit être considérée comme relative. Certes, la Cour de Justice a jugé « *claire et précise* » une disposition qui « *énonce une obligation dans des termes non équivoques* »[801].

En réalité, seront considérées comme claires et précises les dispositions des directives qui sont *a priori* dépourvues d'ambiguïté, mais aussi celles qui ont été ou peuvent être « *clarifiées* » par voie d'interprétation juridictionnelle, dans la mesure où il en résulte une clarté ou une précision « *suffisantes* »[802]. Sur ce point, le mode de raisonnement du juge de l'Union n'est pas essentiellement différent de celui qui est pratiqué s'agissant du droit primaire.

L'explication donnée en général par la Cour est qu'« *une disposition est suffisamment précise pour être invoquée par un justiciable et*

---

[800] Par ex. CJUE 8 mars 2022, NE, aff. C-205/20 ; on trouve cependant parfois le triptyque de la disposition «*suffisamment précise, claire et inconditionnelle* » (par ex. CJUE 18 janv. 2022, Thelen Technopark Berlin, aff. C-377/17.

[801] CJCE, 23 févr. 1994, Comitato di coordinamento per la difesa della Cava, aff. C-236/92.

[802] V. par ex. CJCE, 19 nov. 1991, Francovich e.a., aff. jointes C-6/90 et C-9/90.

appliquée par le juge lorsqu'elle énonce une obligation dans des termes non équivoques »[803].

L'imprécision de la règle traduit la réserve d'un pouvoir d'appréciation au niveau de la mise en œuvre, mais c'est un pouvoir d'appréciation reconnu en quelque sorte implicitement. C'est donc toujours le caractère conditionnel de la disposition en cause, plutôt que le manque de précision ou de clarté (même explicitement évoqué), qui a conduit à la conclusion du refus d'effet direct.

Au demeurant, la Cour de Justice estime que le seul pouvoir discrétionnaire excluant l'effet direct est celui qui, en raison de la séparation des pouvoirs, se trouve réservé au législateur ou à l'administration, en un mot, au pouvoir politique.

En revanche, le pouvoir d'appréciation qui fait partie de l'office du juge est parfaitement compatible avec l'effet direct[804], ce qui explique qu'une disposition d'effet direct peut encore avoir besoin d'une interprétation judiciaire[805]. N'est donc dirimant que le besoin d'interpréter les termes imprécis d'une disposition par les autorités chargées de sa mise en œuvre et non lorsque c'est le juge qui est sollicité pour le faire.

224. Inconditionnalité. L'élément déterminant de l'effet direct est lié à l'inconditionnalité de la directive, ce que la Cour définit classiquement comme signifiant que la disposition concernée n'est « *assortie d'aucune condition ni subordonnée, dans son exécution ou dans ses effets, à l'intervention d'aucun acte soit des institutions de*

---

[803] V. notamment les arrêts du 23 févr. 1994, Comitato di coordinamento per la difesa della cava e.a., aff. C-236/92, Rec. I. 483 ; du 17 sept. 1996, Cooperativa Agricola Zootecnica S. Antonio e.a., aff. C-246/94, Rec. I. 4373 ; du 26 oct. 2006, PohlBoskamp, aff. C-317/05, Rec. I. 10611 ; du 1er juill. 2010, Susanne Gassmayr, aff. C-194/08, Rec. I. 386 ; ou du 14 janv. 2021, RTS infra et Aannemingsbedrijf Norré-Behaegel, aff. C-387/19.

[804] CJCE 4 avr. 1968, Fink-Frucht, aff. 27/67, Rec. 327.

[805] CJCE 8 avr. 1976, Defrenne, aff. 43/75, Rec. 455 ; 17 mai 1990, Barber, aff. C-262/88, Rec. I.1889.

l'Union, soit des États membres »[806]. Ainsi, l'application de la disposition en cause ne doit être subordonnée à aucune mesure ultérieure comportant un pouvoir discrétionnaire, soit des organes de la communauté, soit des États membres, soit des uns et des autres.

Le critère tiré de l'inconditionnalité de la directive suppose que l'obligation ne soit subordonnée ni à une condition ni à un terme. Inconditionnelle, la règle ne doit être assujettie à aucun terme ni aucune réserve. Un tel acte comporte, en effet, par définition, un caractère conditionnel, puisqu'il est assorti d'un délai de transposition au cours duquel l'obligation est en quelque sorte suspendue à l'adoption des mesures internes requises.

Il en résulte que l'effet direct des directives est normalement différé jusqu'à l'expiration du délai de transposition. Autrement dit, les dispositions d'une directive ne sont *a priori* et sauf exception pas *invocables* par un justiciable avant l'échéance du terme imparti[807].

L'important est que l'application de la disposition en cause ne soit subordonnée à aucune mesure ultérieure comportant un pouvoir discrétionnaire, soit des organes de l'Union, soit des États membres, soit des uns et des autres, qui ferait écran entre elle et le particulier.

Il en découle que certains types de règles peuvent être considérées comme ayant un effet direct par elles-mêmes. C'est le cas d'abord des règles d'interdiction ou, généralement, des obligations de ne pas faire, qui, « *juridiquement parfaites* », n'exigent, par nature, aucune mesure d'exécution ou des mesures négligeables (absence d'écran)[808].

---

[806] V., notamment, pour les premières formulations, l'arrêt du 3 avr. 1968, Molkerei-Zentrale Westfalen Lippe, aff. 28/67, Rec. 211 ; ou l'arrêt du 17 sept. 1996, Cooperativa Agricola Zootecnica S. Antonio e.a., aff. C-246/94, Rec. I. 4373 ; plus récemment, 15 mai 2014, Almos Agrárkülkereskedelmi, aff. C-337/13, EU :C :2014 :328, ou CJUE 8 mars 2022, NE, aff. C-205/20, préc.

[807] CJCE, 5 avr. 1979, Ministère public c/ Ratti, aff. 148/78 ; CJCE, 11 juill. 1991, Verholen e.a., aff. jointes C-87/90 et autres ; CJCE, 3 déc. 1992, Suffritti e.a. c/ INPS, aff. jointes C-140/91 et autres.

[808] CJCE 3 avr. 1968, Molkerei-Zentrale c/ Hauptzollamt Paderborn, aff. 28/67, Rec. 211 ; 27 juin 1989, Heinz Kühne c/ Finanzamt München III, aff. 50/88, Rec. 1925 ; il est à noter que la Cour, dans l'arrêt *Van Gend en Loos* déjà, souligne que la disposition

En outre, une disposition est encore inconditionnelle, même si elle requiert des compléments pour son application, dès lors que l'État ou les institutions ne jouissent d'aucun pouvoir discrétionnaire pour prendre la mesure d'exécution (écran transparent).

À titre d'exemple, l'article 95, alinéa 3 CE (abrogé par le traité d'Amsterdam), demande aux États d'« *éliminer* » ou de « *corriger* » leurs dispositions fiscales qui défavorisent les produits importés des autres États membres ; mais la Cour ayant estimé que les États n'avaient pour ce faire aucun pouvoir discrétionnaire d'appréciation, ce texte a un effet direct[809].

Toutefois, la Cour de Justice a refusé l'effet direct de certaines dispositions des articles 32 et 33 CE (abrogé par le traité d'Amsterdam) dans la mesure où le traité ne définit ni la méthode de transformation des contingents bilatéraux en contingents globaux ni les critères de calcul de leur valeur globale, laissant par là un important pouvoir discrétionnaire aux États membres[810].

On peut même ajouter que dans des hypothèses où existe une compétence des États en ce qui concerne la mise en œuvre d'un droit du seul point de vue procédural (écran opaque), l'effet direct n'est pas entravé. Ainsi, dans l'arrêt *Caisse de maladie des C.F.L. « Entr'aide médicale » et Société nationale des chemins de fer luxembourgeois*[811], il a été jugé que le renvoi d'une disposition *a priori* d'effet direct à des accords ultérieurs se bornant à régler les modalités de son application n'affecte pas son effet direct.

On doit conclure que ne peuvent se voir reconnaître un caractère conditionnel que les dispositions qui prévoient au profit des États

---

en cause, l'article 12 CEE, est « *une obligation non pas de faire, mais de ne pas faire* ») ; c'est le cas ensuite des règles prescrivant l'application du « *traitement national* » (CJCE 21 juin 1974, Reyners c/ Belgique, aff. 2/74, Rec. 631).

[809] CJCE 16 juin 1966, Lütticke c/ Hauptzollamt de Sarrelouis, aff. 57/65, Rec. 293, spéc. 302.

[810] CJCE 19 déc. 1968, Soc. Salgoil c/ Ministère du Commerce extérieur de la République italienne, aff. 13/68, Rec. 661.

[811] CJCE, 12 novembre 1969, *Caisse de maladie des C.F.L. « Entr'aide médicale » et Société nationale des chemins de fer luxembourgeois,* aff. 27/69, Rec. 405

membres un pouvoir d'aménagement du contenu même du droit conféré aux citoyens, ou tout au moins de ses caractères substantiels ou de ses conditions essentielles d'exercice.

La Cour de Justice rappelle qu'il convient « *d'examiner, dans chaque cas, si la nature, l'économie et les termes de la disposition en cause, sont susceptibles de produire des effets directs* »[812]. L'invocabilité de la directive n'est admise que si la sujétion, qu'elle crée à la charge des États, est inconditionnelle et suffisamment précise[813].

Ne leur laissant qu'une marge de discrétion faible ou nulle, la directive présente de la sorte les caractéristiques nécessaires pour pouvoir être appliquée par le juge[814].

La Cour a cependant admis qu'en dépit du fait qu'une directive laissait « *une certaine marge d'appréciation aux autorités réglementaires nationales dans la mise en œuvre de [ses] dispositions*», cette circonstance n'affectait pas « *le caractère précis et inconditionnel de l'obligation découlant desdites dispositions* »[815].

225. Absence de marge discrétionnaire. Le critère lié à l'absence de marge discrétionnaire consiste en l'absence d'interposition d'une marge discrétionnaire au profit des autorités nationales. Dans le cas contraire, en effet, l'existence d'un pouvoir d'appréciation dans le chef des États membres « *fait écran* » entre la directive et le justiciable, et surtout rend impossible l'application directe des dispositions de la directive par un juge, sauf à admettre que ce dernier puisse se substituer

---

[812] CJCE, 4 déc. 1974, aff. 41/74, Van Duyn, Rec. CJCE 1974, p. 1337.

[813] CJCE, 19 janv. 1982, aff. 8/81, U. Becker, Rec. CJCE 1982, p. 53 ; CJCE, 20 mai 2003, aff. jtes C-465/00, C-138/01 et C-139/01, Österreichischer Rundfunk et a., Rec. CJCE 2003, p. I-4989 ; ECLI :EU :C :2003 :294 ; CJCE, 8 juin 2006, aff. C-430/04, Finanzamt Eisleben, Rec. CJCE 2006, p. I-4999 ; ECLI :EU :C :2006 :374 ; CJUE, 12 déc. 2013, aff. C-425/12, Portgas, pt 16, JurisData n° 2013-033406 ; ECLI :EU :C :2013 :829.

[814] CJCE, 7 juill. 1981, aff. 158/80, Rewe, Rec. CJCE 1981, p. 1805.

[815] CJUE, gde ch., 6 oct. 2015, aff. C-508/14, T-Mobile Czech Republic et Vodafone Czech Republic : JurisData n° 2015-025719 ; ECLI :EU :C :2015 :657. En l'espèce, les articles 12 et 13 de la directive 2002/22/CE du 7 mars 2002 (JOCE n° L 108, 24 avr. 2002, p. 51.

au pouvoir législatif ou réglementaire, au mépris du principe de séparation des pouvoirs.

Lorsque la directive attribue clairement un choix politique aux autorités de transposition, elle sera inapte à produire un effet direct.

C'est ainsi que dans la célèbre affaire *Francovich,* s'agissant des conditions d'indemnisation des salariés victimes de l'insolvabilité de leur employeur, la Cour de Justice a constaté que la directive était juridiquement parfaite quant à la détermination du bénéficiaire et du montant de l'indemnité, mais qu'elle laissait aux États membres une option quant à l'organisation et au financement des institutions de garantie, c'est-à-dire ne préjugeait pas de l'identification du débiteur de l'obligation, ce qui rendait impossible son application directe par une instance juridictionnelle[816].

À propos de la même directive, la Cour a également jugé que « *de la marge d'appréciation qui est ainsi laissée aux États membres, il y a lieu de conclure que le personnel de direction ne peut se prévaloir de la directive pour demander le paiement de créances de salaires à l'institution de garantie mise en place pour les autres catégories de travailleurs salariés* »[817].

L'évaluation de la marge d'appréciation, qui interdit au juge national d'appliquer par substitution une directive en l'absence de mesures nationales de transposition ou à l'encontre de mesures nationales incompatibles, constitue une opération délicate.

C'est ainsi que, dans certaines circonstances, il a été admis que des dispositions, énonçant pourtant des obligations de résultat à caractère relativement général, en l'occurrence la reconnaissance d'un droit de recours juridictionnel ou administratif en cas de violation du principe

---

[816] CJCE, 19 nov. 1991, Francovich e.a., aff. jointes C-6/90 et C-9/90 ; parmi les nombreux commentaires de cet arrêt V. not. D. SIMON, *Europe* déc. 1991, chron. 1 ; *JCP* E 1992, n° 123, p. 83 s. ; L. DUBOUIS, note RFDA 1992. 1.
[817] CJCE, 16 déc. 1993, Wagner Miret, aff. C-334/92, Europe 1994, no 52, obs. D. Simon et A. Rigaux.

de non-discrimination à raison du sexe, n'étaient pas pour autant dépourvues d'effet direct.

La Cour a, en effet, estimé que « *la circonstance qu'un choix soit laissé aux États membres entre différentes solutions pour atteindre l'objectif poursuivi par la directive, en fonction des situations susceptibles de se présenter, ne saurait avoir pour conséquence d'empêcher le particulier de se prévaloir dudit article 6 dans une situation, comme celle de l'espèce au principal, où les autorités nationales ne disposent d'aucune marge d'appréciation dans la mise en œuvre de la solution choisie* »[818].

Cette jurisprudence montre bien l'extrême complexité de l'évaluation de l'étendue du pouvoir discrétionnaire des autorités nationales, qui conditionne le caractère « *juridiquement parfait* » nécessaire à l'attribution d'un effet direct aux dispositions des directives[819].

PARAGRAPHE II : LA PORTÉE DE L'EFFET DIRECT DES DIRECTIVES

226. Intensité variable de l'effet direct. Contrairement aux règlements, l'effet direct de la directive, présentant les caractères d'inconditionnalité, de précision et de clarté, est limité. En effet, l'intensité de l'applicabilité directe est variable. En effet, la jurisprudence a posé le principe de l'exclusion de l'effet direct « *horizontal* » (A), tout en reconnaissant le principe de l'effet vertical des directives (B).

---

[818] CJCE, 2 août 1993, Marshall c/ Southampton and South West Hampshire Area Health Authority, aff. C-271/91 ; sur cet arrêt, D. SIMON et A. RIGAUX, « L'arrêt Marshall II et l'effet des directives : une solution d'espèce à une question de principe ? », *Europe* 1993, chron. 9.

[819] V. pour des exemples significatifs dans la jurisprudence relative à la directive « *service universel* », dans lesquels la Cour conclut à l'effet direct alors même que les États membres disposaient d'une certaine marge d'appréciation dans la transposition, CJUE, 6 oct. 2015, T-Mobile Czech Republic et Vodafone Czech Republic, aff. C-508/14 , Europe 2015, no 474, obs. D. Simon; CJUE, 21 déc. 2016, TDC, aff. C-327/15, Europe 2017, n° 50, obs. D. Simon.

A. L'exclusion de l'effet direct « *horizontal* » des directives

227. Principe de l'exclusion de l'effet direct « *horizontal* ». L'effet direct « *horizontal* » renvoie aux situations dans lesquelles une norme de droit de l'Union peut être invoquée dans des différends opposant des personnes privées entre elles.

La logique de la reconnaissance de l'effet direct des directives est destinée, d'une part, à renforcer leur effet contraignant, en obligeant les États à les mettre en œuvre et en assurant leur effet utile. Elle a pour objet, d'autre part, d'éviter que les autorités nationales ne profitent de leur propre carence en opposant aux sujets de droit des dispositions nationales incompatibles avec les dispositions des directives.

Ce dernier fondement a conduit la jurisprudence de la Cour de Justice à exclure fermement toute possibilité d'invoquer l'effet direct d'une directive non transposée ou mal transposée à l'encontre des justiciables. Comme l'indique itérativement le juge de l'Union, « *l'État membre qui n'a pas pris, dans les délais, les mesures d'exécution imposées par la directive ne peut opposer aux particuliers ce non-accomplissement, par lui-même, des obligations qu'elle comporte* »[820].

Par définition, les directives ne peuvent créer d'obligations qu'à l'égard du ou des États membres destinataires, conformément à la rédaction de l'article 43 du traité de l'UEMOA. Il en résulte que, par principe, une directive, ne créant pas, directement et par elle-même, d'obligations pour un justiciable, ne peut être opposée à ce justiciable par la ou les autres parties à un litige purement « *horizontal* ». Une partie non négligeable de la doctrine[821] avait invoqué l'argument tiré de

[820] CJCE, 26 févr. 1986, Marshall c/ Southampton and South-West Hampshire Area Health Authority, aff. 152/84, spéc. pt 47; CJCE, 8 oct. 1987, Kolpinghuis Nijmegen, aff. 80/86 , spéc. pts 8-9; CJCE, 26 sept. 1996, Arcaro, aff. C-168/95, spéc. pt 36, Europe 1996, no 401, obs. D. Simon ; CJCE, 5 oct. 2004, Pfeiffer e.a., aff. jointes C-397/01 à C-403/01, Europe 2004, n° 404, obs. L. Idot.

[821] V. not. les stimulantes réflexions de P. MANIN, « L'invocabilité des directives, quelques interrogations », *RTD eur.* 1990, p. 669 ; « De l'utilisation des directives communautaires par les personnes physiques ou morales », *AJDA* 1994. 259 ; V. égal. G. WINTER, Direktwirkung von EG-Richtlinien, DVBl 1991, 657, ou encore le commentaire de l'arrêt CJCE, 2 août 1993, Marshall c/ Southampton and South West

la défense des droits des justiciables pour justifier d'élargir la reconnaissance de l'effet direct des directives à un effet « *horizontal* » dans les litiges opposant des personnes privées.

228. Position de la Cour de Justice. Dès son premier arrêt *Marshall*, la Cour avait affirmé, de façon explicite, que « *le caractère contraignant d'une directive sur lequel est fondée la possibilité d'invoquer celle-ci devant une juridiction nationale n'existe qu'à l'égard de "tout État membre destinataire"* »[822].

La haute juridiction a fixé sa jurisprudence à l'occasion d'une affaire relative au licenciement d'une femme, au motif qu'elle avait atteint soixante ans, l'âge auquel était ouvert, en Grande-Bretagne, un droit à pension de l'État[823].

Or, cet âge étant différent, en vertu du *Social security act,* pour les hommes et les femmes, la requérante s'estimait, à juste raison, victime d'une discrimination sexuelle prohibée par la Directive n°76/207/CEE du Conseil du 9 février 1976, relative à la mise en œuvre du principe de l'égalité de traitement entre hommes et femmes en ce qui concerne l'accès à l'emploi, à la formation et à la promotion professionnelles, et les conditions de travail.

Aussi, invoquait-elle à l'appui de sa demande, aux fins d'une application directe, les prescriptions de ce texte. La Cour a considéré

Hampshire Area Health Authority, aff. C-271/91, par T. TRIDIMAS, Horizontal effect of directives, a missed opportunity, ELR 1994. 621 ; Contra, D. SIMON et A. RIGAUX, L'arrêt Marshall II et l'effet des directives : une solution d'espèce à une question de principe ?, Europe 1993. Chron. 9), quelquefois dans des termes singulièrement excessifs (F. EMMERT et M. PEREIRA DE AZEVEDO, « L'effet direct horizontal des directives : la jurisprudence de la CJCE, un bateau ivre ? », *RTD eur.* 1993. 503 ; « Les jeux sont faits : rien ne va plus ou une nouvelle occasion perdue par la CJCE », *RTD eur.* 1995. 11).

822 CJCE, 26 févr. 1986, aff. 152/84, Marshall c/ Southampton and South-West Hampshire Area Health Authority, Rec. CJCE 1986, p. 723 ; pour une confirmation, CJCE, 5 oct. 2004, aff. jtes C-397/01 à C-403/01, Pfeiffer e. a. : Rec. CJCE 2004, p. I-8835 ; ECLI :EU :C :2004 :584.

823 CJCE, 26 févr. 1986, aff. 152/84, Marshall c/ Southampton and South-West Hampshire Area Health Authorit, Rec. CJCE 1986, p. 723 ; pour une confirmation, CJCE, 5 oct. 2004, aff. jtes C-397/01 à C-403/01, Pfeiffer e. a. , Rec. CJCE 2004, p. I-8835 ; ECLI :EU :C :2004 :584.

que « *quant à l'argument selon lequel une directive ne peut pas être invoquée à l'encontre d'un particulier, il convient de souligner que, selon l'article 189 [devenu article 249 CE puis article 288 TFUE] du traité, le caractère contraignant d'une directive sur lequel est fondée la possibilité d'invoquer celle-ci devant une juridiction nationale n'existe qu'à l'égard de "tout État membre destinataire".*

Il s'ensuit qu'une directive ne peut aller elle-même créer des obligations dans le chef d'un particulier et qu'une disposition d'une directive ne peut pas être invoquée en tant que telle à l'encontre d'une telle personne.

Il convient donc d'examiner si, en l'espèce la défenderesse (la Southampton and South-West Hampshire Area Health Authority) doit être regardée comme ayant agi en tant que particulier. À cet égard, il y a lieu de remarquer que lorsque les justiciables sont en mesure de se prévaloir d'une directive à l'encontre de l'État, ils peuvent le faire quelle que soit la qualité en laquelle agit ce dernier employeur ou autorité publique [...] »[824].

Il en résulte qu'une directive ne peut pas, par elle-même, créer d'obligations dans le chef d'un particulier et qu'une disposition d'une directive ne peut donc pas être invoquée en tant que telle à l'encontre d'une telle personne[825].

---

[824] D. SIMON et A. RIGAUX, « L'arrêt Marshall II et l'effet des directives : une solution d'espèce à une question de principe ? », *Europe* 1993, chron. 9.

[825] F. EMMERT et M. PEREIRA De AZEVEDO, « L'effet horizontal des directives la jurisprudence de la CJCE : un bateau ivre ? » *RTD eur.* 1993, p. 515 ; E. DUBOUT, « L'invocabilité d'éviction des directives dans les litiges horizontaux. Le bateau ivre a-t-il sombré ? », *RTD eur.* 2010, p. 277 ; P. MANIN, « L'invocabilité des directives : quelques interrogations », *AJDA* 1990, p. 687 ; P. CASSIA, « L'invocabilité des directives communautaires devant le juge administratif français : la guerre des juges n'a pas eu lieu », *RFDA* 2002. 20 ; T. DAL FARRA, « L'invocabilité des directives communautaires devant le juge national de la légalité, *RTD eur.* 1992. 631 ; O. DUBOS, « L'invocabilité d'exclusion des directives : une autonomie enfin conquise », *RFDA* 2003. 568 ; L. COUTRON, « Retour fataliste aux fondements de l'invocabilité des directives », *RTD eur.* 2015/ 1. 39.

L'avocat général SLYNN estimait, dans ses conclusions, qu'une consécration de l'effet direct horizontal « *obscurcirait totalement la distinction entre règlements et directives* »[826].

La jurisprudence *Marshall* a été confirmée, de façon particulièrement claire, par le refus catégorique d'un effet direct horizontal de la directive dans un litige entre personnes privées dans l'arrêt *Faccini Dori*[827].

Dans cet arrêt, en indiquant que l'effet direct des directives ne s'impose qu'en vertu du souci de préserver le caractère « *contraignant*» des obligations qu'elle met à la charge des États membres, le juge de l'Union précise clairement la motivation de la limitation de l'effet direct des directives à leur invocabilité dans les litiges opposant un « *particulier* » à l'État.

Mais la cour insiste sur le fait qu'« *étendre cette jurisprudence au domaine des rapports entre les particuliers reviendrait à reconnaître à la Communauté le pouvoir d'édicter avec effet immédiat des obligations à la charge des particuliers alors qu'elle ne détient cette compétence que là où lui est attribué le pouvoir d'adopter des règlements* ».

En France, le Conseil d'État français a admis sans hésitation que « *les autorités de l'État ne peuvent se prévaloir des dispositions d'une directive qui n'ont pas fait l'objet d'une transposition en droit interne*»[828].

---

826 G. Slynn, Rec. CJCE 1986, p. 734 ; V. également, CJCE, 7 déc. 1995, aff. C-472/93, Spano, Rec. CJCE 1995, p. I-4321) et fausserait la typologie des actes établie par le traité et, par voie de conséquence, le système de répartition des compétences entre la Communauté et les États membres qui la sous-tend (V. dans le même sens, TPICE, 27 juin 2000, aff. jtes T-172/98, T-175/98, T-176/98 et T-177/98, Salamander e. a. c/ Parlement et Conseil : Rec. CJCE 2000, p. II-2487 ; ECLI :EU :T :2000 :168.
827 CJCE, 14 juill. 1994, Faccini Dori, aff. C-91/92, *Europe* 1994, n° 358, obs. A. Rigaux et D. Simon ; V. égal. CJCE, 7 mars 1996, El Corte Inglés, aff. C-192/94; CJCE, 12 nov. 1996, Smith and Nephew, aff. C-201/94 , *Europe* 1997, n° 3, obs. F. Lagondet.
828 CE, 23 juin 1995, n° 149226, 155083, 162001, SA Lilly France, *JurisData* n° 1995-047729 ; *Lebon* 1995, p. 257 ; V. également CE, 20 nov. 2002, n° 229017, Sté Golden-Harvest-Zelder : JurisData n° 2002-064644 ; Europe 2003, comm. 3, obs. P. Cassia.

PESCATORE évoque, à cet égard, le principe d'estoppel selon lequel « *un État ne peut se reconnaître à la fois lié par certaines obligations communautaires et délié de les observer à l'égard de ceux qui sont soumis à son autorité. En d'autres termes, le fait d'avoir laissé une directive inexécutée, ou de l'avoir mal appliquée, n'est pas une raison d'en refuser le bénéfice à des particuliers lorsque ce sont les prescriptions et les actions de l'État même qui sont en cause*»[829].

La Cour est particulièrement attachée à sa jurisprudence sur l'exclusion de principe de tout effet horizontal des directives. Elle a rappelé, dans plusieurs espèces, que « *selon une jurisprudence constante de la Cour (...) une directive ne peut pas par elle-même créer d'obligations dans le chef d'un particulier et ne peut donc être invoquée en tant que telle à son encontre* »[830].

229. Inopposabilité des sanctions pénales. La directive peut être invoquée en justice à l'encontre de l'État défaillant, afin de permettre au justiciable de faire valoir ses droits en lieu et place du droit national. Il s'agit d'une invocabilité dite de substitution.

Le principe de l'exclusion de l'effet direct « *horizontal* » s'est manifesté particulièrement dans la jurisprudence de la Cour de Justice, en particulier en matière pénale.

En effet, le principe de l'inopposabilité des sanctions pénales implique *a fortiori* que les autorités nationales ne puissent opposer aux justiciables, sur la base d'une directive et indépendamment d'une loi nationale, les effets de la directive non transposée ou mal transposée,

---

829 P. PESCATORE, *L'effet des directives communautaires : une tentative de démythification*, Paris, Dalloz, 1980, I, p. 176.

830 CJUE, 7 juill. 2016, Ambisig, aff. C-46/15 , spéc. pt 21, Europe 2016, n° 332, obs. D. Simon; V. égal. CJUE gr. ch., 19 janv. 2010, Kücükdeveci, aff. C-555/07, spéc. pt 46, obs. D. Simon, L'invocabilité des directives dans les litiges horizontaux : confirmation ou infléchissement, Europe 2010. Étude 3 ; CJUE gr. ch., 24 janv. 2012, Dominguez, aff. C-282/10, spéc. pt 37, *Europe* 2010, n° 115, obs. D. Simon ; CJUE gr. ch., 15 janv. 2014, Association de médiation sociale, aff. C-176/12, spéc. pt 36, Europe 2014, no 112, obs. D. Simon ; CJUE, 27 févr. 2014, OSA, aff. C-351/12 , spéc. pt 47, Europe 2014, n° 178, obs. D. Simon ; CJUE, 15 janv. 2015, Ryanair, aff. C-30/14 , spéc. pt 30.

ayant pour conséquence de créer ou d'aggraver des sanctions pénales à l'encontre des administrés qui commettraient une infraction aux dispositions de ladite directive[831].

Mais la seule réserve prévue réside dans la possibilité pour le juge national de donner application à une directive non transposée, dont les dispositions sont d'effet direct en vue d'infliger des sanctions pénales plus douces, conformément à l'exception de la rétroactivité *in mitius* des lois[832].

230. Inopposabilité des délais de forclusion. Par ailleurs, selon la même logique, il a été admis que les États membres ne peuvent opposer des règles procédurales internes fixant des délais de forclusion opposables aux justiciables, en se prévalant de la tardiveté des actions en justice dans l'hypothèse de transposition d'une directive après expiration du délai imparti.

La Cour de Justice a estimé que seule la transposition correcte d'une directive met fin à l'état d'incertitude juridique quant aux droits que les justiciables peuvent tirer de ladite directive : «*Il s'ensuit que, jusqu'au moment de la transposition correcte de la directive, l'État membre défaillant ne peut pas exciper de la tardiveté d'une action judiciaire introduite à son encontre par un particulier en vue de la protection des droits que lui reconnaissent les dispositions de cette directive et qu'un délai de recours de droit national ne peut commencer à courir qu'à partir de ce moment* »[833].

Cette solution, qui avait été rapidement intégrée par les juridictions nationales[834], a vu sa portée limitée dans la jurisprudence ultérieure. En

---

[831] CJCE, 11 juin 1987, Pretore di Salò, aff. 14/86 ; CJCE, 12 déc. 1996, Procédures pénales c/ X, aff. jointes C-74/95 et C-129/95 , *Europe* 1997, n° 30, obs. A. Rigaux et D. Simon ; CJCE gr. ch., 3 mai 2005, Berlusconi e.a., aff. jointes C-387/02 et autres, *Europe* 2005, no 238, obs. D. Simon ; *RTD eur*. 2005. 933, obs. E. Dirrig ; *JCP* 2006. II. 10020, obs. O. Dubos.

[832] CJCE, 29 oct. 1998, Awoyemi, aff. C-230/97.

[833] CJCE, 25 juill. 1991, Emmott, aff. C-208/90.

[834] Com. 9 juill. 1996, Groupe André, nos 94-11.351 et 94-11.428, no 1337 P, Europe 1997, nos 345 et 372, obs. D. Simon ; CE 23 juin 1995, Soc. Lilly France, req. nos 149226, 155083, 162001.

effet, la Cour de Justice a admis l'opposabilité d'un délai de forclusion, dès lors que ce délai n'est pas moins favorable que celui pratiqué pour les actions analogues fondées sur le droit national et qu'il ne rend pas pratiquement impossible ou excessivement difficile la protection des droits que les justiciables tirent de la directive[835].

231. Opposabilité aux autorités étatiques ou « *paraétatiques* ». Toutefois, malgré l'exclusion de l'effet direct horizontal, la jurisprudence admet que l'État puisse invoquer une directive à l'égard d'une personne morale placée sous son contrôle, chargée d'une mission de service public ou disposant de prérogatives de puissance publique.

Dans ce cas de figure, l'État peut invoquer la directive devant les juridictions nationales en vue de la faire respecter, par une entité placée sous son contrôle, chargée d'une mission de service public ou disposant de prérogatives de puissance publique, en vertu non pas d'un quelconque effet direct, mais de l'effet contraignant des directives pour l'ensemble des autorités étatiques.

Comme l'a souligné la Cour de Justice, « *une entreprise privée, chargée en vertu d'un acte de l'autorité publique d'accomplir, sous le contrôle de cette dernière, un service d'intérêt public et disposant, à cet effet, de pouvoirs exorbitants par rapport aux règles applicables dans les relations entre particuliers, est obligée de respecter les dispositions de la directive (...) et peut donc se voir opposer ces dispositions par les autorités d'un État membre*»[836].

Il s'agit, pour la Cour de Justice, « *non seulement de prévenir que l'État ne puisse tirer avantage de sa méconnaissance du droit communautaire, mais aussi qu'il ne puisse se soustraire aux effets du droit communautaire en transférant à des entreprises du droit privé l'exercice de services publics* »[837].

---

[835] CJCE, 2 déc. 1997, Fantask, aff. C-188/95, *Europe* 1998, nos 44 et 76, obs. A. Rigaux et D. Simon ; RMUE 1998. 155, obs. N. Notaro ; *Dr. fisc*. 1998. 349, obs. P. Dibout.

[836] CJUE, 12 déc. 2013, Portgás, aff. C-425/12, Europe 2014, n° 53, obs. D. Simon.

[837] concl. S. Alber ss CJCE, 5 févr. 2004, aff. C-157/02, Rieser International Transporte GmbH, pt 32 : ECLI :EU : C 2003 :438.

Il appartient au seul juge national de vérifier que le litige dont il est saisi au principal peut être qualifié ou non de vertical[838]. À cet égard, la cour estime qu'il découle de sa jurisprudence que, « *même si un particulier relève du champ d'application personnel d'une directive, les dispositions de celle-ci ne peuvent être invoquées en tant que telles à son encontre devant les juridictions nationales* »[839].

Ainsi, « *la seule circonstance qu'une entreprise privée concessionnaire exclusif d'un service public fasse partie des entités expressément visées par le champ d'application personnel de la Directive 93/38 n'a pas pour conséquence que cette entreprise puisse se voir opposer les dispositions de cette directive* »[840].

Pour cela, il est nécessaire que ledit service d'intérêt public soit effectivement accompli sous le contrôle d'une autorité publique et que ladite entreprise dispose de prérogatives exorbitantes du droit commun.

B. L'admission de l'effet « *vertical* » des directives

232. Consécration de principe. L'effet direct « *vertical* » qualifie les situations dans lesquelles une norme de droit de l'Union peut être invoquée exclusivement dans un litige opposant une personne physique ou morale à l'État.

Une norme d'effet direct vertical génère des obligations à la charge des États membres et attribue, « *en creux* », des droits aux particuliers. Elle est invocable par ces derniers, aux fins d'application, dans le cadre de litiges les opposant aux pouvoirs publics.

En principe « *ascendante* », cette forme d'invocabilité permet à l'individu d'opposer le droit communautaire à l'autorité publique.

L'inverse est, en revanche, plus rare dans la mesure où une norme d'effet direct vertical ne peut, à l'exception de dispositions figurant dans

---

[838] CJUE, 24 janv. 2012, aff. C-282/10, M. Dominguez, pt 40, *Europe* 2012, comm. 115, note D. Simon ; ECLI :EU :C :2012 :33.
[839] CJUE, 12 déc. 2013, aff. C-425/12, Portgas, pt 25, *JurisData* n° 2013-033406 ; ECLI EU C 2013 829.
[840] CJUE, 12 déc. 2013, précité

des règlements ou dans les traités eux-mêmes, imposer de sujétions aux particuliers.

En d'autres termes, l'effet direct vertical des directives ne peut jouer que dans un sens « *ascendant* », sous forme d'opposabilité de la directive par un justiciable à l'État membre et jamais dans un sens « *descendant* », sous la forme de l'opposabilité de la directive à l'individu par l'État qui n'a pas respecté son obligation de transposition correcte de la directive[841].

233. *Arrêt entreprise Mapathé NDIOUCK SA*. Au Sénégal, la première chambre civile de la Cour d'Appel de Dakar a eu l'occasion, dans l'arrêt *entreprise Mapathé NDIOUCK SA* rendu le 15 juillet 2019[842], de rejeter le principe de l'effet direct vertical « *descendante* » d'une directive de l'UEMOA mal transposée.

En effet, dans cette espèce, le Gouvernement du Sénégal, par l'adoption de la loi n°2011-20 portant la loi de finances de l'année 2012, avait institué un nouvel impôt dénommé « *Contribution Spéciale sur les produits des Mines et carrières* » dite CSMC, qui devait être supportée directement par les cimenteries et les entreprises exploitant des mines ou carrières.

Par la suite, cette contribution spéciale a été reconduite dans les lois de finances des années 2013, 2014 et 2015.

Pour ce faire, l'État du Sénégal a maintenu en vigueur, jusqu'en janvier 2016, des dispositions de l'ancienne loi organique n° 2001-09 du 15 octobre 2001 relative aux lois de finances, modifiée par la loi organique n°2007-29 du 10 octobre 2007, qui disposait en son article 1er que « *les lois de finances peuvent toutefois contenir des dispositions relatives à l'assiette, au taux et aux modalités de recouvrement des impositions de toute nature* ».

---

[841] D. SIMON, « L'invocabilité des directives dans les litiges horizontaux : confirmation ou infléchissement ? », *Europe* 2010, étude 3.

[842] CA Dakar n° 201 du 15 juillet 2019, l'Entreprise Mapathé NDIOUCK SA c/ Directeur général des Impôts et Domaines, *inédit*.

Le 15 septembre 2015, l'Administration fiscale, se fondant sur les dispositions desdites lois de finances instituant la CSMC, a adressé à l'entreprise Mapathé NDIOUCK une mise en demeure de payer ledit impôt.

Par la suite, le Ministre de l'Industrie et de Mines avait également adressé à l'entreprise Mapathé NDIOUCK une mise en demeure de « *relancer la production de la carrière (de DIACK) qui est trop faible, à défaut, il serait obligé de prendre un arrêté de modification de son autorisation d'ouverture et d'exploitation de carrière afin de réduire la superficie à des proportions raisonnables* ».

Le 04 novembre 2015, l'Administration fiscale notifiait à ladite entreprise un redressement en matière de CSMC pour 363 603 903 francs CFA de droits simples et 181 801 952 francs CFA de pénalités, soit un total de 545 405 855 francs CFA.

A la date du 04 décembre 2015, l'entreprise adressait au chef du centre de grandes entreprises de la direction générale des impôts et domaines, une lettre dans laquelle elle soutenait ne pas devoir cette taxe, au motif qu'elle avait arrêté de faire fonctionner la carrière de DIACK depuis 2011 et qu'elle n'a repris la production que le 22 octobre 2015.

Mais l'Administration fiscale lui notifiait, le 28 janvier 2016, une lettre portant titre de perception des droits simples et des pénalités sur la Contribution spéciale sur les produits des mines et carrières (CSMC) pour la période allant de janvier 2012 à juillet 2015.

C'est ainsi que sur le fondement des lois de finances des années 2012, 2013, 2014 et 2015 que l'Administration fiscale a émis contre l'entreprise Mapathé NDIOUCK, le titre de perception n°138/G/138/15 du 13 janvier 2016 par lequel elle lui réclame des droits simples et des pénalités au titre de la contribution spéciale sur les produits des mines et carrières (CSMC) sur la période de janvier 2012 à juillet 2015.

Le 03 mars 2016, l'entreprise Mapathé NDIOUCK a assigné l'Administration fiscale en opposition contre le titre de perception, au motif, entres autres, que l'impôt réclamé était illégal car les normes communautaires n'admettaient pas l'institution d'une nouvelle imposition par le biais de la loi de finances qui était plutôt du domaine exclusif de la loi (fiscale).

De plus, elle a invoqué la stabilité du régime fiscal dont elle bénéficie et qui la plaçait hors de portée de la CSMC qui a été instituée pendant la durée de validité de son titre minier.

Par jugement n°186 du 05 mars 2019, le Tribunal de grande instance hors classe de Dakar, estimait que les restrictions de la loi communautaire en la matière sont couvertes au Sénégal, par la loi organique n°2011-15 du 08 juillet 2011, qui maintenait en vigueur les anciennes dispositions de la loi organique n° 2001-09 du 15 octobre 2001 relative aux lois de finances modifiée.

Le juge a retenu que l'entreprise, qui ne peut, par ailleurs, bénéficier de la stabilité du régime fiscal car n'étant pas détentrice d'un titre minier, n'était pas fondée à s'opposer au paiement dudit impôt. L'Entreprise Mapathé NDIOUCK a interjeté appel contre le jugement du Tribunal de grande instance hors classe de Dakar.

A l'appui de son appel, elle a soulevé l'illégalité de la contribution spéciale en ce qu'elle a été instituée par une loi de finances elle-même encadrée par une loi organique dont les dispositions violent les normes communautaires.

Pour sa part, l'Administration fiscale a soutenu que la CSMC qui est une imposition instituée par les lois de finances des années 2012 à 2015, n'a nullement violé la Directive n°6/2009/CM/UEMOA précitée dans la mesure où, en vertu de l'article 72 de la loi organique n° 2011-15 du 08 juillet 2011, l'État du Sénégal ne s'obligeait à appliquer les dispositions de la Directive de l'UEMOA qu'à compter du 1er janvier 2016. Elle a précisé que l'entreprise n'étant pas titulaire d'un titre minier mais plutôt d'une simple autorisation d'exploitation, ne peut se prévaloir d'une quelconque loi sur la stabilité du régime fiscal.

La Cour d'Appel de Dakar a d'abord rappelé les dispositions de l'article 85 de la Directive n°6/2009/CM/UEMOA qui dispose que ses dispositions sont transposées par les États membres dans leur législation interne au plus tard le 31 décembre 2011 et celles de l'article

86 de ladite Directive prévoyant qu'elles sont appliquées au plus tard le 1er janvier 2012.

La juridiction d'appel a estimé que « *sauf pour les exceptions énumérées à l'alinéa 2 de l'article 86 et qui, au demeurant, ne concernent pas la présente cause, il est incontestable que les dispositions de la Directive n°6/2009/CM/UEMOA devenaient obligatoires et immédiatement applicables, à tous les États de l'espace UEMOA, à partir du 1er janvier 2012* ».

Or, la Directive n°6/2009/CM/UEMOA a été effectivement transposée dans la législation interne du Sénégal par le biais de la loi n° 2011-15 du 08 juillet 2011 portant loi organique relative aux lois de finances.

Cependant, précise la Cour d'appel, « *en dépit de cette transposition dans la législation interne du Sénégal, l'article 72 de cette loi organique n° 2011-15 (qui a procédé à la transposition de la Directive), a maintenu en vigueur, jusqu'au 31 janvier 2015, les dispositions de la précédente loi organique (n° 2001-09 du 15 octobre 2001 relative aux lois de finances, modifiée par la loi organique n°2007-29 du 10 octobre 2007) qui disposait en son article 1er, et cela, en parfaite contradiction avec la Directive n°6 de l'UEMOA, que les lois de finances peuvent toutefois contenir des dispositions relatives à l'assiette, au taux et aux modalités de recouvrement des impositions de toute nature* ».

Les magistrats ont rappelé qu'en vertu de l'article 6 du traité modifié de l'UEMOA du 29 janvier 2003, les actes arrêtés par les organes de l'Union pour la réalisation des objectifs du Traité et conformément aux règles et procédures instituées par celui-ci, sont appliqués dans chaque État membre nonobstant toute législation nationale contraire, antérieure ou postérieure.

En outre, l'article 7 dudit traité ajoute que les États membres apportent leur concours à la réalisation des objectifs de l'Union en adoptant toutes mesures générales ou particulières, propres à assurer l'exécution des obligations découlant du Traité. A cet effet, ils s'abstiennent de toutes mesures susceptibles de faire obstacle à l'application du Traité de l'UEMOA et des actes pris pour son application.

La Cour d'Appel de Dakar a aussi rappelé l'avis n° 001 du 18 mars 2003 de la Cour de Justice de l'UEMOA, selon lequel la primauté bénéficie à toutes les normes communautaires, primaires comme dérivées, immédiatement applicables ou non, et s'exerce à l'encontre de toutes les normes nationales administratives, législatives, juridictionnelles et, même constitutionnelles parce que l'ordre juridique communautaire l'emporte dans son intégralité sur les ordres juridiques nationaux.

En outre, le juge national, en présence d'une contrariété entre le droit communautaire et une règle de droit interne, devra faire prévaloir le premier sur la seconde en appliquant l'un et en écartant l'autre.

La Cour d'appel en a conclu qu'au regard des dispositions susvisées, « *l'État du Sénégal n'était pas fondé à prévoir, dans sa législation interne, une disposition transitoire de nature à différer ou retarder l'application de la norme communautaire pour, ensuite, s'en référer pour instituer une nouvelle imposition par une voie autre que celle prescrite par le Pacte de convergence à laquelle il a librement souscrit ;*

Qu'en conséquence, pour avoir été instituée sur le fondement d'une disposition manifestement contraire aux principes élémentaires des finances publiques et, plus particulièrement, à la Directive n° 6/2009/CM/UEMOA, alors que celle-ci était obligatoire et applicable, au moins, depuis le 1er janvier 2012, la CSMC, créée en 2011 pour l'année 2012 puis maintenue jusqu'en 2016, ne saurait valablement produire d'effet à l'égard des personnes à qui elle est appliquée lorsque celles-ci s'y opposent ».

Ainsi, la Cour d'Appel de Dakar a refusé de faire produire des effets juridiques à l'imposition dénommée « *Contribution Spéciale sur les produits des Mines et carrières* », instituée sur le fondement d'une loi organique n° 2011-15 du 15 octobre 2001 relative aux lois de finances autorisant la création des impôts par une loi de finances, au motif que ladite loi organique n'a pas procédé à une correcte transposition de la

Directive n°6/2009/CM/UEMOA qui consacre l'appartenance des dispositions relatives à l'assiette, au taux et aux modalités de recouvrement des impositions de toute nature au domaine exclusif de la loi.

En Europe, la Cour de Justice a jugé que l'invocabilité directe d'une directive à l'encontre de l'État, en cas d'absence de transposition ou de mauvaise transposition, devait bénéficier à l'ensemble des justiciables susceptibles de tirer des droits des dispositions de la directive, indépendamment de tout critère organique ou formel. C'est ainsi que peuvent invoquer la directive, par exemple des organismes de droit public ou des collectivités territoriales[843].

Le principe de l'effet direct vertical à deux fonctions.

En premier lieu, la directive non transposée ou mal transposée peut être invoquée en justice par un particulier à l'encontre de l'État défaillant, en vue de faire écarter l'application du droit national contraire. Il s'agit d'une invocabilité dite d'exclusion[844] ; ce qui constitue une conséquence du principe de la primauté du droit communautaire.

Cela signifie qu'à défaut de toute mesure d'application prise dans les délais, les dispositions d'une directive qui remplissent les conditions de l'effet direct peuvent être invoquées à l'encontre de toutes dispositions nationales non conformes à la directive, pour faire écarter le droit national contraire (inopposabilité du droit national contraire à la directive).

À ce stade, les conséquences normales de l'effet direct et les implications de la primauté s'entremêlent au point qu'il est impossible de les distinguer. À la faveur du célèbre arrêt Simmenthal[845], la Cour a

---

[843] CJCE, 17 oct. 1989, Ufficio distrettuale delle imposte dirette di Fiorenzuola d'Arda e.a. c/ Comune di Carpaneto Piacentino e.a., aff. jointes 231/87 et 129/88, *JDI* 1990. 456, obs. D. Simon, voire, ce qui est plus inattendu, la CECA (CJCE, 22 févr. 1990, Busseni, aff. C-221/88.

[844] O. DUBOS, « L'invocabilité d'exclusion des directives : une autonomie enfin conquise », *RFDA* 2003, p. 568.

[845] CJCE, 9 mars 1978, aff. 106/77, Simmenthal, *Rec. CJCE* 1978, p. 629.

pu préciser que les règles d'effet direct, *« en tant qu'elles font partie intégrante, avec rang de priorité, de l'ordre juridique applicable sur le territoire des États membres »*, doivent être appliquées dès leur entrée en vigueur, malgré l'éventuelle préexistence d'une loi nationale incompatible, et pendant toute la période où elles le restent, malgré l'adoption ultérieure d'une loi incompatible.

On peut citer l'arrêt van Duyn, rendu le 4 décembre 1974, par la Cour de Justice des Communautés européennes [846]. Mademoiselle van Duyn qui est une ressortissante néerlandaise, s'est vu refuser l'entrée au Royaume-Uni, le 9 mai 1973, au motif qu'elle veut se mettre aux services de la « *Church of Scientology* », une organisation considérée comme un danger social par les autorités du pays.

Elle saisit alors la « *high court* » en invoquant, entre autres, les dispositions de l'article 3, paragraphe 1er de la Directive du Conseil n° 64/221/CEE du 25 février 1964 qui prévoit que « *les mesures d'ordre public ou de sécurité publique doivent être fondées exclusivement sur le comportement personnel de l'individu qui en fait l'objet* ».

Par renvoi préjudiciel, la *Chancery Division de la High Court of Justice* de l'Angleterre interroge la Cour de Justice aux fins de savoir, entres autres, si « *La Directive 64/221, arrêtée le 25 février 1964 conformément au traité instituant la Communauté économique européenne, est directement applicable en ce sens qu'elle confère aux particuliers des droits qu'ils peuvent faire valoir en justice dans un État membre* ».

La Cour de justice a répondu en ces termes : *«attendu, cependant, que si, en vertu des dispositions de l'article 189, les règlements sont directement applicables et, par conséquent, par leur nature susceptibles de produire des effets directs, il n'en résulte pas que d'autres catégories d'actes visés par cet article ne peuvent jamais produire d'effets analogues ; qu'il serait incompatible avec l'effet contraignant que l'article 189 reconnaît à la directive d'exclure en principe que l'obligation qu'elle impose, puisse être invoquée par des personnes*

---

[846] CJCE, Yvonne van Duyn contre Home Office, 4 décembre 1974, affaire 41-74

concernées ; que, particulièrement dans les cas où les autorités communautaires auraient, par directive, obligé les États membres à adopter un comportement déterminé, l'effet utile d'un tel acte se trouverait affaibli si les justiciables étaient empêchés de s'en prévaloir en justice et les juridictions nationales empêchées de la prendre en considération en tant qu'élément du droit communautaire [...]qu'il convient d'examiner, dans chaque cas, si la nature, l'économie et les termes de la disposition en cause sont susceptibles de produire des effets directs dans les relations entre les États membres et les particuliers ;

Attendu que l'article 3, paragraphe 1er, de la Directive 64/221, en prévoyant que les mesures d'ordre public doivent être fondées exclusivement sur le comportement personnel de l'intéressé en cause, tend à limiter le pouvoir discrétionnaire que les législations nationales attribuent en général aux autorités compétentes en matière d'entrée et d'expulsion des étrangers ; que, d'une part, la disposition énonce une obligation qui n'est assortie d'aucune réserve ou condition et qui, par sa nature, ne nécessite l'intervention d'aucun acte, soit des institutions de la Communauté, soit des États membres ;

Que, d'autre part, parce qu'il s'agit d'une obligation pour les États membres, dans l'application d'une clause de dérogation à l'un des principes fondamentaux du traité en faveur des particuliers, de ne pas tenir compte de facteurs étrangers au comportement personnel, la sécurité juridique des intéressés exige que cette obligation puisse être invoquée par eux, bien qu'elle ait été énoncée dans un acte normatif n'ayant pas de plein droit un effet direct dans son ensemble [...]

Qu'il faut donc répondre à la question posée en ce sens que l'article 3, paragraphe. 1er de la directive 64/221 du Conseil du 25 février 1964 engendre en faveur des particuliers des droits qu'ils peuvent faire valoir en justice dans un État membre et que les juridictions nationales doivent sauvegarder [...]».

Le Conseil d'État français a aussi jugé que « *tout justiciable peut se prévaloir, à l'appui d'un recours dirigé contre un acte administratif non réglementaire, des dispositions précises et inconditionnelles d'une directive, lorsque l'État n'a pas pris, dans les délais impartis par celle-ci, les mesures de transposition nécessaires* »[847].

Par ailleurs, le Conseil d'État, s'il souligne que l'obligation de transposition est constitutionnelle au titre de l'article 88-1 de la Constitution, indique que l'obligation découle également du traité lui-même (désormais du traité FUE) et qu'un seul de ces fondements suffit à justifier son action en tant que juge au service de l'effectivité des droits[848].

En second lieu, l'État membre qui s'est abstenu de transposer ou a mal transposé une directive, dans le délai imparti, peut craindre une invocabilité par laquelle le justiciable pourrait demander l'application directe du texte communautaire. Cette forme d'invocabilité est appelée « *invocabilité de substitution* ».

234. Effet direct vertical démembré. La jurisprudence a élargi l'invocabilité des directives quant aux autorités à l'encontre desquelles l'effet direct peut être soulevé, consacrant ainsi un «*effet vertical démembré* », en permettant ainsi aux justiciables de se prévaloir de l'effet direct des directives à l'égard des « *démembrements* » de l'État.

C'est ainsi que les dispositions des directives peuvent être invoquées à l'encontre des collectivités territoriales[849], des établissements publics et de l'ensemble des personnes morales de droit public distinctes de l'État (agences d'exécution, structures administratives similaires ou assimilées, autorités administratives indépendantes, etc.), voire des

[847] CE 21 mars 2011, M. Jin et M. Thero.

[848] P. CASSIA, « Le Conseil d'État et les directives communautaires », *Petites affiches*, n° 129, 27 oct. 1997, spéc. 11 ; D. SIMON, « Le Conseil d'État et les directives communautaires : du gallicanisme à l'orthodoxie ? », *RTD eur.* 1992, p. 265 ; D. DE BÉCHILLON, « L'applicabilité des directives communautaires selon la jurisprudence du Conseil d'État », *RD publ.* 1991. 759 ; T. DEL FARRA, « L'invocabilité des directives communautaires devant le juge national de la légalité », *RTD eur.* 1992, p. 631 ; D. SIMON, « Le Conseil d'État, la directive, la loi, le droit : ad augusta per angusta ? », *Europe* avr. 1992, chron. 1 ; Le Conseil d'État et les directives communautaires : du gallicanisme à l'orthodoxie ? », *RTD eur.* 1992, p. 265.

[849] CJCE, 22 juin 1989, Fratelli Costanzo c/ Commune de Milan, aff. 103/88 ; CJCE, 18 juin 1991, Impresa Donà Alfonso, aff. C-295/89.

personnes privées dès lors qu'il s'agit « *d'organismes ou entités qui étaient soumis à l'autorité ou au contrôle de l'État ou qui disposaient de pouvoirs exorbitants par rapport à ceux qui résultent des règles applicables aux rapports entre particuliers* »[850].

235. Effet direct oblique. Le caractère vertical de l'effet direct des directives ne fait pas obstacle à leur invocabilité à l'encontre de l'État agissant, non en qualité de puissance publique, en charge, à ce titre, de la transposition de l'application des directives, mais également à l'encontre de l'«*État employeur* »[851].

Compte tenu de sa conception de l'invocabilité des directives en tant qu'instrument de sanction du comportement de l'État défaillant, cet effet vertical est entendu par la cour au sens large, ce qui peut le faire pencher vers l'oblique ; c'est-à-dire qu'une directive peut être opposée à l'État, quelle que soit la qualité en laquelle il se présente, autorité publique ou simple employeur[852].

Le raisonnement de la Cour se fonde, à cet égard, sur le fait que l'État dans sa fonction d'employeur public ne peut pas se prévaloir de sa carence dans sa fonction de puissance publique, ce qui implique la reconnaissance de ce qu'on a pu appeler un « *effet direct oblique* ».

Si l'on conçoit qu'au regard du principe « *venire contra factum proprium*», l'État puisse se voir interdire d'invoquer son « *dédoublement fonctionnel*» pour se soustraire à l'exécution des obligations imposées par les directives communautaires, il n'en demeure pas moins que la confusion ainsi établie par la cour entre les fonctions régaliennes, structurelles et permanentes, et les fonctions économiques, conjoncturelles et contingentes des États membres, engendrant cet « *effet direct oblique* », n'a pas échappé à la critique et a contribué à

---

850 CJCE, 12 juill. 1990, Foster c/ British Gas, aff. C-188/89; CJCE, 19 avr. 2007, Farrell, aff. C-356/05, *Europe* 2007, n° 155, obs. D. Simon.
851 A. PALANCO, « Effet direct oblique et identification des « *émanations de l'État* » : l'obscure clarification de la jurisprudence Foster, *RAE* 2017, n° 4, p. 695
852 M. BLANQUET, « Effet direct du droit de l'Union européenne », *Rép. droit eur.*, 2022, n° 49.

alimenter le débat sur l'opportunité de faire produire aux directives un effet direct horizontal.

Les effets « *démembrés* » et «*obliques*» peuvent être combinés. En effet, une directive peut être invoquée à l'encontre d'une personne morale de droit public ou d'une personne morale de droit privé contrôlée par l'État ou disposant de prérogatives de puissance publique, y compris lorsqu'elles agissent en qualité d'employeur[853].

236. Effet direct procédural. L'« *effet direct procédural* » permet au juge national de faire produire directement des effets aux dispositions de certaines directives dans des litiges opposant des personnes privées à d'autres personnes privées.

Cette solution s'inscrit dans un contexte un peu particulier, qui est celui des directives relatives aux normes techniques.

En l'occurrence, la cour a admis qu'un opérateur économique pouvait invoquer devant les tribunaux nationaux l'obligation de notification et de suspension de la mise en application de nouvelles normes techniques susceptibles d'affecter la libre circulation des marchandises à l'encontre d'un autre opérateur économique, en justifiant sa solution par le fait qu'il ne s'agissait pas, dans ce cas, de permettre à la directive de créer des obligations à la charge d'un particulier, mais seulement de sanctionner le « *vice de procédure substantiel* » qui affecte la légalité objective de la mesure nationale[854].

Cet effet direct, parfois qualifié de « *collatéral*», élargit ainsi sensiblement la possibilité d'invoquer les dispositions procédurales des directives dans des situations « *triangulaires* », sans pour autant que soit remis en cause le principe selon lequel les directives sont

---

[853] CJCE, 14 sept. 2000, Collino et Chiappero, aff. C-343/98 ; CJCE, 5 févr. 2004, Rieser Internationale Transporte, aff. C-157/02 ; CJUE gr. ch., 24 janv. 2012, Dominguez, aff. C-282/10, *Europe* 2010, no 115, obs. D. Simon.

[854] CJCE, 26 sept. 2000, Unilever Italia, aff. C-443/98, *Europe* 2000, n° 343, obs. D. SIMON, « La distinction entre dispositions « *procédurales* » et dispositions « *substantielles* » est développée par l'avocat général JACOBS, concl. spéc. pts 75 s.

insusceptibles de produire un effet direct horizontal dans des litiges entre particuliers[855].

La cour estime, en effet, que l'invocabilité d'une directive se justifie dans ces cas de figure, même si indirectement, l'effet direct est susceptible de se répercuter sur la situation d'autres personnes privées. En effet, « *de simples répercussions négatives sur les droits de tiers, même si elles sont certaines, ne justifient pas de refuser à un particulier d'invoquer les dispositions d'une directive à l'encontre de l'État membre concerné* »[856].

237. Effet direct osmotique. La Cour de Justice a admis, dans des litiges horizontaux opposant des personnes privées à d'autres personnes privées, l'effet direct combiné de principes généraux du droit et de dispositions des directives, consacrant ainsi ce qu'on pourrait appeler un « *effet direct osmotique* ».

C'est ainsi que, dans l'arrêt *Kücükdeveci*[857], la Cour de Justice a reconnu que le principe général du droit de l'Union prohibant les discriminations, en l'espèce à raison de l'âge, tel que formalisé à l'article 21 de la Charte des droits fondamentaux (qui, en vertu de l'article 6 du TUE, a la même valeur que le droit primaire), se trouve « *concrétisé par la Directive 2000/78* ».

Elle estime que c'est à la lumière de la lecture combinée du principe général et des dispositions de la directive qu'il convient de rechercher si le droit de l'Union s'oppose à une réglementation nationale instituant de telles discriminations.

Le raisonnement se heurtait alors au fait que le litige au principal opposait deux personnes privées et que, normalement, les dispositions

---

[855] V. par ex. CJCE, 17 juill. 2008, Arcor e.a., aff. jointes C-152/07 à C-154/07, *Europe* 2007, no 292, obs. D. Simon.

[856] CJCE, 7 janv. 2004, Wells, aff. C-201/02 , spéc. pt 57, Europe 2004, n° 63, obs. D. Simon; CJUE, 6 oct. 2015, T-Mobile Czech Republic et Vodafone Czech Republic, aff. C-508/14 , préc., Europe 2015, n° 474, obs. D. Simon.

[857] CJUE gr. ch., 19 janv. 2010, Kücükdeveci, aff. C-555/07 ; V. D. SIMON, « L'invocabilité des directives dans les litiges horizontaux : confirmation ou infléchissement ? », *Europe* 2010. Étude 3.

de la directive n'auraient pas dû être invocables dans un litige manifestement « *horizontal* ».

Pourtant, la cour conclut que « *dans ces conditions, il incombe à la juridiction nationale, saisie d'un litige mettant en cause le principe de non-discrimination en fonction de l'âge, tel que concrétisé par la Directive n° 2000/78, d'assurer, dans le cadre de ses compétences, la protection juridique découlant pour les justiciables du droit de l'Union et de garantir le plein effet de celui-ci en laissant au besoin inappliquée toute disposition de la réglementation nationale contraire à ce principe*».

La haute juridiction a admis qu'en vertu d'un effet direct inversé, les dispositions d'une directive puissent être opposées par les autorités étatiques à une entité privée chargée par ces mêmes autorités d'une mission de service public et dotée, à cet effet, des prérogatives exorbitantes nécessaires.

Il y a là une exigence logique selon laquelle il serait « *contradictoire de juger que des autorités étatiques et des organismes remplissant les conditions figurant au point 24 du présent arrêt sont tenus de faire application de la Directive 93/38, tout en refusant auxdites autorités la possibilité de faire respecter, le cas échéant devant les juridictions nationales, les dispositions de cette directive par un organisme remplissant ces conditions, alors que ce dernier doit également se conformer à ladite directive* »[858].

Le même raisonnement sous-tend la position retenue par la Cour de Justice, dans l'affaire *Association de médiation sociale*[859], même si en l'occurrence elle a estimé que les principes généraux formulés, notamment à l'article 27 de la Charte des droits fondamentaux quant à l'information et à la consultation des travailleurs, n'étaient pas de nature à conférer aux particuliers des droits subjectifs, en d'autres termes

[858] CJUE, 12 déc. 2013, aff. C-425/12, Portgas, pt 35 ; *JurisData* n° 2013-033406 ; ECLI :EU C :2013 :829.

[859] CJUE gr. ch., 15 janv. 2014, Association de médiation sociale, aff. C-176/12 , *Europe* 2014, no 1112, obs. D. Simon.

n'étaient pas susceptibles de produire par eux-mêmes un effet direct, ce qui excluait la communication, « *par osmose* », aux dispositions combinées du principe général et de la directive, d'un tel effet dans un litige horizontal.

En revanche, la jurisprudence relative aux discriminations à raison de l'âge continue d'alimenter un contentieux dans lequel la cour n'hésite pas, dans des litiges horizontaux entre employés et employeurs, à indiquer au juge de renvoi qu'il lui incombe de laisser inappliquées les dispositions nationales qui s'avèrent incompatibles avec les dispositions combinées d'une directive et de la Charte des droits fondamentaux[860].

238. Invocabilité de prévention. En principe, l'éventuel effet direct d'une directive ne peut être invoqué que si ses dispositions sont devenues « *inconditionnelles* », c'est-à-dire après l'expiration du délai de transposition.

239. Principe de l'invocabilité de prévention. Toutefois, la Cour de Justice a admis dans certaines conditions l'invocabilité des dispositions d'une directive avant l'expiration du délai, en vue de faire obstacle à l'adoption, par les autorités nationales, pendant le délai imparti par la directive, des mesures de nature à compromettre sérieusement le résultat prescrit par la directive.

En effet, « *si les États membres ne sont pas tenus d'adopter ces mesures avant l'expiration du délai de transposition, il résulte de l'application combinée des articles 5, deuxième alinéa, et 189, troisième alinéa, du traité et de la directive elle-même, que, pendant ce délai, ils doivent s'abstenir de prendre des dispositions de nature à compromettre sérieusement le résultat prescrit par cette directive* »[861].

---

[860] V. par ex. CJUE gr. ch., 19 avr. 2016, DI, aff. C-441/14 , Europe 2016, n° 186, obs. D. Simon.

[861] CJCE, 18 déc. 1997, Inter-environnement Wallonie, aff. C-129/96, spéc. pt 45, *Europe* 1998, no 42, obs. A. Rigaux; *JDI* 1998. 475, obs. R. Mehdi. Pour une confirmation ultérieure, V. par ex. CJUE, 26 févr. 2015, Federconsorzi et Liquidazione giudiziale dei beni ceduti ai creditori della Federconsorzi, aff. C-104/14 , *Europe* 2015, n° 137, obs. A. Bouveresse.

Le fondement de cette solution, qui s'appuie notamment sur le principe de coopération loyale, consacré à l'article 5 du Traité CEE et dorénavant à l'article 4, paragraphe 3, du TUE, est de sanctionner, de manière en quelque sorte anticipée et préventive, la violation virtuelle qui s'actualisera nécessairement au jour de l'expiration du délai de transposition.

Cette extension de l'invocabilité à une « *invocabilité de prévention* » se justifie d'autant plus que le recours contre un acte manifestement incompatible avec les dispositions de la directive pourrait, s'il était imposé d'attendre l'expiration du délai de transposition pour introduire un recours en justice, être aléatoire.

En effet, le délai de recours national contre un tel acte pourrait être dépassé, ce qui rendrait le recours irrecevable *prima facie* et priverait les justiciables de leur droit à un recours en vue de contester l'incompatibilité du droit national avec la directive[862].

La portée de la reconnaissance de l'invocabilité de prévention a été renforcée par la jurisprudence ultérieure, considérant que l'adoption d'un acte national pendant le délai de transposition, qui serait de nature à compromettre sérieusement le résultat prescrit par la directive, était constitutive d'un manquement susceptible d'être sanctionné[863].

Les juridictions nationales françaises ont rapidement intégré cette avancée jurisprudentielle. Le Conseil d'État français a ainsi entériné cette possibilité d'invocabilité préventive, sous la seule réserve que l'autorité de transposition ne puisse pas rectifier l'incompatibilité du droit national avec le résultat prescrit par la directive avant la fin du délai de transposition[864].

---

[862] V. par ex. CJUE, 27 oct. 2016, Milev, aff. C-439/16 PPU, Europe 2016, no 445, obs. D. Simon.

[863] V. par ex. CJCE, 14 juin 2007, Commission c/ Belgique, aff. C-422/05, spéc. pts 63 à 68, *Europe* 2007, n° 197, obs. D. Simon.

[864] CE 10 janv. 2001, France Nature environnement, req. n° 217237, *Europe* 2001, n° 152, obs. D. Simon ; CE 4 mars 2009, Soc. Fiduciaire d'expertise comptable, req. no 310979.

240. Fonctions de l'invocabilité de prévention. Les fonctions de l'invocabilité de prévention varient selon les cas.

En premier lieu, elle peut servir à contester et exclure les textes nationaux contraires et jouer « *à l'encontre de toute disposition nationale non conforme à la directive, ou encore en tant qu'elles sont de nature à définir des droits que les particuliers sont en mesure de faire valoir à l'égard de l'État* »[865].

En deuxième lieu, l'invocabilité peut aussi prendre la forme d'une interprétation conforme du droit national. La Cour de Justice a ainsi décidé qu' « *il appartient à la juridiction nationale de donner à la loi prise pour l'application de la directive, dans toute la mesure où une marge d'appréciation lui est accordée par son droit national, une interprétation et une application conformes aux exigences du droit communautaire* »[866].

Elle est allée au-delà dans une autre affaire où n'était pas en jeu une mesure de transposition en rappelant qu'en appliquant le droit national, qu'il s'agisse de dispositions antérieures ou postérieures à la directive, la juridiction nationale appelée à l'interpréter est tenue de le faire dans toute la mesure du possible à la lumière du texte et de la finalité de la directive pour atteindre le résultat visé par celle-ci[867].

L'obligation pour le juge national de se référer au contenu d'une directive lorsqu'il interprète et applique les règles pertinentes du droit interne trouve toutefois ses limites dans les principes généraux du droit, notamment dans les principes de sécurité juridique et de non-

---

[865] CJCE, 19 janv. 1982, aff. 8/81, Becker , pt 25, Rec. CJCE 1982, p. 53), y compris les mesures individuelles CJCE, 28 oct. 1975, aff. 36/75, Rutili, att. 21, Rec. CJCE 1975, p. 1219.

[866] CJCE, 10 avr. 1984, aff. 14/83, Von Colson et Kamann, pts 26 s. : Rec. CJCE 1984, p. 1891.

[867] CJCE, 13 nov. 1990, aff. C-106/89, Marleasing SA, pt 8, Rec. CJCE 1990, I, p. 4135.

rétroactivité de la loi, et elle ne peut pas servir de fondement à une interprétation *contra legem* du droit national[868].

L'interprétation conforme du droit national par référence aux résultats imposés par une directive ne peut conduire à un accroissement des obligations des particuliers[869].

En troisième lieu, la cour admet une application directe appelée « *invocabilité de substitution* » en fonction du contenu des dispositions de la directive. Dans ce cas, les dispositions de la directive s'appliquent à la situation litigieuse examinée par le juge national en l'absence de transposition ou en cas de transposition incorrecte[870].

241. Invocabilité de réparation. S'agissant des dispositions d'une directive qui, sans être intégralement précises et inconditionnelles, permettent cependant d'identifier des droits attribués aux particuliers, elles engendrent à leur profit « *un droit à obtenir réparation des dommages résultant de la non-transposition de cette directive* »[871], « *car l'absence de mesure de transposition d'une directive... dans un délai imparti à cet effet constitue en elle-même une violation caractérisée du droit communautaire* »[872].

Dans l'hypothèse de transposition incorrecte de la directive, le particulier lésé doit, en revanche, établir que l'État « *a méconnu de manière manifeste et grave les limites qui s'imposent à ses pouvoirs. À cet égard, parmi les éléments qui peuvent être pris en considération,*

[868] CJCE, 15 avr. 2008, aff. C-268/06, Impact, pts 98, 100, 104, disp. 4, Rec. CJCE 2008, I, p. 2483.
[869] CJCE, 26 sept. 1996, aff. C-168/95, Arcaro, pt 42, Rec. CJCE 1996, I, p. 4705). Elle ne saurait, notamment, déterminer ou aggraver, en l'absence d'une loi, la responsabilité pénale de ceux qui agissent en violation des dispositions de la directive (CJCE, 12 déc. 1996, aff. jtes C-74/95 et C-129/95, Procédures pénales c/ X., pt 25, Rec. CJCE 1996, I, p. 6609).
[870] V. CJCE, 4 déc. 1997, aff. jtes C-253/96 à C-258/96, Kampelmann et a., pt 47, Rec. CJCE 1997, I, p. 6907.
[871] CJCE 19 nov. 1991, Francovich et Bonifaci, aff. C-6/90 et C-9/90, Rec. I. 5403.
[872] CJCE 8 oct. 1996, Erich Dillenkorfer e.a. c/ Bundesrepublik Deutschland, aff. jtes C-178/94, C-179/94, C-188/94, C-189/94 et C-190/94, Rec. I. 4845.

figurent notamment le degré de clarté et de précision de la norme violée»[873].

La jurisprudence s'est montrée beaucoup plus ferme lorsque le dommage subi par le justiciable résulte non d'une mauvaise transposition, mais d'une absence de transposition. L'obligation qui pèse sur l'État membre en vertu de l'article 189 du Traité de la CE est alors claire, inconditionnelle et ne lui laisse aucune marge d'appréciation.

Par conséquent, selon le dispositif de l'arrêt *Dillenkoffer*[874], « *l'absence de toute mesure de transposition d'une directive pour atteindre le résultat prescrit par celle-ci dans le délai imparti à cet effet constitue en elle-même une violation caractérisée du droit communautaire* ». Le défaut de transposition est donc clairement sanctionné par une responsabilité automatique de l'État membre défaillant.

---

[873] CJCE 26 mars 1996, British Communications, aff. C-392/93 , Rec. I. 1631.

[874] CJCE, 8 oct. 1996, Dillenkoffer E.A., aff. jointes C-178/94 et autres, Rec. I. 4845, Europe déc. 1996, no 450, obs. A.R. et D.S.

BIBLIOGRAPHIE

I. OUVRAGES, MANUELS, TRAITÉS, THESES ET RAPPORTS

ABIÉ (M. A.), *La charte africaine des droits de l'homme et des peuples et l'intégration régionale* Thèse de doctorat d'État UCAD, 1998.

BA (E. H. D.), *Droit fiscal*, Paris, l'Harmattan, 2015.

BATSELE (D.), *Initiation à la rédaction des textes législatifs, réglementaires et administratifs*, Bruxelles, Bruyant, 3e édition, 2013.

BATSELE (D.), *Initiation à la rédaction des textes législatifs, réglementaires et administratifs*, Bruxelles, Bruyant, 3e édition, 2013.

BELRHALI (H.), *Les coauteurs en droit administratif,* coll. Bibl. Droit public, t. 231, Paris, *LGDJ*, 2003.

BERGEAL (C.), *Manuel de légistique*, 8 e édition, Paris, Berger-Levrault, 2018.

BERGEAL (C.), *Rédiger un texte normatif. Manuel de légistique*, 7c édition, Paris, Berger-Levrault, octobre 2012.

BLANQUET (M.), *Droit général de l'Union européenne*, Paris, Sirey, 11e éd., 2018.

BOCKEL (A.), *Droit administratif,* Dakar-Abidjan NEA, 1978.

BOUVERESSE (A.), *Le pouvoir discrétionnaire dans l'ordre juridique communautaire*, Bruylant, Bruxelles, 2010.

BOYE (A. K.), *L'acte de nationalisation*, Dakar-Abidjan-Lomé, Berger-Levrault, NEA, 1979.

BROSSET (E.), CHEVALLIER-GOVERS (C.), EDJAHRIAN (V.) et SCHNEIDER, (C.) (dir), *Le traité de Lisbonne ? Reconfiguration ou déconstitutionnalisation de l'Union européenne*, Bruxelles, Bruyant, 2009, p. 1999.

CAR (J.-C.), *Les lois organiques de l'article 46 de la Constitution du 04 octobre 1958*, Paris, Economica, PUAM, 1999.

CE, Principes de technique législative. Guide de rédaction des textes législatifs et réglementaires, CE 2008.

CHANH TAM (NG.), *Finances publiques sénégalaises*, Paris, l'Harmattan, 1990.

CONSTANTINESCO (L.-J.), *L'applicabilité directe dans le droit de la CEE*, Bruxelles, Bruylant, coll. Droit de l'Union européenne, Grands écrits, 2006, p. 6.

CONSTANTINESCO (L.-J.), *L'applicabilité directe dans le droit de la CEE*, Bruxelles, Bruylant, 2006, coll. Droit de l'Union européenne, Grands écrits.

CORNU (G.), *Linguistique juridique*, 3e éd., Paris, Montchrestien, coll. Domat droit privé, 2005.

CORNU (G.), *Vocabulaire juridique*, Paris, PUF, 2004.

D. KEBE (A.A.), *La répartition des compétences entre la loi et le règlement en droit fiscal sénégalais,* Université de Dakar, Thèse de Doctorat, 2012.

DELMAS-MARTY (M.), *Les forces imaginantes du droit (II), le pluralisme ordonné*, éditions du Seuil, 2006.

DEMBELE (Y), *L'Intégration Monétaire des Economies Ouest Africaines les exemples de CEAO et de CDEAO*, thèse, Université Cheikh Anta DIOP Faculté des Sciences Economiques, août 1984.

DIAKHATE (M.), *Rédaction administrative*, Dakar, CREDILA, 2016.

DIOP (EL. H. O.), *La justice constitutionnelle au Sénégal. Essai sur l'évolution, les enjeux et les réformes d'un contre-pouvoir juridictionnel*, Dakar, CREDILA/OVIPA, 2013.

DIOUF (ND.), *Le Conseil constitutionnel sénégalais dans un contexte d'intégration régionale : passé, présent, devenir, actes du colloque de Dakar, 7 et 8 décembre 2020*, Dakar, l'Harmattan, 2021.

DIOUKHANE (A.), *Les finances publiques dans l'UEMOA. Le budget du Sénégal*, Paris l'Harmattan, 2015.

DUBOS (O.), *Les juridictions nationales, juge communautaire : contribution à l'étude des transformations de la fonction juridictionnelle dans les États membres de l'Union européenne*, 2001, Paris, Dalloz.

DUBOUIS (L.) et BLUMANN (C.), *Droit institutionnel de l'Union européenne*, Paris, LexisNexis, 7e éd., 2019.

DUPRAT (G.) (dir), *L'Union européenne, droit, politique, démocratie,* Paris, PUF, 1996.

FALL (I. M.) (dir.), *Les décisions et avis du Conseil constitutionnel du Sénégal*, Dakar, CREDILA, 2008.

FALL (I. M.), *Évolution constitutionnelle du Sénégal de la veille de l'indépendance aux élections de 2007,* Dakar-Paris, CREDILA-CREPOS, 2007.

FALL (M.), *Doctrine sénégalaise d'intégration régionale*, Paris 1987.

FALL (M.), *Les cours de justice africaines et l'intégration*, Dakar, l'Harmattan, 2021.

FAVOREU (L.), GAÏA (P.), GHEVONTIAN (R.), MESTRE (J-L.), PFERSMANN (O), ROUX (A.) et SCOFFONI (G.), *Droit constitutionnel*, Paris, Dalloz, 2014, p. 867, n°1206.

FAVOREU (L.), *Le domaine de la loi et du règlement*. Actes du colloque d'Aix-en-Provence, Paris, Economica, 2e éd., 1982.

FINCK (F.), *L'imputabilité dans le droit de la responsabilité internationale*, Thèse, Strasbourg, 2011.

GANDOUIN (J.) et ROUSSIGNOL (J.-M.), *Rédaction administrative Afrique. Maghreb-Afrique subsaharienne,* Armand Colin, 4e édition mise à jour, 2013.

GARCON et MALABAT (V.) (dir.), *La qualité de la norme. L'élaboration de la norme* : Mare et Martin, 2016, p. 111.

GARRABOS (V.), *Le domaine et l'autorité de la loi et du règlement en matière pénale*, thèse Paris, 1970.

GAUDEMET (P. M.), *Finances publiques : politique financière, budget et trésor*, Paris, Montchrestien, 1977.

GAUTIER (Y.), *La délégation en droit communautaire*, thèse, Strasbourg, 1995.

GAUTRON (C.) et ROUGEVIN BAVILLE (M.), *Droit public du Sénégal*, Paris, éd. Pédone, 2e éd., 1977.

GAUTRON (J-C.), *L'administration sénégalaise*, Paris, Berger-Levrault IIAP, 1971.

GAYE (O.) et DIOUF (M. S.), *Le Conseil d'État et la pratique du recours en annulation*, Dakar, éd. 2001.

GICQUEL (J.) et GICQUEL (J. E.), *Droit constitutionnel et institutions politiques*, Paris, LGDJ, 31e édition, 2017.

*Guide pour l'élaboration des textes législatifs et réglementaires, Mali, a*oût 2016.

GUILLOUD (L.), *La loi dans l'Union européenne, contribution à la définition des actes législatifs dans un ordre juridique d'intégration*, Paris LGDJ, 2010.

GUILLOUD-COLLIAT (L.), OBERDORFF (H) et TERPAN (F.) (dir.), *L'européanisation du droit, Quelle influence du droit de l'Union européenne sur le droit français ?,* Paris, LGDJ-Lextenso, 2016.

HAGUENAU (C.), *L'application effective du droit communautaire en droit interne*, Bruxelles, Bruylant, 1995.

HAQUET (A.), *La loi et le règlement*, Paris, LGDJ, Système, 2007.

IBRIGA (L.-M.), COULIBALY (S.-A.) et SANOU (D.), *Droit communautaire ouest africain*, coll. Précis de droit burkinabè, 2008.

ISAAC (G.) et BLANQUET (M.), *Droit communautaire général*, Paris, Sirey, 2012.

ISAAC (G.) et BLANQUET (M.), *Droit général de l'Union européenne*, Paris Sirey, 10e édition, 2012.

ISAAC (G.), *Droit communautaire général,* 5e éd., 1996.

JACOB (P.), *L'imputation d'un fait à l'État en droit de la responsabilité internationale* Thèse, Rennes, 2010.

JACQUÉ (J.-P.), *Droit institutionnel de l'Union européenne*, Paris Dalloz, 8e éd., 2015.

JAMIN et (D.) MAZEAUD (dir.), *L'harmonisation du droit des contrats en Europe*, Paris, Economica, 2001.

KANTE (A.), *Droit social sénégalais. Droit du travail. Droit de la protection sociale*, Dakar, l'Harmattan, 2017.

KOUAME (P.), *Intégration monétaire et croissance économique en Afrique de l'ouest,* Abidjan, NEA 1988.

KOUBI (G.), *La grammaire juridique des circulaires*, Paris, Berger-Levrault, 2015.

KOUBI (K.), *Les circulaires administratives. La littérature grise de l'Administration*, Paris, Economica, 2015.

LE BAUT FERRARESE (B.), *La Communauté européenne et l'autonomie institutionnelle et procédurale des États membres*, Thèse, Lyon III, 1996.

LE MIRE (P.,) *La loi et le règlement*, Doc. fr., coll. « Documents d'études », n° 108, 1994.

LE POURHIER (A.-M.), *Les ordonnances. La confusion des pouvoirs en droit public français,* Paris, LGDJ, 2011.

LECOURT (R.), *L'Europe des juges*, Bruxelles, Bruylant, 1976, p. 248, réimpr. Bruylant, coll. Droit de l'Union européenne, Grands écrits, 2008.

LEFEVRE (S.), *Les actes communautaires atypiques*, Bruxelles, Bruylant, 2006.

Manuel pratique de Secrétariat, Dakar, Présidence de la République-Inspection générale d'État, 1980.

MARTOR (B.), PILKINGTON (N.), SELLERS (D.) et THOUVENOT (S.), *Le droit uniforme africain des affaires issu de l'OHADA,* Paris, Litec, 2004.

MARTUCCI (F.), *Droit de l'Union européenne*, Paris, Dalloz, Hypercours, 3e éd., 2021.

MATHIEU (B.), *La loi*, Paris, Dalloz, 1996.

MBENGUE (A.), *Intégration économique et développement industriel dans les pays de l'Afrique de l'Ouest*, Montpellier 1993.

MBOGNE CHEDJOU (G. C.), *La transposition de la directive communautaire en zone CEMAC,* Poche, 2015.

MEDE (N.), *Finances publiques. Espace UEMOA/UMOA*, Paris, l'Harmattan, 2016.

MEHDI (R.), *Institutions européennes*, Paris, Hachette supérieur, 2007.

MEHDI (R.), *Le statut contentieux des mesures nationales d'exécution du droit communautaire (l'exemple français)*, Thèse, université de Rennes I, 1994.

MORAND (C.-A.), *La législation dans les Communautés européennes,* Paris, LGDJ, 1968.

MORAND (Ch. A.), dir., *Légistique formelle et matérielle*, Aix-en-Provence, PUAM 1999.

NZOUANKEU (J. M.), *Les grandes décisions de la jurisprudence administrative sénégalaise*, Tome I, Dakar, 2e édition, 1984.

OBEN ABIE (M.), *Charte Africaine des Droits de l'homme, des peuples et de l'Intégration Régionale*, Thèse, Université Cheikh Anta DIOP 20 Novembre 1998.

PAVLOPOULOS (P.), *La directive en droit administratif*, Paris, LGDJ, coll. Biblio. droit public, 1978.

PESCATORE (P.), *Le droit de l'intégration*, Bruxelles, Bruylant, 2005, réimpression, coll. Droit de l'Union européenne, Grands écrits, n° 1.

PESCATORE (P.), *L'effet des directives communautaires : une tentative de démythification*, Paris, Dalloz, 1980.

PESCATORE (P.), *L'ordre juridique des Communautés européennes*, Presses universitaires Liège, 1975, p. 227, rééd. Bruxelles, Bruylant, 2010.

PESCATORE (P.), *L'ordre juridique des Communautés européennes. Étude des sources du droit communautaire,* Presses universitaires de Liège, 1975, réimpression Bruylant, 2006.

PONGÉRARD (H.), *L'application des directives communautaires en droit interne, aspects normatifs*, Thèse, Saint-Denis de La Réunion, 2000.

PRADEL (J.), (dir.), *Droit constitutionnel et droit pénal*, Paris, Cujas, Travaux de l'Institut de sciences criminelles de Poitiers, t. 21, 2000.

PY (R.), *Le secrétariat général du Gouvernement,* Paris, doc. Fr., 1985.

RELWENDE L. Martial ZONGO, *L'union de droit au sein de l'Union économique et monétaire ouest africaine (UEMOA). Étude à la lumière du droit de l'Union européenne (UE),* Paris, l'Harmattan, 2020.

REMY (D.), *Légistique. L'art de faire les lois*, Paris, Romillat, 1994.

RIDEAU (J.) (dir.), *De la Communauté de droit à l'Union de droit. Continuités et avatars européens*, Paris LGDJ, 2000.

RIDEAU (J.), *Droit institutionnel de l'Union et des Communautés européennes*, Paris, LGDJ, 6e éd., 2010.

RIGAUX (F.), *Le problème des dispositions directement applicable [self-executing] des traités internationaux et son application aux traités instituant les Communautés*, Deuxième colloque international de droit européen, La Haye, 1963.

RIVERO (J.), *Les mesures d'ordre intérieur administratives*, Paris, Sirey, 1934.

A. SALL, *La justice de l'intégration. Réflexion sur les institutions judiciaires de la CEDEAO et de l'UEMOA*, Dakar, éd. CREDILLA, 2011,

SANTOS (A. P.) et (J. Y.) TOE, *OHADA, Droit commercial général*, Bruxelles, Bruylant, coll. Droit uniforme africain, 2002.

SARR (A. Y.), *L'intégration juridique dans l'Union économique et monétaire ouest africaine et dans l'Organisation pour l'Harmonisation en Afrique du Droit des Affaires*, PUAM, 2008.

SAWADOGO (F.), OHADA, *Droit des entreprises en difficulté*, Bruxelles, Bruylant, coll. Droit uniforme africain, 2002.

SAYEGH (J. I.), *Droit du travail sénégalais,* Paris, LGDJ, NEA, 1987.

SIDIBE (A. S.), *Droit civil. Droit sénégalais. Introduction à l'étude du droit. État des personnes. Famille,* Dakar, CREDILA, 2014.

SIMON (D.), *Le système juridique communautaire*, Paris, PUF, 3e éd., 2001.

SIMON (D.), *L'interprétation des traités d'organisations internationales, morphologie des conventions et fonction juridictionnelle*, Paris, Pedone, 1981.

SY (P.M.), *Le développement de la justice constitutionnelle en Afrique noire francophone : les exemples du Bénin, du Gabon et du Sénégal,* Thèse Doctorat Dakar, 1998.

TAGUM FOMBENO (H-J.), *Droit du travail sénégalais*, Dakar, l'Harmattan, 2017.

TALL (S. N.), *Droit des organisations internationales africaines. Théorie générale. Droit communautaire comparé. Droit de l'homme, paix et sécurité,* Paris, l'Harmattan, 2015.

TEITGEN (P.H.), *Droit institutionnel communautaire*, Paris Les Cours de Droit, 1977-1978.

THIAM (M. A. T.), *Le principe de l'inégalité compensatrice dans l'accord général sur le tarif douanier et le commerce Université de Montpellier*, Thèse, Faculté de droit et Sciences Economiques, août 1984.

TOURE (P. A.), *L'entrée en vigueur des lois, des ordonnances et des actes administratifs en droit sénégalais*, Dakar, Abis éditions, 2021.

TOURE (P. A.), *La légistique. Techniques de conception et de rédaction des lois et des actes administratifs : une tradition de gouvernance normative*, Dakar, l'Harmattan, 2018.

TOURE (P. A.), *La réforme de l'organisation judiciaire du Sénégal commentée et annotée,* Paris, l'Harmattan, 2016.

TOURE (P. A.), *Le droit à l'assistance d'un avocat durant l'enquête dans l'espace UEMOA,* Dakar, Abis édition, 2019.

TOURE (P. A.), *Légistique. Techniques de conception et de rédaction des lois et des actes administratifs : une tradition de gouvernance normative*, Dakar, l'Harmattan, 2018.

TOURE (P. A.), *Recueil des principaux textes relatifs au travail législatif et réglementaire du Gouvernement,* Secrétariat général du Gouvernement, Dakar, l'Harmattan, 2018.

VAN REAPENBUSCH (S.), *Droit institutionnel de l'Union européenne*, Bruxelles, Larcier, 2e éd., 2016.

WIENER (C.), *Recherche sur le pouvoir réglementaire des ministres*, Paris, coll. Bibl. Droit public, t. 98, LGDJ, 1970.

XEFTERI (S.), *La directive européenne, instrument juridique des autorités administratives nationales*, Bruxelles, Bruylant, 2021.

ZOGBELEMOU (T.), *Droit des organisations d'intégration économique en Afrique (CEDEAO-CEMAC-UEMOA-ZMAO),* Paris, l'Harmattan, 2014.

ZOLYNSKI (C.), *Méthode de transposition des directives communautaires*, Paris, Dalloz, Collection Nouvelle Bibliothèque de Thèses, 2007.

II. ARTICLES ET CHRONIQUES DE DOCTRINE

ABRACH (D.), « La supranationalité de l'OHADA », *Rev. EDJA,* 2000, n° 44, p. 7 et s.

AKPO (E.), « Le juge et le défaut de transposition des directives dans l'espace UEMOA », UEMOA Cour de Justice, Communication, Rentrée solennelle de l'année judiciaire 2021-2022, octobre 2021, p. 17.

AMIEL (H.), « Les lois organiques », *RDP*, 1984, p. 409.

art. 101 et 102 du traité de l'UEMOA.

AUBY (J. M.), « L'obligation gouvernementale d'assurer l'exécution des lois », *JCP*, 1953, I, n° 1080.

AVRIL (P.), « Les décrets réglementaires du Président de la République non délibérés en Conseil des Ministres », *AJDA,* 1976, p. 116.

AYRAL (M.) , «La transposition des directives dans les droits nationaux", RMC 1977, p. 411. GALMOTET (Y.) et BONICHOT (J.-C.) , "LA CJCE et la transposition des directives en droit national», *RFDA* 1988. 4.

AYRAL (M.), « La transposition des directives dans les droits nationaux », *Rev. Marché commun,* 1977, p. 411.

BA (A.A.), « L'exception d'illégalité dans le système sénégalais d'organisation judiciaire », *EDJA*, n° 33, avril-mai-juin 1997, p. 41.

BA (B.), « Présentation de l'exception d'inconstitutionnalité : lé dénouement », in DIOUF (ND.), *Le Conseil constitutionnel sénégalais dans un contexte d'intégration régionale : passé, présent, devenir, actes du colloque de Dakar, 7 et 8 décembre 2020*, Dakar, l'Harmattan, 2021, p. 58.

BARAV (A.), « Remarques à propos de l'arrêt du Conseil d'État de France dans l'affaire ministre de l'Intérieur c/ Cohn-Bendit », *RBDI* 1980, p. 126.

BARRAUD (B.), « La légistique », in *La recherche juridique (les branches de la recherche juridique)*, Paris, l'Harmattan, coll. Logiques juridiques, 2016, p. 213 et s.

BASTIDE (J.), « De la délimitation des domaines législatif et réglementaire en matière militaire », *Rev. adm.*, 1969, p. 481.

BENABOU (L.), « Faut-il une harmonisation minimale du droit ? », in G. CHATILLON (dir), *Le droit international de l'Internet*, Bruyant, Bruxelles, 2002.

BERTRAND (C.), « La responsabilité des États membres en cas de non-transposition des directives communautaires », *RD publ.* 1994. 1508.

BIANCARELLI (J.) et MAIDANI (D.), « L'incidence du droit communautaire sur le droit pénal des États membres », *RSC* 1984, p. 225 s.

BLANQUET (M.), « Effet direct du droit de l'Union européenne », *Rép. dr. eur.*, 2022.

BLANQUET (M.), « Effet direct du droit communautaire », *Rép. comm,* Dalloz, août 2008.

BLANQUET (M.), « L'effet direct du droit de l'Union en eaux troubles, Le droit européen source de droits, source du droit », *Études en l'honneur de Vassilios Skouris*, 2022.

BOCKEL (A.), Les administration centrales », in *Encyclopédie juridique de l'Afrique*, Tome I, Dakar-Abidjan-Lomé, NEA, 1982, p. 156.

BODIAN (Y.) et FALL (P. T.), « A propos de la présence de l'Avocat aux premières heures de la garde-à-vue », *Le Soleil* du 28 août 2015, p. 5.

BONICHOT (J-C.), MERLIN-SOUCRAMANIEN (F.) et MAUGÜE (CH.), « Le contrôle juridictionnel des ordonnances », *RFDA*, 1997, p. 450.

BORE (J.), « La difficile rencontre du droit pénal français et du droit communautaire », *Mélanges A. VITU*, Paris, Cujas, 1989, p. 25 s.

BOULOC (B.), « L'influence du droit communautaire sur le droit pénal interne », *Mélanges offerts à Georges Levasseur*, Paris, Litec 1992, p. 103 s.

BOULOUIS (J.), « À propos de la fonction normative de la jurisprudence. Remarques sur l'œuvre jurisprudentielle de la Cour de Justice des Communautés européennes *», Mélanges M. Waline, Le juge et le droit public*, Paris, LGDJ, 1974, p. 149.

BOULOUIS (J.), « Sur une catégorie nouvelle d'actes juridiques, les « directives », *Recueil d'études en hommage à Charles Eisenmann,* Paris, Cujas, 1975, p. 191.

BRETON (J-M.), « L'obligation pour l'administration d'exercer son pouvoir réglementaire d'exécution des lois. A propos de quelques décisions récentes du juge administratif », *RDP*, 1993,159, p. 1749.

BRUCE (E.) « Faut-il intégrer le droit communautaire aux normes de références du contrôle de constitutionnalité », *RFDC* 2005 n° 63 pp 539 560 spéc p 549 et s.

CAMBY (J.P.), « Les impositions de toutes natures, une catégorie sans critère ? » *AJDA*, mai 1991, p. 339.

CAMBY (J-P.), « La prohibition des cavaliers législatifs : une règle constitutionnelle (Cons. const. 4 août 2011) », *LPA* 23 décembre 2011, n° 255, p. 9.

CAMBY (P.), « la loi organique dans la Constitution de 1958 », *RDP,* 1989, p. 1401.

CAMBY (P.), « Quarante ans de lois organiques », *RDP*, 1998, p. 1686.

CANDELA CASTILLO et MONGIN, « Les infractions au droit communautaire commises par les États membres. Quelques apports clés de la jurisprudence récente de la Cour de justice en matière de manquement », *RMCUE* 1996. 51.

CANIVET (G.), « Principes fondamentaux et transposition des directives communautaires. Le contrôle du Conseil constitutionnel sur les lois de transposition des directives communautaires », *European Review of Private Law*, volume 18, Issue 3 (2010) p. 487-499.

CANS (C.), « La délégalisation. Un encouragement au désordre », *RDP,* 1999, p. 1419.

CARREAU (D.), « Droit communautaire et droits nationaux : concurrence ou primauté ? », *RTD eur.* 1978, p. 381 s.

CASSIA (P.) et SAULNIER (E.), « L'incidence de la présidence française de l'Union européenne sur l'exécution du droit communautaire par le Parlement français », *Europe* 2001, chron. 3.

CASSIA (P.), « Abandonner la jurisprudence Cohn-Bendit ? » *AJDA* 2006, p. 281

CASSIA (P.), « L'invocabilité des directives communautaires devant le juge administratif français : la guerre des juges n'a pas eu lieu », *RFDA* 2002, p. 20.

CEREXHE (E.), « L'intégration juridique comme facteur d'intégration régionale », Revue *Burkinabè de Droit,* n° 39 et 40, spécial vingtième anniversaire, thème : intégration régionale et droit, p.19.

CHALTIER (F.), « Nouvelles variations sur la constitutionnalisation de l'Europe « RMUE 2004 p. 450 454 spéc p 452.

CHAPUS (R.), « De la soumission au droit des règlements autonomes », *D.* 1960, chron, p. 119.

CHARLES-ALBERT (M.), « Légistique formelle et matérielle », in *Droit et société*, 1999, n° 46, 2000, pp. 731-733.

CHARLIER (R. E.), « Circulaires, instructions de service et autres prétendues mesures d'ordre intérieur administratives », *JCP* 1954. I. 1169.

CHARLIER (R.), « Circulaires, instructions de service et autres prétendues mesures d'ordre intérieur administratives », *JCP* G 1954, I, 1169.

CHAUVET (C.), « Que reste-t-il de la « *théorie* » des mesures d'ordre intérieur », *AJDA* 2015, p. 793.

CHEVALLIER (J.), « L'évaluation législative : un enjeu politique », in A. DELCAMP ET AL., *Contrôle parlementaire et évaluation*, Paris, 1995, p. 15.

CHIFFLOT (N.), « Contrôle du conseil constitutionnel sur les lois de transposition des directives de l'union européenne. Précisions sur l'identité constitutionnelle de la France », *Procédures* n° 12, décembre 2021, comm. 336.

CISSE (A.), « Nouvelles dispositions du Code de Procédure civile. Décret n° 2013-1071 du 06 août 2013. L'appel des jugements des tribunaux régionaux », *Lex Hebdo*, n° 1216 du lundi 16 septembre 2013, p. 1.

CLIQUENNOIS (M.), « Que reste-t-il des directives ? À propos du vingtième anniversaire de l'arrêt Crédit foncier de France », *AJDA* 1992, p. 3.

COCATRE-ZILGIEN (A.), « La nature juridique des mesures d'ordre intérieur », *RISA* 1958, p. 487.

COLLET (M.), « La circulaire administrative, instrument de la qualité ? », in E. BONNIS-

COLLIARD (J.-C.), « Que reste-t-il de l'article 38 de la Constitution? », *Mélanges Yves Jegouzo*, 2009, p. 131.

COMBEAU (M.), « Un oubli dans la réforme : l'invocabilité des circulaires et instructions administratives », *AJDA* 2000, p. 495.

CONDORELLI (L.), « L'imputation à l'État d'un fait internationalement illicite », *RCADI* 1984, V, 188, p. 9.

COSTA (D.), « Des directives aux lignes directrices : une variation en clairs-obscurs », *AJDA* 2015, p. 806.

CÔTÉ (P.-A.), « Contribution à la théorie de la rétroactivité de la loi », *Revue Barreau canadien*, mars 1989, p. 60 et s., not. p. 68 et s.

CYTERMAN (L.), « Le droit souple, un nouveau regard sur la jurisprudence Crédit foncier de France », *RFDA* 2013, p. 119.

DAL FARRA (T.), « L'invocabilité des directives communautaires devant le juge national de la légalité, *RTD eur*. 1992. 631.

DE BÉCHILLON (D.), « L'applicabilité des directives communautaires selon la jurisprudence du Conseil d'État », *RDP* 1991, p. 778.

DE BELLESCIZE, « L'article 169 du traité de Rome et l'efficacité du contrôle communautaire sur les manquements des États membres », *RTD eur.* 1977, p. 173.

DE MONTALIVET (P.), « La juridicisation de la légistique. À propos de l'objectif de valeur constitutionnelle d'accessibilité et d'intelligibilité de la loi », *Cahiers des sciences morales et politiques* 2005, n° 23, p. 99 s.

DE MONTALIVET (P.), « L'inflation des ordonnances », *RDP* 2017, p. 37.

DE RIPAINSEL-LANDY (D.) et GERARD (A.), « La notion juridique de la directive utilisée comme instrument de rapprochement des législations dans la CEE », *in* Les instruments de rapprochement des législations dans la CEE, 1976, Bruxelles, éd. ULB.

DEBBASCH (CH.), « Les ordonnances de l'art. 38 dans la Constitution du 4 octobre 1958 », *JCP.*, 1962.1.1701.

DEBENE (M.), « Pouvoir règlementaire et régime présidentiel », *RIPAS* n° 23-24, janvier- décembre 1990, *Actes du 5e colloque de la RIPAS*, Dakar du 11 au 15 décembre 1989, p. 45.

DELMAS MARTY (M.) et IZORCHE (M. L.), « Marge nationale d'appréciation et internationalisation du droit Réflexions sur la validité formelle d'un droit commun pluraliste », *RIDC* 2000 pp 753 780 spéc p 766.

DELMAS MARTY (M.), « Le phénomène de l'harmonisation : l'expérience contemporaine », in in Ch. JAMIN et D. MAZEAUD (dir.), *L'harmonisation du droit des contrats en Europe*, Paris, Economica, 2001, p. 31.

DELVOLVÉ (P.), « Sur l'introduction de l'exception d'inconstitutionnalité contre la loi en droit français », *Commentaire* 1986/3, n° 35, p. 418-420.

DELVOLVÉ (P.), « La notion de directive », *AJDA* 1974, p. 459.

DEMBELE (S.), « Problématique de la transposition du droit communautaire UEMOA et CEDEAO : cas du secteur des télécommunication », septembre 2011 : https://burkina-ntic.net/ressources/assets/docP/Document_N027.pdf (consulté le 20 avril 2024)

DENIZEAU (C.), « La primauté », *ADE*, 2006, p. 53.

DIAKHATE (M, « Le régime de l'entrée en vigueur des actes législatifs et réglementaires au Sénégal », in Atelier sur la procédure d'adoption des textes législatifs et réglementaires au Sénégal, ENA, Dakar, 28 et 29 avril 2015.

DIALLO (B.), « Principe de l'autonomie institutionnelle et procédurale des États parties face à l'application des Actes uniformes du droit OHADA » : Ohadata D-10-25.

DIALLO (I.), « L'exception d'illégalité dans le système judiciaire sénégalais », *Nouvelles Annales africaines*, n° 1, 2010, p. 152.

DIAO (P. M.), « La circulaire en droit administratif sénégalais » : https://ceracle.com

DIARRA (E.), « Le pouvoir règlementaire en matière fiscale au Sénégal », *RIPAS* n° 23-24, janvier- décembre 1990, *Actes du 5 e colloque de la RIPAS*, Dakar du 11 au 15 décembre 1989, pp. 217-235.

DIARRA (E.), « La procédure législative au Sénégal », *RIPAS*, n° 11, octobre-décembre 1984, p. 706 ; NG. CHANH TAM, *Finances publiques sénégalaises*, Paris, l'harmattan, 1990, p. 241.

DIEDHIOU (P.), « L'article 10 du Traité de l'OHADA : quelle portée abrogatoire et supranationale ? », *Revue de droit uniforme*, 2007-2, vol. XII, p. 265.

DIETZ-HOCHLEITNER (J.), « Le traité de Maastricht et l'inexécution des arrêts de la Cour e justice par les États membres », *RMUE* 2-1994, p. 111.

DIÈYE (A.), « Le contrôle de constitutionnalité des lois : quelles pratiques », in I. M. FALL (dir.), *Théorie et contentieux constitutionnels en Afrique, Mélanges en l'honneur du Professeur El Hadji Mbodj*, Dakar, l'Harmattan 2022, p. 857 et s.

DIOP (A.), « L'organisation judiciaire sénégalaise en matière administrative », *Rev. jur. ind. et coop.*, n° 4, 1969, p. 944.

DIOUF (ND.), « Actes uniformes et droit pénal des États signataires du traité de l'OHADA : la difficile émergence d'un droit pénal communautaire des affaires dans l'espace OHADA », *Revue Burkinabé de Droit*, n° 39-40, p. 63.

DIOUF (ND.), « La place du droit pénal dans le droit communautaire », *Nouvelles annales africaines*, n° 01, 2007, p. 161.

DIOUKHANE (A.), « Le principe de la libre administration des collectivités locales » in *La régionalisation : approche sénégalaise et expérience française,* Dakar, CREDILA, 1998, p. 95-115.

DJONGA (P.), « La problématique de l'harmonisation d'une carte judiciaire OHADA : entre espoir et désespoir », *Revue de l'ERSUMA*, 2019, n° 10, p. 57.

DRAGO (R.), « L'exception d'inconstitutionnalité », *Commentaire* 1986/3, n° 35, p. 420-421.

DUBOS (O.), « L'invocabilité d'exclusion des directives : une autonomie enfin conquise », *RFDA* 2003, p. 568.

DUBOUT (E.), « La primauté du droit de l'Union et le passage au pluralisme constitutionnel-Réflexions autour de l'arrêt M.A.S et M. B. », *RTD eur*. 2018, p. 563.

DUBOUT (E.), « L'invocabilité d'éviction des directives dans les litiges horizontaux. Le « bateau ivre » a-t-il sombré ? », *RTD eur.* 2010, p. 277.

DUPUIS (G.), « Les visas apposés sur les actes administratifs », in *Mélanges offerts à Marcel Waline*, *Le juge et le droit public*, Tome 2, juillet 1974, p. 407 et s. 179.

DUVERGER (M.), « L'exception d'inconstitutionnalité devant les tribunaux ordinaires », *Commentaire* 1986/3 (numéro 35), p. 413-414.

EISEMANN (C.), « Le droit administratif et le principe de légalité », *EDCE* 1957. 25 s.

EMMERT (F.) et PEREIRA DE AZEVEDO (M.), « L'effet horizontal des directives la jurisprudence de la CJCE : un bateau ivre ? », RTD eur. 1993, p. 513.

EMMERT (F.) et PEREIRA DE AZEVEDO (M.), « Les jeux sont faits : rien ne va plus ou une nouvelle occasion perdue par la CJCE », *RTD eur.* 1995, p. 11.

EPINEY (A.), « L'arrêt Van Gend en Loos et la citoyenneté de l'Union », Actes du colloque – 50e anniversaire de l'arrêt Van Gend en Loos, 1963-2013, Luxembourg, Cour de justice, p. 135.

EYMERI-DOUZANS (J. M.) et MANGENOT MICHEL (M.), « Rouage ou centre de l'État ? (I) Genèse et institutionnalisation du Secrétariat général du Gouvernement », *RFAP*, 2019/3, n° 171, p. 603.

FALL (I. M.), « La loi de règlement dans le droit des finances publiques des États membres de l'UEMOA : l'exemple du Sénégal » in *Sénégal, Finances publiques, Décentralisation et transparence budgétaire,* Dakar, Aide Transparence, 2005, pp. 531- 596 ; *Revue de la Faculté de Droit de Toulouse* n°4, 2005, pp. 45-67.

FALL (I. M.), « La réforme constitutionnelle de mars 2016 : un hommage à l'œuvre du professeur Kanté » », in A. SALL et I. M. FALL (dir.), *Actualités du droit public et de la science politique en Afrique, Mélanges en l'honneur de Babacar KANTE,* Dakar, l'Harmattan, 2017, p. 154.

FALL (I. M.), « La loi organique dans les ordonnancements juridiques des Etats d'Afrique francophone. Reflexion sur une norme particulière », *RBSJA*, n° 32, 2014, p. 188.

FAVOREU (L.), « La délégalisation des textes de forme législative par le Conseil constitutionnel », *Mélanges offerts à Marcel Waline*, Paris, LGDJ, 1974, TII, p. 429.

FAVOREU (L.), « La constitutionnalisation du droit pénal et de la procédure pénale. Vers un droit constitutionnel pénal », *Mélanges A. Vitu,* Paris, Cujas, 1989, p. 169.

FAVOREU (L.), « La procédure de l'article 37, alinéa 2 », *RDP,* 1976, p. 225.

FAVOREU (L.), « Les règlements autonomes existent-ils ? », in *Mélanges Burdeau*, 1976, p. 405.

FAVOREU (L.), « Les règlements autonomes n'existent pas », *RFDA*, 1987, p. 871.

FAVOREU (L.), « Ordonnances ou règlements d'administration publique ? », *RFDA* 1987, p. 686.

FAYE (A.), « État de droit et contrôle de l'exécutif : réflexions d'un privatiste sur l'exception d'illégalité en droit sénégalais », *EDJA*, n° 33, avril-mai-juin 1997, p. 36.

FAYE (EL. B.), « Droit à un conseil dès l'interpellation : de la portée de la réforme du Code de Procédure pénale » : http://ums.sn/droit-a-un-conseil-des-linterpellation-de-la-portee-de-la-reforme-du-code-de-procedure-penale

FERRARI (P.), « Essai sur la notion de co-auteurs d'un acte unilatéral en droit administratif français », *Mélanges Eisenmann*, Paris, Cujas, 1975, p. 215.

FOKO (A.), « Analyse critique de quelques aspects du droit pénal OHADA », *Penant*, n° 859, avril-juin 2007, p. 195.

FONE MDONTSA (A.M.), « Réflexions sur l'article 10 du Traité de l'OHADA », *Revue africaine des sciences juridiques,* 2010, vol. VII, n°01, p. 48.

GALMOT (Y.) et BONICHOT (J.-C.), « La Cour de justice et la transposition des directives en droit national », *RFD adm.,* 1988.

GALMOT (Y.), « Directives et règlements en droit communautaire », CJEG mars 1990, 78.

GASSIN (R.), « La règle de procédure pénale au sens de l'article 34 de la Constitution », in *Les droits et le Droit, Mélanges B. Bouloc*, Paris, Dalloz, p. 363.

GAUDEMET (Y.), « Le mécanisme de déclassement des lois (art. 37, al. 2) », *D.* 1980, p. 121.

GAUDEMET (Y.), « Remarques sur les circulaires administratives », in *Mélanges en l'honneur du professeur Michel Stassinopoulos*, Paris, LGDJ, 1974, p. 559, p. 572.

GAUTIER (M.) et MELLERAY (F.), « Le refus du Conseil constitutionnel d'apprécier la constitutionnalité de dispositions législatives transposant une directive communautaire », *AJDA* 2004 pp 1537 1541 spéc p 1539.

GAUTIER (Y.), « L'exécution du droit communautaire », in G. DUPRAT (dir), *L'Union européenne, droit, politique, démocratie*, 1996, PUF, p. 39 s.

GAUTRON (J.-C.), « Le droit directement applicable dans la jurisprudence de la CJCE », *AFDI* 1975, p. 905.

GAUTRON (J.-C.), « Un ordre juridique autonome et hiérarchisé », in J. RIDEAU (dir.), *De la Communauté de droit à l'Union de droit. Continuités et avatars européens*, Paris LGDJ, 2000

GAYE (EL. B.), « La rémunération des agents de l'administration », in *La fonction publique sénégalaise*, Actes du 1er colloque sur les institutions du Sénégal, *RIPAS*, n° 14, octobre-décembre 1985, p.269-278.

GENEVOIS (B.), « Le Conseil constitutionnel et le droit communautaire dérivé, *RFDA* 2004. 651.

GICQUEL (J-E,) « Ordonnances », *Juris-class. adm.*, fasc. 35, mars 2015, n° 01.

GOFFIN, « Le manquement d'un État membre selon la jurisprudence de la Cour de Justice des Communautés européennes », in *Les progrès du droit des gens,* Mélanges Dehousse, 1979, vol. 2, F. Nathan, p. 211.

GUIBAL (M.), « Le retard des textes d'application des lois », *RDP*, 1974, p. 1039.

GUILLAUME (M.), « Les ordonnances : tuer ou sauver la loi ? », *Pouvoirs* 2005, n° 114, p. 124.

HAMON (V.), « La notion de catégorie d'établissement public », *D. S.*, p. 201.

HECQUART-THÉRON (M.), « De la mesure d'ordre intérieur », *AJDA*, p. 1981, p. 235.

HÉRON (J.), « Le temps et la norme », in *Penser la norme, publication du Centre de recherche sur la logique et son histoire*, Université de Rennes I, 1995.

HIANCE (M.), « La transposition de la directive dans le droit national », *Gaz. pal.*, 24 février 2000, n° 055, p. 19.

IBRIGA (L. M.), « L'UEMOA. : une nouvelle approche de l'intégration économique régionale en Afrique de l'Ouest », *Annuaire africain de droit international*, Vol. 6, 1998, p. 23-64.

JENNEQUIN (A.), « Les ordonnances de l'article 74-1 de la Constitution, Bilan de la pratique », *RFDA* 2008, p. 920.

KANTE (A.), « Réflexions sur l'organisation judiciaire au Sénégal (1830-1992) », in M. BADJI et O. DEVAUX, *Droit sénégalais*, n°05, De la justice coloniale aux systèmes judiciaires africains contemporains, Toulouse, Presses de l'Université des Sciences sociales de Toulouse, 2006, p. 199-221.

KENFACK DOUAJNI (G.), « L'abandon de souveraineté dans le traité OHADA », *Penant,* 1999, n° 830, p. 125 et s.

KH. DIOP (A.), « La particularité de l'exception d'inconstitutionnalité sénégalaise : une analyse à la lumière du contentieux de l'exception d'inconstitutionnalité en Afrique francophone », in I. M.

KLEITZ (C.), « L'art de la légistique », *Gaz. pal.* 07 janvier 2010, n° 07, p. 08.

KOUADIO (K.), « Les atouts et les faiblesses de la réglementation uniforme de l'OHADA » : Ohadata D-13-36.

KOUADIO (K.), « Les techniques juridiques de l'intégration économique dans les États de la sous-région ouest africaine francophone » : Ohadata D-11-98.

KOUBI (G.), « L'acte administratif unilatéral conjoint », *RRJ* 1985, p. 297.

KOUBI (G.), « Les circulaires du Premier ministre [argumentations et justifications] », in *Études en l'honneur de Georges Dupuis. Droit public*, Paris, LGDJ, 1997, p. 187.

KOVAR (R), « Compétence des communautés européennes », JCL l'Europe du 20 mars 1990 n° 11.

KOVAR (R), « La contribution de la Cour de justice à l'édification de l'ordre juridique communautaire », RCADE 1993, vol. IV p. 155.

KOVAR (R.) « L'applicabilité directe du droit communautaire », *JDI* 1973, p. 279.

KOVAR (R.) « Le droit national d'exécution du droit communautaire, essai d'une théorie de l'écran communautaire », *Mélanges Boulouis*, p. 341.

KOVAR (R.) « L'intégrité de l'effet direct du droit communautaire selon la jurisprudence de la Cour de justice de la Communauté », in *Der Europa des zweiten Generation, Mélanges Sasse : Baden-Baden, Nomos*, 1981, p. 151 s.

KOVAR (R.) « *Observations sur l'intensité normative des directives », in Liber amicorum Pierre Pescatore, 1987, p. 359.

KOVAR (R.) et ZULEEG (M.), « L'application du droit communautaire par les États membres » G.-C. AZZI (dir.): Maastricht, IEAP, 1985.

KOVAR (R.), « Identification des actes normatifs », Mélanges M. Waelbroeck, p. 394.

KOVAR (R.), « L'intégrité de l'effet direct du droit communautaire selon la jurisprudence de la Cour de justice de la Communauté », in *Der Europa des zweiten Generation, Mélanges Sasse*, Baden-Baden, Nomos, 1981, p. 151 s.

L'HUILLIER (J.), « La délimitation des domaines de la loi et du règlement dans la Constitution du 04 octobre 1958 », *D.* 1959, p. 278.

LABAYLE (H.) et MEHDI (R.), *Le Conseil d'État et la protection communautaire des droits fondamentaux, observations sur l'arrêt Conseil national des Barreaux », RFDA* 2008, p. 737.

LAGET-ANNAMAYER (A.), « Le statut des accords OMC dans l'ordre juridique communautaire : en attendant la consécration de l'invocabilité », *RTD eur*. 2006, p. 249.

LE CALVEZ (J.), « Les principes constitutionnels en droit pénal », *JCP* G 1985, I, 3198.

LE MIRE (P.), « Acte administratif. Domaines respectifs de la loi er du règlement », *Juris-class., Dr. adm*., 1993, fasc. 106.

LE MIRE (P.), « La responsabilité des États membres pour non-transposition des directives communautaires et la face cachée de l'arrêt *Francovich*, note sous CJCE, 19 nov. 1991 », *AJDA* 1992. 143.

LECOURT (R.), « *Quel eût été le droit des communautés sans les arrêts de 1963 et 1964 ? L'Europe et le droit, Mélanges en hommages à Jean Boulouis* », D. 1991, p. 343.

LEMOYNE DE FORGES (P.), « Les secrétaires généraux des ministères », IFSA, éd. Cujas, n° 8,1973, p. 99 sq.

LEROYER (A-M.), « Légistique », in D. ALLAND et S. RIALS (dir) , *Dictionnaire de la culture juridique*, Paris, Lamy PUF, 2003, p. 922 et s.

LIBCHABER (R.), « Le décret d'application, norme paradoxale », *RTD civ*., 1998, p. 788.

LOUIS (J. V.), « La primauté du droit de l'Union, un concept dépassé ? », in Mélanges Jean Paul Jacqué, Paris, Dalloz, 2010, p. 443.

LUCHAIRE (F.), « La protection des droits de l'homme par l'exception d'inconstitutionnalité », *Commentaire* 1991/3, n° 55, p. 483-490.

LUPPI (P.), « L'unité du pouvoir réglementaire du Premier Ministre et son caractère *ab initio*», *AJDA* 2007, p. 1643.

MADEC (J. Y.), « Le partage du pouvoir règlementaire entre les autorités administratives au Sénégal », *RIPAS* n° 23-24, janvier-décembre 1990, *Actes du 5e colloque de la RIPAS*, Dakar du 11 au 15 décembre 1989, p.112.

MAGNON (X.) et (D.) SIMON, « La jurisprudence communautaire du Conseil constitutionnel » [juin 2004-novembre 2004], *CDE* 2005. 217 à 262.

MAHIOU (A.), « Quelques observations sur les problèmes de l'intégration en Afrique » : Ohadata D-10-70.

MAILLARD (E.), « Qu'est qu'une norme juridique ? », *Les cahiers du Conseil constitutionnel* n°21, 2006, pp. 87-92

MALAURIE (P.), « L'intelligibilité des lois », *Pouvoirs* n°114, *La loi*, 2005, pp.131- 137.

MANIN (P.), « De l'utilisation des directives communautaires par les personnes physiques ou morales », *AJDA* 1994, p. 259.

MANIN (P.), « L'invocabilité des directives : quelques interrogations », *AJDA* 1990, p. 687

MARCHESINI (G.), Recours en constatation des manquements des États : le traité CECA, Les Novelles, Larcier, Bruxelles, 1969, p. 367 s

MARIATTE (F.), *« Le juge communautaire et l'effet des décisions de l'Organe de règlement des différends de l'OMC »,* Europe 2005, chron. 6 .

MARTOR (B.) « L'intégration juridique au service de l'émergence du continent africain » : Ohadata D-13-56.

MARTOR (B.) et THOUVENOT (S.), « L'uniformisation du droit des affaires en Afrique par l'OHADA », Ohadata D-12.

MASCLET (J-C.), « Règlement », *Rép.dr.eur.*, juin 2011.

MATHIEU (B.), « Un an de jurisprudence constitutionnelle bilan perspectives et questions » *D* 2005, p. 920 923 spéc p 923.

MAZEAUD (P.), « L'exception d'inconstitutionnalité », *D.* 2008, p. 64.

MBACKE (M. M.), « Le Conseil d'État », *Revue EDJA*, n° 20, p. 02.

MBACKE (M. M.), « Le contrôle juridictionnel de l'administration. Le recours pour excès de pouvoir », *EDJA*, juin 1987, p. 09 et s.

MBAYE (K.), « L'organisation judiciaire », *Penant*, n° 705, janvier-février-mars, 1965, p. 27.

MBAYE (K.), « L'organisation judiciaire actuelle », in *Encyclopédie juridique de l'Afrique*, Tome IV, Dakar-Abidjan-Lomé, NEA, 1982, tome 4, p. 38 et s.

MBODJ (F.), « Les compétences du Conseil constitutionnel à l'épreuve des saisines. Quelques remarques sur les pouvoirs du juge constitutionnel au Sénégal », *EDJA*, n° 78, juillet-août-septembre 2008, p. 7.

MBOGNE CHEDJOU (G. C.), « La transposition de la directive communautaire en zone CEMAC : le cas du Cameroun », ohadata D-15-01

MEHDI (R.), « L'exécution nationale du droit communautaire. Essai d'actualisation d'une problématique au cœur des rapports de systèmes », Mélanges en hommage au Recteur G. Isaac, Presse de l'université des Sciences sociales, 2007.

MEHDI (R.), « Ordre juridique communautaire. Effet direct », *J.-class.Eur.*, fasc. 195, 2008

MEHDI (R.), « Ordre juridique de l'Union européenne- Effet direct », *Jurisclass. Eur. Traité*, 2022, fasc. 195.

MENY (Y.) (dir.), « Mises en œuvre nationales du droit communautaire », *RF adm. publ.* 1985, n° 34, p. 177 s.

MENY (Y.) « Pour la question préjudicielle », *Commentaire* 1986/4 (numéro 36), p. 699-702.

MESNARD (A-H.), « Dix années de jurisprudence du Conseil constitutionnel en matière de répartition des compétences législatives et réglementaires », *AJDA,* 1970, p. 259.

MESTRE (J.-L.), « De l'ancien sur l'article 37, alinéa 2, de la Constitution », *RFDA,* 2001, p. 301

MORAND (Ch. A.), « Éléments de légistique formelle et matérielle », in Ch. A. MORAND, dir., *Légistique formelle et matérielle*, Aix-en-Provence, PUAM 1999, p. 37.

MORANGE (G.), « L'exercice du pouvoir règlementaire en matière fiscale », *RSLF*, 1953, pp. 667-680.

MOREAU (J.), « Le caractère réglementaire ou législatif de la procédure administrative contentieuse », in *Mélanges M. Waline,* 1974, p. 635.

MOREAU (Y.), « Les secrétariats généraux des ministères », in *De Gaulle en son siècle, Tome 3 « Moderniser la France », Plon-La Documentation française,* 1992, p. 569 sq

MOYSAN (H.), « De la mise en application de la loi à la qualité de sa rédaction », *JCP* éd. G, février 2010, p. 208 et s.

MOYSAN (H.), « Entrée en vigueur de la loi : le jour même ou le lendemain de la publication ? », *JCP adm. collect. territ.*, 22 avril 2013. 2116.

MUÑOZ (R.), « Comment pallier les manquements du recours en manquement ? », *Europe* 1999, chron. 2.

MUÑOZ (R.), « La « nouvelle approche » de la Commission concernant l'application du droit communautaire : grandeur et décadence des mécanismes de contrôle », *Europe* 2007, chron. 11

MUZELLEC (R.), « Un exemple de contrôle parlementaire a posteriori : la loi de règlement », *Revue de science financière,* 1973, p. 67.

NDIAYE (I. Y.), « Le Conseil constitutionnel sénégalais », *Les nouveaux Cahiers du Conseil constitutionnel*, 2014/4, n° 45, p. 77 à 103.

NDOYE (D.), « Le traité relatif à l'harmonisation du droit des affaires, la Constitution sénégalaise et les principes du droit processuel », *EDJA*, n°22, juillet-août- septembre 1994, p. 15.

NEFRAMI (E.), « A propos du principe de primauté », in E. BROSSET, C. CHEVALLIER-GOVERS, EDJAHRIAN (V.) et SCHNEIDER (C.), (dir), *Le traité de Lisbonne ? Reconfiguration ou déconstitutionnalisation de l'Union européenne*, Bruxelles, Bruyant, 2009, p. 1999.

NGOMBE (L. Y.), « À propos de la supranationalité de la législation de l'organisation africaine de la propriété intellectuelle sur le droit d'auteur », *Revue de la propriété intellectuelle*, n° 176, octobre 2005, p. 09.

NGOMBE (L. Y.), « Le droit d'auteur dans les États Membres de l'OAPI. Une harmonisation inachevée ? », *e-Bull. dr. auteur*, janvier-mars 2005.

NOGUELLOU (R.), « Le statut des circulaires », *Dr. adm.* 2009, alerte 38.

NZOUANKEU (J. M.), « Les domaines respectifs de la loi et du règlement en droit sénégalais », *RIPAS* n° 11, octobre-décembre 1984, p. 889 et s.

PALANCO (A.), « Effet direct oblique et identification des « émanations de l'État : l'obscure clarification de la jurisprudence Foster », *RAE* 2017, n° 4, p. 695.

PEIFFERT (O.), « Un possible malentendu en droit de l'Union européenne : le « droit subjectif » comme condition de l'effet direct », *RTD eur*. 2017, p. 665-694.

PELLE (S.), « Le contrôle de la légalité criminelle par le Conseil constitutionnel », *Rev. pénit.* 2013, p. 265.

PESCATORE (P.), « L'effet des directives communautaires : une tentative de démythification », *D.* 1980, chron. 171.

PHILIP (L.), « La constitutionnalisation du droit pénal français », *RSC* 1985, p. 711.

PICHERAL (C.), « La primauté du droit de l'Union aux termes de la décision n° 2004-505 DC du Conseil constitutionnel-Reconnaissance et méconnaissance d'un principe », *RAE* 2005, p. 119.

PICOD (F.), « Le contrôle de constitutionnalité des actes de droit dérivé de l'Union européenne », *Cah. Cons. const.* 2005, n° 18.

PICOD (F.), « Le statut des particuliers, désormais titulaires de droits individuels », Actes du colloque, 50e anniversaire de l'arrêt *Van Gend en Loos*, 1963-2013, Luxembourg, Cour de justice, p. 83.

PLOUVIN (J.Y.), « La notion de principes fondamentaux de l'enseignement », *RDP,* 1979, p. 59.

POUGOUE (P. G.) et autres, « Actes uniformes », in P. G. POUGOUE (dir), *Encyclopédie du droit OHADA,* Paris, Lamy 2011, n° 45.

POUGOUE (P. G.) et GUIMDO DONGMO (B-R.), « Modèle d'intégration juridique OHADA », in P. G. POUGOUE (dir), *Encyclopédie du droit OHADA,* Paris, Lamy 2011p. 1120 et s

POUGOUE (P.-G.), « OHADA, Instrument d'intégration juridique », *Rev. africaine sc. jur.* 2001, vol. 02, n° 02, p. 11 s.

POUYAUT (D.), « Les décrets réglementaires du Président de la République », *RFDC* 1993, p. 55.

PUISSOCHET (J.-P.), « L'action en manquement peut-elle encore se parer de ses justes vertus », Mélanges Iglesias, 2003, 569.

RAYNAL (J.P.), « Intégration et souveraineté : le problème de la constitutionnalité du traité OHADA », *Penant* n° 832, 2000, p. 5 et s.

RIDEAU (J.), « Le rôle des États membres dans l'application du droit communautaire », *AFDI* 1972, p. 864.

RIGAUX (A.) « Le recours en constatation de manquement », in D. SIMON (dir.), *Contentieux de l'Union européenne/3*, Paris, Lamy, coll. Axe Droit, 2011, spéc. § 84.

RIGAUX (A.) « Recours en manquement », in D. SIMON (dir.), *Contentieux de l'Union européenne /3, Renvoi préjudiciel, recours en manquement*, 2011, coll. Axe Droit, Lamy, Wolters Kluwer, spéc. p. 264 s.

RIGAUX (A.) et SIMON (D.), « L'arrêt Poplawski 2 : accroc limité ou ébranlement général dans la mise en œuvre de la primauté par le juge national ? », *Europe* 2019, n° 10, étude 7.

RIGAUX (A.) et SIMON (D.), « Les contraintes de la transcription en droit français des directives communautaires : l'exemple de l'environnement », *Rev. jur. env.* 1991, p. 269 s.

RIGAUX (F.), « Le problème des dispositions directement applicable [self-executing] des traités internationaux et son application aux traités instituant les Communautés », Deuxième colloque international de droit européen, La Haye, 1963, p. 16.

RITLENG (D.), « La reconnaissance de l'effet direct de la directive Retour », *RTD eur*. 2011, p. 885.

RITLENG (D.), « La reconnaissance de l'effet direct de la directive Retour », *RTD eur*. 2011, p. 885.

RITLENG (D.), « Le principe de primauté du droit de l'Union », *RTD eur.* 2005, p. 285.

RIVERO (J.), « Sur l'exception d'inconstitutionnalité », *Commentaire* 1986/4 (numéro 36), p. 704-705.

RIVES (G.), « Le droit criminel sénégalais », *Rev. sén. dr.*, juin 1974, n° 15, 7e année, p. 45.

RIVES (G.), « La classification des infractions selon leur gravité en droit sénégalais », *Annales africaines* 19734, p. 185.

ROUJOU DE BOUBEE (G.), « Les deux sources du droit pénal d'après la Constitution du 04 octobre 1958 », *JCP*, 1961, I, 1638.

ROUX (J.), « La transposition des directives communautaires à l'épreuve de la Constitution », *RDP*, 01/07/2007, n° 04, p. 1031.

ROUX (J.), « Les actes : un désordre ordonné ? », *Europe* 2008, n° 7, p. 54.

ROUX (J.), Le Conseil constitutionnel, le droit communautaire dérivé et la Constitution », *RD publ.* 2004, n° 4, p. 912.

RUIZ FABRI (H.), « Conjuguer justice et prudence : commentaire sur le développement de l'effet direct du droit international en droit de l'Union », Actes du colloque-50e anniversaire de l'arrêt Van Gend en Loos, 1963-2013, Luxembourg, Cour de justice, p. 187.

RYZIGZER (F.), « Les rapports entre le droit pénal français et le droit communautaire », *Gaz. pal.* 1986, I, doctr. 219.

SALES (E.), « La transposition des directives communautaires : une exigence de valeur constitutionnelle sous réserve de constitutionnalité », *RTD eur*. 2005. 597.

SALL (A.), « Les systèmes normatifs de la CEDEAO et de l'UEMOA : considérations historiques et critiques », *Nouvelles annales africaines*, n° 01, 2007, p. 117 et s.

SALL (A.), « Observations sous Conseil constitutionnel 16 décembre 1993, traité portant harmonisation en Afrique du Droit des Affaires », *Penant*, n° 837, 1998, p. 223.

SAMB (O.), « Internalisation des actes communautaires de l'UEMOA : procédures et effets attachés au défaut de transposition », *Echos Finances*, janvier-février-mars 2017, édition 4, p. 42.

SARR (B.), « L'entrée en vigueur de l'acte administratif unilatéral », *Annales africaines*, volume 1, avril 2021, n° 14, p. 112.

SAURON (J.-L.), « L'intégration du juge national aux procédures en manquement », Mélanges Isaac, Toulouse, PUSS, 2004, p. 867.

SAURON (J.-L.), « Présentation du recours en manquement », in G. CANIVET, L. Idot, D. SIMON (ss dir.) Lamy Procédures communautaires, Paris, Lamy, 2005, étude 345.

SAYEG (J. I.), « L'Intégration juridique des États africains de la Zone franc », *Revue Pénant* n° 823, p.5.

SAYEG (J. I.), « La portée abrogatoire des Actes uniformes de l'OHAHA sur le droit interne des États parties », *Revue burkinabé de droit,* n° spécial, n° 39-40, p. 51.

SAYEG (J. I.), « Le pouvoir réglementaire en droit social », in *Le pouvoir réglementaire des autorités administratives au Sénégal*, Actes du 5e colloque de la RIPAS, Dakar, 11-15 décembre 1989, *RIPAS*, janvier-décembre 1990, n° 23-24, p. 186.

SAYEG (J. I.), « Le pouvoir réglementaire en droit social », in *le pouvoir réglementaire des autorités administratives au Sénégal*, Actes du 5e colloque de la RIPAS, Dakar, 11-15 décembre 1989, *RIPAS*, janvier-décembre 1990, n° 23-24, p. 187.

SAYEG (J. I.), « L'intégration juridique des États dans la zone franc », *Penant,* n° 823, 1997, p. 5 et s.

SAYEG (J. I.), « L'OHADA, instrument d'intégration juridique des pays africains de la zone franc », *Rev. jurispr. com.* juin 1999, p. 237.

SAYEG (J. I.), « Quelques aspects techniques de l'intégration juridique : l'exemple des actes uniformes de L'OHADA » in *Revue de droit uniforme*, 1999-1, p. 05.

SAYEG (J. I.), et LOHOUES-OBLE (J.), *OHADA, Harmonisation du droit des affaires* : Bruxelles, Bruylant, coll. Droit uniforme africain, 2002.

SAYEG (J. I.), « Le bilan jurisprudentiel du droit uniforme OHADA (incertitudes législatives et turbulences jurisprudentielles) » : www.ohada.com

SENE (B.), « Le traitement de l'exception d'illégalité en droit sénégalais », *La Balance, Revue semestrielle de l'Union des Magistrats sénégalais*, n° 01, janvier-juin 2017, p. 53 et s.

SENE (B.), « Le traitement de l'exception d'illégalité en droit sénégalais », in *Droit administratif : convergence ou concurrence des disciplines juridiques?, Mélanges en l'honneur de Demba Sy,* tome 2, Toulouse, Presse universitaire de Toulouse 1, 2020, p. 401 et s.

SIMON (D.) et BARAV (A.), « La responsabilité de l'administration nationale en cas de violation du droit communautaire », *RMC* 1987, p. 165.

SIMON (D.) et GAYET (M.-F.), « Constatation de manquement et effet direct du droit communautaire, observations sous CJCE, 13 juillet 1972, Comm. c/ Italie, 48/71 », *Cah. dr. eur.* 1973, p. 301.

SIMON (D.) et RIGAUX (A.), « Les contraintes de la transposition en France des directives communautaires : le secteur de l'environnement », *RJE* 1991. 269.

SIMON (D.) et RIGAUX (A.), « L'arrêt Marshall II et l'effet des directives : une solution d'espèce à une question de principe ? », *Europe* 1993, chron. 9.

SIMON (D.), « La panacée de l'interprétation conforme : injection homéopathique ou thérapie palliative ? », *in* « De Rome à Lisbonne : les juridictions de l'Union européenne à la croisée des chemins », Mélanges P. Mengozzi, 2013, Bruxelles, Bruylant, p. 279.

SIMON (D.), « Les exigences de la primauté du droit communautaire : continuité ou métamorphoses ? », Mélanges J. Boulouis, 1991, Dalloz, p. 481.

SIMON (D.), « Repenser le raisonnement interprétatif : autonomie ou circulation des principes, des méthodes et des techniques, dans les rapports de systèmes », *in* B. BONNET, *Traité des rapports entre ordres juridiques*, 2016, LGDJ-Lextenso, p. 605.

SIMON (D.) et RIGAUX (A.), « Les contraintes de la transcription en droit français des directives communautaires : le secteur de l'environnement », *RJE* 1991, p. 269.

SIMON (D.), « Directive », *Rép. dr. eur.*, Dalloz, mars 2012.

SIMON (D.), « Constitution, souveraineté pénale, droit communautaire », *Cahiers du Conseil constitutionnel* n° 26, Dossier : La Constitution et le droit pénal, août 2009.

SIMON (D.), « La décision « OGM » du Conseil constitutionnel : une occasion manquée ? », *Europe* 2014. Focus.

SIMON (D.), « Les exigences de la primauté du droit communautaire : continuité ou métamorphose ? » in *Mélanges en hommage à J. Boulouis,* Paris, Dalloz, 1991, p. 492.

SIMON (D.), « Les fondements de l'autonomie du droit communautaire », in SFDI, *Droit international et droit communautaire : perspectives actuelles*, Paris, Pedone, 2000, p. 222.

SIMON (D.), « L'invocabilité des directives dans les litiges horizontaux : confirmation ou infléchissement ? », *Europe* 2010. Étude 3.

SIMON (D.), « L'obscure clarté de la jurisprudence du Conseil constitutionnel relative à la transposition des directives communautaires », *Europe* 2006, Focus n° 42.

SIMON (D.), « Recours en constatation de manquement », J.-*Class. eur. Traité,* fasc. 380 et 380-I.

SIMON (D.), « Une étape décisive dans la protection des droits des justiciables communautaires : la responsabilité des États membres en cas de non-transposition des directives », *Europe* déc. 1991, chron. 1.

SIMON (D.), « Une fable pour l'an 2000 : le mauvais élève et la présidence », *Europe* 2000, repère p. 3

SIMON (D.), Les « notions autonomes » en droit de l'Union, Mélanges H. Oberdorff, 2015, LGDJ, Lextenso, p. 93 s.

SIMON (D.à, « Le droit communautaire » in D ALLAND et S RIALS (dir.), *Dictionnaire de la culture juridique*, Paris, PUF 2003 pp 448 453 spéc p 451.

SIRAT (Ch.), « La loi organique et la Constitution de 1958 », *D.* 1960, chron. 153.

SOW (A), « La diffusion du droit communautaire ouest africain », *Civitas Europa*, 2016/2, n° 37, p. 351-370.

STAHL (J.-H.), « La longue marche de l'exception d'inconstitutionnalité », in *Mélanges en l'honneur du Président Bruno Genevois*, Paris, Dalloz, 2008, p. 993.

STEFANI (G.), « Le domaine de la loi et du règlement en matière pénale », *Études juridiques en hommage à Julliot de la Morandière,* 1965, p. 581.

SY (D.), « Normativité et juridicité (Brèves réflexions sur la normativité juridique) », *Nouvelles annales africaines,* n°1 2009, p.11-47.

SY (D.), « Un demi-siècle de jurisprudence administrative au Sénégal : de l'émergence à la maturation », in A. SALL et I. M. FALL (dir.), *Actualités du droit public et de la science politique en Afrique, Mélanges en l'honneur de Babacar KANTE*, Dakar, l'Harmattan, 2017, p. 630-631.

SY (P. M.), « Quelques remarques sur l'institution du recours pour excès de pouvoir au Sénégal depuis la création du Conseil d'État », *EDJA*, n° 53, avril-mai-juin 2002, p. 57 et s.

SYLLA (S.), « Le contrôle de la constitutionnalité des lois au Sénégal », *RIPAS*, octobre-décembre 1984, p. 817-888.

TALBOT (P.), « La hiérarchie des décrets réglementaires du Premier Ministre et du Président de la République », *Rev. adm.*, 1990, p. 230.

TALL (S. N.), « Les ordonnances en Afrique noire francophone », *Revue EDJA*, n° 64, janvier-février-mars 2005, p. 65.

TCHANTCHOU (H.), AKOUETE AKUE (M.), « L'état de droit pénal des affaires dans l'espace OHADA » : Ohadata D-12-36

THOMAS (B.), « Infractions et manquements des États membres au droit communautaire », *RMC* 1991, p. 887.

TIXIER (G.), « Les prérogatives de l'autorité administrative en matière fiscale », *RSF* 1958, pp. 112-129.

TOURE (M. M.), « Histoire de l'organisation judiciaire du Sénégal : l'unification des juridictions et l'unicité de la juridiction suprême », *Rev. sén. dr.*, n° 17 juin 1975, p. 51.

TOURE (P. A.), « L'ordonnance : un instrument normatif au service de la riposte contre la COVID-19 », *Revue de l'ERSUMA* 2020, n° 12, p. 363.

TOURE (P. A.), « La réforme de l'organisation judiciaire du Sénégal : évolution ou révolution judiciaire ? », *La Balance, Revue semestrielle de L'union des Magistrats Sénégalais*, n° 01, janvier-juin 2017, p. 34 et s.

TOURE (P. A.), « L'article 5 du Règlement 05/CM UEMOA du 25 septembre 2014 relatif à l'assistance de l'avocat dès l'interpellation devant la Chambre d'accusation de la Cour d'Appel de Dakar : à propos de l'arrêt n° 149 du 22 septembre 2015, affaire Thione SECK », *Annales africaines*, nouvelle série, vol 02, n° 03, décembre 2015, p. 323 et s.

TOURE (P. A.), « La procédure constitutionnelle de délégalisation au service de la politique de régulation des loyers : à propos de la décision du Conseil constitutionnel du n° 2/C/2023 du 1er février 2023 » : https://ceracle.com (consulté le 29 avril 2023).

TOURE (P. A.), « Le cadre normalisé de la transposition des directives communautaires au Sénégal », in *Séminaire régional sur la pratique des États membres en matière de transposition des directives communautaires*, Bissau (Guinée Bissau) du 28 novembre au 02 décembre 2016.

TROPER (M.), « La signature des ordonnances : fonction d'une controverse », *Pouvoirs* 1987, n° 41, p. 75.

TUROT (J.), « Défaut de transpositions d'une directive communautaire le choix des armes : la pique ou la masse ? Première partie : Les angles morts de l'exception d'illégalité », *RJF* 11/92, p. 867.

TURTIN (D.), « L'admission de l'exception d'inconstitutionnalité est souhaitable et possible », *Commentaire* 1986/4, n° 36, p. 705-708.

VENEZIA (J-C.), « Les règlements d'application, in *Mélanges R. CHAPUS*, 1992, p. 673.

VERPEAUX (M.), « Brèves considérations sur l'actualité renouvelée des lois organiques », *AJDA* 2009, p. 1980;

WANDA YENG SENG, « Le contrôle des lois promulguées dans la jurisprudence du Conseil constitutionnel, un mystère en voie de dissipation ?», *RFDC* 2005/1 (n° 61), p. 35-71.

WILDEMEERSCH (J.), « Primauté, vous avez dit primauté ? Sur l'invocabilité des directives dans les litiges entre particuliers », *RAE* 2018, n° 3, p. 541.

YOUGBARE (R.) « La nature juridique de l'Acte additionnel dans le système juridique de l'UEMOA à la lumière de l'affaire YAI », *Penant*, n°864, juillet-septembre 2008, p. 340 et s

YOUGBARE (R.) et BATCHASSI (Y.), « Les Actes additionnels de l'UEMOA : analyse juridique », in *les cahiers du CEEI*, 1999, n° 1.

ZAOUAQ (M.), « L'interministérialité et l'efficacité de l'action publique », Bulletin de *Bulletin de l'Observatoire Marocain de l'Administration Publique, Observatoire Marocain de l'Administration Publique (OMAP),* 2017, p. 3.

INDEX ALPHABÉTIQUE

Les chiffres renvoient aux numéros de paragraphes, et non aux numéros de pages.

A

Actes additionnels, 8.

Acte de transposition de la directive

- Techniques de rédaction de l'acte de transposition, 203 et s.
- Intitulé de l'acte de transposition, 105.
- Mention de la directive transposée dans l'acte de transposition, 106.
- Élaboration des actes de transposition, 146.

Applicabilité directe des directives, 213.

Arrêt *Dillenkoffer*, 241

Arrêt *Faccini Dori*, 228.

Arrêt *Mapathé NDIOUCK SA*, 59, 72 et 233

Affaire *Marshall*, 228.

C

Contrôle de constitutionnalité de l'acte de transposition de la directive, 41 et s.

- Contrôle par voie d'action, 42.
- Contrôle par voie d'exception, 43.

Consultation des parties prenantes, 138.

D

Décisions, 10.

Délai de transposition, 102.

Domaine de partage entre la loi et le règlement

- Compétence d'exception du pouvoir législatif, 62 et s.
- Compétence de droit commun du pouvoir réglementaire, 83.

Directive

- Notion, 20.
- Particularités, 21.
- Interprétation des termes de la directive, 119 et s.
- Mise en conformité du droit national avec la directive, 122 et s.
- Effet direct des directives non transposées ou mal transposées, 213 et s.
- Applicabilité directe des directives, 213.

Droit communautaire

- Développement du droit communautaire, 1.
- Principe de la primauté, 11.
- Conséquences du principe de primauté, 12.
- Principe de l'effet direct, 13.

E

Échéancier de transposition, 144.

Effet direct des directives

- Applicabilité directe des directives, 214.
- Notion d'effet direct ou d'application directe, 215.
- Effet direct et applicabilité immédiate, 217.
- Effet direct et transposition, 218.
- Fondements de l'effet direct des directives, 219 et s.
- Conditions de la reconnaissance de l'effet direct des directives, 222 et s.
- Portée de l'effet direct des directives, 226 et s.
- Intensité variable de l'effet direct, 226.
- Effet direct horizontal des directives (exclusion), 227 et s.
- Effet vertical des directives (admission), 233.

Effet direct vertical démembré, 234.

Effet direct oblique, 235.

Effet direct procédural, 236.

Effet direct osmotique, 237.

Équipe projet de la transposition, 136.

F

Fiche d'impact simplifiée, 140.

Fiche d'impact stratégique, 141.

H

Harmonisation

- Technique de l'harmonisation, 18.
- Vecteurs de l'harmonisation, 19 et s.

Respect de la hiérarchie des normes, 90.

I

Intégration

- Notion d'intégration, 2.
- Techniques d'intégration, 15 et s.

Invocabilité d'exclusion, 45 et 233

Invocabilité de prévention

- Principe de l'invocabilité de prévention, 239.
- Fonctions de l'invocabilité de prévention, 240.

Invocabilité de réparation, 241

Invocabilité de substitution, 213, 217, 240, 233

L

Légistique

- Notion de légistique, 25.
- Légistique et droit, 26.
- Tradition légistique sénégalaise, 27.
- Guide de légistique du Sénégal, 28.
- Légistique matérielle et légistique formelle, 29.

Loi de finances, 59

Loi uniforme, 10.

M

Mesures d'ordre intérieur

- Directive, 53.
- Instruction, 54.
- Circulaire, 55.
- Lettre-circulaire, 56.

N

Notification des mesures de transposition

- Principe, 147.
- Fondement de l'obligation de notification, 148
- Contours de l'obligation de notification, 149.
- Sanction de l'obligation de notification,150.

Pouvoir réglementaire

Pouvoir réglementaire autonome, 84 et s.

Pouvoir réglementaire subordonné, 86 et s.

Pouvoir réglementaire des ministres

- Pouvoir réglementaire par habilitation, 97.
- Pouvoir réglementaire d'organisation du service, 98.
- Exceptionnelle transposition par arrêté ministériel, 99.

R

Recours en constatation de manquement

- Objet du recours, 154.
- Mécanisme du recours, 155 et s.
- Fondement du recours, 155.
- Fonctions du recours, 156.
- Conditions du recours, 157 et s.
- Procédure en constatation du manquement, 173 et s.
- Sanction du manquement, 211 et s.

Règlement, 9.

Règle dite du « sens communautaire », 119.

O

Obligation de transposition des directives

- Obligation communautaire de transposition, 36 et s.
- Obligation constitutionnelle de transposition, 38 et s.

- Nature de l'obligation de transposition des directives, 44 et s.
- Caractères de l'obligation de transposition des directives, 41 et s.
- Sanction de l'obligation de transposition des directives, 153 et s.

P

Parallélisme des formes, 90.

Plan de transposition, 143.

Principe de la fidélité et de l'exhaustivité de la transposition, 124

Principe « *du tout ou rien* », 125.

Procédure de transposition des directives, 133 et s.

- Procédure ordinaire de transposition des directives, 134 et s.
- Procédure particulière de transposition de la législation uniforme, 151 et s.

R

Réseau de correspondants de la transposition, 137.

S

Secrétariat général du Gouvernement, 139.

Surtransposition

- Principe de la prohibition de la « *sur transposition* », 127.
- Conséquence de l'interdiction de la « *sur transposition* », 128 et s.

T

Transposition

- Opération de transposition, 22.
- Principe de l'obligation juridique de transposition, 34 et s.
- Fondement juridique de transposition, 35 et s.
- Une obligation de faire, 45.
- Une obligation de résultat, 46 et s.
- Une technique de légistique spécialisée, 30.
- Une obligation formelle, 42 et s.
- Une obligation substantielle, 118 et s.
- Une obligation encadrée, 126 et s.
- Effet direct et transposition, 218.
- Une obligation de respecter de l'ensemble du droit de l'Union, 132.
- Choix de vecteur normatif de transposition, 49 et s.
- Mécanisme de suivi de la transposition des directives, 31.
- Principes directeurs de la transposition des directives (UEMOA), 123 et s.

- Procédure de transposition des directives, 133 et s.
- Conception du guide communautaire de transposition des directives, 32.
- Techniques spécifiques de transposition de la législation uniforme, 117.
- Échéancier de transposition, 144.
- Délai de transposition, 102.
- Plan de transposition, 143.
- Anticipation de la transposition de la directive en préparation, 135 et s.
- Planification de la transposition de la directive adoptée, 142 et s.

Transposition a maxima, 50.

Transposition a minima, 49.

Transposition par équivalence, 48.

Transposition par loi organique

- Notion de loi organique, 59.
- Régime constitutionnel, 60.

Transposition par une loi ordinaire, 60 et s.

Transposition par ordonnance, 91.

Transposition par décret

- Décrets présidentiels, 93.
- Décrets primatoraux, 94.

Transposition par arrêté

- Arrêté présidentiel ou primatoral, 95.
- Arrêtés ministériels, 96.

Transposition par une pluralité de mesures nationales, 100.

Transposition par un acte modificatif ou par un acte normatif autonome, 101.

Transposition par référence

- Prohibition de principe, 115.
- Tempéraments, 116.

U

UEMOA

- Naissance, 3.
- Système institutionnel, 4.
- Système normatif, 5.
- Droit primaire, 6 et 160.
- Droit dérivé, 7 et 161.

Uniformisation

- Technique de l'uniformisation, 16.
- Limites de l'uniformisation, 17.

V

Visas

- Objet, 107.
- Absence de portée juridique, 108.
- Techniques de présentation, 109.
- Méthodes de rédaction, 110.
- Visa des textes modifiés, 111.
- Ordre des visas,112 et s.

ANNEXES

DOCUMENT N° 1 : GUIDE RELATIF AUX METHODES, TECHNIQUES ET PROCEDURES DE TRANSPOSITION DES DIRECTIVES COMMUNAUTAIRES ET A LA NOTIFICATION DES ACTES NATIONAUX DE TRANSPOSITION AU SEIN DE L'ESPACE UEMOA

CONTEXTE

L'UEMOA adopte souvent des directives dans différents secteurs d'activités, en vue de favoriser l'intégration économique des États membres à travers l'harmonisation de leurs cadres juridiques et de garantir les mêmes droits aux citoyens et entreprises dans tout le territoire de l'Union.

La directive communautaire, conformément aux dispositions de l'article 43 du Traité de l'UEMOA, lie tout État membre quant aux résultats à atteindre, tout en laissant aux autorités nationales la compétence quant à la forme et aux moyens.

La directive n'est pas d'application immédiate dans les États membres, contrairement à d'autres normes communautaires tels que les actes additionnels, les règlements, les décisions.

L'introduction de la directive dans le droit d'un État membre suppose au préalable sa transposition par les autorités nationales compétentes.

La transposition est l'opération par laquelle un État membre destinataire de la directive procède à l'adoption de toutes les mesures nécessaires à son incorporation effective dans l'ordre juridique national par les véhicules normatifs appropriés.

La nécessité d'une étroite collaboration des autorités communautaires et des autorités nationales fait l'originalité de ce mode de législation qualifié, pour cette raison, de « législation à deux étages ».

Elle explique également pourquoi cet exercice de transposition est souvent délicat pour l'État membre qui doit tout au long du processus s'assurer que les mesures qu'il veut adopter ne sont pas de nature à compromettre le résultat prescrit par la directive.

Le présent guide a pour objet de présenter l'ensemble des principes, règles, méthodes et procédures qui devraient être observés par les autorités compétentes des États membres, lors de la transposition des directives adoptées par les instances de l'UEMOA. Ces principes, règles, méthodes et procédures sont rédigés sous forme de fiches pour en faciliter leur consultation et subdivisés en quatre grandes parties : (i) les principes directeurs de la transposition, (ii) les méthodes et techniques de transposition, (iii) les procédures de transposition et (iv) le cas particulier de la transposition de la législation uniforme UMOA. Ces fiches sont complétées par des annexes.

PREMIERE PARTIE- PRINCIPES DIRECTEURS DE LA TRANSPOSITION

Les États membres devraient appliquer ces principes, afin de garantir le respect de l'effet recherché par les directives, effet qui devrait être le même sur tout le territoire de l'Union. Il s'agit du principe de la fidélité de la transposition et du principe du « tout ou rien ».

Fiche 1 – Le principe de la fidélité de la transposition

Les États membres devraient transposer la directive fidèlement et dans son intégralité. Une transposition qui entraînerait une dénaturation de la directive, c'est-à-dire une modification de son sens, ou qui serait partielle ne respecterait pas le principe de fidélité et d'exhaustivité de la transposition.

L'appréciation du caractère fidèle et complet de la transposition devrait être effectuée par rapport au texte de la directive éclairé, au besoin, par ses considérants. La transposition ne devrait pas êtreune nouvelle occasion de discussion des questions d'ordre substantiel, et ce, faisant conduire au maintien des spécificités du droit interne.

Par exemple, la Directive n°01/2005/CM/UEMOA du 16 septembre 2005 sur l'égalité de traitement des étudiants ressortissants de l'UEMOA, dans la détermination des conditions et des droits d'accès aux institutions publiques d'enseignement supérieur des États membres de l'Union, ne serait pas transposée de façon satisfaisante si un État venait à y introduire une clause de réciprocité.

L'article premier de cette directive dispose que :

« Les étudiants ressortissants de tout État membre de l'UEMOA bénéficient, sur l'ensemble du territoire de l'Union, du droit d'accéder aux Institutions publiques d'enseignement supérieur, dans des conditions similaires à celles prévues pour les nationaux du pays d'accueil.

Ils acquittent des frais universitaires de même montant que les nationaux.».

Aucun État ne devrait prévoir dans son droit national que l'application de cette égalité de traitement serait subordonnée à l'application effective de l'égalité de traitement de ses ressortissants par les autres États membres.

De même, la mise en œuvre du principe de fidélité impliquerait pour les États membres d'assurer une intégration cohérente de la norme communautaire dans l'ordre juridique interne.

Lorsque la transposition pourrait être génératrice d'incohérence, il faudrait rechercher le moyen d'y remédier au besoin en avisant la Commission.

En tout état de cause, si le maintien des dispositions nationales en vigueur entraînerait une contradiction avec la norme communautaire, les dispositions nationales devraient être modifiées ou abrogées.

Fiche 2 – Le principe « *du tout ou rien* »

Une directive pourrait contenir tant des dispositions ayant un caractère impératif que des dispositions à caractère facultatif.

La transposition des prescriptions facultatives serait alors soumise au principe dit « du tout ou rien ».

En effet, la liberté de l'État concernerait uniquement la liberté de transposer ou non une disposition facultative, mais le contenu devrait demeurer intangible.

Par exemple, l'article 9 alinéa 2 de la Directive n°02/2006/CM/UEMOA du 23 mars 2006, relative à l'harmonisation des régimes applicables aux opérateurs de réseaux et fournisseurs de services dispose que :

« Les États membres peuvent imposer des redevances afin de tenir compte de la nécessité d'assurer une utilisation optimale de la ressource attribuée. Ces redevances sont non discriminatoires et tiennent compte notamment de la nécessité de promouvoir le développement des services innovateurs et de la concurrence ».

Un État ne saurait imposer une redevance ayant un caractère discriminatoire.

DEUXIEME PARTIE- METHODES ET TECHNIQUES DE TRANSPOSITION

Les critères de choix des méthodes et techniques de transposition devraient être appliqués par les États membres, en vue d'un choix répondant le mieux aux objectifs assignés par la directive communautaire à transposer.

Fiche 3 – Choisir une méthode de transposition des directives

Une transposition fidèle de la directive par un État membre supposerait au préalable une analyse juridique précise et rigoureuse de sa portée et de sa compatibilité avec le droit en vigueur. Cette analyse passerait par plusieurs étapes qui permettraient de définir au cas par cas la méthode de transposition la mieux adaptée. Cette analyse conduirait à l'établissement d'un tableau de concordance.

3.1. Détermination du degré d'harmonisation poursuivie par la directive

La transposition de la directive est conditionnée par le degré d'harmonisation. Les critères suivants permettraient de déterminer le degré d'harmonisation recherché par la directive qui est variable.

Le résultat que les autorités communautaires cherchent à obtenir en adoptant la directive fixe clairement la répartition des compétences entre les autorités communautaires et nationales. Seule une analyse au cas par cas des directives, voire de chaque disposition au sein d'une directive donnée, déterminerait la liberté laissée aux États membres dans le cadre de la transposition de la directive dans leur droit interne. En effet, certaines dispositions des directives fixent uniquement les objectifs à atteindre, tandis que d'autres fixent à la fois les objectifs à atteindre et les moyens d'y parvenir.

Par exemple, les articles 5 et 6 de la Directive n° 01/2012/CM/UEMOA du 10 mai 2012, relative à la libre circulation et à l'établissement des docteurs vétérinaires ressortissants des États membres de l'UEMOA au sein de l'union, fixent à la fois les objectifs à atteindre et les moyens d'y parvenir.

L'article 5 alinéa 1 de cette directive dispose que :

« Tout docteur vétérinaire ressortissant d'un État membre de l'Union, titulaire d'un diplôme de docteur vétérinaire reconnu par le CAMES et régulièrement inscrit à l'Ordre national des docteurs vétérinaires d'un État membre de l'UEMOA, a le droit de s'établir à titre permanent dans tout État membre de l'Union pour y exercer sa profession ».

Puis l'article 6 précise les moyens pour parvenir à l'objectif d'établissement des docteurs vétérinaires. Ce texte dispose que :

« Une demande d'établissement est adressée par le requérant à l'autorité compétente de l'État d'accueil et doit comporter les pièces ci-après :

- les pièces exigées pour l'installation des nationaux, par la législation de l'État d'accueil ;

- une attestation du Président du Conseil national de l'Ordre des docteurs vétérinaires de l'État où il exerce sa profession, État d'origine ou de provenance selon le cas, indiquant que le requérant ne fait l'objet d'aucune poursuite ou de sanction disciplinaire ;

- une copie certifiée conforme du certificat d'inscription à l'Ordre de l'État d'origine ou de provenance.

Toute autorité compétente saisie, statue dans un délai maximum de trois (3) mois à compter de la date de réception d'un dossier valide, par la voie d'une décision motivée ».

Aucun État membre ne devrait prévoir d'autres conditions que celles susvisées pour l'établissement d'un docteur vétérinaire d'un autre État membre de l'Union.

Certaines formules spécifiques employées par la directive constituent des indices quant à la liberté laissée aux États membres lors de la transposition de la directive. A titre d'exemple, une formule du type « les États membres prévoient » aurait un caractère impératif qui laisserait peu de liberté aux Etats membres.

Par contre, d'autres formules telles que « les Etats membres encouragent » seraient plus permissives et maintiendraient de manière explicite la liberté des Etats membres. De même, seraient également permissives des formules qui donneraient la possibilité de choisir de retenir une disposition parmi une liste prédéterminée, de compléter une disposition communautaire ou de déroger à une disposition communautaire, voire d'en limiter la portée.

Par exemple, les articles 29 et 42 de la Directive n°02/98/CM/UEMOA du 22 décembre 1998 portant harmonisation des législations des Etats membres en matière de Taxe sur la Valeur Ajoutée, telle que modifiée par la Directive n°02/2009/CM/UEMOA, constituent des illustrations parfaites.

L'article 29 dispose que :

« Les Etats membres fixent un taux de TVA applicable pour l'ensemble des opérations imposables. Ce taux est compris entre 15 % et 20%.

Toutefois, les Etats membres ont la faculté de fixer un taux réduit de la Taxe sur la Valeur Ajoutée compris entre 5% et 10%.

Les Etats membres appliquent ce taux réduit à un nombre maximum de dix (10) biens et services choisis sur la liste communautaire définie ci-après :

1) biens

-huiles alimentaires ;

-sucre ;

-lait manufacturé ;

-pâtes alimentaires ;

-aliments pour bétail et pour volaille ;

-poussins d'un jour ;

-farine de maïs, de mil, de millet, de sorgho, de riz, de blé et de fonio ;

-matériel agricole ;

-matériel informatique ;

-matériels de production de l'énergie solaire.

2) Services

- prestations d'hébergement et de restauration fournies par les hôtels, les restaurants et organismes assimilés agréés et les prestations réalisées par les organisateurs de circuits touristiques agréés ;

- location de matériel agricole ;

- réparation de matériel agricole ;

- prestations réalisées par les entreprises dans le cadre des activités de pompes funèbres ».

L'article 42 dispose que :

« Les Etats membres ont la faculté de maintenir ou d'accorder aux assujettis des conditions de remboursement des crédits plus favorables que celles définies par les articles 39 à 41 ci- dessus ».

La précision du contenu de la disposition communautaire : au cas où la disposition énoncerait les modalités permettant d'atteindre le résultat prescrit, les Etats membres n'auraient pas d'autres choix que de transcrire dans le droit national les moyens prédéterminés par la disposition communautaire pour atteindre le résultat prescrit. Par contre, dans le cas où la disposition se limiterait à l'énoncé de l'objectif poursuivi, il reviendrait aux Etats membres de déterminer les modalités permettant d'atteindre le résultat imposé par la directive. Autrement dit, moins le contenu de la norme communautaire serait précis, plus large serait la compétence des Etats membres.

3.2. Analyse de la directive au regard de l'environnement juridique

Cette analyse pourrait passer par les étapes suivantes :

L'identification claire des objectifs que s'assignerait la directive, en s'interrogeant sur leurs implications éventuelles sur d'autres objectifs fixés au niveau national et se traduisant par des dispositions normatives précises dans le droit interne en vigueur.

Le recensement du droit interne en vigueur ayant trait au domaine concerné, qui pourrait parfois couvrir un champ étendu ;

- l'identification avec précision de la compatibilité de ces règles de droit interne avec la directive :

- dispositions directement contraires à un objectif ou à un article de la directive ;

- dispositions compatibles mais appelant un ajustement à la marge, c'est-àdire des modifications minimes des dispositions nationales ;

- obligations satisfaites par avance ;

- examen des caractéristiques des procédures nationales au regard des obligations de la directive ;

- analyse de l'effectivité des règles dont il s'agirait (retour d'information, contrôle, sanctions éventuelles) ;

- l'examen de la nature du ou des textes de transposition à prévoir : texte législatif, décret, arrêté.

Fiche 4 – Transposition a maxima

La transposition est dite a maxima lorsque la directive prescrivant à la fois les objectifs à atteindre et les moyens d'y parvenir, les Etats membres devraient reproduire textuellement les dispositions de la directive.

Dans cette hypothèse, l'obligation de transposition prendrait la forme d'une obligation de conformité, le contenu de la directive étant précis et détaillé.

Il peut s'agir notamment de l'énoncé d'un principe, d'une définition, de la formulation d'une interdiction, des caractéristiques d'une procédure ou d'une obligation d'information.

De même, les directives adoptées en matière de finances publiques appartiennent à la catégorie des directives procédant à une harmonisation a maxima et offrant peu de marge de manœuvre aux Etats membres. Cela ressort de manière expresse de l'article 2 de la Directive n°01/2009/CM/UEMOA portant Code de transparence dans la gestion des finances publiques au sein de l'UEMOA qui dispose que :

« La Commission et les Etats membres prennent les dispositions nécessaires pour conformer la préparation et l'adoption des textes se rapportant directement ou indirectement à la gestion des finances publiques aux principes et règles définis par ledit Code.

Les dispositions de l'alinéa 1er du présent article s'appliquent notamment à la préparation et à l'adoption des directives portant :

- lois de finances ;
- Règlement général sur la Comptabilité Publique ;
- Plan Comptable de l'Etat ;
- nomenclature Budgétaire de l'Etat ;
- tableau des Opérations Financières de l'Etat ;

- Plan Comptable et Nomenclature Budgétaire des Collectivités locales ».

En conséquence, un Etat ne saurait élaborer un des textes susvisés en appliquant d'autres principes et règles que ceux prévus dans le Code de transparence dans la gestion des finances publiques.

Dans ce sens, on peut également citer la Directive n°06/2009/CM/UEMOA portant lois de finances au sein de l'UEMOA qui fixe des principes, règles et procédures précises auxquels les Etats membres devraient se conformer. Ainsi, par exemple, l'article 45 dispose que :

« Le texte de la loi de finances de l'année comprend deux parties distinctes.

Dans la première partie, la loi de finances de l'année :

- prévoit et autorise les recettes budgétaires et les ressources de trésorerie dc l'Etat ;

- autorise la perception des impôts affectés aux collectivités locales et aux établissements publics ;

- fixe les plafonds des dépenses du budget général et de chaque budget annexe, les plafonds des charges de chaque catégorie de comptes spéciaux du Trésor ainsi que le plafond d'autorisation des emplois rémunérés par l'Etat ;

- arrête les dispositions nécessaires à la réalisation, conformément aux lois en vigueur, des opérations d'emprunt destinées à couvrir les charges de trésorerie ;

- arrête les données générales de l'équilibre budgétaire et financier présentées dans un tableau d'équilibre faisant apparaitre :

a. le solde budgétaire global résultant de la différence entre les recettes et les dépenses budgétaires telles que définies respectivement aux articles 8 et 11 de la présente Directive ;

b. le solde budgétaire de base tel que défini par le Pacte de convergence de stabilité, de croissance et de solidarité entre les États membres de l'UEMOA;

- approuve le tableau de financement récapitulant, pour la durée de l'exercice, les prévisions de ressources et de charges de trésorerie.

Dans la seconde partie, la loi de finances de l'année :

- fixe, pour le budget général, par programme et par dotation, le montant des crédits de paiement et, le cas échéant, des autorisations d'engagement ;

- détermine, par ministère et par budget annexe, le plafond des autorisations d'emplois rémunérés par l'Etat ;

- fixe, par budget annexe et par compte spécial du Trésor, le montant des crédits de paiement et, le cas échéant, des autorisations d'engagement;

- définit les modalités de répartition des concours financiers de l'Etat aux autres administrations publiques ;

- autorise l'octroi des garanties et avals accordés par l'Etat ;

- approuve les conventions financières conclues par l'Etat ;

- comporte, le cas échéant, toutes règles fondamentales relatives à l'exécution des budgets publics, à la comptabilité publique et aux responsabilités des agents intervenant dans la gestion des finances publiques».

Fiche 5 – Transposition a minima

La transposition est dite a minima lorsque la directive fixant uniquement les objectifs à atteindre, les Etats membres retrouvent leur pleine liberté dans le choix des moyens à employer et également dans la rédaction des dispositions dans leur droit interne.

Exemple : l'article 4 de la Directive n°03/2007/CM/UEMOA portant adoption du système Licence, Master, Doctorat (LMD) dans les universités et établissements d'enseignement supérieur au sein de l'UEMOA, dispose que :

« Les Etats membres s'obligent à se référer aux normes internationales de qualité admises pour la délivrance des diplômes correspondant aux trois grades universitaires cités à l'article 2.

Pour ce faire, les Etats membres conviennent de mettre en place des mécanismes nationaux d'évaluation de la qualité des programmes proposés et mis en œuvre par les institutions d'enseignement supérieur ».

Ainsi, conformément à l'alinéa 1 de l'article 4 précité, un Etat membre ne pourrait s'exonérer de l'obligation de mettre en place un système LMD qui réponde aux normes internationales de qualité. En vue d'y parvenir, il devrait mettre en place un mécanisme national d'évaluation de la qualité des programmes. Toutefois, l'alinéa 2 ne donnant pas de précisions quant aux caractéristiques d'un tel mécanisme d'évaluation, l'Etat membre retrouve donc sa pleine liberté quant au choix des caractéristiques de son mécanisme d'évaluation.

Dans l'hypothèse d'une transposition a minima, l'obligation de transposition prendrait la forme d'une simple obligation de compatibilité au droit communautaire. Cependant, les Etats membres devraient veiller à la cohérence et à la bonne articulation des dispositions prises pour la transposition avec celles du droit communautaire.

Fiche 6 – Transposition par un texte modificatif ou par un texte normatif autonome

L'Etat membre pourrait effectuer la transposition par la modification d'un texte en vigueur ou l'adoption d'une nouvelle législation, à la condition du respect, dans l'un ou l'autre cas, du principe de la fidélité de la transposition.

En effet, si la transposition devrait être complète, elle ne devrait pas pour autant conduire à superposer des dispositions nouvelles au droit existant lorsqu'une simple adaptation de ce dernier serait satisfaisante.

Par exemple, pour la transposition de la Directive n° 01/2012/CM/UEMOA du 10 mai 2012 relative à la libre circulation et à l'établissement des docteurs vétérinaires ressortissants des Etats membres de l'UEMOA, l'Etat membre qui aurait déjà un texte relatif à l'exercice de la profession vétérinaire n'aurait pas besoin d'adopter un texte nouveau. Le maintien du texte de droit interne en vigueur se justifierait dans la mesure où l'article 4 de la directive dispose que :

« La liberté de circulation au sein de l'Union aux fins d'exercice de la profession de docteur vétérinaire comporte l'obligation de se soumettre dans les mêmes conditions aux règles déontologiques, aux prescriptions légales régissant la profession de docteur vétérinaire dans l'Etat d'accueil ».

Toutefois, l'Etat membre devrait apporter des modifications au texte de droit interne en vigueur pour tenir compte des spécificités apportées par la directive.

Ainsi, dans la mesure où le texte de droit interne en vigueur posait le principe de la reconnaissance aux nationaux de l'exercice de la profession de docteur vétérinaire, la première modification qui devrait être faite consisterait à préciser que désormais l'exercice de la profession de docteur vétérinaire dans l'Etat membre est ouvert à « Tout docteur vétérinaire ressortissant d'un Etat membre de l'Union » titulaire d'un diplôme de docteur vétérinaire reconnu par le CAMES et régulièrement inscrit à l'Ordre national des docteurs vétérinaires d'un Etat membre de l'UEMOA » (cf. les articles 3 et 6 de la directive).

En outre, les autres modifications qui seraient rendues nécessaires consisteraient dans l'intégration dans le texte existant des dispositions, notamment les formalités, expressément prévues par la directive et n'existant pas en droit interne.

La transposition de la directive pourrait également être effectuée par plusieurs textes normatifs complémentaires, dans la mesure où ces textes assureraient conjointement une application exhaustive de la directive et seraient tous adoptés dans le délai imparti. Ce serait le cas lorsque selon la nature des dispositions contenues dans la directive, certaines seraient transposées en droit interne par une loi et les autres par des règlements (décrets, arrêtés).

A l'inverse, plusieurs directives pourraient être transposées par un seul texte de droit interne, dans la mesure où ce texte assurerait de façon exhaustive la mise en œuvre complète de l'ensemble de ces directives dans le délai imparti. Ce serait le cas de plusieurs directives qui porteraient sur le même secteur d'activités. Ainsi, par exemple, plusieurs Etats membres ont transposé dans un texte unique relatif aux télécommunications et aux technologies de l'information et de la communication les six directives suivantes :

- Directive n° 01/2006/CM/UEMOA relative à l'harmonisation des politiques de contrôle et de régulation du secteur des télécommunications ;
- Directive n° 02/2006/CM/UEMOA relative à l'harmonisation des régimes applicables aux opérateurs de réseaux et fournisseurs de services ;
- Directive n° 03/2006/CM/UEMOA relative à l'interconnexion des réseaux et services de télécommunications ;
- Directive n° 04/2006/CM/UEMOA relative au service universel et aux obligations de performance du réseau ;
- Directive n° 05/2006/CM/UEMOA relative à l'harmonisation de la tarification des services de télécommunications ;

- Directive n° 06/2006/CM/UEMOA organisant le cadre général d'une coopération entre les Autorités Nationales de Régulation (ANR) en matière de Télécommunications.

En cas d'introduction de définitions dans un texte préexistant, il serait important de s'interroger sur les effets que ces définitions risqueraient d'avoir sur l'interprétation ou l'application de dispositions autres que celles dans lesquelles elles s'insèreraient. Leur portée serait limitée, le cas échéant, en les faisant précéder de formules telles que « pour l'application du présent chapitre, … » ou « au sens des dispositions du présent chapitre, … ».

En toute hypothèse, l'Etat membre devrait veiller à la cohérence et à la bonne articulation des dispositions prises pour la transposition avec celles du droit communautaire.

Fiche 7 – Transposition par équivalence et transposition par référence

7.1. Transposition par équivalence

La transposition serait dite par équivalence lorsque le droit national en vigueur préalablement à l'adoption de la directive serait parfaitement conforme au contenu substantiel de la directive à transposer et ne rendrait donc plus utile la reprise expresse de la directive en droit interne. L'Etat membre serait alors uniquement tenu d'en informer la Commission de l'UEMOA, en lui transmettant le texte national antérieur à la directive. Ce serait l'hypothèse où le droit national en vigueur traitait déjà des thématiques abordées par la directive dans le même sens que ladite directive.

Toutefois, l'utilisation de la méthode de la transposition par équivalence devrait être effectuée avec précaution par l'Etat membre. En effet, l'Etat membre étant tenu de transposer la directive fidèlement et de manière exhaustive, lorsqu'il déciderait d'effectuer une transposition par équivalence, cela supposerait que le sens et la portée des dispositions communautaires et nationales, ainsi que le champ d'application, les conditions et les exceptions seraient équivalents. Dans le cas où certains de ces aspects ne seraient pas équivalents, l'Etat membre ne devrait pas pouvoir utiliser la méthode de la transposition par équivalence.

7.2. Transposition par référence

La transposition par référence consisterait à faire référence, dans le texte de transposition, à la directive transposée en indiquant qu'elle serait applicable dans le droit interne, sans en reproduire le contenu.

Les règles de légistique ne recommandent pas cette technique. En effet, en principe, le texte de transposition devrait se suffire à lui-même. Une loi ou un décret ne devrait pas renvoyer à la directive en se bornant à lui conférer une valeur obligatoire.

Cependant, la transposition par référence pourrait être envisagée dans le cas de la transposition de dispositions techniques, telles que les annexes d'une directive qui comporteraient des modèles de formulaires ou de certificats ou des listes et tableaux recensant des substances, objets et produits. Elle pourrait encore être envisagée dans le cas d'annexes faisant l'objet de modifications fréquentes.

Toutefois, le renvoi global à une directive (renvoi au texte de la directive en général) ne constituerait pas une norme de transposition valable. Pour être valable, le renvoi à la directive devrait être impérativement ciblé. En d'autres termes, le texte de transposition devrait viser des dispositions spécifiques de la directive.

Il conviendrait d'user avec précaution de la méthode de transposition par référence et de lui préférer la reprise des annexes techniques de la directive par arrêté. Ce qui permettrait également de s'adapter rapidement à toute modification du contenu de la directive.

TROISIEME PARTIE – PROCEDURES DE TRANSPOSITION

La capacité d'anticipation des Etats membres et de mise en œuvre de procédures mettant l'accent sur la synergie entre les différents acteurs de la transposition et le respect de délais prédéterminés devrait constituer une préoccupation majeure des Etats, en vue d'un processus de transposition réussi.

Fiche 8 – Anticiper la transposition d'une directive durant la phase de préparation et de négociation

Une transposition de qualité de la directive communautaire en droit interne commencerait en réalité dès le démarrage du processus communautaire conduisant à l'adoption des directives.

Plus la gestion de ce processus serait participative, mieux les divers enjeux de la transposition seraient déterminés, afin d'identifier les problèmes (juridiques ou autres) susceptibles de se poser une fois la directive transposée.

Ce qui permettrait d'éclairer en temps utile la position des autorités nationales durant la négociation de la directive.

8.1. Mise en place d'une équipe projet de la transposition au sein de l'administration

Dès la transmission aux Etats membres d'un projet de directive, une équipe projet devrait être mise en place au sein du (des) ministère(s) concerné(s), pour en évaluer l'impact, y compris du point de vue de sa transposition.

Cette équipe serait opérationnelle jusqu'à la transposition définitive du texte. Le (s) point (s) focaux UEMOA du (des) ministère(s) concerné(s) et le (s) juriste (s) de ce (s) ministère (s) seraient d'office membre de l'équipe projet. Un échéancier serait fixé suivant les différentes phases définies au niveau communautaire.

Dans l'hypothèse où plusieurs ministères seraient impliqués dans cette équipe, un ministère demeurerait chef de file. Le responsable de l'équipe projet serait un agent du ministère chef de file. Un agent de la structure point focal national UEMOA, logée au Ministère en charge des Finances, y participerait de droit, afin d'avoir les informations en temps réel sur les difficultés identifiées du point de vue de l'impact du projet de directive.

L'équipe projet serait responsable de la constitution d'un fonds de dossier sur la directive, qui pourrait être utile à la conservation de la mémoire de la négociation et de la transposition du texte en cas de mobilité des personnes constituant l'équipe initialement constituée. Ce fonds de dossier devrait être disponible aux formats physique et électronique stocké dans une base de données centralisée du (des) ministère (s) concerné (s), avec des niveaux d'accès différents selon les utilisateurs.

8.2. Réseau de correspondants de la transposition au sein des départements ministériels

Un correspondant de la transposition devrait être nommé dans chaque département ministériel. La fonction serait confiée au directeur de cabinet, au secrétaire général ou à un conseiller technique du ministre.

En liaison étroite avec le point focal UEMOA du ministère, le juriste et le point focal national UEMOA, il contrôlerait le respect des échéances et des différentes missions assignées à l'équipe projet.

8.3. Consultation des parties prenantes

Dès la constitution de l'équipe projet, celle-ci devrait identifier les différentes parties prenantes sur lesquelles l'adoption du projet de directive aurait un impact.

L'équipe projet devrait entamer les consultations dans un délai d'une semaine à compter de sa mise en place. En cas d'urgence, ce délai pourrait être ramené à la moitié.

Les parties prenantes disposeraient, pour faire connaître leurs points de vue, d'un délai correspondant à la moitié du temps global imparti à l'équipe projet afin d'évaluer l'impact du projet de directive.

Les ministères devraient être encouragés à vulgariser leur approche en ce qui concerne le processus de négociation, d'adoption et de transposition des directives auprès des parties prenantes avec lesquelles ils interagissent habituellement, afin de faciliter la collaboration et le respect des délais.

8.4. Information du Secrétariat général du Gouvernement

Le ministère chef de file devrait transmettre, au Secrétariat général du Gouvernement, pour avis, le projet de directive accompagné d'une fiche d'impact simplifiée, dite FIS 1 (Cf. annexe 1), dans la semaine suivant la validation de la FIS 1. Le ministère chef de file préciserait le délai dans lequel l'avis serait attendu au regard du délai global.

8.5. Fiche d'impact simplifiée dans les 3 semaines (FIS 1)

La FIS 1 devrait être rédigée par l'équipe projet et validée par le correspondant de la transposition du ministère chef de file dans les 3 semaines de la mise en place de cette équipe. En cas d'urgence, ce délai pourrait être ramené à la moitié. La FIS 1 contiendrait une description sommaire du projet de directive et de son insertion dans l'environnement juridique national, ainsi qu'un avis sur le principe du texte. Le correspondant de la transposition du ministère chef de file s'assurerait du respect du délai imparti. Les dates d'émission et de validation devraient être indiquées sur le document.

La FIS 1 devrait être également archivée dans le fonds de dossier constitué par l'équipe projet sous format physique et format électronique.

8.6. Fiche d'impact stratégique dans les 3 mois (FIS 2) et tableau de concordance précoce

Après la réception des informations et observations des parties prenantes par l'équipe projet, cette dernière complèterait la FIS 1 pour en faire une véritable analyse d'impact, appelée FIS 2 (Cf. annexe 2) dans les 3 mois suivant la mise en place de l'équipe-projet. Le niveau de détail de cette analyse d'impact devrait être laissé à l'appréciation des services compte tenu du degré de complexité du texte de la directive.

La FIS 2 devrait comporter un « tableau de concordance précoce ». Elle serait validée par le correspondant de la transposition du cabinet du ministre chef de file, qui s'assurerait également du respect du délai imparti. Les dates d'émission et de validation devraient être indiquées sur le document.

Modèle de tableau de concordance précoce			
Dispositions de la proposition de directive	**Droit interne en vigueur susceptible d'être modifié**	**Première estimation des normes à adopter en vue de la transposition**	**Observations relatives à l'impact de la disposition du projet de directive**
Article par article	Citation de la disposition concernée	- Abrogation / modification de dispositions existantes ; - Ajout de dispositions nouvelles ; - Précision de la nature juridique	

La FIS 2 devrait être également archivée dans le fonds de dossier constitué par l'équipe projet au format physique et au format électronique. Elle serait ultérieurement annexée au projet de texte de transposition transmis au Secrétariat général du Gouvernement.

9- Planifier la transposition dès la publication de la directive au Bulletin Officiel de l'Union.

L'adoption de la directive et sa publication au Bulletin Officiel de l'Union marqueraient l'entrée dans la phase finale de la transposition, caractérisée par la définition des textes de transposition et d'un calendrier programmant leur rédaction et leur adoption. De la publication de la directive au Bulletin Officiel de l'Union à la date de transposition, le processus de transposition devrait être rythmé par plusieurs échéances, afin de garantir son achèvement dans les délais impartis.

Le correspondant de la transposition contrôlerait le respect des échéances et l'exécution par les services du ministère des mesures nécessaires à la transposition des directives adoptées par l'UEMOA.

9.1. Plan de transposition

L'équipe projet devrait élaborer un plan de transposition, qui serait validé par le correspondant de la transposition du cabinet du ministère chef de file. Ce plan de transposition contiendrait :

9.1.1. Un tableau de concordance définitif

Ce tableau devrait permettre d'identifier clairement les dispositions à adopter en droit interne pour la transposition de la directive, mais également les consultations à mener dans ce cadre, conformément au modèle présenté ci-dessous et qui pourrait être davantage détaillé au besoin.

Il serait élaboré par l'équipe projet dans un temps défini en fonction de la date de publication de la directive (n) et du délai de transposition (z), soit à n + 1/8 z (n correspondant au point de départ du délai et étant toujours égal à zéro). Ce qui correspondrait par exemple à 1 mois et demi pour une directive dont le délai de transposition serait de 12 mois et à 3 mois pour une directive dont le délai de transposition serait de 24 mois.

Dispositions de la directive	Droit interne en vigueur	Nouvelles normes à adopter en vue de la transposition	Consultations obligatoires et autres consultations jugées indispensables	Observations
Article par article	Citation de la disposition concernée	-Abrogation ou modification de dispositions existantes ; Ajout de dispositions nouvelles Précision de la nature juridique (loi, règlement) et le contenu de chaque disposition		

9.1.2. Un échéancier de transposition

A l'issue du délai de rédaction du tableau de concordance, le correspondant de la transposition transmettrait ce tableau au SGG dans un délai d'une semaine. Le SGG devrait réunir l'équipe projet dans un délai de deux semaines afin de mettre au point l'échéancier de transposition, et ainsi finaliser le plan de transposition. Ce délai pourrait être ramené à la moitié en fonction de l'urgence.

L'échéancier de transposition définirait un calendrier de rédaction et un calendrier d'adoption des textes, selon leur nature juridique. Il comprendrait également un échéancier des consultations à mener sur les textes de transposition.

Le calendrier de rédaction des projets de textes de transposition devrait être négocié par les ministères avec le SGG dans le cadre d'un « contrat de transposition », en fonction de leurs possibilités. Il engagerait ces ministères dès lors qu'ils l'auraient accepté sous le contrôle des correspondants de la transposition des cabinets des ministères concernés.

9.2. Indicateurs

Les différentes échéances déterminées dans le cadre du plan de transposition devraient constituer des indicateurs de mesure du respect de ses engagements par chaque ministère et faire l'objet d'un suivi par le SGG. Ces indicateurs devraient faire l'objet d'une large diffusion auprès des acteurs concernés par la transposition et des parties prenantes par le correspondant de la transposition du ministère.

10 – Choisir et rédiger le texte de transposition

Les Etats membres devraient accorder une importance particulière au choix du texte de transposition et à sa rédaction, afin de satisfaire à leur obligation de transposition fidèle et exhaustive de la directive et de permettre son intégration harmonieuse dans le droit national.

10.1. Support normatif du texte de transposition

Le droit communautaire reconnaît aux Etats membres la liberté de choisir le texte de transposition, à condition qu'il soit juridiquement contraignant.

Les Etats membres devraient donc adopter des dispositions législatives ou réglementaires qui seules seraient de nature à assurer une sécurité juridique suffisante, contrairement à de simples mesures de nature administrative telles que les circulaires.

10.2. Respect de la hiérarchie des normes

La transposition devrait être opérée dans le respect de la hiérarchie des normes et de la répartition des matières entre la loi et le règlement.

Une même directive pourrait être transposée, pour certaines de ses dispositions, par la voie législative et pour d'autres par la voie réglementaire. Dans une telle hypothèse, les éléments de la transposition renvoyés à des textes de niveau inférieur seraient indiqués par les formules usuelles telles que:

« Les modalités d'application du présent article sont fixées par voie réglementaire ».

Si la matière dans laquelle intervient la directive relève du domaine législatif, la transposition pourrait être effectuée par ordonnance, sous réserve du respect des règles constitutionnelles.

10.3. La transposition par voie d'ordonnance

La transposition par voie d'ordonnance pourrait être conseillée lorsque les délais impartis pour procéder à la transposition seraient largement expirés.

Il serait possible de procéder à la transposition partiellement par voie d'ordonnance et de prendre par la suite un acte règlementaire d'application.

En tout état de cause, le recours à l'ordonnance devrait demeurer l'exception, le recours à la loi devant être le principe.

10.4. Ordre des visas

L'ordre de présentation des textes visés devrait s'opérer, selon la hiérarchie des normes, de la manière suivante :

1. la Constitution ;
2. les conventions internationales ;
3. les normes communautaires ;
4. les textes législatifs pris par les parlements nationaux ;
5. les ordonnances ;
6. les décrets et autres textes règlementaires ;
7. les organismes consultatifs.

Les textes d'une même catégorie devraient être classés selon un ordre chronologique, en partant du plus ancien au plus récent.

10.5. Intitulé du texte de transposition

L'intitulé du texte de transposition devrait indiquer de manière précise et concise l'objet essentiel de ce texte.

Lorsque l'intitulé de la directive n'est pas long ou si la directive en cause n'a pas fait l'objet de modifications, la mention dans l'intitulé de la loi de transposition serait libellée comme suit : « Loi n°... portant transposition de la Directive n°… ».

Toutefois, si l'intitulé de la directive est long ou si la directive en cause a fait l'objet de modifications, il serait préférable de définir l'objet du texte de transposition en fonction de son contenu. A titre d'exemple, « Loi n° … relative à la lutte contre le blanchiment de capitaux ».

10.6. Mention de la directive transposée dans le texte de transposition

La mention de la ou des directive (s) transposée (s) dans le texte de transposition devrait être une obligation. En règle générale, les directives communautaires l'imposent en indiquant dans leurs dispositions finales, après avoir fixé le délai de transposition imparti aux Etats membres, que « lorsque les Etats membres adoptent ces dispositions [de transposition], celles-ci contiennent une référence à la présente directive lors de leur publication officielle. Les modalités de cette référence sont arrêtées par les Etats membres.»

Il serait préférable pour les lois de procéder à cette référence en utilisant les techniques rédactionnelles suivantes :

- mentionner la directive transposée dans l'exposé des motifs ;

- viser la directive transposée dans l'article premier de la loi de transposition relatif à l'objet comme suit : « La présente loi a pour objet la transposition de la Directive n° … ».

En ce qui concerne les ordonnances, décrets et arrêtés, il serait préférable d'utiliser les techniques rédactionnelles suivantes :

- faire référence à la ou aux directive (s) transposée (s) dans le document de présentation (rapport ou note de présentation) du texte et dans les visas ;
- mentionner la ou les directive(s) transposée(s) dans l'article premier du texte réglementaire de transposition relatif à l'objet comme suit : « La/le présent (e) ordonnance/décret/arrêté a pour objet la transposition de la Directive n° … ».

11 – Prendre des mesures nationales de transposition des directives

Les Etats membres disposent, conformément au Traité UEMOA, de la liberté de transposer les directives par l'adoption de mesures législatives ou réglementaires en fonction de leurs règles constitutionnelles.

La transposition d'une directive pourrait donc se faire soit exclusivement par une loi ou un règlement, soit pour partie par une loi et pour l'autre partie par un décret.

La responsabilité de la transposition devrait incomber entièrement aux ministères

Cependant, l'élaboration et l'adoption des textes de transposition de nature législative ou réglementaire devraient nécessiter une coordination étroite entre les ministères et le SGG.

Dans le cas particulier des textes de nature législative, une coordination étroite devrait également être établie entre le Gouvernement et le Parlement le plus en amont possible. Les Etats membres devraient y accorder une grande attention et, dans ce sens, envisager de faire un point annuel sur la transposition des directives au Parlement.

11.1. Principes guidant le choix d'un vecteur législatif

Pour les directives les plus importantes, dont le texte à transposer est clairement identifié, un projet ou une proposition de loi dédié(e), dont l'objet principal est la transposition de cette directive, devrait être rédigé. Si le projet ou la proposition de loi n'a pas pour objet principal la transposition mais comporte des mesures de transposition, une distinction claire devrait être opérée dans l'exposé des motifs de ce qui relève de la transposition.

11.2. Rédaction des projets de loi ou de textes réglementaires comportant des mesures de transposition

Les projets de lois ou de textes réglementaires devraient être rédigés par l'équipe projet ou, le cas échéant, sous son contrôle, dans un temps défini par l'échéancier, en fonction du contenu du texte de transposition, de la date de publication de la directive, du délai de transposition et des consultations nécessaires. Dans le cas particulier des projets de lois, il pourrait être envisagé que ces projets soient disponibles au plus tard un an avant l'échéance de transposition.

Les différentes échéances déterminées devraient constituer des indicateurs de mesure du respect de leurs engagements par les ministères et faire l'objet d'un suivi par le SGG.

En outre, le tableau de concordance devrait être inséré dans toute étude d'impact d'un projet de loi présentant des dispositions de transposition.

11.3. Interdiction de la « surtransposition »

La surtransposition d'une directive consisterait dans l'extension des dispositions au-delà de ce qui est expressément prévu.

Sous réserve de l'appréciation de l'opportunité par le Gouvernement et, le cas échéant par le Parlement, toute mesure allant au-delà de ce qu'impliquerait strictement la mise en œuvre de la directive devrait être écartée.

Ce serait le cas de mesures nationales qui consisteraient à élargir le champ d'application d'une directive en adoptant des dispositions législatives ou réglementaires complémentaires ou en introduisant des exigences supplémentaires. Ce serait encore le cas de mesures introduisant des objectifs à atteindre et des échéances à respecter.

Ainsi, par exemple, pour la transposition de la Directive n°06/2005/CM/UEMOA relative à la libre circulation et au droit d'établissement des Médecins au sein de l'UEMOA, un Etat membre qui assortirait le droit d'établissement du respect d'une condition de résidence d'un délai préalable de cinq ans procèderait ainsi à une surtransposition, dans la mesure où cette condition de délai de résidence n'est pas prévue par la directive.

11.4. La notification des mesures de transposition

La notification devrait intervenir au plus tôt après la publication de la mesure de transposition.

Le ministère chef de file devrait adresser au point focal national UEMOA (Ministère des Finances) le texte des mesures de transposition publiées au *Journal officiel*.

Le point focal national UEMOA devrait être seul habilité à notifier les mesures nationales d'exécution à la Commission UEMOA, dans les formes prescrites par la Commission (cf. modèles d'actes de notification en annexe), le cas échéant, de manière électronique dans le respect de la procédure mise en place par la Commission de l'UEMOA.

12– Notifier la transposition des directives à la Commission de l'UEMOA

La notification de la transposition des directives étant prévue expressément par le droit communautaire, les Etats membres devraient s'y conformer.

12.1. Fondement de l'obligation de notification de la transposition des directives

Cette obligation est prévue par l'article 26 du Traité UEMOA, car c'est le seul moyen pour la Commission, gardienne du Traité, d'exercer efficacement sa mission de contrôle de l'application de la directive communautaire sur tout le territoire de l'Union. Elle permet ainsi à la Commission de s'assurer que les Etats membres garantissent à tous les citoyens les mêmes droits prévus par la directive.

La notification est également prévue par une disposition expresse de chaque directive par l'emploi des formules suivantes :

« Les États membres communiquent à la Commission le texte des dispositions de droit interne qu'ils adoptent dans le domaine régi (dans les matières régies par la présente Directive) ».

« Ces dispositions sont notifiées à la Commission de l'UEMOA dès leur adoption ».

12.2. Contours de l'obligation de notification

Cette obligation consiste pour l'Etat membre à fournir à la Commission des informations claires et précises, indiquant sans équivoque les mesures législatives et réglementaires au moyen desquelles l'Etat membre considère avoir rempli les différentes obligations qui lui sont imposées par la directive.

12.3. Modèles d'actes de notification

Les Etats membres devraient utilisés les modèles d'actes de notification prévus selon le type de transposition et annexés au présent guide. Ce qui faciliterait le respect de leur obligation de notification.

QUATRIEME PARTIE – CAS PARTICULIER DE LA TRANSPOSITION DE LA LEGISLATION UNIFORME UMOA

L'Union Monétaire Ouest Africaine (UMOA) a engagé une politique d'uniformisation des législations nationales. Il résulte des articles 17 et 34 du Traité de l'UMOA du 20 janvier 2007 que les Gouvernements des Etats membres de l'UMOA conviennent d'adopter une réglementation uniforme dont les dispositions sont élaborées à son initiative ou à celle de la Banque Centrale et adoptées par le Conseil des Ministres, en vue de permettre la pleine application des principes d'union monétaire.

Cette réglementation uniforme concerne notamment l'exécution et le contrôle des relations financières entre les Etats membres et ceux n'appartenant pas à l'Union Monétaire Ouest Africaine (UMOA), les règles générales d'exercice de la profession bancaire et financière et les activités s'y rattachant, les systèmes de paiement, la répression de la falsification des signes monétaires et de l'usage des signes falsifiés ainsi que la répression du blanchiment de capitaux.

13- La procédure particulière de transposition de la législation uniforme

L'insertion de la législation uniforme dans les ordres juridiques nationaux révèle une interpénétration de dispositifs normatifs de l'UMOA et de l'UEMOA. Elle obéit à une procédure assez spécifique par rapport à la procédure ordinaire de transposition des directives. Cette procédure relève d'un procédé de législation à trois étages.

En effet, d'abord, le Conseil des Ministres de l'UEMOA adopte une directive dans l'une des matières prévues à l'article 34 du Traité de l'UMOA.

Ensuite, le Conseil des Ministres de l'UMOA adopte le projet de loi uniforme incorporant le texte de la directive adoptée par l'UEMOA. Le projet de loi uniforme impartit souvent aux Etats membres un délai pour prendre les dispositions nécessaires, en vue de son insertion dans leurs ordres juridiques.

Enfin, il revient aux États membres d'incorporer le projet de loi uniforme ainsi adopté dans leurs ordres normatifs dans le respect de leurs procédures internes.

Par exemple, dans le cadre de la lutte contre le blanchiment de capitaux et le financement du terrorisme, le Conseil des Ministres de l'UEMOA a adopté la Directive n° 02/2015/CM/UEMOA du 02 juillet 2015 relative à la lutte contre le blanchiment de capitaux et le financement du terrorisme dans les Etats membres de l'UEMOA.

Cette directive a été transposée dans un projet de loi uniforme adopté par une décision du Conseil des Ministres de l'UMOA n° 26/CM/UMOA du 02 juillet 2016.

Cette décision du Conseil des Ministres a accordé aux Etats un délai de six (6) mois, à compter de la date de sa signature, pour prendre les dispositions nécessaires en vue de l'insertion du projet de loi uniforme dans leurs ordres juridiques.

Fiche 14 - Les techniques spécifiques de transposition de la législation uniforme

Les méthodes de transposition du projet de loi uniforme dans les droits nationaux respectifs des Etats membres, qui s'inscrivent dans le processus de transposition d'une directive, présentent des spécificités.

Ainsi, les lois uniformes, n'étant pas répertoriées dans la nomenclature des droits nationaux, les Etats membres ne devraient pas ajouter l'adjectif « uniforme » à l'intitulé de la loi nationale de transposition. En effet, ce texte constitue souvent une loi ordinaire, élaboré en vue d'incorporer un projet de loi uniforme dans l'ordre juridique national.

Il suffirait d'indiquer le support législatif du texte suivi de son numéro et de son intitulé.

Par exemple, loi n°…….relative à la lutte contre le blanchiment de capitaux et le financement du terrorisme.

Dans le processus d'insertion du projet de loi uniforme dans les législations nationales, les Etats membres n'ont pas une grande liberté d'appréciation. En effet, ledit projet, ayant été adopté par le Conseil des Ministres de l'Union, les Etats membres ont l'obligation de procéder à l'incorporation de ses dispositions dans leurs ordres juridiques, sans y apporter des modifications ou y insérer des dispositions de nature à contrarier le texte communautaire.

Les seules observations pouvant être faites concernent notamment les règles formelles de présentation des textes (subdivisions du texte, rédaction de l'appellation officielle de l'Etat, du timbre du ministère maître d'œuvre, charte graphique, etc.), applicables dans les Etats membres.

D'ailleurs, une fois que le projet de loi uniforme est inséré dans la législation nationale et entre en vigueur, il n'est plus possible, pour le législateur national, d'y apporter des modifications remettant en cause la substance du texte adopté par le Conseil des Ministres de l'UMOA.

Mais l'adoption du projet de loi uniforme n'écarte pas toujours toute marge de manœuvre pour les Etats. L'article 17 du Traité de l'UMOA énonce que le Conseil des Ministres consent aux dérogations jugées nécessaires à l'adaptation des projets de textes qu'il a adoptés « aux conditions spécifiques des Etats membres de l'UMOA ».

Il arrive, en effet, que le projet de loi uniforme renvoie, sur certaines questions spécifiques, aux législations des États membres. Dans ces situations, le législateur national retrouve toute son autonomie normative, à la seule condition de se conformer aux principes directeurs fixés par le projet de texte uniforme.

Par exemple, le projet de loi uniforme relatif à la lutte contre le blanchiment de capitaux et le financement du terrorisme dans les États membres de l'Union Économique et Monétaire Ouest Africaine adopté par une décision du Conseil des Ministres n° 26/CM/UMOA du 02 juillet 2016, renvoie aux législations nationales la détermination des délais de prescription de l'action publique de l'infraction de blanchiment de capitaux.

ANNEXES

Les annexes font partie intégrante du guide et ont la même valeur que celui-ci.

Annexe 1- Fiche d'impact simplifiée (FIS 1)

Intitulé du texte proposé

Responsabilité ministérielle

- Ministère chef de file
- Ministères concernés
- Responsable équipe projet et nom des membres de l'équipe

Objet du projet de texte

Description du dispositif administratif et juridique proposé

Insertion dans l'environnement juridique

- Respect du principe de subsidiarité
- Textes qui en droit interne régissent la matière concernée par la proposition d'acte

Avis sur le principe du texte

Autres observations

Annexe 2- Fiche d'impact stratégique (FIS 2)

Intitulé du texte proposé

Responsabilité ministérielle

- Ministère chef de file
- Ministères concernés
- Responsable équipe projet et nom des membres de l'équipe

Objet, description générale et principaux effets attendus du texte

Résumé de la proposition, du dispositif administratif et juridique proposé et des motivations de la Commission UEMOA

Insertion dans l'environnement juridique

- Respect du principe de subsidiarité
- Tableau de concordance précoce à fournir dans les 3 mois suivant la mise en place de l'équipe-projet

Modèle de tableau de concordance précoce			
Dispositions de la proposition de directive	**Droit interne en vigueur susceptible d'être modifié**	**Première estimation des normes à adopter en vue de la transposition**	**Observations relatives à l'impact de la disposition du projet de directive**
Article par article	Citation de la disposition concernée	- Abrogation / modification de dispositions existantes ; - Ajout de dispositions nouvelles ; - Précision de la nature juridique	

- Consultations : obligatoires (avec échéancier) et facultatives

Analyse

- Etude d'impact réalisée par la Commission de l'UEMOA (le cas échéant) : principaux éléments - Etude d'impact nationale :

Premiers éléments d'analyse des impacts budgétaires, économiques et financiers, sociaux, techniques ou administratifs du projet de directive.

Impact sur les différentes parties prenantes en cause dans le projet de directive (citoyens, entreprises, etc.).

Position de l'Etat membre sur le projet de directive

Échéancier de négociation

Autres observations

Appréciation du délai de transposition proposé

Annexe 3- Modèles d'actes de notification

ANNEXE

MODELE DE NOTIFICATION DE TRANSPOSITION DE DIRECTIVE PAR EQUIVALENCE

[En-tête officiel du Ministère Compétent]

Commission de l'UEMOA

380, Avenue du Professeur

Joseph KI-ZERBO

01 BP 543 Ouagadougou 01

BURKINA FASO

Monsieur le Président de la Commission,

1. La République [*Nom de l'Etat membre de l'Union*] informe la Commission, qu'en ce qui la concerne, l'obligation de transposition de la Directive n°.../...../CM/UEMOA du........................ relative................ .... est satisfaite par équivalence, car il existe dans la législation ou la règlementation de l'Etat membre un texte équivalent.

2. A cet égard, elle communique à la Commission de l'UEMOA une copie du texte publié au Journal officiel [*indication du numéro et de la date de la loi ou du décret*], qui permet d'atteindre les objectifs assignés par la Directive précitée.

Veuillez agréer, Monsieur le Président de la Commission, l'assurance de ma considération distinguée.

[*Nom, titre et signature du Ministre chargé des Finances*]

MODELE DE NOTIFICATION DE TRANSPOSITION DE DIRECTIVE PAR ADOPTION D'UN OU PLUSIEURS ACTE (S) NOUVEAU (X)

[En-tête officiel du Ministère Compétent]

Commission de l'UEMOA
380, Avenue du Professeur
Joseph KI-ZERBO
01 BP 543 Ouagadougou 01
BURKINA FASO

Monsieur le Président de la Commission,

1. La République [*Nom de l'Etat membre de l'Union*] informe la Commission de la transposition, par ses institutions politiques compétentes, de la Directive n°.../...../CM/UEMOA du................relative.........
....

2. Cette transposition a été opérée par [*indication du (des) numéro(s) et de la (des) date(s) de la (des) loi (s)ou du (des) décret(s)*] dont une (des) copie(s) du texte publié au Journal officiel est jointe à la présente notification.

3. (*information facultative dans le cas où, la Directive contient une ou plusieurs dispositions à caractère facultatif et si l'Etat a exercé une option*) Lors de la transposition de la directive précitée, la République [*nom de l'Etat membre de l'Union*] a [indiquer la décision prise].

4. (*information facultative dans le cas où, la Directive prévoit la mise en place d'une structure institutionnelle*) Lors de la transposition de la directive précitée, [indiquer la structure institutionnelle] a été mise en place.

5. Une copie du texte publié au Journal officiel [*indication du numéro et de la date de la norme*] portant composition, organisation et fonctionnement de [indiquer la structure institutionnelle] est également jointe à la présente notification.

Veuillez agréer, Monsieur le Président de la Commission, l'assurance de ma considération distinguée.

[*Nom, titre et signature du Ministre chargé des Finances*]

MODELE DE NOTIFICATION DE TRANSPOSITION DE DIRECTIVE PAR SIMPLE MODIFICATION DES LOIS ET REGLEMENTS EN VIGUEUR

[En-tête officiel du Ministère Compétent]

Commission de l'UEMOA

380, Avenue du Professeur

Joseph KI-ZERBO

01 BP 543 Ouagadougou 01

BURKINA FASO

Monsieur le Président de la Commission,

1. La République [Nom de l'Etat membre de l'Union] informe la Commission de la transposition, par ses institutions politiques compétentes, de la Directive n°…/…../CM/UEMOA du……………..relative…………………………………… .

2. Cette transposition a été opérée par voie de modification de [indication du numéro et de la date de la loi ou du décret] dont une copie du texte publié au Journal officiel est jointe à la présente notification.

Veuillez agréer, Monsieur le Président de la Commission, l'assurance de ma considération distinguée.

[*Nom, titre et signature du Ministre chargé des Finances*]

MODELE DE NOTIFICATION DE MISE EN PLACE D'UN CADRE INSTITUTIONNEL

[En-tête officiel du Ministère Compétent]

Commission de l'UEMOA

380, Avenue du Professeur

Joseph KI-ZERBO

01 BP 543 Ouagadougou 01

BURKINA FASO

Monsieur le Président de la Commission,

1. La République [Nom de l'Etat membre de l'Union] informe la Commission de la mise en place, par ses institutions politiques compétentes, de la [indication du nom de la structure institutionnelle], conformément aux dispositions de l'article .... de la Décision [ou le Règlement] n°.../.....CM/UEMOA du................relative..................... .

2. Une copie du texte publié au Journal officiel [indication du numéro et de la date de la norme] portant composition, organisation et fonctionnement de [indiquer la structure institutionnelle] est également jointe à la présente notification.

Veuillez agréer, Monsieur le Président de la Commission, l'assurance de ma considération distinguée.

[Nom, titre et signature du Ministre chargé des Finances]

DOCUMENT N° 2 : GUIDE POUR L'ELABORATION DES TEXTES LEGISLATIFS ET REGLEMENTAIRES DU MALI (EXTRAITS)

2.6. Lorsqu'un texte est pris pour l'application ou la transposition d'une directive communautaire, celle-ci doit être visée dans le texte.

A titre d'exemple, la Directive n°04/2005/CM/UEMOA du 09 décembre 2005 portant procédures de passation, d'exécution et de règlement des marchés publics des délégations de service public dans l'Union économique et monétaire Ouest africaine a été visée dans le décret N°08 485/P-RM du 11 août 2008 portant procédures de passation, d'exécution et de règlement des marchés publics et des délégations de service public (...)

3.3.2. S'agissant des textes pris pour la transposition d'une directive dont le délai de transposition n'est pas expiré, le choix d'une date d'entrée en vigueur postérieure au terme du délai de transposition serait jugé incompatible avec les dispositions de cette directive.

En effet, un texte transposant un acte communautaire ne peut prescrire une entrée en vigueur au-delà de la date limite de transposition. Le texte de transposition doit entrer en vigueur avant l'expiration du délai de transposition fixé par la directive transposée (...)

SECTION IV : PRINCIPES DE TRANSPOSITION DES DIRECTIVES COMMUNAUTAIRES

1. Le texte de transposition doit comporter la mention de la directive qu'il a pour objet de transposer. Toutefois, il n'est pas à inclure dans l'intitulé même du texte de transposition celui de la directive à transposer. En outre, il convient de définir l'objet du texte de transposition par rapport à la directive concernée.

2. La mention de la directive à transposer dans les visas dans les actes réglementaires de transposition (ordonnances, décrets et arrêtés) suffit pour faire ressortir la transposition effectuée. Dans les projets de loi, la transposition sera annoncée dans le rapport de présentation. Concernant les lois, la transposition effectuée doit être mentionnée en marge de la publication au Journal officiel et dans l'article 1er de la dite loi.

3. La transposition doit être opérée dans le respect de la hiérarchie des normes et de la répartition des matières entre les domaines de la loi et du règlement. Cela peut aboutir à l'éclatement de la disposition entre des actes législatifs et des actes réglementaires.

4. La transposition doit être fidèle et complète par rapport aux stipulations de la directive. Pour s'assurer du caractère complet et fidèle de la transposition ainsi que de sa bonne articulation avec les textes en vigueur, il convient de disposer d'un tableau permettant une analyse croisée des dispositions des textes en vigueur et de celles de la directive. 5. La transposition peut se réduire à de simples adaptations des textes en vigueur.

6. Lorsqu'une directive comporte des dispositions difficiles à interpréter, il y a lieu de se référer aux services du ministre chargé des affaires étrangères ou des finances en vue d'en clarifier le sens et la portée avant de procéder à la rédaction des textes de transposition.

7. Lorsque le texte de transposition doit nécessairement comporter des notions qui ne sont pas connues du droit positif interne, il convient d'introduire dans le texte de transposition la définition de ces motions utilisées ou des termes employés, tels qu'ils sont dans la directive, en vue de garantir le sens et la portée voulus.

8. Après transposition de la directive communautaire dans l'ordonnancement juridique interne, il n'est plus nécessaire de viser la même directive dans les actes réglementaires (cf. décret n°10-718/P-RM du 31 décembre 2010 relatif à la conclusion des traités).

9. Un Comité national de veille pour la transposition des directives et l'application des actes communautaires de l'Union Économique et Monétaire Ouest Africaine (UEMOA) a été créé à cet effet auprès du Secrétaire Général du Gouvernement par le décret n°2014 Ŕ 0478/PM ŔRM du 23 juin 2014.

DOCUMENT N° 3 : CIRCULAIRE N° 008/PM/SGG/SGA/PAT DU 1er JUIN 2016 SUR LA TRANSPOSITION DES DIRECTIVES COMMUNAUTAIRES

REPUBLIQUE DU SENEGAL

Primature

Le Premier Ministre

N° 008 /PM/SGG/SGA/PAT

Dakar, le 1er juin 2016

CIRCULAIRE

A

Mesdames et Messieurs les Ministres,

Madame et Messieurs les Ministres délégués,

Objet : La transposition des directives communautaires

Les organisations communautaires adoptent souvent des directives dans divers secteurs d'activités en vue de favoriser l'intégration économique et l'harmonisation des cadres juridiques des Etats membres.

La directive est une norme communautaire qui lie tout État membre destinataire quant au résultat à atteindre tout en laissant aux instances nationales la compétence quant à la forme et aux moyens (art. 43 du Traité de l'UEMOA).

Contrairement à d'autres normes de droit dérivé (Acte uniforme, Acte additionnel, Règlement etc.), la directive ne constitue pas une norme directement applicable.

L'introduction de cette norme dans l'ordre juridique national suppose sa transposition. Il s'agit de l'opération par laquelle un État membre destinataire de la directive procède à l'adoption de toutes les mesures nécessaires à son incorporation effective dans l'ordre juridique national par les véhicules normatifs appropriés.

La présentation et la rédaction des actes normatifs assurant la transposition des directives communautaires obéissent aux mêmes règles que celles prévues pour tous les autres textes législatifs et réglementaires (Cf. notre circulaire n° 00041 PM/SGG/SGA/PAT/SP du 06 octobre 2015 relative aux règles de présentation et de rédaction des textes législatifs et réglementaires).

Toutefois, la conception des normes de transposition présente quelques spécificités techniques liées à l'objet même de l'acte de transposition.

Or, il m'a été donné de constater une faible maîtrise par les services rédacteurs des départements ministériels des méthodes de transposition des directives ainsi que des errements dans le processus de transposition préjudiciables à la qualité et à l'intelligibilité des actes de transposition ainsi qu'à la cohérence de la politique communautaire.

La présente circulaire a pour objet de rappeler les principes directeurs et de fixer les méthodes et les techniques de transposition des directives.

I. Les principes directeurs de la transposition des directives communautaires

L'insertion des directives communautaires dans l'ordre juridique interne obéit à des principes directeurs qui irriguent tout le processus de transposition de ces normes.

- **Le principe de la fidélité et de l'exhaustivité de la transposition.**

Ce principe signifie que les Etats membres ne sont pas autorisés à dénaturer la directive ou à en faire une transposition partielle. L'incorporation de la directive dans l'ordre juridique national doit être fidèle et complète par rapport au texte de la directive éclairé, au besoin, par ses considérants.

La transposition doit être intégrale et parfaite ; elle ne doit pas être une nouvelle occasion de discussion des questions d'ordre substantiel, ce qui conduirait ainsi au maintien des spécificités du droit interne.

A cet égard, il est recommandé aux rédacteurs des textes de transposition d'établir un tableau de transposition mettant en rapport les dispositions de la directive et celles du projet de texte de transposition, afin de garantir la complétude de la transposition et d'assurer une bonne articulation avec les textes en vigueur (voir en annexe le tableau de transposition).

- **Le principe « *du tout ou rien* »**

En vertu de ce principe, lorsque l'Etat membre opte pour la transposition des dispositions facultatives de la directive, il a l'obligation d'incorporer intégralement ces dispositions dans son édifice national.

La marge de manœuvre de l'Etat réside uniquement dans la liberté de transposer ou de ne pas transposer une disposition facultative.

Mais une fois la décision de transposer prise, tout le contenu de la directive doit être fidèlement transcrit dans l'ordre juridique national.

A titre d'exemple, l'article 9, alinéa 2 de la Directive n°02/2006/CM/UEMOA du 23 mars 2006 relative à l'harmonisation des régimes applicables aux opérateurs de réseaux et fournisseurs de services énonce que les Etats membres peuvent imposer des redevances afin de tenir compte de la nécessité d'assurer une utilisation optimale de la ressource attribuée. Ces redevances sont non discriminatoires et tiennent compte notamment de la nécessité de promouvoir le développement des services innovateurs et de la concurrence.

Conformément au principe « *du tout ou rien* », un Etat qui décide de rendre obligatoire une redevance, ne saurait imposer une redevance ayant un caractère discriminatoire.

II. Les méthodes et techniques de transposition des directives communautaires

L'opération de transposition obéit à des méthodes et techniques particulières qui ont pour objet de garantir la pleine et fidèle incorporation de la directive communautaire dans l'ordre juridique national.

- **Le support normatif de l'acte de transposition**

Le droit communautaire laisse aux États membres une liberté sur le choix du vecteur normatif de transposition, à condition qu'il soit juridiquement contraignant.

En règle générale, la transposition d'une directive requiert l'adoption de dispositions législatives ou réglementaires, puisque seules celles-ci sont de nature à assurer une sécurité juridique suffisante. Une directive ne peut donc pas être transposée par de simples mesures de nature administrative telles que des circulaires.

En outre, la transposition doit être opérée dans le respect de la hiérarchie des normes et de la répartition constitutionnelle des matières entre la loi et le règlement (art. 67 et 76 de la Constitution).

A titre d'exemple, une directive prévoyant des dispositions relatives à l'assiette, le taux et les modalités de recouvrement d'impositions ou instituant une procédure pénale, ne saurait être transposée par un acte réglementaire, ces matières relevant du domaine exclusif de la loi (art. 67 de la Constitution).

Une même directive peut être transposée pour partie par la voie législative et pour autre partie par la voie réglementaire, l'essentiel est que le partage entre le domaine législatif et réglementaire soit respecté.

Lorsque la matière dans laquelle intervient la directive relève du domaine législatif, il est possible de recourir au procédé de la transposition par ordonnance dans le respect des procédures constitutionnelles.

A cet effet, le parlement doit habiliter par une loi le Président de la République à prendre des mesures de transposition qui sont normalement du domaine de la loi, à charge pour lui de les ratifier (art. 77 de la Constitution).

- **La transposition par un acte modificatif ou par un acte normatif autonome**

Le rédacteur de l'acte de transposition peut procéder à une modification d'un ou de plusieurs textes ou à l'instauration d'une nouvelle législation, l'essentiel est que le principe de fidélité et d'exhaustivité de la transposition soit préservé.

En effet, si la transposition doit être complète, elle ne doit pas pour autant conduire à superposer des dispositions nouvelles au droit existant lorsqu'une simple adaptation de ce dernier est satisfaisante.

La transposition d'une directive peut être effectuée par une pluralité d'actes normatifs complémentaires, à condition qu'ils assurent conjointement une application exhaustive de la directive et qu'ils soient tous adoptés dans le délai imparti.

Inversement rien n'interdit que plusieurs directives soient transposées par un seul et même acte de droit interne, pourvu également que cet acte garantisse la mise en œuvre complète de l'ensemble du corpus normatif communautaire et respecte les délais de transposition.

- **L'intitulé de l'acte de transposition**

Comme pour tout acte normatif, l'intitulé de l'acte de transposition de la directive indique, de manière aussi claire, précise et concise que possible, l'objet essentiel de l'acte normatif.

- Si l'intitulé de la directive n'est pas long ou si la directive à transposer n'a pas fait l'objet de modification, il est recommandé de mentionner la directive dans l'intitulé de l'acte de transposition ainsi qu'il suit :

« Loi...portant transposition … de la Directive n°……. ».

- Cependant, si cet intitulé de la directive est long ou si la directive en cause a fait l'objet de modifications, il est préférable de définir l'objet du texte de transposition en fonction de son contenu.

Par exemple : projet de loi relatif à la lutte contre le blanchiment de capitaux.

- **La mention de la directive transposée dans l'acte de transposition**

En règle générale, la mention de la directive transposée dans le texte de transposition est une obligation. Bien souvent, les directives communautaires imposent une telle obligation en indiquant dans leurs dispositions finales que les dispositions de transposition contiennent une référence à la directive lors de leur publication officielle.

Lorsque la directive est transposée par une loi, les techniques rédactionnelles suivantes sont recommandées :

- mentionner la directive transposée dans l'exposé des motifs ;
- viser la directive transposée dans l'article premier de la loi de transposition relatif à l'objet ainsi qu'il suit : « *La présente loi a pour objet la transposition de la Directive....* ».

Lorsque la directive communautaire a été transposée par une ordonnance, un décret ou un arrêté, les techniques rédactionnelles suivantes sont recommandées :

- faire référence à la ou aux directive (s) transposée (s) dans le document de présentation (rapport ou note de présentation) et/ou dans les visas ;
- mentionner la directive transposée dans l'article premier de la loi de transposition relatif à l'objet ainsi qu'il suit : « La/le présent (e) ordonnance/décret/arrêté a pour objet la transposition de la Directive….».
- **La transposition par référence**

Transposer par référence consiste à faire référence, dans l'acte de transposition, à la directive transposée en indiquant qu'elle est applicable dans le droit interne, sans en reproduire le contenu.

En bonne règle légistique, cette technique n'est pas recommandée puisqu'elle ne garantit pas une transposition effective de la directive en droit interne.

La transposition par référence à la directive est cependant la seule technique de transposition possible lorsqu'il s'agit de dispositions techniques, comme par exemple, les annexes d'une directive comportant des listes d'objets ou des modèles de formulaires, ou encore celle faisant l'objet de modifications fréquentes.

Mais le renvoi à la directive doit être impérativement ciblé, c'est-à-dire que l'acte de transposition doit viser des dispositions spécifiques de la directive. Un renvoi général à une directive (renvoi au texte de la directive en général) ne peut être regardé comme une norme de transposition valable.

J'exhorte tous les ministères et services de l'Etat à se conformer aux prescriptions contenues dans la présente circulaire.

J'attache du prix au strict respect et à l'application des directives contenues dans la présente circulaire dont je prescris une large diffusion.

Le Premier Ministre

Mahammed Boun Abdallah DIONNE

DOCUMENT N° 4 : CIRCULAIRE N° 008/PM/SGG/SGA/DSL/IS DU 31 MAI 2017 SUR LE PROCESSUS DE TRANSPOSITION DES DIRECTIVES COMMUNAUTAIRES

REPUBLIQUE DU SENEGAL

Primature

N° 0008 PM/SGG/SGA/DSL

Dakar, le 31 mai 2017

Le Premier Ministre

A

Mesdames et Messieurs les Ministres,

Messieurs les Ministres délégués

Objet: Processus de transposition des directives communautaires

Il m'a été donné de constater un retard dans la transposition de certaines directives des organisations communautaires auxquelles le Sénégal est membre.

Je vous rappelle que la transposition des directives constitue une obligation communautaire qui participe de l'harmonisation des législations des États membres et de la mise en œuvre des réformes communautaires.

En conséquence, je vous recommande de prendre toutes les mesures utiles pour accélérer le processus de transposition des directives relevant de la compétence de vos départements en rapport avec la Cellule de suivi de l'Intégration (CSI) du Ministère de l'Économie, des Finances et du Plan.

Vous vous conformerez également aux prescriptions de la circulaire n° 0008 PM/SGG/SGA/PAT du 1er juin 2016 relative aux techniques de transposition des directives.

Le Secrétariat général du Gouvernement, prendra toutes les dispositions nécessaires pour que tous les projets de texte à transposer introduits dans le circuit d'adoption des textes législatifs et règlementaires soient examinés dans les meilleurs délais.

J'attache du prix à la correcte exécution de la présente circulaire dont vous m'accusez réception.

Le Premier Ministre

Mahammed Boun Abdallah DIONNE

DOCUMENT N° 5 : GUIDE DE LEGISTIQUE DU SENEGAL APPROUVÉ PAR DÉCRET N° 2024-54 DU 17 JANVIER 2024 PORTANT APPROBATION DU GUIDE DE LÉGISTIQUE (EXTRAITS)

3.2. Les règles spéciales relatives à la rédaction des textes législatifs et règlementaires

261. À côté des méthodes générales de rédaction des textes législatifs et réglementaires, il y a des règles spécifiques qui concernent la rédaction des amendements des projets et propositions de loi, la transposition des directives communautaires ainsi que l'insertion des lois uniformes dans l'ordre juridique national (…)

3.2.2. Les techniques de transposition des directives communautaires

270. Les organisations communautaires adoptent souvent des directives dans divers secteurs d'activités en vue de favoriser l'intégration économique et l'harmonisation des cadres juridiques des États membres. Les directives constituent de puissants outils d'harmonisation des législations des États.

La directive est une norme communautaire qui lie tout État membre destinataire quant au résultat à atteindre tout en laissant aux instances nationales la compétence quant à la forme et aux moyens. Une directive communautaire s'adresse donc aux États membres de la communauté et oblige ceux-ci à la transposer, c'est-à-dire à en intégrer les règles dans leurs droits internes[1]. Elle met à la charge des États une obligation de moyen et non une obligation de résultat.

Contrairement à d'autres normes de droit dérivé (Acte uniforme, Acte additionnel, Règlement, décision, etc.), la directive ne constitue pas une norme directement applicable.

L'introduction de cette norme dans l'ordre juridique national suppose sa transposition. D'après la circulaire n° 008/PM/SGG/PAT du 1er juin 2016 sur la transposition des directives communautaires, la transposition est « *l'opération par laquelle un État membre destinataire de la directive procède à l'adoption de*

---

[1] CE, *Principes de technique législative. Guide de rédaction des textes législatifs et réglementaires*, 2008, p. 113.

toutes les mesures nécessaires à son incorporation effective dans l'ordre juridique national par les véhicules normatifs appropriés ».

L'opération de transposition n'est nécessaire que lorsque les dispositions nationales en vigueur ne permettent pas d'atteindre l'objectif du législateur communautaire[2].

Le Conseil constitutionnel sénégalais, à l'occasion du contrôle de la constitutionnalité de la loi organique abrogeant et remplaçant la loi organique n° 2011-15 du 08 juillet 2015 relative aux lois de finances, a rappelé, dans sa décision n° 1/C/2020 du 24 février 2020, certains principes relatifs à la transposition de la Directive n° 06/2009/CM/UEMOA du 26 juin 2009 portant lois de finances au sein de l'Union Économique et Monétaire Ouest Africaine.

Il faut préciser que, par une décision n° 05/2019/COM/UEMOA du 06 août 2019, la Commission de l'UEMOA a adopté un Guide relatif aux méthodes et techniques de transposition des directives de l'UEMOA et au modèle d'acte de notification. Ce document qui reprend pour l'essentiel, le projet de lignes directrices pour la transposition des directives communautaires, comporte des recommandations et suggestions des bonnes pratiques sur les principes, méthodes et sur la procédure de transposition des directives de l'UEMOA. Il s'agit d'une sorte de lignes directrices destinées à faciliter l'appropriation des règles relatives à la transposition des directives de l'UEMOA et à exhorter les États à adopter des mesures facilitant leur application.

- ***Les principes directeurs de la transposition des directives***

271. L'insertion des directives communautaires dans l'ordre juridique interne obéit à des principes directeurs qui irriguent tout le processus de transposition de ces normes.

La circulaire n° 008/PM/SGG/PAT du 1er juin 2016 précitée a décliné deux principes majeurs régissant la transposition des directives. Il s'agit du principe de la fidélité et de l'exhaustivité de la transposition et celui du « *tout ou rien* ».

---

[2] Le Sénégal est souvent présenté comme un État respectueux de ses obligations communautaires. Déjà, en 2015, il a transposé plus de 70% des directives communautaires, soit une performance moyenne de 66%, V. *Rapport général 2015 de la revue annuelle des réformes, politiques, programmes et projets communautaires de l'UEMOA.*

- **Le principe de la fidélité et de l'exhaustivité de la transposition**

272. Ce principe signifie que les États membres ne sont pas autorisés à dénaturer la directive ou à en faire une transposition partielle. L'incorporation de la directive dans l'ordre normatif national doit être fidèle et complète par rapport au texte de la directive éclairé, au besoin, par ses considérants[3].

À cet égard, il est recommandé aux rédacteurs des textes de transposition d'établir un tableau de transposition mettant en rapport les dispositions de la directive et celles du projet de texte de transposition. Il s'agit de garantir la complétude de la transposition de la directive et d'assurer une bonne articulation avec les textes en vigueur.

- **Le principe « *du tout ou rien* »**

273. En vertu de ce principe, lorsque l'État membre opte pour la transposition des dispositions facultatives de la directive, il a l'obligation d'incorporer intégralement ces dispositions dans son édifice national.

La marge de manœuvre de l'État réside uniquement dans la liberté de transposer ou de ne pas transposer une disposition facultative. Une fois la décision de transposer prise, tout le contenu de la directive doit être fidèlement transcrit dans l'ordre juridique national.

À titre d'exemple, l'article 9, alinéa 2 de la Directive n° 02/2006/CM/UEMOA du 23 mars 2006 relative à l'harmonisation des régimes applicables aux opérateurs de réseaux et fournisseurs de services énonce que les États membres peuvent imposer des redevances afin de tenir compte de la nécessité d'assurer une utilisation optimale de la ressource attribuée.

Conformément au principe « *du tout ou rien* », un État qui décide de rendre obligatoire une redevance ne saurait imposer une redevance ayant un caractère discriminatoire.

---

[3] *Guide pour l'élaboration des textes législatifs et réglementaires, Mali, a*oût 2016, p. 132.

- ***Les méthodes et techniques de transposition des directives communautaires***

274. La présentation et la rédaction des textes normatifs assurant la transposition des directives communautaires obéissent aux mêmes règles que celles prévues pour tous les autres textes législatifs et réglementaires[4].

Toutefois, la conception des normes de transposition présente quelques spécificités techniques liées à l'objet même de l'acte de transposition. En effet, l'opération de transposition relève des techniques de légistique spécialisée. Ainsi, elle obéit à des méthodes particulières qui ont pour objet de garantir la pleine et fidèle incorporation de la directive communautaire dans l'ordre juridique national.

- **Le support normatif de l'acte de transposition**

275. Le droit communautaire laisse aux États membres une liberté sur le choix du vecteur normatif de transposition, à condition qu'il soit juridiquement contraignant. En principe, le choix de la norme nationale devant servir de support à l'acte de transposition relève de la « *compétence quant à la forme et aux moyens* » dévolue par les textes communautaires aux États membres[5].

En règle générale, la transposition d'une directive requiert l'adoption de dispositions législatives ou réglementaires, puisque seules celles-ci sont de nature à assurer une sécurité juridique suffisante[6]. Une directive ne peut donc pas être transposée par de simples mesures de nature administrative telles que des circulaires. Il a été jugé que de « *simples pratiques administratives* » ne sauraient être considérées comme constituant une mise en œuvre des obligations de transposition, par manque d'impérativité et de défaut de sécurité juridique[7].

En outre, la transposition doit être opérée dans le respect de la hiérarchie des normes et de la répartition constitutionnelle des matières entre la loi et le règlement.

À titre d'exemple, une directive prévoyant des dispositions instituant une procédure pénale ne saurait être transposée par un texte réglementaire, cette matière relevant du domaine exclusif de la loi[8].

---

[4] V. la circulaire n° 00041 PM/SGG/SGA/PAT/SP du 06 octobre 2015 relative aux règles de présentation et de rédaction des textes législatifs et réglementaires.

[5] V. art 43 du traité de l'UEMOA.

[6] CJCE, 07 novembre 1996, Commission c/ Luxembourg, aff. C-221/94, *Rec.* I. 5669.

[7] CJCE, 15 mars 1983, Commission c/ Italie, aff. 145/82, Rec. 711.

[8] V. art. 67 de la Constitution.

Une même directive peut être transposée pour une partie par la voie législative et pour une autre partie par la voie réglementaire, l'essentiel est que le partage entre les domaines législatif et réglementaire soit respecté.

Lorsque la matière dans laquelle intervient la directive relève du domaine législatif, il est possible de recourir au procédé de la transposition par ordonnance dans le respect des procédures constitutionnelles. À cet effet, l'Assemblée nationale doit habiliter, par une loi, le Président de la République à prendre des mesures de transposition qui sont normalement du domaine législatif, à charge pour l'institution parlementaire de les ratifier[9].

- **La prohibition de la « *sur transposition* »**

276. Si la transposition doit être fidèle et complète, dans certains cas, le droit national assure même par avance la transposition de la directive et n'a, par suite, besoin d'aucun complément. Selon l'arrêt de la Cour de Justice des Communautés européennes rendu le 20 mars 1997 : « *La transposition en droit interne d'une directive n'exige pas nécessairement une reprise formelle et textuelle de ses dispositions dans une disposition légale expresse et spécifique et peut, en fonction de son contenu, se satisfaire d'un contexte juridique général, dès lors que celui-ci assure effectivement la pleine application de la directive d'une façon suffisamment claire et précise* »[10].

Inversement, la transposition ne doit pas en principe aller au-delà de ce qu'exige la directive. Les interdictions qu'elles expriment doivent être textuellement reproduites[11].

Lorsque la directive énumère les conditions de mise en œuvre d'une règle, les mesures nationales de transposition ne peuvent introduire des conditions supplémentaires[12].

Elles ne peuvent pas davantage introduire des exceptions ou des dérogations non prévues par la directive[13].

---

[9] V. art. 77 de la Constitution.
[10] CJCE, 20 mars 1997, Commission c/Allemagne, aff. C-96/95, *Rec.* I. 1653.
[11] CJCE, 27 avril 1988, Commission c/ France, aff. 252/85.
[12] CJCE, 23 novembre 1989, Parfumerie Fabrik, aff. 150/88.
[13] CJCE, 08 juillet 1987, Commission c/ Belgiqueaff. 247/85.

- **La transposition par un acte modificatif ou par un acte normatif autonome**

277. Le rédacteur de l'acte de transposition peut procéder à une modification d'un ou de plusieurs textes ou à l'adoption d'une nouvelle législation, l'essentiel est que le principe de fidélité et d'exhaustivité de la transposition soit préservé. Si la transposition doit être complète, elle ne doit pas pour autant conduire à superposer des dispositions nouvelles au droit existant lorsqu'une simple adaptation de ce dernier est satisfaisante.

La transposition d'une directive peut être effectuée par une pluralité de textes normatifs complémentaires, à condition que ces textes assurent conjointement une application exhaustive de la directive et qu'ils soient adoptés dans le délai imparti.

Inversement rien n'interdit que plusieurs directives soient transposées par un seul et même texte de droit interne pourvu également que cet acte garantisse la mise en œuvre complète de l'ensemble du corpus normatif communautaire et respecte les délais de transposition.

- **L'intitulé de l'acte de transposition**

278. Comme pour tout texte normatif, l'intitulé de l'acte de transposition de la directive indique, de manière aussi claire, précise et concise que possible, l'objet essentiel de l'acte de transposition.

Si l'intitulé de la directive n'est pas long ou si la directive à transposer n'a pas fait l'objet de modifications, il est recommandé de mentionner la directive dans l'intitulé de l'acte de transposition ainsi qu'il suit :

« Projet de loi n°... portant transposition … de la Directive n°… ».

Par contre, si l'intitulé de la directive est long ou si la directive à transposer a fait l'objet de modifications, il est préférable de déterminer l'objet du texte de transposition en fonction de son contenu.

Par exemple : « **Projet de loi relatif à la lutte contre le blanchiment de capitaux et le financement du terrorisme** ».

- **La mention de la directive transposée dans l'acte de transposition**

279. En règle générale, la mention de la directive transposée dans le texte de transposition est une obligation. Les directives communautaires imposent souvent une telle obligation en indiquant dans leurs dispositions finales que les textes de transposition contiennent une référence à la directive lors de leur publication officielle.

Lorsque la directive est transposée par une loi, il est recommandé, faute de visas, de mentionner la directive transposée dans l'exposé des motifs.

Il est également utile de viser la directive transposée dans l'article premier de la loi de transposition, relatif à l'objet ainsi qu'il suit : « La présente loi a pour objet la transposition de la Directive n°... ».

Lorsque la directive communautaire a été transposée par une ordonnance ou un décret, il est recommandé de faire référence à la ou aux directives (s) transposée (s) dans le rapport de présentation et/ou dans les visas.

Il est aussi conseillé de mentionner la directive transposée dans l'article premier du texte réglementaire de transposition relatif à l'objet.

Par exemple : « La présente loi a pour objet la transposition de la Directive n°... ».

Lorsque la directive est transposée à l'aide d'un acte modificatif, il suffit de mentionner la directive transposée dans le document de présentation du texte de transposition (exposé des motifs ou rapport de présentation).

- **La technique rédactionnelle de l'acte de transposition**

280. L'opération de transposition s'inscrit dans le cadre d'un processus d'incorporation d'une norme communautaire dans l'ordre juridique national ; il s'agit plus d'un acte de réception que d'un acte d'exécution (acte d'application).

L'incorporation de la directive dans l'ordre juridique interne ne doit pas se résumer à sa transcription dans la législation nationale ; il ne s'agit pas, en effet, d'une « *transposition à plat* » du texte communautaire. La Cour de Justice des Communautés européennes estime que « *la transposition interne d'une directive n'exige pas nécessairement une reprise formelle et textuelle* »[14].

- **La réception des notions communautaires**

281. Le rédacteur de l'acte de transposition doit se préoccuper de la traduction en droit sénégalais des notions et termes juridiques utilisés dans la directive ; il s'agit de veiller à la correcte insertion des concepts communautaires dans le droit national. Le législateur communautaire, dans son office, est quelquefois confronté

---

[14] CJCE, 09 avril 1987, Commission des communautés européennes c/ République italienne, aff. C-363/85.

à des difficultés liées à la nécessité d'édicter une législation harmonisée applicable dans tous les États membres de l'organisation, dans le respect des spécificités juridiques propres à chaque État.

En raison de l'impossibilité d'employer des termes précis et spécifiques appartenant à l'organisation judiciaire ou administrative des États parties, il se contente souvent de faire référence à des notions génériques et à des périphrases souples susceptibles de s'intégrer dans les catégories juridiques préexistantes des États membres. Il en est ainsi des notions d'« *autorité administrative* », de « *juridiction compétente* » ou de « *service compétent* ». Dans ces cas, les législateurs des États membres doivent veiller à traduire en droit interne les notions et termes juridiques utilisés par la directive à transposer[15].

Aussi, lorsque la directive à transposer utilise des notions partiellement ou totalement étrangères au droit interne ou des termes employés dans un sens différent de celui du droit sénégalais, il pourra s'avérer nécessaire de prévoir dans le texte de transposition la définition des notions utilisées.

- **La transposition a maxima et la transposition *a minima***

282. La transposition est dite a maxima lorsque la directive prescrivant à la fois les objectifs à atteindre et les moyens d'y parvenir, les États membres sont tenus de reproduire textuellement les dispositions de ladite directive. Dans cette hypothèse, l'obligation de transposition est une obligation de conformité, puisque le contenu de la directive est précis et détaillé.

À titre d'exemple, les directives adoptées en matière de finances publiques, qui appartiennent à la catégorie des directives procédant à une harmonisation a maxima, offrent peu de marge de manœuvre aux États membres.

La transposition est dite a minima lorsque la directive fixe uniquement les objectifs à atteindre. Les États membres retrouvent leur pleine liberté dans le choix des moyens à employer dans leur droit interne. Dans ce cas, l'obligation de transposition est une simple obligation de compatibilité avec le droit communautaire.

Les États membres doivent veiller à la cohérence et à la bonne articulation des dispositions prises pour la transposition avec celles du droit communautaire.

---

[15] CE, *Principes de technique législative. Guide de rédaction des textes législatifs et réglementaires*, 2008, p. 114.

- **La transposition par équivalence**

283. La transposition est dite par équivalence lorsque le droit national en vigueur préalablement à l'adoption de la directive est parfaitement conforme au contenu substantiel de la directive à transposer et ne rend plus utile la reprise expresse de la directive en droit interne. L'État membre est alors uniquement tenu d'en informer l'organisation communautaire (par exemple, la Commission de l'UEMOA), en lui transmettant le texte national antérieur à la directive.

À titre d'exemple, le Sénégal peut procéder à la transposition par équivalence de la directive du 19 août 2011 portant lutte contre la cybercriminalité dans l'espace de la CEDEAO, puisque cette directive a été inspirée par la loi sénégalaise n° 2008-11 du 25 janvier 2008 portant lutte contre la cybercriminalité.

Toutefois, la transposition par équivalence est une méthode à utiliser avec précaution par l'État membre. En effet, étant tenu de transposer la directive fidèlement et de manière exhaustive, il doit au moins s'assurer de la conformité de son droit national avec le droit communautaire.

- **La transposition par référence**

284. Transposer par référence consiste à faire référence, dans l'acte de transposition, à la directive transposée en indiquant qu'elle est applicable dans le droit interne, sans en reproduire le contenu.

Cette technique n'est pas recommandée puisqu'elle ne garantit pas une transposition effective de la directive dans le droit national.

La transposition par référence à la directive est cependant la seule technique de transposition possible lorsqu'il s'agit de dispositions techniques, comme les annexes d'une directive comportant des listes d'objets ou des modèles de formulaires ou encore celles faisant l'objet de modifications fréquentes[16].

Mais le renvoi à la directive doit être impérativement ciblé, c'est-à-dire que l'acte de transposition doit viser des dispositions spécifiques de la directive. Un renvoi général à une directive (renvoi au texte de la directive en général) ne peut être regardé comme une opération de transposition valable.

La Cour de Justice des Communautés européennes a déjà eu l'occasion de juger que le simple renvoi général au droit communautaire, prévu par une loi allemande « *ne saurait constituer une transposition assurant d'une façon*

[16] CE, *Principes de technique législative. Guide de rédaction des textes législatifs et réglementaires*, 2008, p. 113.

suffisamment claire et précise la pleine application effective des deux directives 90/364 et 90/365 qui visent à créer des droits au profit des ressortissants des autres États membres »[17].

3. 2. 3. Les techniques d'insertion des lois uniformes dans l'ordre juridique national

285. Les méthodes d'incorporation du projet de loi uniforme dans les droits nationaux présentent des spécificités.

Les lois uniformes n'étant pas répertoriées, ni dans la nomenclature des textes communautaires ni dans celle des droits nationaux, il n'est pas recommandé d'ajouter l'adjectif « *uniforme* » à l'intitulé de la loi nationale d'insertion du projet de loi uniforme dans le droit national[18]. En effet, ce texte constitue souvent une loi ordinaire élaborée en vue d'incorporer un projet de loi uniforme dans l'ordre juridique national[19].

Il suffit d'indiquer le support législatif du texte suivi de son numéro et de son intitulé.

Par exemple : **Projet de loi n°… relatif à la lutte contre le blanchiment de capitaux et le financement du terrorisme dans les États de l'UEMOA.**

286. Dans le processus d'adoption des projets de loi uniforme dans les législations nationales, les États membres n'ont pas de grandes marges de manœuvre. En effet, ledit projet, ayant été adopté par le Conseil des Ministres de l'Union, les États membres ont l'obligation de procéder à l'insertion de ses dispositions dans leurs ordres juridiques, sans y apporter des modifications substantielles ou y insérer des dispositions de nature à contrarier le texte communautaire.

D'ailleurs, l'article 17 du Traité de l'UMOA énonce que le Conseil des Ministres, dont les décisions sont obligatoires dans les États membres, est habilité

---

[17] CJCE, 20 mars 1997, Commission c/Allemagne, aff. C-96/95, *Rec.* I. 1653.

[18] Au Sénégal, les lois qui ont été adoptées dans le cadre de l'incorporation de projets de loi uniforme dans l'ordre juridique national ont été qualifiées de « *lois uniformes* ». On peut citer notamment la loi uniforme n° 2004-09 du 06 février 2004 relative à la lutte contre le blanchiment de capitaux, la loi uniforme n°2009-16 du 02 mars 2009 relative à la lutte contre le financement du terrorisme ; la loi uniforme n° 2008-48 du 03 septembre 2008 relative à la répression des infractions en matière de chèque, de carte bancaire et d'autres instruments et procédés électroniques de paiement et la loi uniforme n° 2004-09 du 06 février 2004 relative à la lutte contre le blanchiment de capitaux

[19] V. P. A. TOURE, *Légistique. Techniques de conception et de rédaction des lois et des actes administratifs : une tradition de gouvernance normative*, Dakar, l'Harmattan, 2018, p. 326 et s.

à arrêter les projets de texte préparés à son initiative ou à celle de la Banque centrale, concernant les matières énumérées à l'article 34 dudit Traité.

Les seules observations pouvant être faites concernent notamment les règles formelles de présentation des textes (subdivisions du texte, rédaction de l'appellation officielle de l'État, du timbre du ministère maître d'œuvre, etc.), celles relatives à la rédaction du document de présentation et au respect de la charte graphique prévue par la circulaire n° 00041 PM/SGG/SGA/PAT/SP du 06 octobre 2015 relative aux règles de présentation et de rédaction des textes législatifs et réglementaires.

D'ailleurs, une fois que le projet de loi uniforme est inséré dans la législation nationale et entre en vigueur, il n'est plus possible, pour le législateur national, d'y apporter des modifications remettant en cause la substance du texte adopté par le Conseil des Ministres de l'UMOA.

À titre d'exemple, le 03 mars 2009, le Conseil des Ministres du Sénégal avait déjà adopté un projet de loi modifiant l'article 29 de la loi uniforme n° 2004-09 du 06 février 2004 relative à la lutte contre le blanchiment de capitaux. Ce projet de loi avait pour objet d'habiliter le procureur de la République qui reçoit le rapport de la Cellule Nationale de Traitement des Informations Financières (CENTIF) soit à classer le dossier sans suite, soit à saisir le juge d'instruction. Ce projet de loi, très controversé, a fait l'objet d'un rejet de la part de la Commission des Lois de l'Assemblée nationale[20].

L'adoption du projet de loi uniforme n'exclut pas tout pouvoir normatif des États membres.

Il arrive, en effet, que le projet de loi uniforme renvoie certaines questions spécifiques aux législations des États membres. Par exemple, le projet de loi uniforme relatif à la lutte contre le blanchiment de capitaux et le financement du terrorisme dans les États membres de l'Union Économique et Monétaire Ouest Africaine renvoie aux législations nationales la définition du statut de certaines structures, comme la CENTIF, et la détermination des délais de prescription de l'action publique de l'infraction de blanchiment de capitaux.

---

[20] M. FALL, « Projet de modification de la saisine de la CENTIF: qui veut blanchir les blanchisseurs ? » : http://www.leral.net/Projet-de-modification-de-la-saisine-de-la-Centif -qui-veut-blanchir-les-blanchisseurs-Analyse-de-Madior-Fall_a14449.html#

Dans ces situations, le législateur national retrouve toute son autonomie normative à la seule condition de se conformer aux principes directeurs fixés par le projet de texte uniforme.

À titre illustratif, lorsque le projet de loi uniforme fait obligation aux États d'instituer une autorité administrative placée sous la tutelle d'un ministère, le législateur national ne saurait, sans contrarier le texte communautaire, créer une autorité administrative indépendante simplement rattachée de ce ministère. En effet, l'exercice du pouvoir de tutelle est difficilement conciliable avec le statut d'autorité administrative indépendante.

DOCUMENT N° 6 : DECISION DE LA COUR CONSTUTUTIONNELLE DU BENIN DCC 18-031 DU 08 FEVRIER 2018, INEDITE

Date : 08 février 2018

Requérant : Mohammed W. LAWANI

Décret : (n° 2015-035 du 29 janvier 2015 portant code de transparence dans la gestion des finances publiques en République du Bénin)

La Cour constitutionnelle,

Saisie d'une requête du 08 août 2017 enregistrée à son secrétariat à la même date sous le numéro 1318/228/REC, par laquelle Monsieur Mohammed W. LAWANI forme un recours en inconstitutionnalité du décret n° 2015-035 du 29 janvier 2015 portant code de transparence dans la gestion des finances publiques en République du Bénin ;

VU la Constitution du 11 décembre 1990 ;

VU la loi n° 91-009 du 04 mars 1991 portant loi organique sur la Cour constitutionnelle modifiée par la loi du 31 mai 2001 ;

VU le règlement intérieur de la Cour constitutionnelle ;

Ensemble les pièces du dossier ;

Ouï Monsieur Zimé Yérima KORA-YAROU en son rapport ;

Après en avoir délibéré,

CONTENU DU RECOURS

Considérant que le requérant expose : « … En vertu des alinéas 2 et 3 de l'article 3 de la loi n° 90-32 du 11 décembre 1990 portant Constitution de la République du Bénin, "La souveraineté s'exerce conformément à la présente Constitution qui est la loi suprême de l'Etat.

Toute loi, tout texte réglementaire et tout acte administratif contraires à ces dispositions sont nuls et non avenus. En conséquence, tout citoyen a le droit de se pourvoir devant la Cour constitutionnelle contre les lois, textes et actes présumés inconstitutionnels".

En outre, la même Constitution dispose en son article 114 :

"La Cour constitutionnelle est la plus haute Juridiction en matière constitutionnelle. Elle est juge de la constitutionnalité de la loi et elle garantit les droits fondamentaux de la personne humaine et les libertés publiques. Elle est l'organe régulateur du fonctionnement des institutions et de l'activité des pouvoirs publics". Par ailleurs, l'article 122 du même texte constitutionnel dispose : "Tout citoyen peut saisir la Cour constitutionnelle sur la constitutionnalité des lois, soit directement, soit par la procédure de l'exception d'inconstitutionnalité invoquée dans une affaire qui le concerne devant une juridiction" … C'est au regard de ces dispositions constitutionnelles que je saisis la haute Juridiction aux fins qu'elle déclare contraire à la Constitution le décret n° 2015-035 du 29 janvier 2015 portant code de transparence dans la gestion des finances publiques en République du Bénin » ;

Considérant qu'il développe : « En effet, en vertu de l'article 147 de la Constitution, "Les traités et accords régulièrement ratifiés ont, dès leur publication, une autorité supérieure à celle des lois, sous réserve pour chaque accord ou traité, de son application par l'autre partie". La République du Bénin est un Etat partie au traité de l'Union économique et monétaire Ouest africaine (UEMOA) signé le 10 janvier 1994 et entré en vigueur le 1er août de la même année, puis révisé successivement le 29 janvier 2003 et le 20 janvier 2007. En application dudit traité et dans le souci de l'harmonisation des pratiques de gestion des finances publiques au sein des Etats membres, le Conseil des ministres de l'Union a adopté à partir de 1997 une série de directives dites de première génération, censées inspirer les réformes au niveau de chaque Etat membre. Les directives de l'UEMOA, en effet, conformément à l'article 43 alinéa 2 du traité, "lient tout Etat membre quant aux résultats à atteindre".

Au regard du bilan peu satisfaisant de la mise en œuvre de ces directives et notamment avec les exigences nouvelles d'intégration à la gestion publique des règles et principes du secteur privé, le Conseil des ministres de l'UEMOA a adopté en mars et juin 2009 six nouvelles directives qui constituent, avec les Directives n° 01/2011/CM/UEMOA portant régime financier des collectivités territoriales et n° 03/2012/CM/UEMOA portant comptabilité des matières intervenues plus tard, le nouveau cadre harmonisé de gestion des finances publiques de l'UEMOA. Il s'agit des Directives :

- n° 01/2009/CM/UEMOA portant code de transparence ;
- n° 06/2009/CM/UEMOA portant loi de finances ;
- n° 07/2009/CM/UEMOA portant règlement général sur la comptabilité publique ;

- n° 08/2009/CM/UEMOA portant nomenclature budgétaire de l'Etat ;
- n° 09/2009/CM/UEMOA portant plan comptable de l'Etat ;
- n° 10/2009/CM/UEMOA portant tableau des opérations financières de l'Etat.

Les directives ainsi adoptées par le Conseil des ministres de l'UEMOA ont fait l'objet de transposition dans les normes internes au Bénin, notamment à travers la loi organique n° 2013-14 du 27 septembre 2013 relative aux lois de finances et le décret n° 2015 035 du 29 janvier 2015 portant code de transparence dans la gestion des finances en République du Bénin, pour ne citer que ces deux textes. Cependant, il est nécessaire de faire remarquer ce qui suit :

La directive n° 01/2009/CM/UEMOA, transposée en droit béninois à travers le décret n° 2015-035 du 29 janvier 2015 portant code de transparence dans la gestion des finances publiques du Bénin, se veut être la directive faîtière du cadre harmonisé de gestion des finances publiques de l'UEMOA et elle a inspiré et guidé la rédaction de toutes les autres directives. Elle se place ainsi en amont du système de gestion des finances publiques et les autres directives sont soumises aux règles et principes fixés par ses dispositions. En effet, conformément à l'article 2 alinéa 1 de la directive portant code de transparence, "La Commission et les Etats membres prennent les dispositions nécessaires pour conformer la préparation et l'adoption des textes se rapportant directement ou indirectement à la gestion des finances publiques aux principes et règles définis par ledit code".

L'alinéa 2 du même article complète et précise "Les dispositions de l'alinéa 1er du présent article s'appliquent notamment à la préparation et à l'adoption des directives :

- lois de finances ;
- règlement général sur la comptabilité publique ;
- plan comptable de l'Etat ;
- nomenclature budgétaire de l'Etat ;
- tableau des opérations financières de l'Etat ;
- plan comptable et nomenclature budgétaire des collectivités locales".

L'objectif visé par le Conseil des Ministres de l'UEMOA en adoptant la directive portant code de transparence est de faire instituer au sein des Etats membres des règles de transparence de portée supérieure à l'ensemble des autres textes normatifs du cadre de gestion des finances publiques, des règles devant encadrer les dispositions desdits textes. Ainsi donc, les dispositions du texte interne béninois relatif aux lois de finances devraient se conformer à celles du texte portant code de transparence qui sont à l'évidence de portée plus générale".

Or, en conformité avec les dispositions de l'article 112 alinéa 1 de la Constitution, la directive n° 06/2009/CM/UEMOA portant loi de finances a été internalisée au moyen d'une loi organique, en l'occurrence la loi organique n° 2013-14 du 27 septembre 2013 relative aux lois de finances. De ce fait, le code de transparence avec lequel la loi organique relative aux lois de finances doit être en conformité ne saurait faire l'objet d'une norme inférieure (loi ordinaire ou acte réglementaire), contrairement au cas d'espèce, où les dispositions du code de transparence ont fait l'objet du décret n° 2015-035 du 29 janvier 2015.

En outre, l'article 3 du décret n° 2015-035, reprenant les dispositions de l'article 2 de la directive portant code de transparence, fait obligation à l'Etat et aux institutions publiques de conformer, entre autres, la préparation et l'adoption des lois de finances aux règles et principes définis par ledit décret.

Or, si la préparation des lois de finances est du ressort du pouvoir exécutif et peut ainsi faire l'objet d'un décret, leur adoption qui principalement relève en principe du pouvoir législatif ne peut en aucun cas être encadrée par un acte réglementaire. De même, les articles 19 et 43 du même décret fixent des attributions à la juridiction financière. Or, l'organisation des juridictions de tous ordres et la procédure suivie devant elles est, conformément à l'article 98 de la Constitution, du domaine de la loi » ;

Considérant qu'il conclut : « … La haute Juridiction pourra aisément se rendre compte qu'en raison de la portée de l'ensemble des dispositions du code de transparence dans la gestion des finances publiques, cette matière ne saurait être du domaine réglementaire parce que relevant plutôt du domaine de la loi et plus précisément de la loi organique.

A la limite, à défaut d'une loi organique portant code de transparence, les dispositions du code de transparence dans la gestion des finances publiques doivent être incorporées à la loi organique relative aux lois de finances. Par conséquent, qu'il plaise à la haute Juridiction de déclarer contraire à la Constitution le décret n° 2015-035 du 29 janvier 2015 portant code de transparence dans la gestion des finances publiques en République du Bénin, en ce que ses dispositions relèvent du domaine de la loi (loi organique) et non du domaine réglementaire » ;

Considérant que le requérant joint à son recours divers documents ;

INSTRUCTION DU RECOURS

Considérant qu'en réponse à la mesure d'instruction diligentée par la Cour, le secrétaire général du Gouvernement, Monsieur Edouard A. OUIN-OURO, écrit :

Monsieur « … Le recours en inconstitutionnalité introduit devant la Cour par

Mohammed W. LAWANI porte sur l'inconstitutionnalité du décret n° 2015-035 du 29 janvier 2015 portant code de transparence dans la gestion des finances publiques en République du Bénin.

Le décret mis en cause est un décret de transposition de la directive n°01/2009/CM/UEMOA portant code de transparence.

Le requérant affirme que cette directive est une directive faîtière du cadre harmonisé de gestion des finances publiques de l'UEMOA et aurait inspiré et guidé la rédaction des autres directives et que par conséquent, elle doit être transposée par une loi organique et non un décret qui est de portée inférieure aux lois.

Mais cette analyse relève de l'interprétation, car aucune règle de l'UEMOA n'impose aux Etats membres les instruments juridiques de transposition des directives communautaires. Les Etats ont juste l'obligation de transposer les directives et d'atteindre des objectifs qui leur sont assignés par celles-ci. En effet, selon l'article 43 alinéa 2 du traité de l'UEMOA du 10 janvier 1994, les directives de l'organisation "lient tout Etat quant aux résultats à atteindre".

Par ailleurs, le requérant allègue que le décret viole l'article 147 de la Constitution béninoise qui dispose que "Les traités et accords régulièrement ratifiés ont, dès leur publication, une autorité supérieure à celle des lois, sous réserve pour chaque accord ou traité, de son application par l'autre partie". Or, il ne s'agit pas ici de ratification d'un traité, mais plutôt de transposition d'une directive communautaire qui peut être faite aussi bien par une loi organique, une loi ordinaire que par un décret.

Au regard de tout ce qui précède, qu'il plaise à la Cour de dire et juger qu'il n'y a pas eu violation de la Constitution » ;

ANALYSE DU RECOURS

Considérant que les directives communautaires relèvent de la catégorie des normes communautaires dérivées ; qu'elles sont élaborées et adoptées par le Conseil des ministres de l'Union ;

Considérant qu'aux termes de l'article 43 alinéa 2 du traité de l'UEMOA du 10 janvier 1994, les directives « lient tout Etat quant aux résultats à atteindre », mais laissent, quant à leur internalisation, le choix aux Etats d'adopter la forme et les moyens compatibles avec les règles internes d'organisation des pouvoirs publics ;

Que dans ces conditions et en l'absence de dispositions constitutionnelles expresses, la transposition d'une directive communautaire dans le droit positif national doit s'opérer conformément aux règles de compétence et de procédure prévues par la Constitution ; que la mesure de transposition ne peut que relever, soit du domaine de la loi soit du domaine réglementaire suivant les règles constitutionnelles de répartition des compétences entre le législateur et l'exécutif;

Considérant que si la Cour n'a pas compétence pour opérer un contrôle de conventionalité sur le décret en cause, il est, en revanche de sa compétence de s'assurer du respect des règles constitutionnelles en ce qui concerne la transposition d'une directive communautaire dans le droit positif national ; que ces règles générales de compétence sont celles fixées par les dispositions des articles 98 et 100 de la Constitution ;

Que les premières, celles de l'article 98, précisent les règles relevant du domaine de la loi et les matières pour lesquelles la loi détermine les principes fondamentaux et les secondes, celles de l'article 100 alinéa 1er, indiquent que « les matières autres que celles qui sont du domaine de la loi ont un caractère réglementaire » ; Considérant qu'à la matière spécifique des finances publiques, s'appliquent les dispositions des articles 99 et 112 alinéa 1er de la Constitution ; qu'aux termes de l'article 99 alinéas 1er et 2 : « Les lois de finances déterminent les recettes et les dépenses de l'Etat.

Les lois de règlement contrôlent l'exécution des lois de finances … » ; que quant à l'article 112 alinéa 1er, il dispose : « L'Assemblée nationale règle les comptes de la nation selon les modalités prévues par la loi organique de finances»;

Considérant que de la lecture combinée de ces dispositions, il ressort qu'en matière de finances publiques, seules la loi de finances de l'année, la loi de finances rectificative, la loi de règlement et la loi organique de finances relèvent de la compétence du législateur ; qu'en conséquence, toute autre matière, en l'occurrence des règles de transparence dans la gestion des finances publiques, que du reste le législateur communautaire n'a pas cru devoir inclure dans la directive n° 06/2009/CM/UEMOA portant loi de finances, ne peut relever que du domaine réglementaire ; que dès lors, il échet pour la Cour de dire et juger que le décret n° 2015-035 du 29 janvier 2015 portant code de transparence dans la gestion des finances publiques en République du Bénin n'est pas contraire à la Constitution ;

DECIDE :

Article 1er.-. Le décret n° 2015-035 du 29 janvier 2015 portant code de transparence dans la gestion des finances publiques en République du Bénin n'est pas contraire à la Constitution.

Article 2.- La présente décision sera notifiée à Monsieur Mohammed W. LAWANI, à Monsieur le Secrétaire général du Gouvernement et publiée au Journal officiel.

DOCUMENT N° 7 : DECISION DU CONSEIL CONSTITUTIONNEL (SENEGAL) N° 1-C-2020 AFFAIRE N° 1-C-20 DU 24 FÉVRIER 2020, *INEDITE*

LE CONSEIL CONSTITUTIONNEL,

Statuant en matière constitutionnelle, conformément à l'article 78 de la Constitution et à l'article premier de la loi organique n° 2016-23 du 14 juillet 2016 relative au Conseil constitutionnel, a rendu la décision dont la teneur suit:

Vu la Constitution ;

Vu la loi organique n° 2016-23 du 14 juillet 2016 relative au Conseil constitutionnel ;

Vu le Traité de l'Union Économique et Monétaire Ouest Africaine du 10 janvier 1994, modifié;

Vu la Directive n° 06/2009/CM/UEMOA du 26 juin 2009 portant lois de finances au sein de l'Union Économique et Monétaire Ouest Africaine ;

Vu la lettre n° 00574 du 14 février 2020 du Président de la République ;

Vu l'extrait du procès-verbal analytique de la séance du 3 février 2020 de l'Assemblée nationale;

Le rapporteur ayant été entendu ;

Après en avoir délibéré conformément à la loi ;

– SUR LA SAISINE DU CONSEIL CONSTITUTIONNEL :

Considérant que, par lettre confidentielle n° 00574 du 14 février 2020, enregistrée au greffe du Conseil constitutionnel le 14 février 2020 sous le numéro 1/C/20, le Président de la République a saisi le Conseil constitutionnel aux fins d'examiner la conformité à la Constitution de la loi organique abrogeant et remplaçant la loi organique n° 2011-15 du 8 juillet 2011 relative aux lois de finances, modifiée par la loi organique n° 2016 – 34 du 23 décembre 2016 ;

Considérant que la loi organique, adoptée par l'Assemblée nationale sous le numéro 02/2020 et soumise à l'examen du Conseil constitutionnel, abroge et remplace la loi n° 2011-15 du 8 juillet 2011 précitée qui avait transposé dans le droit positif sénégalais la Directive n° 06/2009/CM/UEMOA relative aux lois de finances adoptée dans le cadre de l'Union Économique et Monétaire Ouest Africaine, le 26 juin 2009 ; qu'elle a pour objet de procéder à une nouvelle transposition ;

Considérant que la saisine du Conseil constitutionnel par le Président de la République se fonde sur les dispositions de l'article 78, alinéa 2 de la Constitution et de l'article premier de la loi organique n° 2016-23 du 14 juillet 2016 relative au Conseil constitutionnel ;

Considérant que, suivant l'article 78, alinéa 2 de la Constitution, les lois qualifiées organiques « ...ne peuvent être promulguées si le Conseil constitutionnel, obligatoirement saisi par le Président de la République, ne les a déclarées conformes à la Constitution » ; qu'en vertu de l'article premier de la loi organique n° 2016-23 du 14 juillet 2016 relative au Conseil constitutionnel, ce dernier se prononce sur la constitutionnalité des lois organiques ;

– SUR LE CONTRÔLE EXERCÉ PAR LE CONSEIL CONSTITUTIONNEL :

Considérant qu'après avoir rappelé dans le préambule de la Constitution l'attachement du peuple sénégalais à l'idéal de l'unité africaine, le Constituant a prévu, dans l'article 96, alinéa 3 de la Constitution, que la République du Sénégal peut conclure avec tout État africain des accords d'association ou de communauté comprenant abandon partiel ou total de souveraineté dès lors que lesdits accords ont pour objet la réalisation de l'unité africaine ;

Considérant que, s'inscrivant dans « la logique des efforts d'intégration régionale en Afrique », le Sénégal et d'autres États africains ont adopté le Traité instituant l'Union Économique et Monétaire Ouest Africaine (UEMOA) ;

Considérant qu'il résulte des articles 6, 7 et 43 du Traité de l'UEMOA, que les actes arrêtés par les organes de l'Union sont appliqués dans chaque État membre nonobstant toute législation nationale contraire, antérieure ou postérieure, que tous les États apportent leur concours à la réalisation des objectifs de l'Union en prenant toutes mesures générales ou particulières propres à assurer l'exécution des obligations découlant du Traité, en s'abstenant à cet effet de toutes mesures susceptibles de faire obstacle à son application et que les organes de l'Union peuvent adopter des directives qui lient tous les États membres quant aux résultats à atteindre ;

Considérant que, parmi les obligations qui découlent pour l'État du Sénégal de la conclusion de cet accord, il y a celle de respecter les exigences communautaires en procédant notamment à la transposition, en droit interne, des directives communautaires ;

- **SUR LA PROCÉDURE DE TRANSPOSITION :**

Considérant que l'internalisation des directives communautaires obéit aux règles et procédures prévues par la Constitution et les lois nationales notamment en ce qui concerne la délimitation du domaine de la loi et celui du règlement, le nécessaire respect des exigences communautaires ne s'opposant pas au droit, pour chaque État, de déterminer, conformément aux règles d'organisation des pouvoirs publics, la nature des mesures de transposition et la procédure à suivre pour l'adoption de telles mesures ;

Considérant que la République du Sénégal a procédé, en adoptant une loi organique, à la transposition de la Directive n° 06/2009/CM/UEMOA du 26 juin 2009 portant lois de finances au sein de l'Union Économique et Monétaire Ouest Africaine ; qu'il appartient, dans ces conditions, au Conseil constitutionnel d'apprécier, au regard des dispositions des articles 67 et 78, alinéa 2 de la Constitution, la conformité aux exigences constitutionnelles du choix de la nature de la mesure de transposition et de la régularité de la procédure suivie ;

Considérant, en ce qui concerne la nature de l'acte de transposition, qu'en vertu des articles 67, alinéa 4 et 68, alinéa 1 de la Constitution, les lois de finances déterminent les ressources et les charges de l'État dans les conditions et sous les réserves prévues par une loi organique et que l'Assemblée nationale vote les lois de finances dans les conditions fixées par une loi organique ;

Considérant que l'adoption d'une loi organique pour transposer une directive ayant pour objet de déterminer le contenu des lois de finances et les conditions d'examen desdites lois par l'Assemblée nationale est justifiée au regard des dispositions précitées ;

Considérant, s'agissant de la procédure d'adoption, que selon l'article 78, alinéa 1 de la Constitution, « Les lois qualifiées organiques par la Constitution sont votées et modifiées à la majorité absolue des membres composant l'Assemblée nationale » ;

Considérant que l'extrait du procès-verbal analytique de la séance du 3 février 2020 de l'Assemblée nationale indique que la loi organique n° 02/2020, dont le Conseil constitutionnel est saisi, a été adoptée ainsi qu'il suit : 100 voix pour ; 01 voix contre ; 07 abstentions ;

Considérant que l'Assemblée nationale compte 165 membres ; que l'adoption de la loi organique par 100 membres est conforme à l'article 78, alinéa 1 de la Constitution ;

– **SUR LE CONTENU DE LA NORME CONTRÔLÉE :**

Considérant que l'État du Sénégal est tenu de se conformer à l'obligation constitutionnelle de transposition des directives édictées par les organes des communautés créées sur le fondement d'accords signés en application des dispositions de l'article 96, alinéa 3 de la Constitution ;

Considérant, par conséquent, que la loi d'internalisation de la Directive n° 06/2009/CM/UEMOA, qui reproduit à l'identique les dispositions précises et inconditionnelles de cette directive, répond aux exigences de l'article 96, alinéa 3 précité ;

Considérant que la loi organique abrogeant et remplaçant la loi organique n° 2011-15 du 8 juillet 2011 relative aux lois de finances, modifiée par la loi organique n° 2016- 34 du 23 décembre 2016, soumise à l'examen du Conseil constitutionnel, comprend 73 articles répartis en neuf titres qui traitent respectivement des dispositions générales, du domaine et de la classification des lois de finances, du contenu des lois de finances, de la présentation des lois de finances, du cadrage macroéconomique des lois de finances, de la procédure d'élaboration et de vote des lois de finances, des règles fondamentales de mise en œuvre des budgets publics, du contrôle de l'Assemblée nationale et de la Cour des Comptes ainsi que des dispositions transitoires et finales ;

– **SUR LE TITRE PREMIER :**

Considérant que le titre premier, intitulé : « Des dispositions générales», comporte deux articles;

Considérant que les articles premier et 2 formant le titre premier constituent les dispositions générales applicables à toutes les lois de finances

; que celles-ci énoncent l'objet des lois de finances et prévoient que les modalités d'application des dispositions de la loi organique sont définies dans des textes réglementaires ;

Considérant que les dispositions des articles premier et 2 reprennent exactement le contenu des articles premier et 2 de la Directive n° 06/2009/CM/UEMOA portant lois de finances au sein de l'UEMOA ;

- **SUR LE TITRE II :**

Considérant que le titre II, intitulé « Du domaine et de la classification des lois de finances », comprend les articles 3, 4 et 5 ;

Considérant que l'article 3 définit les lois de finances, énonce la nécessité de leur concours à la satisfaction des objectifs macroéconomiques de l'État et l'obligation de respecter les prescriptions du Pacte de convergence, de stabilité, de croissance et de solidarité des États membres de l'UEMOA ;

Considérant que, pour permettre à l'État de faire face à des situations imprévues, donc non prises en compte dans la loi de finances initiale, l'article 4 prévoit des exceptions au principe de l'autorisation préalable par la loi de la perception de toute recette et de l'engagement de toute dépense en précisant que les recettes liquidées ou encaissées par voie réglementaire, sont régularisées dans la plus prochaine loi de finances ;

Considérant que le troisième alinéa de l'article 4 prévoit que des dispositions législatives, réglementaires ou conventionnelles qui engendrent des charges nouvelles ou des pertes de ressources ne peuvent être prises qu'après évaluation et avis conforme du Ministre chargé des Finances ;

Considérant que l'article 5 énumère et définit les catégories de lois de finances et pose le principe de l'annualité du budget qui s'inscrit dans le cadre de l'année civile ;

Considérant que les dispositions des articles 3, 4 et 5 de la loi ne font que reprendre les termes des articles 3, 4 et 5 du titre II de la directive précitée ;

- **SUR LE TITRE III :**

Considérant que le titre III, intitulé « Du contenu des lois de finances», comporte trente-sept articles (articles 6 à 42) regroupés en deux chapitres ;

En ce qui concerne le chapitre premier :

Considérant que le chapitre premier intitulé « Des ressources et des charges de l'État» comprend les articles 6 à 30 ;

Considérant que les articles 6 et 7 énoncent la composition des ressources et des charges de l'État ainsi que les opérations imputables sur le budget ; que les articles 8 à 26 sont répartis en trois sections traitant respectivement des recettes et des dépenses budgétaires de l'État (section première, articles 8 à 26), des ressources et charges de trésorerie (Section 2, articles 27 à 29) et du principe de sincérité (Section 3, article 30) ;

Relativement à la section première :

Considérant que la section première du chapitre premier intitulée « Des recettes et des dépenses budgétaires de l'État» regroupe les articles 8 à 26 ; que ces articles énumèrent les sept catégories de recettes budgétaires de l'État, précisent le principe de l'annualité de l'autorisation de percevoir les impôts, fixent la composition des dépenses budgétaires, répartissent les crédits budgétaires, prévoient la nomination des responsables de programme dont ils fixent les pouvoirs et organisent la répartition des crédits budgétaires non répartis en programme ;

Considérant que les articles 9 et 10, qui autorisent la perception par décret de taxes parafiscales et de rémunérations pour services rendus par l'État, prévoient que si la perception de ces taxes doit dépasser l'année, elle doit être autorisée par une loi de finances, et que la rémunération pour services rendus doit être instituée par un décret pris sur le rapport conjoint du ministre concerné et du Ministre chargé des Finances ;

Considérant que l'article 11 énumère les catégories de dépenses budgétaires et leur composition;

Considérant que les articles 12, 13, 14, 15 et 16 traitent de la répartition des crédits budgétaires entre les ministères et les institutions constitutionnelles;

Considérant qu'il résulte de ces articles que les crédits sont répartis à l'intérieur des ministères par programme avec mise en place d'un dispositif de contrôle interne et d'audit externe, que les ministres sont ordonnateurs de leur budget, que la déconcentration de l'ordonnancement des crédits est instituée au profit des responsables de programmes (ordonnateurs délégués) qui rendent compte périodiquement de leur performance et de l'utilisation des crédits affectés, que les institutions constitutionnelles reçoivent une dotation budgétaire en considération de leurs activités spécifiques et de leur autonomie, et que les présidents des institutions constitutionnelles sont ordonnateurs des crédits ;

Considérant que ces articles prévoient également que les ordonnateurs peuvent opérer des virements de crédits au sein d'un programme pour améliorer le niveau d'équipement ou renforcer les investissements, à l'exception du renforcement des crédits de personnel ;

Considérant que les articles 17 à 20 traitent des crédits ouverts constitués d'autorisations d'engagement et de crédits de paiement ;

Considérant que ces articles prévoient que les autorisations d'engagement constituent le plafond des dépenses pouvant être engagées dans l'année, sauf pour les contrats de partenariats publics-privés pour lesquels les autorisations couvrent la totalité de l'engagement public, et que les crédits de paiements constituent la limite supérieure des dépenses pouvant être ordonnancées ou payées au cours de l'exercice;

Considérant qu'il résulte de ces textes que les crédits relatifs aux charges financières de la dette et aux frais d'actes et de contentieux sont évaluatifs, que les dépassements sont, le cas échéant, couverts par un abondement de crédits, et que ces crédits seront régularisés par ratification dans la prochaine loi de finances ;

Considérant que l'article 21 prévoit les virements de crédits entre programmes d'un même ministère et les transferts de crédits entre programmes de ministères différents ;

Considérant que, selon cet article, les virements de crédits sont pris par arrêté conjoint du ministre concerné et du Ministre chargé des Finances s'ils ne changent pas la nature de la dépense, que, dans le cas contraire, ces virements sont pris par décret, sur le rapport conjoint du ministre concerné et du Ministre chargé des Finances, et que les transferts de crédits sont autorisés par décret, sur le rapport des ministres concernés et du Ministre chargé des Finances;

Considérant qu'en vertu de ces textes, le montant cumulé des transferts et virements de crédits d'un programme ne peut dépasser 10% des crédits votés de ce programme ;

Considérant que, selon l'article 22, la répartition des crédits globaux pour dépenses accidentelles et imprévisibles se fait par arrêté du Ministre chargé des Finances ;

Considérant que l'article 23 prévoit l'ouverture de crédits supplémentaires par décret d'avances en cas d'urgence ou de nécessité impérieuse, et que ces crédits sont ratifiés dans la prochaine loi des finances;

Considérant que l'article 24 qui pose le principe de non-report des autorisations d'engagement et des crédits de paiement d'une année à la suivante, prévoit également que les autorisations d'engagement et les crédits de paiement relatifs aux dépenses d'investissement d'un programme peuvent être reportées sur le même programme, que les reports ne doivent pas avoir une incidence négative sur l'équilibre du budget et sont faits par décret pour les autorisations d'engagement, et par arrêté du Ministre chargé des Finances pour les crédits de paiement ;

Considérant que l'article 25 prévoit l'annulation de crédits devenus sans objet ou pour des raisons de régulation budgétaire ;

Considérant que l'article 26 dispose que les mouvements de crédits décrits aux articles 21 à 25 sont ratifiés par l'Assemblée nationale dans la prochaine loi de finances ;

Considérant que les articles 8 à 26 reprennent les articles correspondants dans la section première du chapitre premier du titre III de la directive ;

Relativement à la section 2 :

Considérant que la section 2 du chapitre premier intitulé « Des ressources et des charges de trésorerie » regroupe les articles 27 à 29 ; que ces articles qui déterminent la composition, l'évaluation et l'autorisation des ressources et des charges de trésorerie de l'État et prévoient le principe d'unité de caisse, reproduisent exactement le contenu des articles 27 à 29 de la section 2 du chapitre premier du titre III de la directive ;

Relativement à la section 3 :

Considérant que la section 3 du chapitre premier intitulé « Du principe de sincérité» ne comprend qu'un seul article ; que l'article 30 énonce le principe de sincérité des prévisions de ressources et de charges de l'État ; qu'il précise que leur sincérité s'apprécie « compte tenu des informations disponibles au moment où la loi de finances est établie »;

Considérant que ces règles sont une reproduction de l'article 30 de la section 3 du chapitre premier du titre III de la directive ;

En ce qui concerne le chapitre II :

Considérant que le chapitre II intitulé « Du budget de l'État» regroupe douze articles (articles 31 à 42) répartis en trois sections qui traitent respectivement du budget général (Section première, articles 31 à 33), des budgets annexes (Section 2, articles 34 et 35) et des comptes spéciaux du Trésor (Section 3, articles 36 à 42) ;

Relativement à la section première :

Considérant que les dispositions de la section première intitulée « Du budget général», comprenant les articles 31 à 33, prévoient que toutes les recettes et toutes les dépenses budgétaires sont retracées dans le budget général, à l'exception des dispositions concernant les comptes spéciaux du Trésor et les budgets annexes ; que ces dispositions décrivent le principe d'universalité du budget et énumèrent les exceptions à ce principe ;

Considérant que les articles 31, 32 et 33 ne sont qu'une reprise des articles 31 à 33 de la section première du chapitre 2 du titre III de la directive ;

Relativement à la section 2 :

Considérant que la section 2, intitulée « Des budgets annexes», comprend les articles 34 et 35 ; que l'article 34 définit les conditions de mise en place d'un budget annexe et que l'article 35 en décrit la composition et les modalités de fonctionnement ;

Considérant que les dispositions des articles 34 et 35 ne sont qu'une reprise des articles 34 et 35 de la section 2 du chapitre 2 du titre III de la directive ;

Relativement à la section 3 :

Considérant que la section 3, intitulée « Des comptes spéciaux du Trésor», regroupe les articles 36 à 42 qui traitent des comptes d'affectation spéciale, des comptes de commerce, des comptes de prêts, des comptes d'avances et des comptes de garanties et d'aval ;

Considérant que, selon ces articles, les comptes spéciaux du Trésor constituent des programmes et ne peuvent être à découvert à l'exception du Fonds national de retraite, que les comptes d'affectation spéciale retracent des opérations qui sont financées par des ressources particulières, et que les comptes d'avances et de prêts sont productifs d'intérêts dont les taux ne peuvent pas être inférieurs au taux moyen des bons du Trésor ;

Considérant qu'en vertu de ces articles, la variation nette de l'encours des garanties et avals qui peuvent être accordés par l'État, sur chaque compte de garanties et d'aval, est plafonnée par la loi de finances de l'année et que les conditions d'octroi de la garantie ou de l'aval de l'État doivent respecter les dispositions du Règlement portant cadre de référence de la politique d'endettement public et de gestion de la dette publique dans les pays membres de l'UEMOA ;

Considérant que les dispositions contenues dans cette section reprennent les dispositions de la section 3 du chapitre 2 du titre III de la directive ;

- **SUR LE TITRE IV :**

Considérant que le titre IV, intitulé « De la présentation de la loi de finances», comporte les articles 43 à 50 regroupés en trois chapitres

En ce qui concerne le chapitre premier :

Considérant que le chapitre premier intitulé « De la loi de finances de l'année» comprend les articles 43, 44 et 45 ; qu'il définit le contenu des lois de finances de l'année et énumère les documents qui les accompagnent ;

Considérant que l'article 43 fixe la composition de la loi de finances de l'année et que l'article 44 énumère le contenu des deux parties du texte de la loi ;

Considérant que l'article 45 établit la liste des documents pouvant permettre une bonne information des membres de l'Assemblée nationale ;

Considérant que les articles 43, 44 et 45 constituent une reproduction fidèle des articles composant le chapitre premier du titre IV de la directive ;

En ce qui concerne le chapitre II :

Considérant que le chapitre II intitulé « De la loi de finances rectificative» comprend les articles 46 et 47 ;

Considérant que l'article 46 énumère les documents accompagnant les lois de finances rectificatives et que l'article 47 précise les conditions dans lesquelles un projet de loi de finances rectificative doit être déposé par le Gouvernement ;

Considérant que ces articles reprennent le contenu des articles formant le chapitre II du titre IV de la directive ;

En ce qui concerne le chapitre III :

Considérant que le chapitre III intitulé « De la loi de règlement » comprend les articles 48 à 50 ;

Considérant que l'article 48 définit la loi de règlement avant de préciser son objet ; que l'article 49 énumère les documents qui accompagnent le projet de loi de règlement ; que l'article 50 précise que la loi de règlement est également accompagnée du rapport de la Cour des Comptes sur l'exécution de la loi de finances et de la déclaration générale de conformité entre les comptes des ordonnateurs et les comptes des comptables ;

Considérant que ces dispositions relatives à « la présentation de la loi de finances » reprennent fidèlement les dispositions contenues dans le chapitre III du titre IV de la directive ;

- **SUR LE TITRE V :**

Considérant que le titre V, intitulé « Du cadrage macroéconomique des lois de finances», comprend les articles 51 à 54 ; que ces dispositions prévoient que le document de programmation budgétaire et économique pluriannuelle, sur lequel se fonde le projet de loi de finances, évalue le niveau global des recettes et des dépenses budgétaires, présente l'évolution de l'ensemble des ressources, des charges et de la dette des organismes publics ainsi que les concours financiers de l'État aux organismes publics et fixe les objectifs d'équilibre budgétaire et financier sur le moyen terme en application des dispositions du Pacte de convergence, de stabilité, de croissance et de solidarité des États membres de l'UEMOA ;

Considérant que ces dispositions constituent une reproduction des articles composant le titre V de la directive ;

- **SUR LE TITRE VI :**

Considérant que le titre VI, intitulé « De la procédure d'élaboration et de vote des lois de finances », comporte les articles 55 à 62 regroupés en deux chapitres ;

En ce qui concerne le chapitre premier :

Considérant que le chapitre premier intitulé « De la préparation des projets de lois de finances » comprend les articles 55 et 56 ;

Considérant que l'article 55 impartit au Ministre chargé des Finances, la mission de préparer les projets de loi de finances et prévoit que ceux-ci sont adoptées en Conseil des Ministres ;

Considérant que l'article 56 prévoit la soumission à un débat d'orientation budgétaire à l'Assemblée nationale « *au plus tard à la fin du deuxième trimestre de l'année* », le document de programmation budgétaire et économique pluriannuelle, éventuellement accompagné des documents de programmation pluriannuelle des dépenses adoptés en Conseil des Ministres ;

Considérant que ces dispositions reprennent exactement les dispositions contenues dans le chapitre premier du titre VI de la directive ;

En ce qui concerne le chapitre II :

Considérant que le chapitre II intitulé « Du vote des projets de loi de finances » regroupe six articles répartis en deux sections relatives respectivement au vote du projet de loi de finances de l'année (Section première, articles 57 à 61) et au vote du projet de loi de règlement (Section 2, article 62) ;

Relativement à la section première :

Considérant que l'article 57 a pour objet d'indiquer la période pendant laquelle le projet de loi de finances de l'année est déposé sur le bureau de l'Assemblée nationale, de préciser les délais impartis à l'Assemblée nationale pour voter le projet de loi de finances et de déterminer les mesures à prendre conformément à la Constitution, lorsque la loi de finances de l'année n'a pu être promulguée avant le début de l'année financière ;

Considérant que l'article 58 a pour objet, d'une part, de fixer les conditions de recevabilité des articles additionnels et amendements aux projets de lois de finances présentés par les députés et, d'autre part, d'interdire à l'Assemblée nationale toute proposition tendant à la création ou à la suppression d'un programme, d'un budget annexe ou d'un compte spécial du Trésor ;

Considérant que l'article 59 prévoit que la seconde partie du projet de loi de finances de l'année ne peut être mise en discussion avant l'adoption de la première partie ;

Considérant que l'article 60 traite des modalités de vote des évaluations des recettes, des crédits du budget général, des plafonds des autorisations d'emplois rémunérés par l'État et des crédits des budgets annexes et des comptes spéciaux du Trésor ; que l'article 61 traite des dispositions réglementaires ou administratives à prendre, après promulgation de la loi de finances de l'année ou publication du décret prévu à l'article 57 de la présente loi organique, pour répartir les crédits du budget général, des budgets annexes et des comptes spéciaux du Trésor ;

Considérant que ces dispositions reprennent exactement les dispositions contenues dans la section première du chapitre II du titre VI de la directive ;

Relativement à la section 2 :

Considérant que la section 2, intitulée « Du vote du projet de loi de règlement», ne comprend que l'article 62 qui précise la date limite du dépôt, sur le bureau de l'Assemblée nationale, du projet de loi de règlement avec les documents l'accompagnant, notamment, le rapport de la Cour des Comptes sur l'exécution de la loi de finances et la déclaration générale de conformité ;

Considérant que l'article 62 est une reproduction fidèle de la disposition correspondante contenue dans la section II du chapitre II du titre VI de la directive ;

– **SUR LE TITRE VII :**

Considérant que le titre VII, intitulé « Des règles fondamentales de mise en œuvre des budgets publics», comporte un seul chapitre ;

Considérant que ce chapitre, intitulé « Des règles fondamentales régissant l'exécution des dépenses et des recettes », regroupe les articles 63 à 69 ;

Considérant que les articles 63 et 64 énumèrent les autorités chargées de l'exécution du budget de l'État, précisent les incompatibilités entre les fonctions d'ordonnateur et celles de comptable public et prévoient les conditions dans lesquelles les ordonnateurs peuvent déléguer leur pouvoir ;

Considérant que les articles 65 et 66 décrivent le rôle du Ministre chargé des Finances qui est ordonnateur principal unique des recettes et responsable du respect des équilibres budgétaire et financier et prévoient qu'à ce titre, il assure la régulation des dépenses publiques ;

Considérant que l'article 67 dispose que les ministres et les présidents d'institutions constitutionnelles sont ordonnateurs principaux des crédits des programmes et des dotations de leur ministère ou institution, et que le Ministre chargé des Finances est le responsable de la centralisation des opérations des ordonnateurs ;

Considérant que l'article 68 prévoit que des contrôleurs budgétaires relevant du Ministre chargé des Finances et nommés par celui-ci auprès des ordonnateurs procèdent au contrôle a priori des opérations budgétaires et peuvent donner des avis sur la qualité de la gestion des ordonnateurs;

Considérant que l'article 69 fixe les règles relatives à la prescription quadriennale des créances détenues contre l'État et renvoie à des lois et règlements s'agissant des créances détenues par l'État ou les organismes publics dotés d'un comptable public contre les particuliers ou les personnes morales ;

Considérant que les articles 64 à 69 constituent une reproduction des articles correspondants qui figurent dans le titre VII de la directive ;

– SUR LE TITRE VIII :

Considérant que le titre VIII, intitulé « Du contrôle de l'Assemblée nationale et de la Cour des Comptes», comprend les articles 70 et 71 ;

Considérant que l'article 70 prévoit, d'une part, que, sans préjudice des pouvoirs généraux de contrôle de l'Assemblée nationale qui peut procéder à l'audition des ministres, la Commission chargée des finances veille « au cours de la gestion annuelle, à la bonne exécution des lois de finances », et que, d'autre part, le Gouvernement transmet trimestriellement à l'Assemblée nationale des rapports d'exécution budgétaire, à titre d'information ;

Considérant que l'article 71 rappelle les missions de la Cour des Comptes et prévoit qu'elle assiste l'Assemblée nationale dans le contrôle de l'exécution des lois de finances et, qu'à ce titre, elle réalise toutes enquêtes nécessaires à son information ;

Considérant que ces dispositions reprennent fidèlement les dispositions du titre VIII de la directive ;

– **SUR LE TITRE IX :**

Considérant que le titre IX, intitulé « Des dispositions transitoires et finales», comporte les articles 72 et 73 ;

Considérant que l'article 72 abroge la loi organique n° 2011-15 du 8 juillet 2011 relative aux lois de finances, modifiée par la loi organique n° 2016-34 du 23 décembre 2016 ; que l'article 73 diffère l'entrée en vigueur de la présente loi organique jusqu'au 1er avril 2020, à l'exception de ses articles 17 et 18 qui s'appliquent à compter de la loi de finances de l'année 2021 ;

Considérant que la loi organique soumise à l'examen du Conseil constitutionnel est une reproduction de la Directive n° 06/2009/CM/UEMOA du 26 juin 2009 qu'elle a pour objet de transposer ; qu'elle a été adoptée par l'Assemblée nationale conformément aux dispositions constitutionnelles ;

DÉCIDE :

Article premier. – La loi organique abrogeant et remplaçant la loi organique n° 2011-15 du 8 juillet 2011 relative aux lois de finances, modifiée par la loi organique n° 2016-34 du 26 décembre 2016, adoptée par l'Assemblée nationale en sa séance du 3 février 2020 sous le numéro 02/2020, est conforme à la Constitution.

Article 2.- La présente décision sera publiée au *Journal officiel de la République du Sénégal.*

Délibéré par le Conseil constitutionnel dans sa séance du 24 février 2020, où siégeaient Messieurs Papa Oumar SAKHO, Président, Ndiaw DIOUF, Mandiogou NDIAYE, Madame Bousso DIAO FALL, Messieurs Saïdou Nourou TALL, Mouhamadou DIAWARA et Abdoulaye SYLLA ;

Avec l'assistance de Maître Ernestine NDÈYE SANKA, Greffier en chef.

En foi de quoi, la présente décision a été signée par le Président, le Vice-président, les autres Membres et le Greffier en chef.

DOCUMENT N° 8 : COUR SUPREME, CHAMBRE ADMINISTRATIVE, N°12 DU 05 MAI 2009, ETAT DU SÉNÉGAL C/ ARMP-COMITÉ DE RÈGLEMENT DES DIFFÉRENDS, *INÉDIT*

LA COUR SUPREME,

Après en avoir délibéré conformément à la loi ;

Sur le moyen unique tiré de la violation de la loi en ses deux branches en ce que la décision attaquée a violé les lois de compétence, article premier de la loi organique n°96-30 du 21 octobre 1996 sur le Conseil d'Etat, modifiée par les lois organiques n°99-70 et n°99-72 du 17 février 1999, articles 18 à 23 du décret n°2007-546 du 25 avril 2007 portant organisation et fonctionnement de l'Autorité de Régulation des Marchés Publics et des articles 37-3 du décret n°2007-545 du 25 avril 2007 portant Code des marchés publics, 13 et 14 de la Directive n°04/2005/CM/UEMOA ;

Considérant que le requérant fait grief au comité de règlement des différends de s'être érigé en Juge de la légalité en écartant les dispositions de l'article 37, paragraphe 3 du Code des marchés publics, alors que celles-ci ne sont en rien contraires aux articles 13 et 14 de la Directive n°05/2005/CM/UEMOA ;

Considérant que s'il est vrai que le comité ne peut annuler le décret portant Code des marchés publics, il reste qu'il peut écarter des dispositions contraires aux directives n°4 et 5 en vertu du principe de la primauté du droit communautaire sur la législation nationale ;

Considérant cependant que la Directive n°05/2005/CM/UEMOA, et non la Directive n°04/2005/CM/UEMOA comme soutenu par le comité de règlement des différends de l'Autorité de Régulation des Marchés Publics, n'est en rien contraire aux dispositions de l'article 37, paragraphe 3 du décret susvisé portant Code des Marchés publics ;

Qu'en effet, il résulte des dispositions des articles 13 et 14 de cette directive que la composition et le fonctionnement de la Commission d'ouverture des plis et d'évaluation des offres sont définis par les réglementations nationales des Etats membres ;

Considérant que les articles 36 et 37 combinés du décret précité font du représentant du contrôle financier un membre de la commission des marchés des sociétés nationales et des sociétés anonymes à participation publique majoritaire, établissements publics, agences et autres organismes dotés de la personnalité morale ;

Considérant que ce sont les articles 3 et 4 de la Directive n°05/2005/CM/UEMOA qui édictent le principe de la séparation des fonctions de contrôle et de régulation et définissent les fonctions et mécanismes de contrôle des marchés publics et des délégations de service public ;

Considérant que conformément à cette directive il est consacré une séparation des pouvoirs de régulation et de contrôle des marchés publics dès lors que l'Agence de Régulation des Marchés Publics (A.R.M..P), autorité administrative indépendante ayant une autonomie financière est distincte de la Direction Centrale des Marchés Publics (D.C.M.P.), autorité administrative chargée du contrôle à priori de la passation des marchés, rattachée au Ministère de l'Economie et des Finances, sans préjudice au demeurant des dispositions législatives et réglementaires relatives au contrôle des dépenses (article 137 du décret portant Code des marchés publics) ;

Considérant qu'il résulte de la loi n°90-07 du 26 juin 1990 relative à l'organisation et au contrôle des entreprises du secteur parapublic et au contrôle des personnes morales de droit privé bénéficiant du concours financier de la puissance publique que le contrôleur financier a une mission d'information permanente du Président de la République sur la gestion budgétaire et financière de l'Etat et des autres collectivités publiques ;

Qu'ainsi, il ne saurait être assimilé à l'autorité contractante définie aux termes de la directive comme, l'Etat, les collectivités territoriales, les établissements publics, les agences et organismes, personnes morales de droit public bénéficiant du concours financier ou de la garantie de l'Etat, les sociétés d'Etat, les sociétés à participation financière publique majoritaire et les associations formées par une ou plusieurs de ces personnes morales de droit public ainsi que les personnes morales de droit privé agissant pour le compte de ces entités, signataires d'un marché public ;

Que le contrôleur financier ne saurait non plus être pris pour l'organe de contrôle à priori des procédures de passation des marchés publics que constitue la Direction centrale des marchés publics ;

Considérant qu'il s'y ajoute que la commission d'ouverture des plis et d'évaluation des offres n'est pas uniquement composée de représentants de l'autorité contractante puisque les alinéas 1 et 2 de l'article 37 prévoient un représentant du Gouverneur et un représentant du Conseil régional pour les marchés de l'Etat passés en dehors de Dakar et deux membres du Conseil municipal, rural ou régional, lorsqu'il s'agit des marchés publics des collectivités locales ;

Considérant que la faculté pour cette commission de recourir à toute expertise est prévue par l'article 38 du Code des marchés publics ;

Considérant que le représentant du contrôle financier ne saurait être pris comme un des observateurs prévus par l'article 14 de la directive, mais plutôt comme membre ayant voix consultative aux termes des articles 37, 38 et 39 combinés du Code des marchés publics ;

Qu'il s'ensuit que la décision du comité de règlement des différends prise en violation de la loi doit être annulée ;

PAR CES MOTIFS

Annule la décision n°14/ARMP/CRMP/CRD du 27 juin 2008 du Comité de règlement des différends de l'Autorité de Régulation des Marchés publics;

Ordonne la restitution de l'amende consignée ;

DOCUMENT N° 9 : COUR SUPREME, CHAMBRE ADMINISTRATIVE N°29 DU 16 NOVEMBRE 2010, LA CELLULE NATIONALE DE TRAITEMENT DES INFORMATIONS FINANCIÈRES (CENTIF) ET ETAT DU SÉNÉGAL C/ LE COMITÉ DE RÈGLEMENT DES DIFFÉRENDS DE L'AUTORITÉ DE RÉGULATION DES MARCHÉS PUBLICS (ARMP), *INEDIT*

LA COUR SUPREME,

Après en avoir délibéré conformément à la loi ;

Sur le moyen pris en ses deux branches tiré de l'incompétence du Comité de Règlement des Différends (CRD), de l'Autorité de Régulation des Marchés Publics (ARMP), en ce qu'il s'est considéré saisi à tort en commission litiges alors que la Cellule Nationale de Traitement des Informations Financières (CENTIF) l'avait saisi d'une demande d'avis pour la bonne compréhension de certains éléments techniques d'une procédure de marché et non de réclamations relatives à des irrégularités commises en matière de passation de marché ;

Considérant qu'il résulte des alinéas 5 et 9 de l'article 2 du décret n°2007-546 du 25 avril 2007 portant organisation et fonctionnement de l'Autorité de régulation des marchés publics que celle-ci a pour missions entre autres :

- de veiller par ses avis et recommandations à l'application de la réglementation et des procédures relatives à la passation des marchés publics et délégations de service public… ;

- de recevoir les réclamations relatives aux irrégularités en matière de procédures de passation des marchés publics et délégations de service public et de les soumettre au Comité de règlement des Différends visé à l'article 31 du décret ainsi que tout recours à l'effet, à défaut de conciliation entre les parties, de statuer sur toute violation des réglementations communautaires et nationales ;

Considérant que la CENTIF a saisi le CRD le 19 août 2010 d'une demande d'avis suite à la décision par laquelle la Direction Centrale des Marchés Publics (DCMP) a rejeté sa demande d'immatriculation du marché relatif à l'acquisition de deux véhicules ; que bien qu'elle l'ait intitulé demande d'avis, elle a attesté elle-même dans sa lettre de saisine que des divergences d'ordre juridique et technique l'opposaient à la DCMP sur ce dossier ;

Considérant que ces divergences techniques et juridiques constituent en réalité des irrégularités que la DCMP lui reproche d'avoir commis dans la procédure de passation du marché ;

Considérant qu'en saisissant l'ARMP pour contester l'avis défavorable de la DCMP, la CENTIF a formulé une demande de réclamation que celle-ci ne pouvait soumettre qu'au Comité de règlement des différends pour trancher un litige déjà né, la procédure d'appel d'offres ayant été clôturée par un avis d'attribution ;

Qu'ainsi, la qualification de demande d'avis que la CENTIF donne à son recours adressé à l'ARMP étant erronée, c'est donc à tort qu'elle plaide l'incompétence du CRD ;

Sur le deuxième moyen en ses branches réunies tiré d'inexactitudes matérielles ;

Considérant que sous ce moyen, la requérante reproche au CRD d'avoir conforté la DCMP dans son refus d'immatriculation des véhicules pour non soumission du rapport d'analyse comparative des offres et du procès-verbal d'attribution du marché à la formalité de revue préalable ;

Considérant qu'il résulte de manière non équivoque de la lettre du 16 juillet 2010 adressée par la DCMP au Directeur de la CENTIF qu'elle a refusé d'émettre un avis sur le dossier en retenant que le seuil de revue du rapport d'analyse et procès-verbal d'attribution provisoire (*40 millions*) était atteint ;

Considérant qu'en effet, ce seuil de 40.000.000 F CFA TTC pour l'examen par la DCMP des marchés de fournitures et des services y compris, les prestations intellectuelles tel que fixé par l'arrêté ministériel n°11580 du 28 décembre 2007 pris en application de l'article 138 du code des marchés publics est atteint en l'espèce, puisque le marché composé de deux lots est chiffré à 31.000.000 F CFA pour le lot n°1 et à 9.500.000 F CFA pour le lot n°2, ce qui fait un total de 40.500.000 F CFA ;

Qu'en conséquence, le marché devait être soumis à la formalité de revue préalable, d'où il suit que le moyen est mal fondé ;

Sur les troisième et quatrième moyens réunis tirés de la violation de la loi, en ce que la décision du CRD se prononce sur la personnalité juridique de la

CENTIF en omettant de se référer à la loi uniforme n°2004-09 du 6 février 2004 portant sa création ;

Considérant que selon l'article 1er de la Directive n°04/2005/CM/UEMOA portant procédures de passation, d'exécution et de règlement des marchés publics et des délégations de service public dans l'Union Economique et Monétaire, on entend par autorité contractante la personne morale de droit public ou de droit privé, signataire d'un marché public ;

Considérant que le code des marchés publics en son article 2.1- a), contrairement à ce que retient l'ARMP dans la décision attaquée, fait des organisations ou agences non dotées de la personnalité morale placées sous l'autorité de l'Etat, des autorités contractantes, ce qui est en contradiction avec la Directive susvisée, norme supérieure qui rend tributaire la qualité d'autorité contractante de ces organisations ou agences à l'octroi de la personnalité morale ;

Considérant que la CENTIF a été instituée en application des dispositions de l'article 16 de la loi uniforme n°2004-09 du 6 février 2004 relative à la lutte contre le blanchiment de capitaux ; que l'article 2 du décret n°2004-1150 du 30 juillet 2004 portant sa création, son organisation et son fonctionnement en fait un service administratif placé sous la tutelle du Ministre chargé des Finances, doté de l'autonomie financière et d'un pouvoir de décision autonome sur les matières relevant de sa compétence ;

Considérant que ces textes n'ont pas doté la CENTIF de la personnalité morale ;

Considérant ainsi que la CENTIF dépourvue de la personnalité morale n'a pas la qualité d'autorité contractante et ne peut en conséquence mettre en place sa propre commission des marchés en dehors de celle du Ministère de l'Economie et des Finances, autorité de tutelle ;

Que c'est donc à bon droit que l'ARMP a retenu comme nuls et de nullité absolue les actes pris par la commission des marchés mise en place irrégulièrement par la CENTIF ;

PAR CES MOTIFS :

Dit que le Comité de Règlement des Différends de l'ARMP est compétent pour statuer sur la réclamation de la CENTIF ;

Rejette le recours formé par la CENTIF contre la décision n°125-10 du 8 septembre 2010 du CRD de l'ARMP ;

DOCUMENT N° 10 : ARRÊT DE LA COUR D'APPEL DE DAKAR, CH. CIV. N° 201 DU 15 JUILLET 2019, L'ENTREPRISE MAPATHÉ NDIOUCK SA C/ DIRECTEUR GÉNÉRAL DES IMPÔTS ET DOMAINES, *INÉDIT*

LA COUR

Vu les pièces du dossier ;

Ouï pour les parties en toutes leurs demandes fins et conclusions ;

Après en avoir délibéré conformément à la loi ;

Considérant que par actes des 11 et 12 mars 2018, servis par Maître Fatma HARIS DIOP, huissier de justice à Dakar, l'entreprise Mapathé NDIOUCK a interjeté appel de la décision n° 186, rendue le 05 Mars 2019 par le tribunal de grande instance hors classe de Dakar, statuant en matière civile, dans l'affaire l'opposant au directeur général des impôts et domaines et consorts et dont le dispositif est ainsi conçu :

Statuant publiquement, contradictoirement, en matière fiscale et en premier ressort ;

En la forme :

Reçoit l'action ;

Au fond :

Rejette la demande de l'entreprise Mapathé NDIOUCK comme mal fondée ;

Condamne l'entreprise Mapathé NDIOUCK aux dépens ;

En la Forme :

Considérant que suivant ordonnance, en date du 1er Juillet 2019, le conseiller de la mise en état a déclaré l'appel recevable ;

Qu'il échet en conséquence d'y statuer ;

Au fond :

Les faits de la cause :

Considérant que par arrêté n° 7953/MDIA/MEFP du ministre de l'économie et des finances, pris le 07 Juillet 1989, le sieur Mapathé NDIOUCK a bénéficié d'une autorisation, es-nom, d'ouvrir et d'exploiter une carrière de basalte à DIACK dans la commune de Ngoundiane, région de Thiès ;

Que, le 22 Juin 2009, par arrêté n°6485/MMITPME/DMG du ministre chargé des mines, la carrière de DIACK attribuée à Mapathé NDIOUCK, es-nom, a été mutée au nom de « l'entreprise Mapathé NDIOUCK » pour une durée de cinq ans ;

Que cette autorisation d'exploitation de carrières sera par la suite renouvelée à deux reprises par arrêté du ministre chargé des mines, une première fois, le 29 septembre 2014 puis, une seconde fois, le 23 Août 2016 ;

Que, le 13 décembre 2011, le gouvernement du Sénégal, à travers la loi n°2011-20 portant la loi de finances de l'année 2012, a institué un nouvel impôt dénommé « *Contribution Spéciale sur les produits des Mines et carrières* » dite CSMC, qui devait être supportée directement par les cimenteries et les entreprises exploitant des mines ou carrières ;

Que, par la suite, cette contribution spéciale, qui a été budgétisée à près de 50 milliards dans ladite loi de finances, a été reconduite dans les lois de finances des années qui ont suivi, soit, en 2013, en 2014 et en 2015 ;

Que, le 15 Septembre 2015, l'administration fiscale, se fondant sur les dispositions desdites lois de finances instituant la CSMC, a adressé à l'entreprise Mapathé NDIOUCK une mise en demeure de payer ledit impôt ;

Qu'au même moment, soit le 16 Octobre 2015, le ministre de l'industrie et de Mines avait dressé à l'entreprise Mapathé NDIOUCK une mise en demeure de « *relancer la production de la carrière (de DIACK) qui est trop faible, à défaut, il serait obligé de prendre un arrêté de modification de son autorisation d'ouverture et d'exploitation de carrière afin de réduire la superficie à des proportions raisonnables* » ;

Que, le 04 novembre 2015, l'administration fiscale notifiait à ladite l'entreprise un redressement en matière de CSMC pour 363.603.903 francs

CFA de droits simples et 181.801.952 francs CFA de pénalités soit un total de 545.405.855 francs CFA ;

Que, le 04 décembre 2015, l'entreprise adresse au chef du centre de grandes entreprises de la direction générale des impôts et domaines, une lettre dans laquelle elle soutenait ne pas devoir cette taxe au motif qu'elle avait arrêté de faire fonctionner la carrière de DIACK depuis 2011 et qu'elle n'a repris la production que le 22 octobre 2015 ;

Qu'à l'appui, elle verse le constat d'huissier joint à la lettre-réponse envoyée au Ministère chargé des mines qui lui enjoignait de reprendre un rythme normal de production pour satisfaire les projets du PSE;

Que, refusant de tenir compte de cette objection, l'administration fiscale lui notifia, le 28 janvier 2016, une lettre portant titre de perception des droits simples et des pénalités sur la Contribution spéciale sur les produits des mines et carrières (CSMC) pour la période allant de janvier 2012 à Juillet 2015 ;

Que, le 03 mars 2016, l'entreprise Mapathé NDIOUCK a assigné l'administration fiscale en opposition contre le titre de perception n°138/G/138/ 15 du 13 Janvier 2016 au motif, entres autres et, en substance, que l'impôt réclamé était illégal car les normes communautaires n'admettaient pas l'institution d'une nouvelle imposition par le biais de la loi de finances et que cela était plutôt du domaine exclusif de la loi (fiscale) ;

Qu'en plus, elle invoque la stabilité du régime fiscal dont elle bénéficie et qui la plaçait hors de portée de la CSMC qui a été instituée pendant la durée de validité de son titre minier ;

Que, par jugement n°186 du 05 mars 2019, le tribunal de grande instance hors classe de Dakar, estimant que les restrictions de la loi communautaire en la matière sont couvertes, au Sénégal, par la loi organique n°2011-15 du 08 Juillet 2011 qui maintenait en vigueur les anciennes dispositions de la loi organique n° 2001-09 du 15 octobre 2001 relative aux lois de finances modifiée, a retenu que l'entreprise, qui ne peut par ailleurs bénéficier de la stabilité du régime fiscal car n'étant pas détentrice d'un titre minier, n'était pas fondée à s'opposer au paiement dudit impôt ;

Que, sur ce, elle a rendu la décision dont est fait appel ;

Prétentions des parties :

Considérant que dans ses conclusions d'appel prises le 03 mai 2018 et dans celles récapitulatives en réplique du 31 Mai 2019, l'entreprise Mapathé NDIOUCK, par l'entremise de son conseil, a soulevé plusieurs moyens dont, principalement, l'illégalité de la CSMC tirée de la violation de la Directive n°6/2009/CM/UEMOA relative aux lois de finances au sein de l'Union et de la violation de l'article 17 du Règlement n°18/2003/CM/UEMOA du 23 décembre 2003 portant Code minier communautaire ;

Considérant que, sur la violation de la Directive n°6/2009/CM/UEMOA relative aux lois de finances, elle soutient qu'une imposition nouvelle ne peut résulter d'une loi de finances et qu'en instituant la CSMC à travers la loi n°2011-20 du 13 décembre 2011 portant la loi de finances de l'année 2012 et en la reconduisant dans les lois de finances des années 2013, 2014 et 2015, l'Etat du Sénégal a gravement violé les dispositions de la norme communautaire ;

Qu'à l'appui de sa prétention elle convoque, notamment, l'article 3 la Directive n°6/2009/CM/UEMOA relative aux lois de finances, qui dispose que :

« *Les lois de finances déterminent la nature, le montant et l'affectation des ressources et des charges de l'Etat ainsi que l'équilibre budgétaire et financier qui en résulte, compte tenu de la situation et des objectifs macro-économiques des Etats membres et des obligations du Pacte de convergence, de stabilité, de croissance et de solidarité* » ;

« *Les dispositions relatives à l'assiette, au taux et aux modalités de recouvrement des impositions de toute nature, qu'elles soient perçues par l'Etat ou affectées à d'autres organismes publics, sont du domaine de la loi.* » ;

Que, selon elle, il apparait clairement, à la lecture des dispositions susvisées, qu'une loi de finances ne peut créer une nouvelle imposition ni même contenir des dispositions « *relatives à l'assiette, au taux et aux modalités de recouvrement d'une imposition* » ;

Qu'or, les dispositions de cette Directive étaient, aux termes de l'alinéa 1er de son article 86, applicables au plus tard le 1er janvier 2012, ce qui fait que, pour les années postérieures à 2011, aucune loi de finances ne pouvait contenir une imposition nouvelle comme le CSMC dont le paiement lui est présentement réclamé ;

Qu'elle fait noter que le Sénégal a transposé dans sa législation interne ladite Directive n° 6 par la loi n° 2011-15 du 08 juillet 2011, portant loi organique relative aux lois de finances ;

Mais que, toutefois, cette loi organique n° 2011-15, n'abroge la loi organique précédente n° 2001-09 du 15 octobre 2001 relative aux lois de finances qu'à compter du 1er janvier 2016, ce qui est une violation manifeste des dispositions de l'alinéa 1er de l'article 86 de la directive de l'UEMOA qui indique que « *les dispositions de la présente Directive sont appliquées au plus tard le 1er janvier 2012* » ;

Que, pourtant, fait-elle observer, c'est sur cette loi organique n° 2001-09 du 15 octobre 2001 relative aux lois de finances que le jugement querellé s'est fondé pour rejeter le moyen au motif que certaines de ses dispositions sont maintenues en vigueur jusqu'au 31 janvier 2015 par la loi organique n° 2011-15 du 08 juillet 2011 par laquelle le Sénégal a transposé la Directive n° 6 portant loi de finances au sein de l'UEMOA ;

Qu'elle estime que, dans sa motivation, le premier juge a éludé le débat car, en maintenant en vigueur, jusqu'au 31 janvier 2015, des dispositions de la loi organique qui l'a précédée, la loi organique n° 2011-15 du 08 juillet 2011 a manifestement violé la loi communautaire, notamment, son article 86 alinéa 1er ;

Qu'ensuite, toujours pour s'opposer au titre de perception, l'entreprise invoque la violation de l'article 17 du règlement n°18/2003/CM/UEMOA du 23 décembre 2003, portant code minier communautaire, qui garantit la stabilité du régime fiscal accordée aux titulaires de titres miniers durant la période de validité du titre et qui, en conséquence, interdit toute nouvelle imposition à leur égard ;

Qu'en conséquence de tout cela, elle sollicite l'infirmation de la décision entreprise et, statuant à nouveau, l'annulation du titre de perception n°138/G/138/15 du 13 janvier 2016 par lequel l'administration fiscale lui réclame les droits simples et les pénalités au titre de la contribution spéciale sur les produits des mines et carrières (CSMC) sur la période de janvier 2012 à juillet 2015 ;

Considérant que, dans ses conclusions du 25 mai 2019, répondant sur le moyen tiré de la violation de Directive n° 6 par la loi n° 2011-15 du 08 juillet 2011, portant loi organique relative aux lois de finances, l'administration fiscale expose que la CSMC a été instituée conformément à l'article 67 de la constitution qui stipule que : « *la loi fixe les règles concernant l'assiette, le taux et les modalités de recouvrement des impositions de toute nature* » ;

Que cette disposition a été reprise par l'article 1er de la loi organique n° 2001-09 du 15 octobre 2001 relative aux lois de finances modifiée par la loi organique n°2007-29 du 10 octobre 2007 qui dispose que : « ... *Les lois de finances peuvent toutefois contenir des dispositions relatives au taux, à l'assiette et aux modalités de recouvrement des impositions de toute nature* » ;

Qu'ainsi, la CSMC qui a été instituée par la loi de finances de l'année 2012 et reprise par les lois de finances des années 2013, 2014 et 2015, est conforme à l'article 1er de la loi organique précitée ;

Que, par conséquent, contrairement à ce qui est soutenu par l'appelante, le fait que les dispositions instituant la CSMC, qui est un impôt, soient contenues dans les lois de finances des années 2012 et suivantes, est en soi tout à fait conforme à la loi ;

Que la Directive étant un instrument juridique qui a pour but l'harmonisation des législations des Etats membres, elle laisse cependant à ces derniers toute la latitude pour atteindre les objectifs qu'elle fixe ;

Qu'en effet, même si cette disposition communautaire a été transposée dans la législation par le biais de la loi organique n° 2011-15 du 08 juillet 2011, il est toutefois prévu par l'article 72 de cette loi, que la loi organique n° 2001-09 du 15 octobre 2001 relative aux lois de finances modifiée est maintenue en vigueur jusqu'au 31 janvier 2015 ;

Que, par conséquent, la CSMC qui est une imposition instituée par les lois de finances des années 2012 à 2015, n'a nullement été créée en violation des dispositions de la Directive n°6/2009/CM/UEMOA, comme le prétend l'appelante, dans la mesure où l'Etat du Sénégal ne s'obligeait à les appliquer qu'à compter du 1er janvier 2016 ;

Que, répondant au second moyen, elle soutient en substance, que l'autorisation d'exploiter de carrières de basalte dont se prévaut l'entreprise Mapathé NDIOUCK ne constitue pas en soi un titre minier et qu'en conséquence, celle-ci ne peut bénéficier de la stabilité du régime fiscal accordée par l'article 17 du règlement n°18/2003/CM/UEMOA du 23 décembre 2003 portant Code minier communautaire ;

Qu'ainsi, au regard de tout ce qui précède, le juge d'appel est invité à faire droit aux prétentions de l'administration fiscale et de rejeter l'argumentaire de l'appelante comme étant mal fondé ;

<u>MOTIF DE LA DÉCISION</u> :

Considérant qu'aux termes de l'article 709 du code général des impôts, « *tout assujetti peut contester devant la justice les impositions qui sont établies à son encontre après réception des avertissements ou des notifications de titres de perception ou de refus de restitution à condition de se conformer aux règles particulières établies spécifiquement pour chaque impôt aux livres I, II, et III du présent code.* » ;

Que selon l'article 710, VI° du même code, « *sauf exception prévue par le présent code, les voies de recours prévues par le Code de Procédure Civile, sont ouvertes aux parties. Les règles fixées pour la procédure devant les tribunaux régionaux, sont applicables à la procédure d'appel.* » ;

Considérant qu'il est constant, comme résultant des éléments du dossier et des débats, que le gouvernement de la république du Sénégal a institué, à travers la loi n°2011-20 du 13 décembre 2011 portant la loi de finances de l'année 2012, un nouvel impôt dénommé « *Contribution Spéciale sur les produits des Mines et arrières* » (CSMC) qui devait être supportée directement par les entreprises minières et budgétisée à près de 50 milliards dans ladite loi de finances ;

Que, par la suite, cette contribution spéciale a été reconduite dans les lois de finances des années 2013, 2014 et 2015 ;

Considérant que, pour y arriver, l'Etat du Sénégal a maintenu en vigueur, jusqu'en janvier 2016, des dispositions de l'ancienne loi organique n° 2001-09 du 15 octobre 2001 relative aux lois de finances, modifiée par la loi organique n°2007-29 du 10 octobre 2007, qui disposait en son article 1er que « *les lois de finances peuvent toutefois contenir des dispositions relatives à l'assiette, au taux et aux modalités de recouvrement des impositions de toute nature* » ;

Considérant que c'est sur le fondement des lois de finances des années 2012, 2013, 2014 et 2015 que l'administration fiscale a émis, contre l'entreprise Mapathé NDIOUCK, le titre de perception n°138/G/138/15 du 13 janvier 2016 par lequel elle lui réclame des droits simples et des pénalités au titre de la contribution spéciale sur les produits des mines et carrières (CSMC) sur la période de janvier 2012 à juillet 2015 ;

Considérant que l'entreprise Mapathé NDIOUCK soulève l'illégalité de la contribution spéciale en ce qu'elle a été instituée par une loi de finances elle-même encadrée par une loi organique dont les dispositions violent les normes communautaires mais aussi en ce que, en tant que détentrice d'un titre minier, elle bénéficie de la loi sur la stabilité du régime fiscal qui la place, durant la période de validité de son titre, hors de portée de toute nouvelle imposition ;

Que, pour sa part, l'administration fiscale, suivie en cela par le premier juge, a soutenu que la CSMC qui est une imposition instituée par les lois de finances des années 2012 à 2015, n'a nullement violé la Directive n°6/2009/CM/UEMOA dans la mesure où, en vertu de l'article 72 de la loi organique n° 2011-15 du 08 juillet 2011, l'Etat du Sénégal ne s'obligeait à appliquer les dispositions de la Directive de l'UEMOA qu'à compter du 1er janvier 2016 et, qu'en sus, l'entreprise n'étant pas titulaire d'un titre minier mais plutôt d'une simple autorisation d'exploitation, ne peut se prévaloir d'une quelconque loi sur la stabilité du régime fiscal ;

Considérant, ceci étant, que la constitution du Sénégal consacre, en son article 67, alinéa 1 et 3, le principe général de droit fiscal selon lequel « *la loi crée les impositions tandis que les lois de finances déterminent l'affectation des ressources générées par lesdites impositions* » ;

Que ce principe général distingue clairement la « *loi de recettes* » ou loi fiscale, contenue principalement dans le code général des impôts et le code des douanes, de la « *loi de répartition* » ou loi de finances de l'année qui est contenue dans un document appelé « *le budget de l'Etat* » ;

Considérant que ce principe général, d'essence constitutionnelle, est repris à l'article 3 de la Directive n°6/2009/CM/UEMOA lorsqu'elle dispose en son alinéa 1 que « *les lois de finances déterminent la nature, le montant et l'affectation des ressources et des charges de l'Etat ainsi que l'équilibre budgétaire et financier qui en résulte, compte tenu de la situation et des objectifs macro-économiques des Etats membres et des obligations du Pacte de convergence, de stabilité, de croissance et de solidarité.* » ;

Et lorsqu'elle indique en son alinéa 2 que « *les dispositions relatives à l'assiette, au taux et aux modalités de recouvrement des impositions de toute nature, qu'elles soient perçues par l'Etat ou affectées à d'autres organismes publics, sont du domaine de la loi.* » ;

Considérant qu'il résulte des dispositions ci-dessus indiquées que l'institution de tout impôt ou taxe est exclusivement du domaine de la loi (fiscale) et qu'en conséquence, elle ne peut se faire par la voie des lois de finances qui, elles, sont essentiellement destinées à répartir annuellement les ressources de l'Etat entre ses différentes charges dans les conditions et sous les réserves prévues par une loi organique ;

Que cela est d'autant plus vrai qu'au Sénégal, l'autorisation de percevoir l'impôt est permanente et réside dans la loi fiscale, notamment, le code général des impôts, le code des douanes et le code minier, entre autres ;

Que c'est, d'ailleurs, ce qui fait du régime fiscal Sénégalais un régime à « *recettes fiscales consolidées* », en ce sens qu'elles sont des recettes qui, une fois créées par la loi (fiscale), ne sont plus renouvelées ou remises en question chaque année jusqu'à ce que d'autres lois de recettes viennent en décider autrement, soit en modifiant le taux, soit en modifiant l'assiette et ou leurs modalités de recouvrement ;

Considérant, ceci étant, que l'article 85 de la Directive n°6/2009/CM/UEMOA dispose que, « *les dispositions de la présente Directive sont transposées par les Etats membres dans leur législation interne au plus tard le 31 décembre 2011* » ;

Que l'article 86 de ladite Directive indique clairement que « *Les dispositions de la présente Directive sont appliquées au plus tard le 1er janvier 2012.* » ;

Que donc, au regard des deux textes susvisées, sauf pour les exceptions énumérées à l'alinéa 2 de l'article 86 et qui, au demeurant, ne concernent pas la présente cause, il est incontestable que les dispositions de la Directive n°6/2009/CM/UEMOA devenaient obligatoires et immédiatement applicables, à tous les Etats de l'espace UEMOA, à partir du 1er janvier 2012 » ;

Considérant, tout de même, que la Directive précitée a été effectivement transposée dans la législation interne du Sénégal par le biais de la loi n° 2011-15 du 08 juillet 2011, portant loi organique relative aux lois de finances ;

Que, cependant, en dépit de cette transposition dans la législation interne du Sénégal, l'article 72 de cette loi organique n° 2011-15 (qui a procédé à la transposition de la Directive),a maintenu en vigueur, jusqu'au 31 janvier 2015, les dispositions de la précédente loi organique (n° 2001-09 du 15 octobre 2001 relative aux lois de finances, modifiée par la loi organique n°2007-29 du 10 octobre 2007) qui disposait en son article 1er, et cela, en parfaite contradiction avec la Directive n°6 de l'UEMOA, que « *les lois de finances peuvent toutefois contenir des dispositions relatives à l'assiette, au taux et aux modalités de recouvrement des impositions de toute nature* »;

Or, considérant qu'en vertu de l'article 6 du traité modifié de l'UEMOA du 29 janvier 2003, « *les actes arrêtés par les organes de l'Union pour la réalisation des objectifs du présent Traité et conformément aux règles et procédures instituées par celui-ci, sont appliqués dans chaque Etat membre nonobstant toute législation nationale contraire, antérieure ou postérieure.* » ;

Que l'Article 7 dudit traité ajoute que « *les Etats membres apportent leur concours à la réalisation des objectifs de l'Union en adoptant toutes mesures générales ou particulières, propres à assurer l'exécution des obligations découlant du présent Traité. A cet effet, ils s'abstiennent de toutes mesures susceptibles de faire obstacle à l'application du présent Traité et des actes pris pour son application.* » ;

Qu'en son article 43, alinéa 2, ledit traité précise que, « *La primauté bénéficie à toutes les normes communautaires, primaires comme dérivées, immédiatement applicables ou non, et s'exerce à l'encontre de toutes les normes nationales administratives, législatives, juridictionnelles et, même constitutionnelles parce que l'ordre juridique communautaire l'emporte dans son intégralité sur les ordres juridiques nationaux.* » ;

Qu'enfin, de l'avis n°00I du 18 Mars 2003 de la cour de justice de l'UEMOA il résulte que, « ... *le juge national, en présence d'une contrariété entre le droit communautaire et une règle de droit interne, devra faire prévaloir le premier sur la seconde en appliquant l'un et en écartant l'autre.* » ;

Considérant dès lors que, eu égard aux dispositions susvisées, l'Etat du Sénégal n'était pas fondé à prévoir, dans sa législation interne, une disposition transitoire de nature à différer ou retarder l'application de la norme communautaire pour, ensuite, s'en référer pour instituer une nouvelle imposition par une voie autre que celle prescrite par le Pacte de convergence à laquelle il a librement souscrit ;

Qu'en conséquence, pour avoir été instituée sur le fondement d'une disposition manifestement contraire aux principes élémentaires des finances publiques et, plus particulièrement, à la Directive n°6/2009/CM/UEMOA, alors que celle-ci était obligatoire et applicable, au moins, depuis le 1er janvier 2012, la CSMC, créée en 2011 pour l'année 2012 puis maintenue jusqu'en 2016, ne saurait valablement produire d'effet à l'égard des personnes à qui elle est appliquée lorsque celles-ci s'y opposent ;

Considérant qu'au surplus, l'entreprise Mapathé NDIOUCK a bénéficié d'une autorisation d'exploiter la carrière de basalte de DIACK, sise à Ngoundiane, par arrêté n°6485/MMITPME/DMG signé le 22 Juin 2009 par le ministre chargé des mines ;

Qu'ainsi, contrairement à ce qui est soutenu par le premier juge, elle est bien titulaire d'un titre minier en ce sens que l'article 1er, 26° du règlement n°18/2003/CM/UEMOA du 23 décembre 2003, portant code minier communautaire, définit le titre minier comme « *les autorisations, permis ou concessions ayant trait à la prospection, à la recherche et à l'exploitation de substances minérales* » ;

Qu'or, il résulte de l'article 17, alinéa 1 dudit Règlement n°18 de l'UEMOA que, « *la stabilité du régime fiscal et douanier prévu dans la réglementation en vigueur au sein de l'Union est garantie aux titulaires de titres miniers pendant la période de validité de leurs titres. Pendant la période de validité de ces titres miniers, les règles d'assiette et de liquidation des impôts, droits et taxes prévus par la réglementation en vigueur demeurent telles qu'elles existent à la date de délivrance desdits titres miniers et aucune nouvelle taxe ou imposition de quelque nature que ce soit n'est applicable au titulaire ou bénéficiaire pendant cette période.* » ;

Que, dès lors, le CSMC étant une nouvelle imposition, instituée seulement en 2012, alors que l'entreprise Mapathé NDIOUCK disposait déjà de son titre minier depuis l'année 2009, son paiement ne saurait, sans violation des dispositions susvisées, lui être réclamé par l'administration fiscale ;

Considérant que l'impôt ne peut produire d'effet qui s'il est conforme aux dispositions légales qui régissent la matière ;

Considérant qu'il résulte de tout ce qui précède qu'il existe, en l'espèce, des motifs largement suffisants pour anéantir purement et simplement les effets de la Contribution Spéciale sur les produits des Mines et carrières, dite CSMC, vis-à-vis de l'entreprise Mapathé NDIOUCK ;

Qu'il échet, sans qu'il y ait besoin de statuer sur les autres moyens soulevés par l'appelante, de prononcer l'annulation du titre de perception n°138/G/138/15 du 13 janvier 2016 par lequel l'administration fiscale réclame à l'entreprise Mapathé NDIOUCK les droits simples et les pénalités au titre de la Contribution spéciale sur les produits des mines et carrières (CSMC) sur la période allant de janvier 2012 à juillet 2015 ;

Sur les dépens

Considérant que l'administration fiscale a succombé à l'appel ;

Qu'il échet, conformément à l'article 81 du code de procédure civile, de mettre les dépens à sa charge ;

PAR CES MOTIFS

Statuant publiquement, contradictoirement, en matière fiscale et en dernier ressort ;

En la forme :

Vu l'ordonnance de clôture en date du 1er Juillet 2019 ;

Au fond :

Infirme le jugement entrepris ;

Statuant à nouveau :

Annule le titre de perception n° 138/G/138/15 du 13 janvier 2016 par lequel l'administration fiscale réclame à l'entreprise Mapathé NDIOUCK les droits simples et les pénalités, au titre de la contribution spéciale sur les produits des mines et carrières (CSMC), sur la période de janvier 2012 à juillet 2015 ;

Met les dépens à la charge de l'administration fiscale.

DOCUMENT N° 11 : « LE JUGE ET LE DÉFAUT DE TRANSPOSITION DES DIRECTIVES DANS L'ESPACE UEMOA », COMMUNICATION DE MONSIEUR EULOGE AKPO, RENTRÉE SOLENNELLE DE LA COUR DE JUSTICE DE UEMOA, ANNÉE JUDICIAIRE 2021-2022, OCTOBRE 2021

INTRODUCTION

L'UEMOA n'est pas créée par mimétisme, mais par nécessité. C'est pour renforcer leur capacité à participer au commerce mondial et pour échapper conséquemment à une marginalisation par rapport au reste du monde que des Etats de l'Afrique de l'Ouest se sont regroupés dans cette organisation d'intégration économique. Les espérances sont légitimes, à savoir :

- resserrer des liens commerciaux afin de renforcer leur capacité à participer au commerce mondial ;

- surmonter les obstacles que représente la relative exiguïté de leur marché national en permettant aux producteurs de réaliser de plus grandes économies d'échelle et de bénéficier de la mise en place d'infrastructures au niveau régional ;

- additionner leurs ressources, afin de se doter, au niveau régional, de moyens institutionnels et humains leur permettant de combattre efficacement la pauvreté, le chômage les décès précoces et d'atteindre un niveau de compétence technique et administrative auquel ils ne pourraient pas prétendre en agissant seuls ;

- faire valoir les intérêts des Etats avec plus d'assurance et plus de force dans le concert des nations, etc.[1].

C'est pourquoi des objectifs précis ont été fixés à cette organisation d'intégration économique. Pour réaliser lesdits objectifs et amener conséquemment les citoyens, les entreprises et les Etats à profiter des

---

[1] Éléments tirés de l'allocution de M. Alassane Ouattara, Directeur général adjoint du Fonds monétaire international, L'Intégration Régionale en Afrique: Une Etape Importante vers l'Intégration Mondiale, 14 avril 1999 ; consultée en ligne le 21-8-21 ; 10 : 08 ; URL : mf.org/fr/News/Articles/2015/09/28/04/53/sp04149. Seuls les avis et les recommandations ne sont 4as obligatoires et ont plutôt un caractère facultatif.

multiples avantages de l'intégration économique, les organes de l'UEMOA adoptent de nombreux actes communautaires au nombre desquels figurent les directives[2] adoptées par le Conseil des Ministres et qui sont d'une utilité importante pour l'enracinement de l'intégration économique.

Malheureusement, dans la plupart des Etats de l'UEMOA, les cadres chargés de la gestion des affaires publiques semblent ne pas avoir encore cette perception de l'utilité des directives. Ils profitent du fait que les directives ne peuvent s'appliquer, au plan national, qu'à la suite de leur transposition dans les législations internes, pour traîner les pieds dans l'internalisation de leur contenu. Cela met à mal le respect des obligations communautaires par les Etats.

La justice communautaire, chargée, par la Conférence des Chefs d'Etat et de Gouvernement, d'assurer le respect de la norme communautaire, doit-elle rester passive face à cette situation préoccupante aux conséquences dommageables pour l'Union, les Etats membres et leurs citoyens ?

C'est pourquoi la présente rentrée judiciaire trouve pertinente une réflexion sur le thème intitulé : « Le juge et le défaut de transposition des directives dans l'espace UEMOA ».

Ce thème recèle des vocables sur lesquels il faudra d'ores et déjà s'entendre.

C'est d'abord le cas *« du juge de l'espace UEMOA »* qu'il faut entendre dans un sens large englobant à la fois la Cour de Justice de l'UEMOA et les juges nationaux des Etats membres qui sont tous des juges communautaires, conformément aux dispositions telles que les articles 14 et 15-6 du Règlement n° 01/96 CM portant Règlement de procédures de la Cour de justice de l'UEMOA. En effet, la Cour de justice « assure le respect du droit relativement à l'interprétation et l'application du Traité » ainsi que des autres actes communautaires.

Les juridictions de ce genre fonctionnent pour l'ensemble de la communauté et sont appelées par la doctrine « les juges spécialistes du droit communautaire ». Elles ne peuvent jouer efficacement leur rôle, sans la contribution des juges nationaux qui assurent l'application de la norme communautaire au plan national et sont par conséquent appelés « juges communautaires de droit commun ». On constate par-là, l'institution d'une

« subsidiarité juridictionnelle »[2], caractérisée par une compétence de principe au profit du juge national et une compétence subsidiaire du juge communautaire régional.[3]

Aussi, faudra-t-il ici entendre le vocable *« défaut de transposition des directives »* soit par défaut de transposition au sens stricto sensu, soit par transposition tardive, soit par transposition incorrecte des directives.

En vue de préconiser une stratégie idoine pour juguler ce phénomène caractéristique de la « crise de l'Etat de droit »,[4] il serait judicieux de jeter un regard, d'une part, sur la justification de l'implication du juge dans l'application effective des directives(I) et d'autre part sur la contribution que peut apporter le juge à l'application effective des directives (II).

I. LA JUSTIFICATION DE L'IMPLICATION DU JUGE COMMUNAUTAIRE DANS L'APPLICATION EFFECTIVE DES DIRECTIVES

Dans l'ordre normal des choses, une directive ne devrait pas être invoquée par devant les juges communautaires, en raison de la nature juridique de cet acte communautaire. Sa définition conforte bel et bien cette thèse. Il est vrai que les actes communautaires de l'UEMOA ne définissent pas la notion de « directive ».

A travers l'article 43 du Traité modifié de l'UEMOA, le législateur s'est contenté tout simplement de dire que «...] Les directives lient tout Etat membre quant aux résultats à atteindre [... ».

Les définitions données par la doctrine ne sont pas d'un grand secours, en raison de ce qu'elles ne sont pas collées à l'actualité juridique de l'Afrique de

---

[2] Cette expression qualifie l'articulation des compétences juridictionnelles communautaires des juridictions nationales et régionales. Cf. Denys SIMON, « La subsidiarité juridictionnelle : notion-gadget ou concept opératoire ? », *Revue des affaires européennes (RAE)*, 1998, spéc. p. 84-85).

[3] Julie Dupont-Lassalle, La « subsidiarité juridictionnelle », instrument de l'intégration communautaire ? Dans Droit et société 2012/1 (n° 80), op. cit.

[4] Expression empruntée à Éric CARPANO, La crise de l'Etat de droit en Europe. De quoi parle-t-on ? Dans Revue des droits et libertés fondamentaux, RDLF 2019 chron. n°29, consulté en ligne le 2/10/21, 10 :09 ; URL :
http://www.revuedlf.com/droit-ue/la-crise-de-letat-de-droit-en-europe-de-quoi-parle-t-on/

l'Ouest. En effet, « dans un excès de zèle européaniste[5] » et une « vision euro centrique du monde[6] », la plupart des auteurs rattachent la directive à l'Union Européenne. C'est le cas de Catherine PUIGELIE qui définit la directive comme un « Acte normatif pris par le Conseil ou la Commission de l'Union Européenne qui s'impose à un Etat membre tout en le laissant libre des moyens pour l'appliquer »[7]. Il en est de même de Christophe ALBIGES, Philippes BLACHER et Rémy CABRILLAC pour qui la directive est un « Acte juridique de l'Union Européenne obligatoire qui lie les Etats membres de l'Union Européenne destinataires quant au résultat à atteindre, dans un délai déterminé, mais non quant à la forme et aux moyens utilisés ».[8]

Il en est également ainsi de Gérard CORNU pour qui la directive est un «Acte normatif du Conseil ou de la Commission des Communautés Européennes qui lie tout Etat membre destinataire quant aux résultats à atteindre, tout en laissant aux instances nationales la compétence quant à la forme et aux moyens »[9], etc.

Mais la volonté d'avoir une définition plus universelle ou plus acceptable, nous engage à soutenir que la directive est un acte juridique communautaire obligatoire de droit dérivé, adopté par un organe compétent d'une organisation d'intégration économique, dans le cadre de l'harmonisation des législations nationales dans un domaine donné et liant tout Etat membre, destinataire quant au résultat à atteindre, avec obligation de la transposer dans sa législation nationale, dans un délai imparti, tout en laissant à ses instances nationales la compétence quant à la forme et aux moyens.

Il découle des éléments de cette définition que si chaque Etat membre se conformait sans défaut à son obligation de transposition des directives, un contentieux mettant en cause une directive ne devrait pas être porté devant le juge communautaire national, ni régional, tout au plus peut-être les contentieux afférents à la législation nationale résultant de ladite transposition.

---

[5] Expressions empruntées à Diachari POUDIOUGO, communication :"Le juge national et le droit communautaire", séminaire national de vulgarisation du droit communautaire, organisé à Bamako (Mali), novembre 2018.

[6] Ibid

[7] Catherie PUIGELIE, Dictionnaire juridique, Bruylant, Collection Paradigme, 2ème édition, Bruxelles (Belgique), p. 327.

[8] Christophe ALBIGES, Philippes BLACHER et Rémy CABRILLAC, Dictionnaire du vocabulaire juridique 2021, LexisNexis, 12ème édition, Normandie (France), 2020, p. 199.

[9] Gérard CORNU, *Vocabulaire juridique*, 11e édition, Jouve, France, 2015, p. 351.

Mais loin s'en faut et cela justifie l'implication du juge communautaire en la matière, car on assiste en effet au non-respect des obligations communautaires afférentes aux directives par des Etats membres (A), alors qu'il existe des effets néfastes que génère un tel comportement (B).

A-LE NON-RESPECT DES OBLIGATIONS COMMUNAUTAIRES AFFÉRENTES AUX DIRECTIVES PAR DES ETATS MEMBRES

Contrairement aux règlements, les directives n'ont pas en principe d'effet direct à l'intérieur des Etats membres ; leur transposition préalable est normalement nécessaire pour produire les pleins et entiers effets attendus.[10]

Or, malheureusement, bon nombre d'Etats membres de l'Union ne se conforment pas à cette obligation communautaire afférente aux directives, soit carrément par défaut de transposition, soit par transposition tardive, soit par transposition incorrecte. Cette constatation déplorable n'est pas l'apanage de l'UEMOA seule ; elle est aussi observée et combattue au niveau d'autres organisations d'intégration économique comme la CEDEAO et même l'Union Européenne.

Comme affirmé supra, des objectifs précis ont été fixés à la création de l'UEMOA, dont voici quelques exemples :

a. renforcer la compétitivité des activités économiques et financières des Etats membres dans le cadre d'un marché ouvert et concurrentiel et d'un environnement juridique rationalisé et harmonisé ;

b. assurer la convergence des performances et des politiques économiques des Etats membres par l'institution d'une procédure de surveillance multilatérale ;

c. créer entre les Etats membres un marché commun basé sur la libre circulation des personnes, des biens, des services, des capitaux et le droit d'établissement des personnes exerçant une activité indépendante ou salariée, ainsi que sur un tarif extérieur commun et une politique commerciale commune ;

d. instituer une coordination des politiques sectorielles nationales, par la mise en œuvre d'actions communes et éventuellement de politiques communes

---

[10] Edouard UMBERTO GOÛT, Frédéric- Jérôme PANSLER, Petit Lexique Juridique, Mots et expressions, 3ème édition, Bruylant, Collection Paradigme, Bruxelles (Belgique), 2018, p. 137.

notamment dans les domaines suivants : ressources humaines, aménagement du territoire, transports et télécommunications, environnement, agriculture, énergie, industrie et mines ;

e. harmoniser, dans la mesure nécessaire au bon fonctionnement du marché commun, les législations des Etats membres et particulièrement le régime de la fiscalité ; etc.

Ces nobles objectifs ne peuvent être atteints que par l'édiction et l'application, sans complaisance, d'une norme communautaire de qualité dans laquelle les directives occupent une importante place.

En effet, les directives sont d'une grande utilité pour le fonctionnement harmonieux des communautés comme l'UEMOA. Elles constituent de véritables instruments d'harmonisation du droit dans les Etats membres, dans divers domaines d'activités comme l'agriculture, l'environnement, le commerce, l'industrie, les transports, l'enseignement, la gestion des finances publiques, les banques, le commerce, la lutte contre la criminalité, en l'occurrence le blanchiment de capitaux et le terrorisme, l'audiovisuel, les marchés publics, etc. Il existe une multitude de directives qui peuvent être retrouvées sur le site internet de l'UEMOA.[11]

Il est donc manifeste qu'elles sont d'une grande utilité qui requiert leur transposition correcte et diligente pour le bon fonctionnement de la communauté et le bien-être des Etats membres et de leurs citoyens.

Mais hélas, malgré les bons taux de mise en œuvre de réformes enregistrées chaque année, au niveau des Etats membres de l'UEMOA, la transposition de plusieurs directives est encore en souffrance, comme en témoignent les mémorandums de revue annuelle des réformes, politiques, projets et programmes de l'Union. C'est le cas à titre d'illustration de :

- la Directive n° 06/2008/CM/UEMOA relative à la libre circulation et à l'établissement des pharmaciens ressortissants de l'Union ;

- la Directive n° 07/2008/CM/UEMOA relative à la libre circulation des chirurgiens-dentistes ressortissants de l'Union ;

- la Directive n° 07/2005/CM/UEMOA relative à la libre circulation des architectes ressortissants de l'Union ;

[11] Site de l'UEMOA : http://www.uemoa.int/fr/document-type/directive

- la Directive n°03/2008/CM/UEMOA relatives aux fournisseurs de services portuaires au sein de l'UEMOA ;

- la Directive n° 01/2012/CM/UEMOA du 10 mai 2012 relative à la libre circulation et à l'établissement des docteurs vétérinaires ressortissants des Etats membres de l'UEMOA au sein de l'Union ; etc.

En tout cas, il ne faut jamais penser qu'au plan juridique, la situation inhérente au défaut de transposition d'une directive publiée est identique à celle de l'inexistence de la directive, loin s'en faut. Dès qu'une directive est votée et publiée, elle est obligatoire ; ce n'est que ses effets qui ne sont pas directs ou immédiats et qui sont suspendus jusqu'au dernier délai fixé pour la transposition par les Etats membres.

En effet, la plupart des directives de l'UEMOA comportent bien la formule suivante : *« La présente Directive, qui entre en vigueur à compter de sa date de signature, sera publiée au bulletin officiel de l'Union ».*[12] *D'autres fixent la date d'entrée en vigueur à un jour distinct mais voisin de la date de signature*[13].

Il importe de savoir que juridiquement, cette formule confère aux directives un caractère obligatoire, à l'instar des règlements. Le fondement légal se trouve au niveau de l'article 45 du Traité modifié qui dispose : « Les actes additionnels, les règlements, les directives et les décisions sont publiés au Bulletin Officiel de l'Union. Ils entrent en vigueur après leur publication à la date qu'ils fixent [… ».

Or, selon Richard TREMBLAY, l'entrée en vigueur d'une loi se définit comme « le début du caractère obligatoire de la loi, c'est-à-dire le moment à

---

[12] C'est le cas de la Directive n° 08/2002/CM/UEMOA portant sur les mesures de promotion de la bancarisation et de l'utilisation des moyens de paiement scripturaux, signée, le 19 Septembre 2002, qui dispose en son article 12 « La présente Directive entre en vigueur à compter de sa date de signature et sera publiée au Bulletin Officiel de l'Union ».
C'est également le cas de la Directive n° 02/2015/CM/UEMOA relative à la lutte contre le blanchiment de capitaux et le financement du terrorisme dans les Etats membres de l'union économique et monétaire ouest africaine (UEMOA), signée le 02 juillet 2015, et dont l'article 122 dispose « …] Elle entre en vigueur à compter de sa date de signature et sera publiée au bulletin officiel de l'Union ».

[13] C'est le cas de la Directive n°04/2005/CM/UEMOA portant procédures de passation, d'exécution et de règlement des marches publics et des délégations de service public dans l'union économique et monétaire ouest africaine signée, le 09 décembre 2005 dont l'article 94 dispose « La présente Directive, qui entre en vigueur à compter du 1er janvier 2006, sera publiée au Bulletin Officiel de l'Union ».

compter duquel les sujets de droit voient leurs droits et leurs obligations atteints par la loi nouvelle ».[14]

A la différence du règlement, c'est la date de prise d'effet de la directive au plan interne qui est retardée jusqu'à sa transposition par chaque Etat membre.

En effet, dans les directives de l'UEMOA, il existe la formule : *« Les États membres prennent les dispositions législatives, réglementaires et administratives nécessaires à la mise en œuvre de la présente directive, au plus tard le […]*

Notification en sera faite à [… ».[15] En raison de cette formule, l'immédiateté de la transposition de cet acte communautaire obligatoire et par conséquent de son effet est retardée, au plus tard à l'expiration d'un délai fixé par le Conseil des ministres (délai variable : souvent deux ans[16], parfois six mois[17]), pour tous les Etats membres de la communauté, et notification devra être faite à la Commission.

Malheureusement, ce délai est souvent expiré, sans la transposition des directives concernées par des Etats membres ; ce qui est anormal dans un Etat de droit.

[14] TREMBLAY, Richard, *L'entrée en vigueur des lois : Principes et techniques*, Éd. Yvon Blais, 1997 ; consulté en ligne le 08/10/21, 15 : 21 ; URL : https://www.justice.gc.ca/eng/rp-pr/csj-sjc/legis-redact/juril/no51.htm

[15] C'est le cas de la Directive n° 02/2015/CM/UEMOA relative à la lutte contre le blanchiment de capitaux et le financement du terrorisme dans les Etats membres de l'union économique et monétaire ouest africaine (UEMOA), signée le 02 juillet 2015 et dont l'article 119 dispose : « Les Etats membres de l'Union prennent les dispositions législatives et réglementaires nécessaires à la mise en œuvre de la présente Directive, au plus tard six mois, à compter de la date de sa signature.

[16] Directive n°04/2005/CM/UEMOA portant procédures de passation, d'exécution et de règlement des marches publics et des délégations de service public dans l'union économique et monétaire ouest africain, signée le , le 09 décembre 2005 et dont l'article 93 dispose : « …] Dans un délai de deux (2) ans à compter de la mise en vigueur de la présente Directive, les Etats membres prennent les dispositions législatives, réglementaires et administratives pour se conformer à celle-ci. Ils en informent immédiatement la Commission ».

[17] C'est le cas de la Directive n° 02/2015/CM/UEMOA relative à la lutte contre le blanchiment de capitaux et le financement du terrorisme dans les Etats membres de l'union économique et monétaire ouest africaine (UEMOA), signée le 02 juillet 2015 et dont l'article 119 dispose : « Les Etats membres de l'Union prennent les dispositions législatives et réglementaires nécessaires à la mise en œuvre de la présente Directive, au plus tard six mois, à compter de la date de sa signature.

Le non-respect des obligations afférentes aux directives ne peut qu'affecter négativement le fonctionnement de la communauté en raison de ses effets néfastes.

B- LES EFFETS NEFASTES DU NON-RESPECT DES OBLIGATIONS COMMUNAUTAIRES AFFERENTES AUX DIRECTIVES

À coup sûr, le défaut de transposition des directives empêche les organisations d'intégration économique d'atteindre les objectifs louables qu'elles se sont fixés, à travers l'harmonisation des législations nationales, car aucune loi n'est neutre. Michel COUDERC confirme cette position en affirmant : « ...] la règle imposée ne l'est pas aveuglément »[18]. Les directives ne sont pas des enjoliveurs juridiques.

Elles ont indéniablement, dans la communauté, une fonction de développement économique et social.

C'est le cas par exemple, parmi tant d'autres, de la Directive n°01/2005/CM/UEMOA du 16 septembre 2005 sur l'égalité de traitement des étudiants ressortissants de l'UEMOA, dans la détermination des conditions et des droits d'accès aux institutions publiques d'enseignement supérieur des Etats membres de l'Union, en date du 16 septembre 2005.

Par conséquent, tout retard de transposition de directive dans un Etat membre d'une union est un retard dans la réalisation des objectifs de l'union et par conséquent un retard dans la satisfaction des besoins et des attentes communautaires des citoyens, des entreprises et des Etats et un facteur d'arriération pour l'union.

A titre d'illustration, il importe de savoir que dans le but de combattre, au sein de l'UEOA, les entraves au système des transports, se caractérisant essentiellement par la multiplication des contrôles, la complexité des procédures et des documents, les longues attentes aux frontières, les pertes de temps au cours des contrôles et les frais occultes élevés, le Conseil des Ministres de l'UEMOA a adopté le 16 décembre 2005, la Directive n° 08/2005/CM/UEMOA relative à la réduction des points de contrôle routiers inter-Etats de l'Union et la Décision n°15/2005/CM/UEMOA portant

[18] Michel COUDERC Les fonctions de la loi sous le regard du commandeur, Dans Pouvoirs 2005/3 (n° 114), pages 21 à 37, consulté en ligne le3 -8-21, 10 :28, URL : https://www.cairn.info/revue-pouvoirs-2005-3-page-21.htm

modalités pratiques d'application du plan régional de contrôle sur les axes routiers inter-Etats de l'Union.

Cet arsenal juridique vise à rationaliser les opérations de contrôles et à assurer la fluidité du trafic sur les corridors, par un nombre limité de postes de contrôles, dont la norme communautaire est de trois (03) pour un corridor reliant deux Etats de l'UEMOA (un contrôle au départ, un autre aux frontières et le dernier au point de formalités effectives)[19].

Cette directive est entrée en vigueur à la date de sa signature, c'est-à-dire le 16 décembre 2005 et conformément à son article 10, les Etats membres devraient mettre en œuvre les dispositions législatives, réglementaires et administratives, nécessaires à son application, au plus tard un an après son entrée en vigueur, c'est-à-dire au plus tard le 15 décembre 2006 et informer immédiatement la Commission.

Pourtant, l'existence de cette directive n'a pas empêché l'Observatoire des Pratiques Anormales (OPA)[20] de relever, en 2021, dans son 46ème Rapport, la persistance des pratiques anormales au sein de l'espace communautaire UEMOA. Elle affirme en effet que « pendant le 1er trimestre 2021, un véhicule de transport de marchandises en transit sur un corridor routier inter-Etat dans l'espace UEMOA, a été contrôlé en moyenne 16,5 fois par voyage. Les sommes qui lui ont été prélevées illicitement par les corps impliqués dans ces contrôles sont de 64.432 FCFA. Le temps moyen consacré aux contrôles est de 175,6 mn ».[21]

Ces données statistiques sont des moyennes qui, il est vrai, cachent des tendances vers la normalité observées heureusement sur des tronçons comme le tronçon Cotonou-Niamey, mais voilent aussi des pics de pratiques anormales comme le pis de perceptions illicites malheureusement observées sur l'un des corridors, d'un montant de 103.719 FCFA en moyenne par voyage[22].

---

[19] OPA, 46ème rapport de l'Observatoire des Pratiques Anormales (OPA), rapport du 1er trimestre 2021, Période : du 1er janvier au 31 mars 2021, pp. 8-9.

[20] L'Observatoire des Pratiques Anormales (OPA) est comme un creuset regroupant les données d'un ensemble de corridors à vocation économique des activités liées au commerce, au transport et au transit, mis en place, depuis 2005, par la Commission de l'UEMOA avec l'appui des Partenaires Techniques et Financiers (PTF), pour suivre le long des corridors de l'Union la levée effective des entraves.

[21] Ibid.

[22] Ibid.

Il s'ensuit que le non-respect des obligations communautaires afférentes à cette Directive n° 08/2005/CM/UEMOA, du 16 décembre 2005, a inéluctablement des conséquences fâcheuses telles que le renchérissement inutile du prix des marchandises transportées, les pertes en vie animale (bœufs, cabris, volailles, etc.) ainsi que le pourrissement des denrées périssables, comme les tomates, les pommes de terre, les bananes, les oranges, les ananas, les mangues, etc.

On n'a pas besoin d'être un économiste pour déduire que ces entraves ne peuvent que rendre moins compétitifs les produits de l'espace UEMOA et décourager les producteurs du monde agricole ou pastoral.

Aussi, le défaut de transposition des directives est-il de nature à créer un désordre affectant négativement la cohésion et le vivre ensemble dans la communauté. En effet, le défaut de transposition par certains Etats membres finira par décourager les bons élèves, en l'occurrence les Etats membres respectueux des textes communautaires, qui finiront aussi par se complaire dans le défaut de transposition d'autres directives.

Cela devra à la longue paralyser le fonctionnement de l'organisation d'intégration économique, en créant un dysfonctionnement similaire à un embouteillage, à un carrefour de la route, où la grande majorité des automobilistes et des cyclistes ne respectent pas les feux de signalisation.

L'impunité de cette indiscipline au plan routier finira par provoquer un effet d'entraînement ou d'imitation chez le grand nombre. A un moment donné et à coup sûr, tout le monde finira par être bloqué et empêché de circuler naturellement. Valérie-Laure Benabou enfonce même le clou en affirmant que

« La transposition doit en principe intervenir dans les délais ce qui signifie, non seulement parvenir à mettre sa législation en conformité avec la directive lors de l'expiration du délai de transposition mais encore, avant la date-butoir, s'abstenir de prendre des mesures qui seraient susceptibles de fausser le résultat recherché par la directive ».[23]

Il s'ensuit que pour le bon fonctionnement d'une organisation d'intégration économique, comme l'UEMOA, force doit rester à la norme communautaire en général, et aux directives en particulier.

[23] Valérie-Laure Benabou, La transposition des directives en droit interne : l'exemple du droit d'auteur, Dans Legicom 2004/1 (n° 30), pages 23 à 36, consulté en ligne le 13-7-21, 16 :20, URL : https://www.cairn.info/revue-legicom-2004-1-page-23.htm

Michel COUDERC a raison d'affirmer : « *La loi ne serait loi que parce que l'État la fait respecter par les armes de la puissance publique et les sanctions dont il l'assortit. Réduite à un pur phénomène de commandement lisible dans l'invocation implicite à la force, la fonction première de la loi apparaîtrait, du coup, bien élémentaire et quelque peu tautologique. On pense à la phrase de Pascal pour qui l'on doit obéir aux lois [non parce qu'elles sont justes, mais parce qu'elles sont lois*]».[24]

Cette affirmation de Michel COUDERC, avérée au plan national, l'est également au plan communautaire. C'est à ce prix que les objectifs communautaires seront réalisés au niveau de l'UEMOA.

Le défaut de transposition, la transposition incorrecte ou la transposition tardive de directives par des Etats membres d'une union constituent donc une gangrène à combattre à tout prix, afin de ne pas avoir une union dysfonctionnelle.

C'est dans le cadre de cette lutte et dans le but d'impulser l'accélération de l'application des réformes et l'exécution des politiques, programmes et projets communautaires, au sein de l'UEMOA, que la Conférence des Chefs d'Etat et de Gouvernement a institué, par Acte additionnel n°05/2913/CCEG/UEMOA du 24 octobre 2013, la revue annuelle des réformes, politiques, programmes et projets communautaires au sein de ladite Union.[25]

C'est une auto-évaluation des États membres de l'UEMOA qui leur permet, d'une part, de faire le point de la mise en œuvre des actes communautaires dans les différents secteurs et d'autre part, de les préparer à améliorer leur score, lors des revues ultérieures, par apport à la mise en œuvre des réformes communautaires.

A l'issue de la revue, un taux moyen de mise en œuvre des réformes communautaires est attribué à l'Etat évalué ; il permet de révéler sa participation effective au processus d'intégration régionale.

Il est manifeste que cette revue annuelle des réformes, politiques, programmes et projets communautaires, au sein de l'UEMOA, produit des

[24] Michel COUDERC Les fonctions de la loi sous le regard du commandeur, Dans Pouvoirs 2005/3 (n° 114), op. cit.

[25] République du Mali, et Union Économique et Monétaire Ouest africaine- la Commission, Mémorandum de la revue technique annuelle au Mali, Bamako du 15 au 19 septembre 2018, dans Revue annuelle des réformes politiques, programmes et projets communautaires, édition 2018,URL :http://www.finances.gouv.ml

effets positifs au niveau de chaque Etat membre, en provoquant une prise de conscience des acteurs nationaux impliqués. Il en est de même des initiatives salutaires prises par la Commission de l'UEMOA, en l'occurrence :

- la validation d'un guide relatif aux méthodes et techniques de transposition des directives communautaires, à un séminaire régional tenu, à Ouagadougou, du 29 au 31 janvier 2018[26] ;

- l'organisation d'un séminaire régional de formation sur le guide relatif aux méthodes et techniques de transposition des directives de l'UEMOA, à Ouagadougou, du 09 au 13 décembre 2019, etc.

Néanmoins le stock des directives non encore transposées reste important dans plusieurs Etats membres, au terme des délais impartis ; c'est dire que les effets bénéfiques de cette thérapie restent encore attendus par rapport à la disparition de ce mal.

Rester passif devant cette situation préoccupante est très préjudiciable non seulement à l'Union, mais aussi aux citoyens et aux entreprises de l'espace communautaire ainsi qu'aux vulnérables économies des Etats membres.

Dans cette logique, il est grand temps que la Justice fasse aussi sienne cette lutte, en contribuant à l'application effective des directives, par l'utilisation efficiente des moyens mis à sa disposition, tant par la Conférence des Chefs d'Etat et de Gouvernement que par le Conseil des Ministres.

II- LA CONTRIBUTION DU JUGE COMMUNAUTAIRE A L'APPLICATION EFFECTIVE DES DIRECTIVES

Comme affirmé supra, dans l'espace UEMOA, la justice communautaire est assurée aussi bien par le juge régional qu'est la Cour de Justice que par les juges nationaux, au niveau de tous les Etats membres de l'Union. Chacun de ces juges pourra contribuer efficacement à l'application effective des directives.

Pour s'en apercevoir, il faudra étudier, dans un premier temps, la partition de la Cour de Justice de l'UEMOA (A) et dans un deuxième temps, celle des juges nationaux (B).

---

[26] Cf. http://www.uemoa.int/fr/Application des textes communautaires : un guide pour harmoniser les méthodes et techniques de transposition | Union Economique et Monétaire Ouest Africaine (uemoa.int)

A. LA PARTITION DE LA COUR DE JUSTICE DE L'UEMOA

Le défaut de transposition de directives ou la transposition incorrecte ou tardive de directives peut bel et bien donner lieu à des recours par devant la Cour de Justice de l'UEMOA, à l'encontre de l'Etat fautif.

La Cour de justice de l'UEMOA joue en effet le rôle d'institution régulatrice du droit, en contrôlant le respect par les Etats membres des obligations qui leur incombent en vertu du Traité dont la transposition des directives dans le délai fixé. Dans le cas d'espèce, on parle de recours en manquement, entendu comme la « violation par un Etat membre de ses obligations de droit communautaire ».[27]

L'objet du recours en manquement est de constater l'existence de manquements des Etats membres au droit communautaire, afin de les obliger à y mettre fin. Il y a manquement lorsqu'un Etat ne respecte pas une obligation découlant du droit communautaire (droit primaire ou dérivé, y compris les arrêts d'une Cour de justice communautaire) :

- c'est le cas lorsqu'un comportement positif, un acte juridique interne par exemple, viole la norme communautaire. La seule existence de l'acte suffit ; peu importe donc qu'il soit ou non appliqué. C'est le cas lorsqu'un Etat procède à une transposition incorrecte et persiste dans son comportement. C'est également le cas lorsqu'un Etat prend des actes en contradiction avec les dispositions d'une directive votée, même avant l'expiration du délai fixé. En effet, une directive est bel et bien un acte obligatoire, dès son existence ; seuls les effets au plan interne sont retardés jusqu'à la transposition dans le délai fixé ;

- c'est aussi le cas d'un comportement négatif (abstention ou refus de prendre les mesures nécessaires) ou d'opérations matérielles faites en violation du droit communautaire. Ce cas correspond au défaut de transposition ou à la transposition tardive.

Il importe de savoir que le manquement est constitué lorsque le comportement décrié est le fait d'un quelconque organe de l'Etat (gouvernement, parlement, institutions judiciaires, etc.).[28]

L'article 5 du Protocole Additionnel n°1 en date du 10 janvier 1994 relatif aux organes de contrôle de l'UEMOA dispose : « La Cour de Justice connaît,

---

[27] G. CORNU, vocabulaire juridique, op. cit. pp. 641-642.
[28] Ibid.

sur recours de la Commission ou de tout Etat membre, des manquements des Etats membres aux obligations qui leur incombent en vertu du Traité de l'Union».

Une décision de la Cour de Justice en matière de manquement participe bel et bien du pouvoir reconnu aux juges de faire respecter la norme communautaire, en raison de la gravité de sa portée, par un Etat membre reconnu fautif.

Il est vrai qu'un arrêt de manquement n'a qu'un caractère déclaratoire : il ne fait que constater l'existence ou l'absence de manquement ; mais il est tout aussi vrai que cette décision est revêtue de l'autorité de la chose jugée et de l'autorité de la chose interprétée. Il s'ensuit qu'il incombe, à l'Etat fautif, la prise de toutes mesures nécessaires à l'exécution de la décision pour qu'il soit mis fin non seulement au manquement, mais aussi à ses conséquences passées, actuelles et futures.

L'article 6 du Protocole additionnel relatif aux organes de l'UEMOA précise que : « Si la Cour de Justice constate qu'un Etat membre a manqué à une des obligations qui lui incombent en vertu du Traité de l'Union, cet Etat est tenu de prendre les mesures que comporte l'exécution des arrêts de la Cour. En cas d'abstention de l'Etat membre dont le manquement a été constaté, la Commission a la faculté de saisir la Conférence des Chefs d'Etat et de Gouvernement, afin qu'elle invite l'Etat membre défaillant à s'exécuter ».

L'article 3 du Traité de l'UMOA en date du 20 janvier 2007 dispose :

« Les Etats membres s'engagent, sous peine d'exclusion de l'UMOA, à respecter les dispositions du présent Traité, du Traité de l'UEMOA et des textes pris pour leur application, [...].

Conformément à la procédure prévue à l'article 6 du Protocole additionnel n°1, la Cour de Justice de l'UEMOA est compétente pour connaître des manquements des Etats membres aux obligations qui leur incombent en vertu du Traité de l'UMOA.

Si l'Etat membre qui n'a pas respecté ses engagements ne prend pas les mesures que comporte l'exécution de l'arrêt de la Cour de Justice de l'UEMOA, la Conférence des Chefs d'Etat et de Gouvernement constatera, à l'unanimité des Chefs d'Etat et de Gouvernement des autres Etats membres, la volonté de cet Etat de se retirer de l'UMOA ».

Enfin, l'article 15, alinéa 3 du Règlement 01/96 portant Règlement de procédures de la Cour de justice de l'UEMOA prévoit en outre à l'encontre de l'Etat fautif ce qui suit : « Si la Cour estime le recours fondé, elle constate le manquement. Tous les organes de l'Etat membre concerné ont l'obligation d'assurer, dans les domaines de leurs pouvoirs respectifs, l'exécution de l'arrêt.

En cas d'abstention de l'Etat membre dont le manquement a été constaté, la Commission a la faculté de saisir la Conférence des Chefs et de Gouvernement afin qu'elle invite l'Etat membre défaillant à s'exécuter sans préjudice des sanctions prévues à l'article 74 du traité de l'Union relatif à l'exercice de la surveillance multilatérale ». Les sanctions concernées, mentionnées à l'article 74 du traité modifié, « comprennent la gamme de mesures graduelles suivantes :

- la publication par le Conseil d'un communiqué, éventuellement assorti d'informations supplémentaires ;

- sur la situation de l'Etat concerné ;

- le retrait annoncé publiquement, des mesures positives dont bénéficiait éventuellement l'Eta membre;

- la recommandation à la BOAD de revoir sa politique d'intervention en faveur de l'Etat membre concerné ;

- la suspension des concours de l'Union à l'Etat membre concerné [… ».

Au niveau de l'Union Européenne, à titre de droit comparé, il faut relever que si la Commission estime qu'un Etat n'a pas pris les mesures induites par l'arrêt en manquement, et procéder par exemple à la transposition d'une directive visée, elle saisit alors la Cour de justice d'une demande de condamnation dudit Etat au paiement d'une amende (somme forfaitaire) ou d'une astreinte[29].

---

[29] Article 260 TUE (ex-article 228 TCE).
« 1. Si la Cour de Justice de l'Union européenne reconnaît qu'un État membre a manqué à une des obligations qui lui incombent en vertu des traités, cet État est tenu de prendre les mesures que comporte l'exécution de l'arrêt de la Cour.

2. Si la Commission estime que l'État membre concerné n'a pas pris les mesures que comporte l'exécution de l'arrêt de la Cour, elle peut saisir la Cour, après avoir mis cet État en mesure de présenter ses observations. Elle indique le montant de la somme forfaitaire ou de l'astreinte à payer par l'État membre concerné qu'elle estime adapté aux circonstances.
Si la Cour reconnaît que l'État membre concerné ne s'est pas conformé à son arrêt, elle peut lui infliger le paiement d'une somme forfaitaire ou d'une astreinte.

L'institution de cette amende et de cette astreinte serait la bienvenue au niveau de la norme communautaire UEMOA, en remplacement des sanctions telles que l'exclusion des Etats fautifs ou la suspension des concours de l'Union ou de la politique d'intervention de la BOAD, toutes mesures qui ne semblent pas contribuer à l'enracinement de l'intégration économique.

Il appartiendra à chaque Etat membre d'édicter des actes juridiques permettant, à l'Etat condamné au paiement de l'amende ou de l'astreinte, de recouvrer par action récursoire le montant des condamnations pécuniaires auprès des cadres ou agents coupables de négligences, causes du défaut de transposition ou de transpositions incorrectes. La possibilité d'une telle action récursoire constituerait une épée de Damoclès sur la tête des agents responsables des transpositions de directives.

Il importe de savoir que la procédure suivie par la Commission de l'UEMOA pour enclencher le recours en manquement comprend deux phases : une phase précontentieuse et une phase contentieuse[30].

Cette procédure est sans préjudice de l'article 259 ».
A ce jour et en dépit de l'existence d'une multitude de défauts de transposition de directives ou de transpositions tardives ou incorrectes de directives, la Cour de Justice de l'UEMOA continue d'attendre sa première saisine pour recours en manquement, soit par la Commission de l'UEMOA, soit par un Etat membre. Par contre au niveau de l'Union Européenne, les condamnations des Etats membres pour non-respect des obligations.

[30] La phase précontentieuse : la Commission peut mettre en œuvre le recours en manquement, soit parce qu'elle a découvert par elle-même l'existence d'une infraction, soit parce qu'elle est alertée suite à une plainte à elle adressée par des particuliers. Le cas échéant et à l'issue d'une instruction préalable, la Commission peut, de son propre chef, décider de déclencher la procédure en mettant l'Etat en demeure de présenter ses observations. La Commission peut encore interrompre la procédure si les explications de l'Etat concerné révèlent que l'incrimination n'était pas fondée ou que des mesures idoines ont déjà été prises (par exemple l'abrogation d'un texte incriminé). Dans le cas contraire, la Commission émet un avis motivé. L'Etat concerné devra alors respecter ses obligations communautaires ou persister dans son manquement et risquer la saisine de la Cour de Justice.
La Commission peut être également saisie d'une plainte émanant d'un autre Etat membre. En conséquence, elle devra d'abord mener une instruction contradictoire en recueillant les observations du plaignant et du défendeur, puis ensuite émettre un avis motivé comportant ses conclusions. Si elle décide de ne pas saisir la Cour de Justice, l'Etat plaignant pourra alors déclencher la phase contentieuse
la phase contentieuse : la Cour de Justice peut être saisie soit par la Commission soit par l'Etat plaignant si, à l'issue de la phase précontentieuse, le manquement persiste. Il peut y avoir désistement d'instance à tout moment, si l'Etat défendeur a entre-temps mis fin au manquement ; il peut y en être autrement si la Commission estime que le procès est intéressant à cause de son intérêt jurisprudentiel (par exemple l'importance des problèmes de droit soulevés) ou d'un intérêt matériel (exemple d'un recours sous –jacent en responsabilité contre l'Etat fautif). Il importe de savoir que c'est une procédure contradictoire sans effet suspensif. La charge de la preuve du manquement incombe au requérant. Néanmoins, l'Etat incriminé ne

A ce jour et en dépit de l'existence d'une multitude de défauts de transposition de directives ou de transpositions tardives ou incorrectes de directives, la Cour de Justice de l'UEMOA continue d'attendre sa première saisine pour recours en manquement, soit par la Commission de l'UEMOA, soit par un Etat membre. Par contre au niveau de l'Union Européenne, les condamnations des Etats membres pour non-respect des obligations communautaires afférentes aux directives ne constituent plus des faits insolites ; il y en a plusieurs. A titre d'illustration : la France a été condamnée, par la Cour de Justice, successivement en 2004 et 2008, pour manquement et persistance de manquement dans la transposition de directive afférente aux « OGM»[31] .

En effet, par arrêt en date du 15 juillet 2004[32], la CJCE constate le manquement français au sujet du défaut de transposition de la Directive 2001/18/CE du 12 mars 2001, relative à la dissémination volontaire des organismes génétiquement modifiés (OGM)[34]. Cette Directive aurait dû être transposée, au plus tard le 17 octobre 2002.

La Commission ne s'est pas contentée de cette décision judiciaire. Dès le 5 novembre 2004, elle a demandé aux autorités françaises de l'informer des mesures adoptées pour faire exécuter l'arrêt. Non convaincue des mesures prises, la Commission enclenche la procédure qui aboutit à une nouvelle saisine de la Cour de Justice.

Le 27 juin 2008, la France informe la Cour de Justice et la Commission de l'adoption de la loi n° 2008-595 du 25 juin 2008, relative aux organismes génétiquement modifiés (13). La Commission a averti la Cour, le 30 juin 2008,

---

peut invoquer pour se défendre, ni des faits justificatifs (sauf un cas de force majeure), ni des difficultés rencontrées pour se conformer, ni l'illégalité de l'acte méconnu (un acte communautaire étant définitif s'il n'a pas fait l'objet d'un recours en annulation dans le délai fixé.
Néanmoins l'imprécision ou le caractère équivoque d'actes communautaires violés peut excuser un manquement, car, le cas échéant, c'est un aspect essentiel de l'obligation en cause qui est concerné.
(Cf. Etudes fiscales internationales, Le contrôle par l'Union Européenne des actes d'un Etat membre, op. cit. pp ; 3 et 4).

[31] Cf. Lexbase, la lettre juridique n°332 du 8 janvier 2009 : Environnement, [Jurisprudence] Condamnation de la
France pour durée importante de persistance de manquement dans la transposition de la Directive ''OGM''.

[32] CJCE, Commission des Communautés européennes c/ République française,15 juillet 2004, aff. C-419/03 34 Directive 2001/18/CE du 12 mars 2001, relative à la dissémination volontaire des organismes génétiquement modifiés

et considérait que cette loi assurait la complète transposition de la directive précitée.

Mais à cause du retard accusé pour la transposition de la directive, le 9 décembre 2008, la Cour de justice condamne la France à payer une somme forfaitaire de 10 millions d'euros, pour manquement sur manquement à la réglementation communautaire[33]. C'est d'ailleurs la première fois que la Cour de justice condamne un Etat à une amende ;

- le 25 février 2021, la Cour de justice de l'Union Européenne (CJUE) a condamné l'Espagne à une somme forfaitaire de 15 000 000 d'euros et à une astreinte journalière de 89 000 d'euros pour absence de transposition et de communication des mesures de transposition de la Directive (UE) 2016/680[34], du 27 avril 2016, relative à la protection des données à caractère personnel dans le cadre de la prévention et de la détection des infractions pénales, dite directive Police-Justice ;

- l'expiration du délai de transposition était fixée au 6 mai 2018[35]. Après avoir adressé, le 20 juillet 2018, à cet Etat membre une mise en demeure, la Commission européenne lui a adressé, le 25 janvier 2019, un avis motivé l'invitant à prendre les mesures nécessaires dans un délai de deux mois. « Le 27 mars 2019, l'Espagne a informé la Commission que l'adoption des mesures en question était en cours.

Cependant, constatant tant l'absence d'adoption de celles-ci que de leur communication, la Commission a saisi la CJUE d'un recours en manquement à l'encontre de l'Espagne, au motif qu'elle n'avait ni transposé ni respecté l'obligation de lui communiquer les mesures de transposition de la directive ;

- le 8 juillet 2019, la Cour de justice de l'Union européenne a condamné la Belgique à payer une astreinte de 5 000 euros par jour, pour défaut de transposition partielle de la Directive 2014/61/UE du Parlement européen et du Conseil, du 15 mai 2014 sur les réseaux de communications électroniques

---

[33] CJCE, Commission des Communautés européennes c/ République française, 9 décembre 2008, aff. C-121/07.

[34] Directive (UE) 2016/680 du Parlement européen et du Conseil du 27 avril 2016 relative à la protection des personnes physiques à l'égard du traitement des données à caractère personnel par les autorités compétentes à des fins de prévention et de détection des infractions pénales, d'enquêtes et de poursuites en la matière ou d'exécution de sanctions pénales, et à la libre circulation de ces données.

[35] CJUE, Commission européenne c/ Royaume d'Espagne, 25 février 2021, C-658/19.

à haut débit et, a fortiori, pour la non-communication à la Commission de mesures de transposition correspondantes[36], etc.

On peut objecter que les réalités de l'Union Européenne ne sont pas les mêmes que celles de l'UEMOA, mais c'est méconnaître le principe de l'universalité du droit de l'intégration économique et de ce que la philosophie qui sous-tend ces condamnations n'est rien d'autre que l'inspiration de la peur du gendarme qui est le commencement de la sagesse.

En tout cas, les juges nationaux ont aussi une partition à jouer dans ce combat contre ces comportements qui sont de nature à retarder l'enracinement de l'intégration économique.

B- LA PARTITION DES JUGES NATIONAUX

L'une des illustres personnalités de la justice communautaire, Robert Lecourt, a affirmé que « tout juge national est aussi juge communautaire ».[37] Le professeur Julie Dupont-Lassalle clarifie davantage, en affirmant que « …] le juge national a été investi du rôle primordial de garantie de l'application des règles communautaires et du contrôle de leur respect. La mission qui lui est confiée s'exerce au sein de l'ordre juridique national, car il va veiller à la bonne application des règles par les autorités nationales ».[38]

Les juges nationaux sont des instruments principaux de l'effectivité du droit positif communautaire, car ils sont appelés à exercer l'office de contrôle de l'application du droit communautaire au plan national ; peu importe la matière de droit dans laquelle ils interviennent : droit constitutionnel, droit administratif, droit commercial, droit civil, droit fiscal, etc.

L'essentiel est que le contentieux soumis au juge soit régi par un acte communautaire : un traité, un protocole additionnel, un acte additionnel, une décision, un règlement, une directive, etc. Le cas échéant, un citoyen qui s'estime lésé ou abusé dans l'exercice d'un droit communautaire peut alors

---

[36] CJUE, Commission/Belgique, 8 juillet 2019, C-543/17.
Cf. https://curia.europa.eu/jcms/upload/docs/application/pdf/2019-07/cp190088fr.pdf

[37] Robert LECOURT, *L'Europe des juges*, Bruxelles : Bruylant, coll. « Droit de l'Union européenne », p. 8-9.

[38] Julie Dupont-Lassalle, « La « subsidiarité juridictionnelle », instrument de l'intégration communautaire ?
Dans Droit et société 2012/1 (n° 80), pages 47 à 71.

saisir un juge national, aux fins de l'amener à exercer son contrôle sur l'application du droit communautaire.

Relativement aux directives, il faut que les juges nationaux des Etats membres de l'UEMOA participent activement au renforcement de l'intégration économique, en maîtrisant le droit communautaire et en faisant preuve d'audace et de construction judiciaire évolutive, dans le règlement des litiges mettant en cause des actes juridiques restant encore en l'état de directive, après l'expiration du délai de leur transposition. Le rayonnement ou le dynamisme de la justice communautaire en dépend, dans l'intérêt des Etats et des peuples au profit de qui l'intégration économique est faite.

En tout cas, dès que le délai de transposition d'une directive est expiré, le défaut ou la mauvaise transposition peut engendrer, au plan interne des contentieux dont il faut prendre conscience. C'est la reconnaissance à la directive d'un « effet direct vertical ».

Il en découle que devant le juge national de l'Etat qui n'a pas transposé une directive dans le délai imparti, ou qui l'a mal transposée, les dispositions de ladite directive peuvent bel et bien être au cœur de certains contentieux relevant de la compétence des juges nationaux et pouvant remonter au niveau de la Cour de justice de l'UEMOA, dans le cadre des renvois préjudiciels. Il y a plusieurs possibilités.

1- La possibilité de l'engagement de la responsabilité pécuniaire de l'Etat pour défaut de transposition de directive.

Tout Etat membre d'une communauté d'intégration économique qui s'est abstenu de transposer une directive peut « voir sa responsabilité engagée par une personne ayant subi de grief du fait de cette absence de transposition »[39].

C'est un principe dégagé par la jurisprudence pour le moment inexistante en Afrique de l'Ouest, mais déjà consacré, depuis des décennies, au niveau de la Justice du système communautaire de l'Union Européenne, sur le fondement de textes similaires à ceux de la norme communautaire de l'UEMOA.

---

[39] Valérie-Laure Benabou, La transposition des directives en droit interne : l'exemple du droit d'auteur, Dans LEGICOM 2004/1 (N° 30), op. cit.

C'est le cas de l'arrêt Andrea Francovich et consorts contre la République italienne[40], rendu, le 19 novembre 1991, à titre préjudiciel, par le juge communautaire européen qui a accepté la mise en œuvre de la responsabilité d'un Etat membre pour défaut de transposition de directive.

Il ressort de l'arrêt que le Conseil des Ministres de la CEE, à l'époque, a en effet adopté, le 20 octobre 1980, la Directive 80/987/CEE du Conseil, du 20 octobre 1980, concernant le rapprochement des législations des États membres au sujet de la protection des travailleurs salariés en cas d'insolvabilité de l'employeur, relativement à des créances impayées résultant de contrats de travail ou de relations de travail et portant sur la rémunération afférente à la période qui se situe avant une date déterminée.

Le cas échéant, les travailleurs recevront le paiement des créances impayées des institutions de garantie compétentes. Par la transposition de la directive, les États membres fixeront les modalités de l'organisation, du financement et du fonctionnement desdites institutions de garantie.

Le financement devra, entre autres, être assuré par des contributions d'employeurs, à moins qu'il ne soit assuré intégralement par les pouvoirs publics.[41] Alors que les États membres avaient l'obligation de se conformer à cette directive, au plus tard le 23 octobre 1983, la République italienne n'a pu le faire et son manquement a été constaté par arrêt du 2 février 1989 de la Cour de Justice[42].

« M. Francovich, partie au principal dans l'affaire C-6/90, avait travaillé pour l'entreprise « CDN Elettronica SnC » à Vicenza et n'avait reçu à ce titre que des acomptes sporadiques sur son salaire. Il a donc introduit un recours devant la Pretura di Vicenza, qui a condamné l'entreprise défenderesse au paiement d'une somme d'environ 6 millions de LIT[43]. Au cours de la phase exécutoire, l'huissier du Tribunal de Vicenza a dû rédiger un procès-verbal de saisie négatif. M. Francovich a invoqué alors le droit d'obtenir de l'État italien les garanties prévues par la Directive 80/987 ou, accessoirement, un dédommagement.

---

[40] CJCE, 19 novembre 1991, Andrea Francovich / la République italienne, affaires jointes C-6/90 et C-9/90, consulté en ligne le 17-8-21, 23 : 15, URL :
https://curia.europa.eu/juris/showPdf.jsf;jsessionid=4D53BD122F601FB05DD8920864236D9A?text=&docid=9
7140&pageIndex=0&doclang=fr&mode=lst&dir=&occ=first&part=1&cid=1631515
[41] Article1 à 5 de la directive.
[42] CJCE, affaire Commission/Italie, 02 février 1989, (22/87, Rec. p. 143.

Dans l'affaire C-9/90, Mme Danila Bonifaci et trente-trois autres salariées ont introduit un recours devant la Pretura di Bassano del Grappa, en indiquant qu'elles avaient travaillé en qualité de salariées pour l'entreprise « Gaia Confezioni Sri », déclarée en faillite le 5 avril 1985. Au moment de la cessation des relations de travail, les demanderesses étaient créancières d'une somme de plus de 253 millions de LIT[43], qui avait été admise au passif de l'entreprise mise en faillite. Plus de cinq ans après la faillite, aucune somme ne leur avait été versée et le syndic de la faillite leur avait fait savoir qu'une répartition, même partielle, en leur faveur était absolument improbable. En conséquence, les requérantes ont cité la République italienne en justice demandant, compte tenu de l'obligation qui lui incombait d'appliquer la directive 80/987 à partir du 23 octobre 1983, qu'elle soit condamnée à leur payer les créances qui leur sont dues à titre d'arriérés de salaires, au moins pour les trois dernières mensualités ou, à défaut, à leur verser un dédommagement »[44].

Au terme de la procédure, la Cour de justice a décidé qu' *« Un État membre est obligé de réparer les dommages découlant pour les particuliers de la non transposition de la directive 80/987/CEE »*. Sur le principe de la responsabilité de l'État, elle fonde sa décision, entre autres, sur des motivations telles que:

[...] Lorsque, comme c'est le cas en l'espèce, un État membre méconnaît l'obligation qui lui incombe en vertu de l'article 189, troisième alinéa, du traité, de prendre toutes les mesures nécessaires pour atteindre le résultat prescrit par une directive, la pleine efficacité de cette norme de droit communautaire impose un droit à réparation dès lors que trois conditions sont réunies.

La première de ces conditions est que le résultat prescrit par la directive comporte l'attribution de droits au profit de particuliers. La deuxième condition est que le contenu de ces droits puisse être identifié sur la base des dispositions de la directive. Enfin, la troisième condition est l'existence d'un

---

[43] LIT désigne la lire italienne (ITL, en italien) est l'ancienne unité monétaire de l'Italie ayant eu cours du 17 mars 1861 au 28 février 2002. A titre d'information au sujet de son taux de change (29 sept. 2021) :
1 EUR = 1 936,27 ITL ;
1 ITL = 0,3388 F.CFA Sources, URL :
https://fr.wikipedia.org › wiki › Lire_italienne ;
https://www.mataf.net › conversion › monnaie-ITL-XOF

[44] Extrait de l'arrêt, CJCE, 19 novembre 1991, Andrea Francovich / la République italienne, affaires jointes C6/90 et C-9/90, op. cit.

lien de causalité entre la violation de l'obligation qui incombe à l'État et le dommage subi par les personnes lésées.

Ces conditions sont suffisantes pour engendrer au profit des particuliers un droit à obtenir réparation, qui trouve directement son fondement dans le droit communautaire.

[...] En l'espèce, la violation du droit communautaire de la part d'un État membre du fait de la non-transposition de la directive 80/987 dans les délais a été constatée par un arrêt de la Cour. Le résultat prescrit par cette directive comporte l'attribution aux travailleurs salariés du droit à une garantie pour le paiement de leurs créances impayées concernant la rémunération. Ainsi qu'il résulte de l'examen de la première partie de la première question, le contenu de ce droit peut être identifié sur la base des dispositions de la directive.

Dans ces conditions, il appartient à la juridiction nationale d'assurer, dans le cadre du droit national de la responsabilité, le droit des travailleurs à obtenir réparation des dommages qui leur auraient été causés du fait de la non-transposition de la directive.

Il y a donc lieu de répondre à la juridiction nationale qu'un État membre est obligé de réparer les dommages découlant pour les particuliers de la non-transposition de la directive 80/987 ».

Il importe de faire remarquer que pour sous-tendre cette motivation principale, la Cour de justice a dû déblayer le terrain, en affirmant avec force qu'*« Il y a lieu de rappeler, tout d'abord, que le traité [...] a créé un ordre juridique propre, intégré aux systèmes juridiques des États membres et qui s'impose à leurs juridictions, dont les sujets sont non seulement les États membres, mais également leurs ressortissants et que, de même qu'il crée des charges dans le chef des particuliers, le droit communautaire est aussi destiné à engendrer des droits qui entrent dans leur patrimoine juridique; [...]*

Il y a lieu de rappeler également que, ainsi qu'il découle d'une jurisprudence constante, il incombe aux juridictions nationales chargées d'appliquer, dans le cadre de leurs compétences, les dispositions du droit communautaire, d'assurer le plein effet de ces normes et de protéger les droits qu'elles confèrent aux particuliers (voir, notamment, les arrêts du 9 mars 1978, Simmenthal, point 16, 106/77, Rec. p. 629, et du 19 juin 1990, Factortame, point 19, C-213/89, Rec. p. I-2433).

Il y a lieu de constater que la pleine efficacité des normes communautaires serait mise en cause et la protection des droits qu'elles reconnaissent serait affaiblie si les particuliers n'avaient pas la possibilité d'obtenir réparation lorsque leurs droits sont lésés par une violation du droit communautaire imputable à un État membre ».

Il résulte de tout ce qui précède que le droit communautaire impose le principe selon lequel les États membres sont obligés de réparer les dommages causés aux particuliers par les violations du droit communautaire qui leur sont imputables dont l'absence de transposition dans le délai ou une mauvaise transposition de directive. *« Toutefois, les conditions relativement strictes d'ouverture de ce recours, notamment quant à l'exigence du préjudice, permettent de cantonner le danger d'un contentieux massif des citoyens en cas de défaut d'application du texte [... ».*[45]

Cet avis est aussi celui du juge communautaire européen qui soutient que

« Si la responsabilité de l'État membre pour réparer les dommages causés aux particuliers par les violations du droit communautaire qui lui sont imputables est imposée par le droit communautaire, les conditions dans lesquelles un droit à réparation est ouvert dépendent de la nature de la violation du droit communautaire qui est à l'origine du dommage causé. Dans le cas d'un État membre qui méconnaît l'obligation lui incombant [...]

de prendre toutes les mesures nécessaires pour atteindre le résultat prescrit par une directive, la pleine efficacité de cette norme de droit communautaire impose un droit à réparation dès lors que trois conditions sont réunies, à savoir, en premier lieu, que le résultat prescrit par la directive comporte l'attribution de droits au profit des particuliers, en second lieu, que le contenu de ces droits puisse être identifié sur la base des dispositions de la directive et, en troisième lieu, qu'il existe un lien de causalité entre la violation de l'obligation qui incombe à l'État et le dommage subi par les personnes lésées»[46].

Pour que le justiciable se fasse efficacement entendre, il va devoir saisir la juridiction nationale compétente à cette fin, en respectant les règles de

---

[45] Valérie-Laure Benabou, La transposition des directives en droit interne : l'exemple du droit d'auteur, Dans LEGICOM 2004/1 (N° 30), op. cit.

[46] Extrait de l'arrêt, CJCE, 19 novembre 1991, Andrea Francovich / la République italienne, affaires jointes C6/90 et C-9/90, op. cit.

procédures appropriées. Cela est confirmé par le juge communautaire dans l'arrêt Andrea Francovich contre République italienne où il déclare que *« ...] c'est dans le cadre du droit national de la responsabilité qu'il incombe à l'État de réparer les conséquences du préjudice causé.*

En effet, en l'absence d'une réglementation communautaire, c'est à l'ordre juridique interne de chaque État membre qu'il appartient de désigner les juridictions compétentes et de régler les modalités procédurales des recours en justice destinés à assurer la pleine sauvegarde des droits que les justiciables tirent du droit communautaire [...] Il convient de relever, en outre, que les conditions, de fond et de forme, fixées par les diverses législations nationales en matière de réparation des dommages ne sauraient être moins favorables que celles qui concernent des réclamations semblables de nature interne et ne sauraient être aménagées de manière à rendre pratiquement impossible ou excessivement difficile l'obtention de la réparation ».[47]

Toutefois, en cas de défaut de transposition de directive dans le délai imparti, l'Etat défaillant ne risque pas uniquement la mise en jeu de sa responsabilité ; il y a également la possibilité de l'invocabilité de substitution de la directive non transposée.

2- La possibilité de l'invocabilité de substitution d'une directive non transposée dans le délai imparti

L'État membre qui s'est abstenu de transposer une directive, dans le délai imparti, « *peut craindre une invocabilité de substitution par laquelle le justiciable pourrait demander l'application directe du texte communautaire, le cas échéant contre un texte de droit interne incompatible. Cette "sanction" n'intervient cependant que dans le cadre d'une invocabilité verticale, c'est-à-dire dans un litige contre l'État* »[48].

A ce titre, on peut citer l'Arrêt van Duyn, rendu le 4 décembre 1974, par la Cour de Justice des Communautés européennes (CJCE), dans l'affaire Yvonne van Duyn c/ Home Office[49]. Mademoiselle van Duyn est une ressortissante néerlandaise ; elle s'est vu refuser l'entrée au Royaume-Uni, le 9 mai 1973, au motif qu'elle veut se mettre aux services de la « Church of Scientology », une

[47] Position également confirmée par le juge communautaire dans d'autres décisions tels que l'arrêt du 22 janvier 1976, Russo, 60/75, Rec. p. 45; du 16 février 1976, Rewe, 33/76, Rec. p. 1989; du 7 juillet 1981, Rewe, 158/80, Rec. p. 1805).

[48] Valérie-Laure Benabou, La transposition des directives en droit interne : l'exemple du droit d'auteur, Dans LEGICOM 2004/1 (N° 30), op. cit.

[49] CJCE, Yvonne van Duyn contre Home Office, 4 décembre 1974, affaire 41-74

organisation considérée comme un danger social par les autorités du pays. Elle saisit alors la « high court » en invoquant, entre autres, les dispositions de l'article 3, paragraphe 1er de la directive du Conseil n° 64/221/CEE du 25 février 1964 qui prévoit que « les mesures d'ordre public ou de sécurité publique doivent être fondées exclusivement sur le comportement personnel de l'individu qui en fait l'objet ».

Par renvoi préjudiciel, la *Chancery Division de la High Court of Justice* de l'Angleterre interroge la Cour de Justice aux fins de savoir, entres autres, si « *La directive 64/221, arrêtée le 25 février 1964 conformément au traité instituant la Communauté économique européenne, est-elle directement applicable en ce sens qu'elle confère aux particuliers des droits qu'ils peuvent faire valoir en justice dans un Etat membre ?* » la Cour de justice répond : *« attendu, cependant, que si, en vertu des dispositions de l'article 189, les règlements sont directement applicables et, par conséquent, par leur nature susceptibles de produire des effets directs, il n'en résulte pas que d'autres catégories d'actes visés par cet article ne peuvent jamais produire d'effets analogues ;*

qu'il serait incompatible avec l'effet contraignant que l'article 189 reconnaît à la directive d'exclure en principe que l'obligation qu'elle impose, puisse être invoquée par des personnes concernées ; que, particulièrement dans les cas où les autorités communautaires auraient, par directive, obligé les États membres à adopter un comportement déterminé, l'effet utile d'un tel acte se trouverait affaibli si les justiciables étaient empêchés de s'en prévaloir en justice et les juridictions nationales empêchées de la prendre en considération en tant qu'élément du droit communautaire [...]qu'il convient d'examiner, dans chaque cas, si la nature, l'économie et les termes de la disposition en cause sont susceptibles de produire des effets directs dans les relations entre les États membres et les particuliers ;

attendu que l'article 3, paragraphe 1er, de la directive 64/221, en prévoyant que les mesures d'ordre public doivent être fondées exclusivement sur le comportement personnel de l'intéressé en cause, tend à limiter le pouvoir discrétionnaire que les législations nationales attribuent en général aux autorités compétentes en matière d'entrée et d'expulsion des étrangers ; que, d'une part, la disposition énonce une obligation qui n'est assortie d'aucune réserve ou condition et qui, par sa nature, ne nécessite l'intervention d'aucun acte, soit des institutions de la Communauté, soit des États membres ; que, d'autre part, parce qu'il s'agit d'une obligation pour les États membres, dans l'application d'une clause de dérogation à l'un des principes fondamentaux du traité en faveur des particuliers, de ne pas tenir compte de facteurs étrangers au comportement personnel, la sécurité juridique des intéressés exige que cette obligation puisse être invoquée par eux, bien qu'elle ait été énoncée dans un acte normatif n'ayant pas de plein droit un effet direct dans son ensemble [...]qu'il faut donc répondre à la question posée en ce sens que l'article 3, paragraphe. 1er de la directive 64/221 du Conseil du 25 février 1964 engendre en faveur des particuliers des droits qu'ils peuvent faire valoir en justice dans un État membre et que les juridictions nationales doivent sauvegarder [... ».

Cette position de la Cour de Justice est confirmée par d'autres arrêts dont l'arrêt Becker du 19 janvier 1982[50] relativement à une directive dite 6e directive qui, arrêtée le 17 mai 1977, prévoit en son article 1 que les États membres devaient prendre, au plus tard pour le 1er janvier 1978, les dispositions législatives, réglementaires et administratives nécessaires, en vue d'adapter leur régime de taxe sur la valeur ajoutée aux exigences de la directive relative aux taxes sur le chiffre d'affaires non ratifiée à temps par la République Fédérale d'Allemagne (RFA). Mais le délai a été prorogé au 1er janvier 1979 en faveur des Etats retardataires dont la RFA.

URSULA BECKER, négociateur indépendant de crédits, demeurant à Münster, dans ses déclarations mensuelles au titre de la taxe sur le chiffre d'affaires pour la période allant de mars à juin 1979, exige l'exonération de la taxe pour ses opérations, au motif que l'article 13 B d) 1 la 6ème directive oblige les Etats membres à exonérer de la taxe sur la valeur ajoutée, entre autres, *«l'octroi et la négociation de crédits», faisait déjà partie du droit national, depuis le 1er janvier 1979.*

En conséquence, elle a chaque fois déclaré un montant «0» en ce qui concerne le montant de la taxe due et la déduction des taxes versées en amont. Le Finanzamt rejette ces déclarations, au motif que la 6e directive n'avait pas encore été mise en œuvre en République fédérale d'Allemagne.

URSULA BECKER exerce alors un recours contre ces avis d'imposition, en invoquant la directive concernée. Ce contentieux donne lieu à un renvoi préjudiciel devant la Cour de justice qui décide que : « La disposition relative à l'exonération de la taxe sur le chiffre d'affaires pour des opérations de négociation de crédits, prévue à l'article 13, partie B, alinéa d), point 1, de la

---

[50] CJCE, Ursula Becker / Finanzamt Munster Innenstadt19 janvier 1982, Arrêt Becker, C- 8/81

sixième 'directive 77/388 du Conseil, du 17 mai 1977, en matière d'harmonisation des législations des États membres relatives aux taxes sur le chiffre d'affaires- système commun de taxe sur la valeur ajoutée: assiette uniforme-pouvait être invoquée à partir du 1er janvier 1979, à défaut d'exécution de cette directive, par un opérateur de négociation de crédits lorsqu'il s'était abstenu de répercuter cette taxe en aval, sans que l'État puisse lui opposer cette inexécution ».

Ces différents arrêts s'inscrivent dans la continuité de l'arrêt Franz Grad.[51]

En cette affaire, la Cour a décidé :

« Attendu que, par la première question, ladite juridiction demande à la Cour de dire si les dispositions combinées de l'article 4, alinéa 2, de la décision et de l'article 1 de la directive, produisent des effets directs dans les rapports juridiques entre États membres et justiciables, de sorte qu'elles engendrent dans le chef de ceux-ci des droits individuels qu'il appartient aux juridictions nationales de sauvegarder ; [...]

En imposant aux États membres l'obligation de ne pas cumuler le système commun de taxe sur le chiffre d'affaires avec des régimes de taxes spécifiques tenant lieu de taxe sur le chiffre d'affaires, l'article 4, alinéa 2, de la décision du Conseil du 13 mai 1965, combiné avec les dispositions des directives du Conseil, des 11 avril 1967 et 9 décembre 1969, est susceptible de produire des effets directs dans les relations entre les États membres, destinataires de la décision, et leurs justiciables et d'engendrer pour ceux-ci le droit de s'en prévaloir en justice »[52].

Tout ce qui précède est la consécration de l'effet direct des dispositions de directives non transposées, dans le délai imparti, par la jurisprudence communautaire européenne qui peut bel et inspirer les juges des Etats membres de l'UEMOA, aussi bien nationaux que régionaux, avec un peu d'audace et davantage d'engagement au profit du droit communautaire.

---

[51] CJCE, 6 octobre 1970, Franz Grad contre Finanzamt Traunstein, affaire 9-70

[52] Arrêt consulté en ligne ce 21-8-21 ; 14 : 43, URL : https://www.cvce.eu/obj/arret_de_la_cour_de_justice_franz_grad_finanzamt_traunstein_affaire_9_70_6_oct obre_1970-fr

Bien évidemment, il convient de rappeler que *« cette invocabilité directe de la directive suppose que la disposition soit claire, précise et inconditionnelle ».*[53]

Cette invocabilité comporte néanmoins des limites. En effet, pour l'instant, la Cour de Justice de l'Union européenne refuse *« aux directives non transposées l'invocabilité horizontale, c'est-à-dire la possibilité de se fonder sur elles dans un litige entre personnes privées »*[54].

Pour être admis, il doit s'agir d'une invocabilité qui a :

- un effet direct uniquement vertical, c'est-à-dire que seul un particulier peut l'invoquer à l'encontre d'un État [55] ;

- un effet direct uniquement unilatéral c'est-à-dire que l'État fautif ne peut l'invoquer à l'encontre d'un particulier ; il n'y a donc pas d'effet vertical inversé[56] ; o un effet direct uniquement ascendant, c'est dire qu'on ne peut aggraver ou créer des obligations nées d'une directive non transposée[57].

CONCLUSION

Au total, la justice communautaire peut parfaitement contribuer à l'application effective de la norme communautaire et surtout des directives.

L'idéal est d'obtenir, dans tous les Etats membres de l'UEMOA, une application spontanée, c'est-à-dire sans la nécessité de recourir à un contentieux. Car le contentieux n'est que du droit pathologique et non du droit normal.[58] .

En tout cas, l'essentiel est qu'il y ait, dans tous les Etats membres de l'UEMOA, le respect des obligations communautaires en général et celles afférentes aux directives en particulier. Ce faisant, nous donnerons un sens à la construction communautaire et tirerons le meilleur de notre Union qui fait notre fierté.

---

[53] Valérie-Laure Benabou, La transposition des directives en droit interne : l'exemple du droit d'auteur, Dans LEGICOM 2004/1 (n° 30), op. cit.
[54] Ibid
[55] Cf. Wikipedia arrêt Van Duyn, dans Wikipedia Encyclopédie libre, consulté en ligne le 21-8-21, 22 :05 ; URL : https://fr.wikipedia.org/wiki/Arr%C3%AAt_van_Duyn
[56] Ibid.
[57] Ibid.
[58] Jean-Louis BERGEL, *Théorie générale du droit,* Dalloz, Paris, 2003, p. 331.

TABLE DES MATIÈRES

SOMMAIRE...7

SIGLES ET ABREVIATIONS...9

PRÉFACE...13

INTRODUCTION..19

CHAPITRE PREMIER : L'OBLIGATION JURIDIQUE DE TRANSPOSITION DES DIRECTIVES..79

SECTION PREMIÈRE : LE FONDEMENT DE L'OBLIGATION DE TRANSPOSITION DES DIRECTIVES..81

Paragraphe premier : La transposition : une obligation communautaire........81

Paragraphe II : La transposition : une obligation constitutionnelle..........84

SECTION II : LA NATURE DE L'OBLIGATION DE TRANSPOSITION DES DIRECTIVES...96

Paragraphe premier : La transposition : une obligation de faire..............96

Paragraphe II : La transposition : une obligation de résultat................102

SECTION III : LES CARACTÈRES DE L'OBLIGATION DE TRANSPOSITION DES DIRECTIVES..112

Paragraphe premier : La transposition : une obligation formelle............112

A. L'exigence formelle de la transposition des directives...................113

1. Le principe de l'exigence d'une intervention normative formelle...113

2. Les tempéraments de l'exigence d'une intervention normative formelle...115

B. Le choix de vecteur normatif de transposition...............................118

Paragraphe II : La transposition : une obligation substantielle.............216

C. La mise en conformité du droit national avec les objectifs et le contenu de la directive...222

1. Les principes directeurs de la transposition des directives................222

a. Le principe de la fidélité et de l'exhaustivité de la transposition..222

b. Le principe « *du tout ou rien* »..224

2. La transposition : une obligation encadrée.....................................225

a. L'interdiction de la « *surtransposition* »...................................226

b. L'obligation de respecter de l'ensemble du droit de l'Union.........229

CHAPITRE II : LA PROCÉDURE DE TRANSPOSITION DES DIRECTIVES 231
SECTION PREMIERE : LA PROCÉDURE ORDINAIRE DE TRANSPOSITION DES DIRECTIVES 232
Paragraphe premier : L'anticipation de la transposition de la directive en préparation.. 232
Paragraphe II : La planification de la transposition de la directive adoptée .238
SECTION II : LA PROCÉDURE PARTICULIÈRE DE TRANSPOSITION DE LA LÉGISLATION UNIFORME 251

CHAPITRE III : LA SANCTION DE L'OBLIGATION DE TRANSPOSITION DES DIRECTIVES.. 255
SECTION PREMIÈRE : LE RECOURS EN CONSTATATION DE MANQUEMENT.. 256
Paragraphe premier : Le mécanisme du recours en constatation de manquement.. 256
Paragraphe II : Les conditions de l'action en manquement........................ 262
A. L'existence d'un manquement aux obligations communautaires 262
1. La nature de l'obligation 263
2. La nature du comportement illicite.. 264
B. L'imputabilité du manquement.. 268
Paragraphe III : La procédure en constatation du manquement aux obligations communautaires.. 278
A. L'initiative du recours 278
B. Le déroulement de la procédure de constatation du manquement 280
1. La phase informelle 281
2. La phase précontentieuse 282
a. La mise en demeure.. 283
b. L'avis motivé 286
3. La phase contentieuse.. 292
a. La saisine de la Cour de Justice de l'UEMOA 292
b. Le jugement du manquement. 304
c. La sanction du manquement.. 313
SECTION II : LA RECONNAISSANCE DE L'EFFET DIRECT DES DIRECTIVES NON TRANSPOSÉES OU MAL TRANSPOSÉES 317
Paragraphe premier : Le principe de l'effet direct des directives 318
A. La notion d'effet direct ou d'application directe............................ 318
B. Les fondements de l'effet direct des directives 321

C. Les conditions de la reconnaissance de l'effet direct des directives.....323
Paragraphe II : La portée de l'effet direct des directives 330
A. L'exclusion de l'effet direct « *horizontal* » des directives 331
B. L'admission de l'effet « *vertical* » des directives..................................338

BIBLIOGRAPHIE...357
INDEX ALPHABÉTIQUE 395
ANNEXES 401
TABLE DES MATIÈRES 531

Structures éditoriales du groupe L'Harmattan

L'Harmattan Italie
Via degli Artisti, 15
10124 Torino
harmattan.italia@gmail.com

L'Harmattan Hongrie
Kossuth l. u. 14-16.
1053 Budapest
harmattan@harmattan.hu

L'Harmattan Sénégal
10 VDN en face Mermoz
BP 45034 Dakar-Fann
senharmattan@gmail.com

L'Harmattan Cameroun
TSINGA/FECAFOOT
BP 11486 Yaoundé
inkoukam@gmail.com

L'Harmattan Burkina Faso
Achille Somé – tengnule@hotmail.fr

L'Harmattan Guinée
Almamya, rue KA 028 OKB Agency
BP 3470 Conakry
harmattanguinee@yahoo.fr

L'Harmattan RDC
185, avenue Nyangwe
Commune de Lingwala – Kinshasa
matangilamusadila@yahoo.fr

L'Harmattan Congo
219, avenue Nelson Mandela
BP 2874 Brazzaville
harmattan.congo@yahoo.fr

L'Harmattan Mali
ACI 2000 - Immeuble Mgr Jean Marie Cisse
Bureau 10
BP 145 Bamako-Mali
mali@harmattan.fr

L'Harmattan Togo
Djidjole – Lomé
Maison Amela
face EPP BATOME
ddamela@aol.com

L'Harmattan Côte d'Ivoire
Résidence Karl – Cité des Arts
Abidjan-Cocody
03 BP 1588 Abidjan
espace_harmattan.ci@hotmail.fr

Nos librairies en France

Librairie internationale
16, rue des Écoles
75005 Paris
librairie.internationale@harmattan.fr
01 40 46 79 11
www.librairieharmattan.com

Librairie des savoirs
21, rue des Écoles
75005 Paris
librairie.sh@harmattan.fr
01 46 34 13 71
www.librairieharmattansh.com

Librairie Le Lucernaire
53, rue Notre-Dame-des-Champs
75006 Paris
librairie@lucernaire.fr
01 42 22 67 13

www.ingramcontent.com/pod-product-compliance
Lightning Source LLC
LaVergne TN
LVHW011226061026
849535LV00001BA/192